《走向2049的国家发展战略研究》丛书

构建开放型经济体的战略研究
从"十三五"到2049

黄剑辉　等著

GOUJIAN KAIFANGXING
JINGJITI DE ZHANLUEYANJIU
CONG "SHISANWU" DAO 2049

企业管理出版社
ENTERPRISE MANAGEMENT PUBLISHING HOUSE

图书在版编目（CIP）数据

构建开放型经济体的战略研究：从"十三五"到2049 / 黄剑辉等著. —北京：企业管理出版社，2019.8

（走向2049的国家发展战略研究 / 洪崎，贾康，黄剑辉主编）
ISBN 978-7-5164-2007-2

Ⅰ.①构… Ⅱ.①黄… Ⅲ.①中国经济—开放经济—经济发展战略—研究 Ⅳ.①F125

中国版本图书馆CIP数据核字（2019）第173767号

书　　名	构建开放型经济体的战略研究：从"十三五"到2049
作　　者	黄剑辉　等
责任编辑	郑　亮　徐金凤
书　　号	ISBN 978-7-5164-2007-2
出版发行	企业管理出版社
地　　址	北京市海淀区紫竹院南路17号　邮编：100048
网　　址	http：//www.emph.cn
电　　话	编辑部（010）68701638　发行部（010）68701816
电子信箱	qyglcbs@emph.cn
印　　刷	北京环球画中画印刷有限公司
经　　销	新华书店
规　　格	170毫米×240毫米　16开本　23.25印张　361千字
版　　次	2019年8月第1版　2019年8月第1次印刷
定　　价	98.00元

版权所有　翻印必究·印装错误　负责调换

《走向2049的国家发展战略研究》丛书

丛书顾问

刘明康　刘世锦

丛书编委会
主编

洪　崎　贾　康　黄剑辉

编委（按姓氏笔画为序）

王　庆	王　诚	王广宇	白重恩	冯俏彬	刘　薇	许元荣
李　波	李万寿	宋　泓	张　瑾	张茉楠	张影强	金海年
洪　崎	姚余栋	姚枝仲	贾　康	夏　斌	徐以升	黄　锟
盛　磊	黄剑辉	董克用	管益忻	樊　纲	樊继达	魏　杰

本书编写组成员

总顾问 张宇燕

编写组 黄剑辉　宋　泓
　　　　　王静文　应习文　高海红　刘东明
　　　　　张　明　徐秀军　冯维江　黄　薇
　　　　　倪月菊　李春顶　徐　晶　伊　楠

丛书序

新供给经济学推进研究创新，是回应时代诉求和挑战的自觉努力行为。在创始初期，新供给研究团队就特别强调，不是为创新而创新，在世界金融危机冲击之下，主流经济学总体上必须进行反思，而反思应该有理性的高水平创新；在现实生活方面，在和平发展对接伟大民族复兴和现代化中国梦的关键时期，我们必须在转轨期间得到理论之光的烛照引领，要把理论密切联系实际取向下，新供给群体形成的"融汇古今、贯通中西"的现实努力，对接到我们站在前人肩膀上的研究成果之上，集大成地推进锐意创新，促进理性认识升华。这是研究者立身时代潮流当中的应有作为。

作为新供给经济学研究的重大研究项目，本丛书发布的面对中华人民共和国成立 100 周年的"中国 2049 战略"研究成果，反映了我们新供给经济学研究团队创立初期就确立的、在研究中必须明确"五年规划与四十年规划并重"的基本考虑，以引出制定基于全球视野的国家中长期发展战略，以及在前所未有的长期概念之下超越 30 年眼界并对接到实现"中国梦"时间段的综合发展战略。

新供给研究群体内的，以及帮助、支持新供给研究的专家，在国内研究界具有很大影响力。2014—2017 年历经四年，大家共同致力于这项课题的研究：短中期而言，该研究形成的认识和成果正在对接即将具体化的"十三五"规划以及 2020 年既定的全面小康目标的实现；长期而言，该研究要对接伟大民族复兴和现代化中国梦。中国正处于和平发展、和平崛起的关键时期，从现在到 2020 年，除了全面小康目标的实现以外，攻坚克难的改革必须力争按中央要求取得决定性成果，同时还必须实现全面的法治化与全面的从严治党。在经济转轨过程中，对攻坚克难的复杂性和任务的艰巨性已具共识的前提下，面对这一必经过程，我们更应努力提供理论供给的有力支持。

就目前学界相关研究现状来看，国内尚无 30 年以上大跨度的系统化专业课题和专项研究，国外 30 年以上视界的国家战略规划研究也极为鲜见。然而，我们已经从一系列值得称道的长期研究框架中得到重要启示，比如中国辛亥革命以后孙中山先生就通盘考虑过的"建国方略""建国大纲"，又比如"二战"后一些欧洲有远见的政治家注重考虑、最后引到现实生活、目前在整个世界格局里非常有影响力的欧洲货币联盟。中国改革开放的过程中，可以越来越清晰地看到，我们实际上就是按照邓小平 70 年眼界"三步走"的伟大战略构想，在一步步地往前运行。这些都给了我们非常宝贵的启示和激励。鉴于此，我们更应力求做好这一在具体形态上有首次特征的、超越 30 年眼界的规划性战略研究。

新供给经济学研究团队的长期发展战略研究，以具有优化顶层规划、助益科学发展、形成促进国家现代化治理的有效供给功能为目标，怀揣国人一直以来就推崇的全面长远的心胸和眼界，在所谓"不谋全局者不足以谋一域，不谋万世者不足以谋一时"的共识下，充分认识当下"四个全面"新时期、走向"强起来"新时代迫切需要顶层规划与底层创业创新两个层面的良性互动，深知从规划视角考虑有效供给，绝不能坐等微观、局部试错过程。新供给 2049 战略研究，正是力图从学理和实证综合上支持顶层规划，同时注意服务于基层民间的创新创业。

从智力视角分析，我们高度认同"智库"的重要性。习近平总书记特别强调，智库关联着各个国家在国际合作和竞争中打造软实力的供给竞争。民间独立智库，也是华夏新供给经济学研究院的定位，具有现代社会竞争发展、合作、供给进程中一定的不可替代性。新供给经济学相关研究的导向，既不是"官场规则"，也不是"反对派规则"，而是具有独立、公正、专业的学术严谨性诉求，把握创新中的规范性，努力形成全面、深刻、务实的导向，以战略高度上的洞察力对接具备建设性、策略性、可操作性的研究成果。

新供给2049的战略研究，致力于服务党的十八大、十九大提出的方针和战略部署的实施，以长期、超长期的视角，支持从当下到中长期、大纵深的科学决策，进一步聚焦进入中等收入、中高收入阶段的最关键时期，一直联通至前瞻中华人民共和国成立100周年。中国目前面临如何跨越"中等收入陷阱""福利陷阱""转轨陷阱""塔西佗陷阱"等一系列历史性的综合考验。"中等收入陷阱"概念在当下讨论中已引起轩然大波，虽然这个概念本身有其边界量化的一定"模糊性"，但我们还是愿意强调：基于全球范围内的统计现象与中国发展中的矛盾凸显来判断，这是一个无可回避的"真问题"，而且对于"中国梦"来说是顶级性质的"真问题"。"中国2049战略"研究成果，愿与各方交流、互动，以期产生启发、促进功能和决策参考作用，催化全盘思维、工作要领和重点方案的合理优化，由此联系和助益天下苍生、民生社稷、国家前途、民族命运及世界未来。

面对时代的客观需要，新供给经济学研究群体作为有担当、有社会责任感的中国知识分子和研究者，志在把握"天下家国"情怀具象化的时代定位，为党的十九大提出的"全面建成小康社会，夺取新时代中国特色社会主义伟大胜利，实现中华民族伟大复兴"宏伟目标，做出应有贡献。

洪崎　贾康
2018年春

《走向2049的国家发展战略研究》丛书

前言

从当下展望2049年，还有30余年的时间。2049年已经被历史赋予了特殊的意义，这个中华人民共和国成立100周年的时点，也将是中国改革开放战略决策的总设计师邓小平当年所规划的以约70年的时间段（1980—2050年）经过"三步走"实现中华民族伟大复兴——习近平总书记生动表述的"中国梦"梦想成真的"除夕之夜"，是自工业革命落伍、落后的这个文明古国，终于凤凰涅槃般浴火重生、和平崛起的见证之年。

从"十三五"前瞻到2049年，做国家发展战略的系列化研究，是我们研究群体于"十三五"开局之前的自觉选择。经过骨干成员反复研讨，形成了一个主报告和十余个专题报告的通盘设计。在全体研究者的高度重视、共同努力下，终于在2016年年底使文稿初具规模，又经过几轮补充完善、反复修改打磨，最终将全部成果合成丛书，付梓奉献给读者。

面向2049年的国家长期发展战略研究，具有不寻常的背景：

一是伟大民族复兴愿景的召唤。中国这一人类历史上唯一古老文明没有中断的多民族大国，自以1840年鸦片战争为标志拉开近现代史帷幕后，曾一路积贫积弱，内忧外患，经甲午海战惨败、戊戌变法夭折之后，在20世纪陆续展开辛亥革命推翻两千年帝制，1949年成立中华人民共和国以及1978年后实行改革开放三件大事，终于在"千年之交"之后，站在现代化前两步目标提前实现的新的历史起点上，继续大踏步地跟上时代，一直推进到2012年中国共产党的第十八次全国代表大会开启经济、政治、社会、文化、生态"五位一体"全面布局的发展新阶段，经济总量已经跃升为全球第二位，并有望在未来不太长的历史时期之内上行至世界第一。2017年党的十九大，进一步指出了在"强起来"历史新时代，新的"两步走"现代化奋斗目标：如能在人均国民收入提高进程中成功跨越"中等收入陷阱"，并继续提升硬实力、软实力而和平崛起，就将于2035年基本建成社会主义现代化，并把中国现代化的宏观蓝图在2049年的时点上作为竣工大成之品，以现代化强国之姿展现于世界民族之林——"我们从未如此接近伟大民族复兴的愿景"，这个愿景鼓舞和呼唤着我们以集体合作的方式，提供服务于"梦想成真"的战略思维和科研成果。

二是"行百里者半九十"艰巨任务的挑战。在改革开放之后成功地实现了超常规高速发展和经济起飞而进入中等收入经济体之后，中国的经济运行虽然在总体上仍然具有巨大的发展潜力、成长性和"黄金发展期"特征，但"矛盾凸显期"的特征接踵而来，各种制约因素的叠加，形成了自2011年以来告别了高速发展阶段并向必须认识、适应还要引领的"新常态"阶段转换，同时改革进入深水区，"好吃的肉吃光了，剩下的都是硬骨头"，必须攻坚克难冲破利益的藩篱，以实质性的国家治理现代化进程解放生产力，对冲下行压力，才能形成旧动能衰退后新动能的转换升级，使发展方式加快转变，使增长过程维护其可持续性与长远的后劲，避免重蹈世界上绝大多数经济体已有前车之鉴的"中等收入陷阱"覆辙，完成中国古语譬喻的"行百里者半九十"的现代化长征。未来30余年征程中的一系列艰巨的改革发展任务，形成了历史性的挑战和考验，为应对好这种挑战，经受住这种考验，必须有尽可能高水平的战略层面的系统化研究设计，对决策和相关政策的优化给予有力支撑。

三是以知识创新工程式的智力支持，助推冲破"历史三峡"的迫切要求。在党的十八大以来，最高决策层经三中、四中、五中和六中全会，将治国施政的核心理念和大政方针一步步清晰化的过程中，高度重视哲学社会科学的创新、中国特色社会主义政治经济学的发展和智库建议，继现代化国家治理、"四个全面"战略布局以及以创新发展引领协调、绿色、开放、发展而落实于共享发展的现代化发展理念得到清晰明确的表述之后，又提出了供给侧结构性改革的战略方针，认定供给侧是矛盾主要方面，而以有效制度供给纲举目张地要求将改革进行到底，冲破最终实现中国梦的"历史三峡",这客观地产生了对于"知识创新工程"式的智力支持的迫切需要,亟须以走向 2049 伟大民族复兴的长期视野、战略研究,助推中国经济社会的巨轮涉险滩、闯激流,克服一切艰难与风险,达于现代化的计日程功。

在此背景下,新供给智库"中国 2049 战略"研究成果出版发布的时代意义,便呼之欲出了。

第一,这一丛书系列反映的研究创新是回应时代诉求和现实生活挑战的自觉努力行为。智库的创始与工作,并不是为创新而创新,而首先是基于全球视野——在世界金融危机冲击之下,对主流经济学总体上的反思与创新势在必行,而反思中应该有对应于中国道路、中国方案的理性的高水平创新成果。在以和平发展对接伟大民族复兴和现代化中国梦的关键时期,我们必须在转轨中得到理论之光的烛照引领,把理论密切联系实际取向下新供给群体形成的"融汇古今、贯通中西"的共识对接我们经过努力"站在前人的肩膀上"的研究成果,集大成式地推进改革,促成发展升级,这是研究者立身时代潮流当中的应有作为。

第二,面对中华人民共和国成立 100 周年的"中国 2049 战略"研究成果,反映了我们早期就确立的新供给研究中必须明确地把"五年规划与四十年规划并重"的基本考量。努力实施研究而来的这项成果,要引出制定基于全球视野的国家中长期发展战略,这是在前所未有的长期概念之下,超越 30 年眼界,对接到实现中国梦时间段的发展战略,即从具体化的"十三五"规划,以及 2020 年既定的全面小康目标的实现,进一步延伸至伟大民族复兴和现代化中国梦的实现。中华民族正处在和平发展、和平崛起的关键时期,到 2020 年,中央要求除了全面小康目标的实现以外,攻坚克难的改革必须取得决定性成果,同时必须实现全面的法治化和全面的从严治党——攻坚克难的复杂性和任务的艰巨性,催促理论与智力供给的有力支持。虽然在国内还没有出现过 30 年以上时间跨度的类似课题的系统化专项研究,也没有检索到国外 30 年以上视界的国家战略规划研究,但是我们可以从一系列值得称道的研究框架中得到重要启示:比如中国辛亥革命前后孙中山先生就考虑过"建国方略""建国大纲";"二战"后一些欧洲有远见的政治家早已积极考虑,最后引到现实生活而在整个世界格局里产生重大影响力的欧洲货币同盟。在中国 40 年改革开放的过程中间,越来越清晰地看到,我们实际上就是按照邓小平的70年眼界"三步走"伟大战略构想,在一步步前行,这些都可以给智库的长期战略研究以非常宝贵的启示和激励。2017年党的十九大进一步做出了2035年基本实现社会主义现代化、到2049年前后把我国建设成为现代化强国的战略规划。正是基于这种认知,我们以极大的热情投入并完成了这一在具体形态上有首次特征、超越30年眼界的规划性战略研究。

第三,这项长期发展战略研究具有优化顶层规划、助益科学发展、促进国家现代化治理的有效供给功能。从规划视角分析,中国人一向推崇有全面、长远的心胸和眼界,研究者都认同这样一种取向,所谓"不谋全局者不足以谋一域,不谋万世者不足以谋一时"。在十八大迈向十九大的新时期和十九大后的新时代,迫切需要顶层设计与市场微观主体两个层面的良性互动。"中国2049战略"研究力求从学理和实证方面支持顶层规划,同时注重呼应基层民间的创新创业。从智力支持视角分析,我们高度认同"智库"的重要性。习近平总书记特别强调智库建设,这关联着各个国家在国际合作和竞争中打造软实力供给的竞争。民间独立智库,也是新供给经济学研究群体的定位,具有现代社会竞争发展、合作、供应进程中的不可替代性。我们研究中的导向既不是"官场规则",也不是"反对派规则",而是具有独立、公正、专业的学术严谨性,把握创新中的规范性,力求形成全面、深刻、务实的导向,以战略高度的洞察力对接具备建设性、策略性、可操作性的研究成果。

第四,新供给智库关于"中国2049战略"的研究是各方共同应对时代挑战和中国现代化决定性历史考验的一项认知、交流和催化的基础工作。从"十三五"规划时期始,"中国2049战略"研究具有"对应、涵盖但不限于"的特点,是把这些时点目标放在自己研究范围之内,再往前衔接,以长期、超前期的视角支持从当下到中长期的科学决策,聚焦进入中等收入阶段、中高收入阶段的最关键时期,是前瞻中华人民共和国成立百年而启动的系统工程式研究。我们内含的命题是如何应对"中等收入陷阱""福利陷阱""转轨陷阱""塔西佗陷阱"等一系列历史性的综合考验。"中等收入陷阱"概念屡屡引起争议,虽然这个概念本身有边界量化的"模糊性",但是我们愿意强调,它是世界范围内的一种统计现象的比喻式表述,是无可回避的"真问题",而且对于"中国梦"来说是顶级性质的"真问题"。研究的成果需要与各个方面交流和互动，以期待实现启发、促进功能和决策参考作用。我们愿以基础认识催化全盘思维、要领和重点方案的合理优化。各方面在启发、促进、交流的互动中，共同的努力也就关联了天下苍生、民生社稷、国家前途、民族命运及世界未来。

总之，我们从事这项研究、推出这套丛书的立场，确实是面对时代的客观需要，以智库研究成果与所有愿为中华民族伟大复兴做出贡献的人们互动，力求再接再厉，共同努力做好与"中国梦"相关联的研究和各项工作，以不负伟大的新时代。

贾　康

2018 年春

序

迈向全面开放型经济体　书写强国富民新篇章

人类的发展史和文明史，就是一部由封闭走向开放、由隔绝走向联通、从区域走向全球的历史。近现代以来，随着交通、通信等技术手段的持续进步，各国各地区之间的联系日趋紧密，开放融通的潮流滚滚向前，加快全球经济一体化已成为不可阻挡的必然趋势。

世界历史波澜壮阔，大国兴衰构成了其中最扣人心弦的重要篇章。世界在变化，历史在进步，不同国家兴衰的轨迹不可能简单重复，但 15 世纪以来，葡萄牙、西班牙、荷兰、英国、法国、德国、日本、俄罗斯、美国先后崛起，这些国家在历史兴衰和发展方面具有典型的意义。梳理其发展历史，探寻其发展轨迹，均阐释了"开放才能带来进步，封闭必然导致落后"的深刻内涵。

汉、唐、宋、元及明朝中期之前的中国，曾经是高度开放的经济体，通过陆上北线、中线的古丝绸之路和南线的"茶马古道"，以及海上丝绸之路，通达中亚、欧洲、南亚、东南亚及印度洋地区，形成"北上、西出、南下"的对外开放格局，极大地促进了与周边各国的交往，也实现了自身经济的繁荣。明朝中期之后至清朝洋务运动期间，中国因多种原因走上了闭关锁国之路，导致国家科技、教育、经济、社会发展日益落后，综合国力持续衰弱，蒙受了签订大量不平等条约、甲午战争惨败、日本侵华等一系列屈辱。历史以无比惨痛的代价，印证了"开放才能带来进步，封闭必然导致落后。"

中华人民共和国成立至 1977 年改革开放前，除"一五计划"时期主要与苏联、东欧国家进行少量贸易外，总体上再次陷入了"闭关锁国"的境地，经济发展缓慢，社会发展落后。1978 年党的十一届三中全会以来，我国成功实现了从封闭半封闭到全方位融入全球经济，解决了长期以来限制中国发展的资金和技术约束问题。至 2018 年年末，我国已成长为世界第一贸易大国、第三大对外投资国、第二大外资流入国和世界第二大经济体，综合国力不断提升，在全球经济治理中的影响力与日俱增。再次印证了"开放才能带来进步，封闭必然导致落后"。

顺应时代发展要求，本书基于黄剑辉在国家开发银行研究院任副院长期间，牵头与中国社会科学院世界经济与政治研究所合作开展的有关课题成果，在新供给经济学理论框架和"中国 2049 战略"研究方法论的指导下，以全球经济格局的新变化和我国经济发展的新趋势为出发点，深入剖析当前我国构建开放型经济新体制的战略背景与意义，通过系统梳理我国对外开放的历史进程，探寻我国在对外开放发展中的经验与教训，在借鉴国外构建开放型经济体的成功经验基础上，为我国构建开放型经济新体制提供了富有启示的战略思路与体制架构。书中提出我国全面开放型经济新体制的设计思路应遵循"五位一体"的框架，致力于解决成本、产能和资金三方面的能力问题，建设实体经济平台、服务"一带一路"的基础设施开发平台和新金融体系三个功能性平台，同时加快国际人才开发、风险防范与管理等两个支撑性平台建设。

本书是"走向 2049 的国家发展战略研究"系列丛书之一。这套丛书的主旨，是致力于服务党的十八大、十九大提出的方针和战略部署的实施，以长期、超长期的视角，支持从当下到中长期、大纵深的科学决策，进一步聚焦进入中等收入、中高收入阶段的最关键时期，一直联通至前瞻中华人民共和国成立 100 周年。"走向 2049 的国家发展战略研究"研究成果，愿与各方交流、互动，以期产生启发、促进功能和决策参考作用，催化全盘思维、工作要领和重点方案的合理优化，由此联系和助益天下苍生、民生社稷、国家前途、民族命运及世界未来。

我希望，本书能对读者更加全面完整了解开放型经济战略有所裨益，服务于我国迈向全面开放型经济体的新征程，书写强国富民新篇章，并为促进中国与世界交融发展做出积极贡献。

2019 年 3 月

内容提要

全球金融危机后,世界经济呈现多极化发展,区域经济一体化程度进一步加深,国际政治经济环境深刻变化,创新引领发展的趋势更加明显。面对国际形势的新变化,党的十八届三中全会提出"构建开放型经济新体制",确定了发展开放型经济的新目标,掀开了"以开放促改革"的新篇章。"十三五"规划中,党中央对构建开放型经济新体制做了更深刻的阐述,明确指出:"坚持开放发展,必须顺应我国经济深度融入世界经济的趋势,奉行互利共赢的开放战略,发展更高层次的开放型经济,积极参与全球经济治理和公共产品供给,提高我国在全球经济治理中的制度性话语权,构建广泛的利益共同体。"党的十九大报告指出:"中国特色社会主义进入了新时代,这是我国发展新的历史方位。"在这个战略性的新坐标下,报告提出要"主动参与和推动经济全球化进程,发展更高层次的开放型经济",推动形成全面开放新格局。这是对继续全面推进深化改革的又一重要部署,也是我国构建开放型经济新体制的战略目标。

开放带来进步,封闭导致落后,这已为世界和我国发展实践所证明。综观我国对外开放历程,从古丝绸之路的开辟,到"一带一路"的建设,对外开放水平的高低直接决定了我国国民经济的发展水平。经过 40 年改革开放的探索与发展,我国对外开放水平不断提高,逐步形成全方位、多层次、宽领域的对外开放新格局。

有鉴于此,本书将以全球经济格局的新变化和我国经济发展的新趋势为出发点,深入剖析当前我国构建开放型经济新体制的战略背景与意义。通过系统梳理我国对外开放的历史进程，探寻我国在对外开放发展中的经验与教训。最后，在借鉴国外构建开放型经济体的成功经验基础上，提出我国构建开放型经济新体制的战略思路和体制架构。

一、构建开放型经济新体制是实现强国目标的必然选择

改革开放 40 年来，我国国民经济发展取得了举世瞩目的成就，综合国力显著提升，人民生活水平日益提高。在不断探索构建开放型经济体制的实践中，我国走出一条以低廉的人力和资源成本为优势，以国际产业转移和国际产业分工为契机，以地方政府招商引资为中心，以引进外资所形成的规模生产和规模进出口为基本模式的发展道路。然而，当前这条道路越来越不能适应国际、国内新形势。

从国际层面看，国际金融危机深层次的影响不断扩大，世界经济复苏的不确定性和不稳定性上升，国际产业机构和国际分工格局的深度调整，以及外部环境的变化给我国经济发展带来了巨大冲击。

从国内层面看，在"三期叠加"和经济结构转型的双重压力下，我国经济面临生产成本上升、资源环境承载力日益脆弱、低端加工出口的规模效应不可持续、中高端附加值产业的国际竞争力相对滞后等多重因素的挑战。

因此，我国要在新时期的国际竞争格局中取得优势地位，最终实现强国梦的宏伟目标，必须要对目前的开放型经济体制进行变革，努力探索出一条适应新形势、新战略、新发展的开放型经济新体制。

二、构建开放型经济新体制是适应国际经济新趋势的客观要求

当前，我国面临的国际环境发生了深刻变化，表现为全球价值链（GVC）成为当今世界贸易和投资领域的主要特点，更是推动全球化的重要力量；以自由贸易协定（FTA）为核心的各种区域贸易协定（RTA）的建立与扩张，成为全球区域经济一体化的新特征；世界经济重心从大西洋地区转向亚太地区，复合型国际格局中的单极化力量和多极化力量的互动进入了一个深刻调整时期；金融危机后的贸易保护主义卷土重来，全球能源格局呈现多极化发展趋势。

在经济全球化的趋势下，我国经济同世界经济发展的互联互动已变得空前紧密，国际经济新趋势不仅对双边贸易协定、多边贸易体制、区域贸易安排和国际经济治理产生深远影响，也将通过不同方式、多种渠道影响我国经济发展的空间拓展和开放型经济体制的构建。我国作为全球负责任的大国，必须构建开放型经济新体制以适应国际经济新趋势的客观要求。

三、中国对外开放的历史进程及启示

（一）中国对外开放的历史进程及主要特点

我国古代对外开放始于秦，萌芽于两汉，停滞于魏晋南北朝，推广于隋，兴于唐、宋、元和明朝初期，最后衰于明中而败于清。鸦片战争爆发后，一系列不平等的条约使我国对外贸易丧失了自主权，晚清时期的对外开放更多的是建立在一种条约通商机制上。北洋政府和南京国民政府时期虽然制定了一系列的对外开放政策，但由于当时我国正处于抗战和解放战争时期，对外开放始终处于半停滞半发展的阶段。中华人民共和国成立后，我国对外开放遭到西方列强的极力封锁，此时我国以苏联作为主要的外交对象，并选择了封闭和半封闭的计划经济发展模式。20世纪70年代，我国对外开放取得实质性突破，不仅在对外关系上打破了西方国家对我国的封锁，而且进一步加快了科学技术和人才的引进步伐，对外贸易发展得到一定程度的恢复。党的十一届三中全会召开后，经过了40年的探索与发展，我国对外开放从沿海延伸到内陆，从东部跨越到中西部，逐渐形成了全方位、多层次、宽领域的对外开放格局。

（二）中国对外开放的历史启示

第一，对外开放是我国谋求发展和崛起的必由之路。我国对外开放从秦汉时期的萌芽，到唐、宋、元时期的盛世，再到明清的衰退及近代的封闭，最后经过40年的改革开放，形成全方位、多层次、宽领域的对外开放格局，反映出了对外开放对于一国经济发展和崛起的重要性。

第二，开明的国家意志是对外开放的重要前提。一个国家或民族开放程度的高

低，取决于这个国家及其最高决策者是否具有开明的国家意志。唐朝的强盛与明清的衰退，体现了一国统治者在对外开放战略眼光上的差异。中华人民共和国成立后，经过几代领导集体的努力，我国对外开放取得了举世瞩目的成就，综合国力不断上升。

第三，以点破面是我国对外开放的发展路径。改革开放40年的实践经验告诉我们，遵循以点破面，渐进梯次的战略布局，是我国对外开放发展的重要路径。从空间布局上，应以沿海地区城市为中心，采取以点到线，逐一推进的原则；在产业布局上，逐步放开市场准入，逐步实现三大产业的全面放开。

第四，有序可控是我国对外开放的基本原则。随着对外开放程度的进一步加深，我国的对外开放需要秉持有序可控的基本原则，在逐步扩大对外开放的基础上，适时适度地发挥政府的作用，构建国家战略与国际战略相辅相成的国家战略体系。

四、发展开放型经济战略的国际借鉴

美国、欧洲、日本及新兴经济体的实践经验告诉我们，构建开放型经济需要遵循以下原则。

第一，需要以强大的生产能力、金融实力、创新能力及足够规模的国内外市场为基础。开放型经济环境中，微观主体面临的发展机会更多，需要应对的外部风险也更大。强大的生产能力、金融实力、创新能力和足够的市场容量不但能帮助本国微观主体更有效地捕捉获利机会，也能支持其提升抵御风险的能力。

第二，需要以完善、透明的法律体系和权威、高效的执法能力为保障。开放型经济体系的稳健性来源于法治环境的可靠性，经营实体在这样的环境中能够形成相对稳定的政策预期，产权能够得到有效的保护，不必担心因强势利益集团的机会主义行为而遭受掠夺或欺诈造成损失。

第三，需要不同部门的充分动员与密切配合，形成一体化的战略决策、动员与执行机制。一项战略决定之后，需要法律、行政、金融、信息等各方面的共同支持，才能把效果发挥到最好，这需要顶层设计与分层对接环环相扣，决策、动员与执行各环节的密切配合。因此，一个跨区域、跨部门的高层协调机制是构建开放型经济的必要条件。

第四，需要保持足够的政策自由度，要为特定情势下的国内保护留足政策回旋空间。构建开放型经济并不意味着在一切情况下均无条件开放，而是根据不同发展时期的国家利益来适时调节开放的方向与力度，以避免当外部环境发生变化时，本国产业遭受重大冲击，从而影响国内经济运行。

第五，发展中国家及新兴经济体不能牺牲经济社会发展的自主性，避免落入"国际分工陷阱"。对发展中国家及新兴经济体而言，在构建开放型经济过程中，要注意自主创新能力的培育，避免被绑定或锁定在发达国家生产与创新链条的低端环节，形成对发达国家过于稳定的依赖甚至依附性关系。

第六，大国应形成自身的核心价值观。对大国而言，构建开放型经济需要确立自己的核心价值观，并争取得到其他"志同道合"国家的接受，努力扩大这一阵营的范围与规模，增加核心价值观的普遍适用性。

第七，货币国际化是大国构建开放型经济的重要内容。促进货币国际化将有助于一国所构建的开放型经济体系的稳定性，也有助于国际战略依托范围的形成。

五、构建中国开放型经济新战略

（一）总体战略思路

我国构建开放型经济的战略目标是通过促进国际国内要素有序自由流动、资源高效配置和市场深度融合，加快培育参与和引领国际经济合作竞争的新优势，形成改革与开放的相互促进。

首先，我国构建开放型经济的战略路径要秉持"内外同步，进出结合"的基本原则，通过放宽投资准入、加快自由贸易区建设、扩大内陆沿边开放等方式，形成全方位、多层次、宽领域的对外开放新格局。在对外开放的同时，需要更加强调对内开放的作用，通过对内对外开放相互促进，形成更加完善的市场机制和开放公平竞争的格局。

其次，我国在构建开放型经济的战略布局中要"主动出击，多方突破"。一是在上海自贸区基础上，形成可复制、可推广的经验，推动天津、广东、福建、海南等地自贸区的建设；二是进一步加大对民营企业"走出去"的政策和资金支持，不断拓展与发展中国家的投资合作，在服务业领域加快"走出去"的步伐；三是加快与有关国家商签投资协定，使我国在全球经济竞争合作中获得尽可能大的收益，并规避风险；四是加大自由贸易区建设和扩大内陆沿边开放。

（二）国际投资战略

我国国际投资的战略目标应着眼于加快服务业开放步伐，优化外资利用结构；加快商签投资协定，构建稳定、透明和可预期的投资环境；鼓励创新驱动发展，提升企业在全球价值链中的地位；着力培育本土著名品牌和跨国公司群体。

要实现国际投资的战略目标，未来利用外资战略的重点任务首先要优化外资的质量和结构，促进产业转型升级；其次要协调区域发展，促进投资合作；再次要加快中美投资协定谈判，做好国内配套体制改革准备；最后要完善法律政策体系，营造良好投资环境。

同时，境外投资战略的重点任务主要包括：鼓励资源、技术、市场和效率寻求型投资，提升对外投资水平；充分利用中美、中欧投资协定谈判，参与国际投资规则的重构；多层次解决企业"走出去"融资难的问题；大力支持基础设施对外投资，促进中国技术、装备和资本联合"走出去"；充分发挥海外中资企业商会在促进对外投资方面的积极作用；建立信息咨询服务体系，扶持本土海外投资中介机构发展；建立对外投资统计调查体系；量身订制中国对外投资国家风险评级、预警和管理体系；规范国有企业海外投资，发展混合所有制海外投资体。

（三）国际贸易战略

国际贸易应以促进"开放型经济"深化发展，推动"对内对外开放、引进来和走出去"相互促进作为战略目标，其战略调整的重点领域包括自由贸易区建设、内陆开放和沿边开放、贸易便利化、通关协定、基础设施互联互通建设等。

为了实现国际贸易的战略目标，在未来我国国际贸易战略路径中，重点应放在全球贸易治理中的角色由参与者向领导者转变；自由贸易区由经贸合作平台向全面提高开放型经济水平的战略平台转变；由偏重沿海开放向以内陆、沿边开放为重点的全方位开放转变；由传统贸易模式为基础向以价值链为基础的贸易发展战略转变；由数量扩张为主的贸易大国向提升质量的贸易强国转变。

（四）国际金融战略

我国在未来国际货币金融体系改革中的战略，在应对国际货币体系由美元体制向多级体制过渡中出现的不确定性的同时，要从中国改革、开放自身需要出发，坚持参与国际金融机构治理、扩大东亚区域货币合作，以及人民币国际化三大对外金融战略并行。同时，协调汇率制度改革、资本项目开放、国内金融部门市场化等重大的国内金融改革，从整体上提升中国的金融实力。

（五）参与全球经济治理战略

当前，世界正处在大发展、大变革、大调整时期，国际力量对比和利益整合正在向纵深发展。我国在参与全球经济治理中，应以新型大国关系为指引，携手欧美共同治理全球化经济问题。在战略路径的选择上，要推动与金砖国家的合作，代言发展中国家全球经济治理诉求，充分利用联合国、二十国集团两大全球多边治理平台，积极参与全球经济治理和规则的制定，同时要重视中等强国在全球经济治理中的作用和价值。

（六）以对外开放促进国内改革

促进国内改革是我国构建开放型经济新体制的出发点和落脚点，在以"对外开放促进国内改革"中应重点把握三个方面：一是以自贸区谈判为契机促进外贸管理体制改革；二是以投资协定商签为契机推进外资管理体制改革；三是以扩大内陆沿边开放为契机完善口岸管理体制。

六、构建开放型经济体制的国际经验借鉴

（一）开放经济下政府行政职能改革的国际经验

美国、英国、日本政府行政职能改革对我国的启示：首先，要综合运用政府机制和市场机制的功能优势提供公共服务，社会福利水平要与国民经济和社会发展水平

相适应。其次，政府职能方案要系统设计、稳步推进，从内部改革开始，逐步延伸至外部改革，形成内外良性互动，将绩效管理纳入行政管理改革中，讲求实际效果。最后，政府职能改革应注意广泛集中民智，综合反映各阶层群众的要求，同时要与法制建设有机结合，用法制手段来保障政府职能依法进行，保障改革成果不断巩固。

（二）开放经济下政府开发援助的国际经验

发达国家的政府开发援助（ODA）经验对我国有三个方面的启示：首先，把ODA作为调整国家关系、平衡国际格局、建构国际秩序、实现国家发展战略目标的重要手段和主要方式。其次，要积极推动和参与国际经济援助，保持多边和双边并重的模式。最后，要鼓励私营资本参与到ODA中来，并通过经济贸易的合作，促进受援国的市场经济及私人企业的发展。

（三）开放经济下国家开发性金融的国际经验

20世纪90年代以来，各国政策性银行纷纷走上改革之路，向开发性方向转型，这不仅有利于自身可持续发展，还能够更好地支持企业"走出去"。对我国而言，如果继续定位于传统的政策性银行，不仅会受到我国财政总体规模的限制，而且也不利于政策性银行自身的长期可持续发展，在国际市场化运行和竞争中可能遭遇更多摩擦。因此，我国必须走开发性金融的改革道路，即要把政策性银行按资本充足、内控严密、公司治理完善、可持续发展的原则，转变为贯彻国家意图、以市场化运作为主、有较强国际竞争力和一定政策性功能的开发性金融机构。

（四）开放经济下政府促进跨国经营的国际经验

目前，我国在跨国经营的管理体制和政策上存在一定程度的缺陷，制约了跨国经营的发展。我国应该借鉴国际成熟的经验，改进和完善政府在对外直接投资中的作用：第一，要制定和完善对外直接投资的法律法规体系，依法指导和管理企业的跨国经营活动。第二，要完善对外投资管理体制。第三，要建立自负盈亏的对外直接投资基金，在企业对外投资初期给予资金扶持，投资成功后按一定比例向基金返回利润。第四，要建立健全财政、金融、税收、外汇等配套支持政策体系。第五，要建立跨国经营的信息咨询服务体系,加强建立政府主导的对外投资国别地区项目库,为希望进行跨国投资和经营的企业提供及时且有价值的信息。

(五)开放经济下国际人才竞争战略的国际经验

国际人才政策制定与实施经验对我国的启示为:首先,要进一步制定和完善一套明确的引进、使用和管理人才的体系,加强各机构之间的协调。其次,要将政府和市场的力量有机结合起来。政府提供政策性指导和制度上的支持,市场对人才认证和适应度提供直接意见。最后,要进一步创造条件,为高端人才解决后顾之忧。

七、构建中国开放型经济新体制的架构

(一)顶层设计:构建一体化的开放型经济新体制

我国开放型经济新体制的设计思路应遵循"五位一体"的框架,着力解决成本、产能和资金三个方面的能力问题。在平台建设上,首先要建立三个功能平台:实体经济平台、服务"一带一路"的基础设施开发平台和新金融体系平台。要维系这三个平台的功能发挥,还需要两个支持性平台:国际人才开发平台和风险防范与管理平台。"五位一体"的开放型经济新体制架构如图1所示。

图1 "五位一体"的开放型经济新体制架构

(二)三个功能平台的构建

构建我国实体经济平台战略的基本思路是输出富余产能,使过剩产能从负担变

为正资产。遵循这一基本思路，我国实体经济平台的构建应从四个方面着手：一是向西推进"丝绸之路经济带"的建设；二是向东南构建"二十一世纪海上丝绸之路"；三是对外贸易应不断向非洲、拉美、欧洲等区域拓展；四是推进全方位的开发战略，不断扩大内陆沿边、外部沿海开放和远程飞地绿地投资。

构建我国服务"一带一路"的基础设施开发平台应站在国家战略的高度来执行，可构建中国与亚非拉国家平等合作、互利共赢的新型战略性、系统性、公司化、市场化投融资合作平台——设立基于政府间合作框架，融入各方优势，整合各方资源，且股本及融资多元化、国际化的"基础设施发展公司"，既可发挥中国资本雄厚、基建经验丰富的优势，也有助于满足"一带一路"沿线国家的基础设施融资需求，破除制约其发展的瓶颈因素。

构建我国新金融体系平台可以概括为：利用好现有的"大""小"平台；果断、稳健地推进平行体系中新平台的构建，并在不断的试错、博弈、合作、相互融入中逐渐成为主导者。具体而言，首先，利用"大"平台就是要沿着提高发展中国家在世界银行和国际货币基金组织（IMF）中的投票权的思路，努力提升我国在现有世界体系中的话语权和谈判地位。利用好"小"平台主要是指我国在已参与的区域性发展银行（如亚洲开发银行等），以及我国主导的亚洲基础设施投资银行中要发挥更大的作用，以有担当、负责任的大国角色稳步推进。其次，利用"金砖国家"新开发银行（NDB）促进资金全球配置效率的提升，充分发挥新开发银行推进中国国际化战略的载体功能，同时要重视新开发银行金融平台的动态风险应对机制建设。

（三）两个支持性平台的构建

推进国际人才平台建设可以从三个方面着手：一是中长期人才战略规划与短期人才培养目标相协调；二是人才培养基地依托于学校教育机构和现有劳动力培训平台；三是在优化和完善开放型人才引进机制的同时要防止人才流失。

构建风险防范与管理平台，一方面，要加强以政府为指导，推进相关基础制度和服务设施建设；另一方面，要加强金融、保险等中介机构在风险管理平台中的作用。政府作为指导者，把控平台的全局性建设。

目录

导　论　向全面开放型经济迈进 / 001

　　第一节　经济发展与经济形态 / 001

　　第二节　从内向型经济到外向型经济的转变 / 004

　　第三节　开放型经济的门槛 / 008

　　第四节　分两阶段推进开放型经济建设 / 015

第一章　构建开放型经济新体制是实现强国目标的必然选择 / 017

　　第一节　评价经济发展阶段的理论基础 / 018

　　第二节　中国经济发展阶段评价的指标体系 / 026

　　第三节　中国经济发展所处的阶段 / 033

　　第四节　新阶段面临的问题与挑战 / 038

　　第五节　构建开放型经济新体制势在必行 / 043

第二章　构建开放型经济新体制是适应国际经济新趋势的客观要求 / 044

　　第一节　国际分工和产业结构调整的方向 / 045

　　第二节　区域经济一体化的新动向 / 048

　　第三节　全球经济格局及治理体系变革的动向 / 054

　　第四节　全球金融危机后的贸易保护主义 / 060

　　第五节　全球能源格局的多极化趋势 / 063

　　第六节　发展成为全球负责任大国 / 065

第三章　中国对外开放的历史进程与启示 / 069

第一节　中国古代对外开放的历史进程 / 069
第二节　中国近现代对外开放的历史进程 / 078
第三节　改革开放至今对外开放的历史进程 / 083
第四节　中国对外开放的历史启示 / 093

第四章　发展开放型经济战略的国际借鉴 / 096

第一节　美国的经验和教训 / 096
第二节　欧盟及其主要成员的经验和教训 / 104
第三节　日本的经验和教训 / 116
第四节　新兴经济体的经验和教训 / 118
第五节　国际经验的启示 / 125

第五章　构建中国开放型经济新战略 / 129

第一节　总体战略思路 / 129
第二节　中国的国际投资战略 / 152
第三节　国际贸易战略 / 178
第四节　国际金融战略 / 203
第五节　参与全球经济治理战略 / 238
第六节　以对外开放促进国内改革 / 264

第六章　构建开放型经济体制的国际经验借鉴 / 267

第一节　开放经济下政府行政职能改革的国际经验 / 267
第二节　开放经济下政府开发援助的国际经验 / 274
第三节　开放经济下国家开发性金融的国际经验 / 283
第四节　开放经济下政府促进跨国经营的国际经验 / 288
第五节　开放经济下国际人才竞争战略的国际经验 / 293

第七章 构建中国开放型经济新体制的架构 / 302

第一节 顶层设计：构建一体化的开放型经济新体制 / 302

第二节 打造服务"一带一路"建设的基础设施开发平台 / 305

第三节 完善金融平台 / 309

第四节 拓展实体经济平台：对外投资、工程承包、国际合作等协调平台 / 321

第五节 打造人才平台 / 330

第六节 整合风险防范平台 / 334

导　论

向全面开放型经济迈进

从经济发展与经济形态的关系来看，未来 20 年中国将处在大力推进开放型经济的发展阶段，应该推行"近期大力消除边境壁垒，远期积极推进全面开放型经济"的两步走战略。操之过急，有可能会欲速则不达，缩手缩脚，更有可能会错失发展良机。

第一节　经济发展与经济形态

一、工业文明时期的经济形态

在人类从农耕文明进入工业文明，并形成民族国家的世界大格局之后，从开放的程度和水平上看，一个国家的经济形态可以分为封闭型经济、内向型经济、外向型经济和开放型经济。

封闭型经济，或称自给自足型经济，是指基本上不和外界进行贸易、投资及人员往来的经济形态，整个经济活动处于自给自足的状态。内向型和外向型经济的共同特征是，内外经济之间有一条明显的分界线。两者的区别也较为显著，内向型经济指实行"进口替代政策"国家的经济。即发展中国家优先发展本国制成品生产，用本国产品替代原进口商品以带动其他经济部门的发展。国家通过进口限额、提高关税来扶植本国新兴工业，摆脱对进口的依赖。而外向型经济亦称"出口主导型经济"，依靠低估汇率，通过扩大出口，增加外汇收入，再引进国内急需的技术和设备，推动本国经济发展的一种经济类型。

开放型经济，则是内外统一、没有差别的一种经济形态，它和封闭型经济相对立。这时，整个经济内部的资源、要素都和全球经济联系在一起。典型政策有国内产品与外国产品的无差别对待，对外国企业的国民待遇，取消关税及非关税限制，甚至内部规章制度的相互协调和统一，本地货币的国际化，等等。开放型经济是一国经济发展的最高形态，其最终形成需要一个长期的过程。根据开放型经济发展的水平和程度，可以区分为不同阶段。本书为了方便起见，将其区分为开放型经济的低级阶段和开放型经济的高级阶段两种。其中，前一阶段主要推行消除最终的边界壁垒的政策；后一阶段则进一步整合边境内的规制和制度，形成内外相统一、相融合的无差别经济。

这四种经济形态之间，也存在着开放范围不断扩大，开放水平不断提高的演进关系。

二、落后国家发展中的经济形态演进

西方世界凭借着工业文明优势强势崛起后，从某种程度上，使整个世界和人类的进程都发生了根本的改变。从此，落后国家，或者说非西方国家的发展，许多都是西方化的过程。这种走势，在很多国家，都是从血与火中、从众多人民的生命代价中被注入人们的头脑中的。"落后就要挨打"，是中国式的一种总结。

这种西方化，本质上，就是向西方开放，向西方学习的过程。因此，从发展的角度来看，发展中大国的对外开放、经济形态的演进，大体上会经历以下几个阶段。

在经济发展之初，由于自身的产业和企业的竞争力弱小，发展中大国更多地是通过与世界的隔离，甚至是封闭自己来保护自我；而当自身的实力强大以后，则会逐渐地开放本国经济，甚至推行开放经济形态。

那么，为什么会是这样的一条演进路径呢？首先，落后国家的发展，很大程度上，就是一种学习过程，就是一种向发达国家，尤其是西方国家的学习过程。因此，采取封闭经济形态，就是断绝了和先进国家保持联系的通道。其次，是不是落后国家也要采取完全的开放经济形态呢？也不尽然。在经济发展初期，如果实行完全的开放经济，则会在国际竞争中，甚至是在本地市场的竞争中，完败于发达国家，从而不能够发展起来。这时，实行有限度的开放，比如内向型经济，或者外向型经济都是比较好的选择。最后，只有在本国的经济发展达到可以与发达国家竞争的水平时，才可以逐步推进开放程度，实现开放型经济形态。

三、推行开放型经济是大国崛起的必由之路

从经济方面看，开放型经济应该具有这样几个特征：①在国际贸易方面，在自由贸易的条件下，能够实现更高水平上的专业化分工。在这类分工下，本国的参与，不仅能够实现资源的配置优化，更重要的是，能够实现贸易规模的扩大以及经济水平的提高，并与其他发达国家之间形成各具特色，而又相互依赖的分工体系（宋泓，2008）。②在直接投资方面，达到了净对外投资（即对外投资规模大于吸引外资规模）的阶段，开始在全球范围内实现本国企业和产业的所有权优势及竞争优势。③在国际金融方面，本币实现了国际化，无须进行外汇的积累，并和国际金融市场密切地联系在一起。④在国际治理方面，是国际社会主要影响大国，能够发挥国际影响，并承担国际责任。在事关本国利益的事务中，能够坚定维护本国的全球利益。

开放型经济的实现，是一个渐进的过程，正如一国的经济发展一样，因此，并没有一个统一的、不变的标准，一旦到达这个标准就要马上实现转型。即便如此，我们还是能够找到一些进一步推进开放型经济进程的标志性变化。比如，一个国家已经成长为世界重要的制造业大国，已经能和世界上最大、最先进的制造业大国——美国、日本和德国等相抗衡的时候；或者一部分产业已经从国内向外转移，并在海外建立起一定规模的制造基地的时候。从对外投资的角度来看，如果一个国家，在引进外资的同时，也在进行大规模的对外投资，尤其制造业对外投资的时候，就有可能逐渐转变成一个对外净投资国家。再比如，一个国家积累的外汇储备远远超出金融风险防范的需要，并积极推进本币国际化的时候，等等。

一个国家发展开放型经济主要有两个方面的原因：其一，是自身发展的需要。

在一个国家的经济发展到达某种水平后，实行开放型经济可以获得更多的经济利益。这种经济利益，既来自参与国际分工的贸易所得及效率改进，也来自本国企业全球投资所获得的超额利润，更来自对于国际事务影响力及全球规则的制定权力。其二，是跟上国际变化的需要。一个国家发展所面临的国际环境千差万别。国际环境也处在不断的变化之中。比如，在开放的条件下，如果一个国家作茧自缚，闭关锁国，则会被边缘化。因此，在国际社会开放步伐加快的条件下，一个国家也要跟上这种节奏；反之，在国际社会倾向相互封闭的情况下，根据本国的利益以及影响力，可以扭转或者推动这种趋势，等等。

第二节　从内向型经济到外向型经济的转变

中华人民共和国成立 70 年以来，中国的经济形态经历了内向型经济、封闭型经济和外向型经济。

一、改革开放前中国经济形态的变动

在中华人民共和国成立初期，随着抗美援朝战争的开展，以美国为首的西方国家对中国进行了经济封锁和禁运。中国被迫实行了"一边倒"的外交政策，并和苏联为主导的社会主义国家保持比较密切的经济来往关系。20 世纪 50 年代的"一五"期间，更是通过从苏联引进 156 个大型项目，初步建立起比较完善的国民经济体系。西方国家的封锁禁运给当时的中国国民经济恢复带来了不少困难，但是也促使中国人民发扬独立自主、自力更生的精神，主要依靠自己的力量建设新国家。从此，中国走上了内向型的经济发展之路。

1960 年代，由于和苏联的关系恶化，加上和西方国家的关系没有改善，中国陷入同时和苏联、美国相对抗的境地，甚至和一些新独立的国家的关系也出现了波折，也被迫陷入类似对外封闭的状态之中。比如，1962 年 10 月中印边境爆发冲突，1964 年 8 月美国轰炸北越，将越南战争升级，并将战火扩展到中越边境地区，苏联也在新疆的边境地区挑起纠纷，加上盘踞台湾的蒋介石集团也蠢蠢欲动，

中国周边环境开始恶化。只是在 1962 年，通过努力和日本建立了半官方的经贸关系，1964 年 1 月与法国建立了外交关系，维持了零星的对外交往关系。中国与其他国家之间元首和政府级的访问急剧减少，几乎退出了所有的国际组织，也不参加国际会议；国际贸易大幅度下降；派出的留学生全部撤回，也不接受外国留学生。总体来讲，这一时期，中国对外经济、科技和人员交往极其有限，基本上处于封闭状态。

20 世纪 70 年代初期，随着中美关系的改善及中国在联合国合法席位的恢复，中国与西方国家的关系蓬勃发展。比如，20 世纪 60 年代末期，中国只与西欧的法国等 6 个发达资本主义国家建立外交关系，而 20 世纪 70 年代初期，同美国以外的所有发达国家的关系都获得了全面发展。1978 年，随着中日和平友好条约的签署，以及中美正式建交，中国与西方世界的关系基本实现正常化。中国外交上这种突破性发展，虽然主要是在政治、外交领域取得的，但是，却大大改善了中国的安全环境，拓展了中国外交活动的舞台，并且为中国的改革开放和更加积极地参与国际事务创造了前提，打下了坚实基础。

二、改革开放后至加入世界贸易组织时期

1978 年 12 月召开的十一届三中全会，开创了中国经济发展的新篇章。它所确定的改革开放政策，不仅标志着整个国家工作重心向经济建设上转移，而且，也标志着中国经济发展的形态由过去的内向型向外向型转变。

这种转变，也经过了几个阶段：第一阶段，1978—1985 年，经济转型的关键时期。这一时期，中国首次推出了在深圳、珠海、汕头和厦门建立四个经济特区的举措，调整了原来内向型经济发展时期高估的汇率制度，大幅度贬值汇率以利于出口。同时，发展加工贸易，大力鼓励出口，吸引技术先进性和出口导向型的外国直接投资的政策也纷纷出台。短短的几年内，就初步促使中国经济实现了从内向型经济逐步向外向型经济的转型。

第二阶段，1986—1991 年，出台了专门鼓励港澳台对大陆投资的政策（俗称"22 条"），为这些地区的劳动密集型产业向珠江三角洲转移进一步创造了条件。同

时，这一时期，中国也和韩国、新加坡等国改善了关系，逐步建立起正式的外交关系。尤其重要的是，中国开始有意识地推进沿海大开发战略，利用亚洲地区产业转移的机遇，积极出台政策吸引和接纳这些投资，这使中国经济开始和亚洲经济融合。

第三阶段，1992—2000年，中国对外开放进入到一个新的阶段。沿海地区的开放城市和地区不断扩大，初步形成了沿海、沿江和沿边全方位开放的格局。关税水平也在自发地、大幅度削减。短短几年时间，就从1994年的40%的水平，降低到2000年的15%左右。也就是从这个时期开始，中国外向型经济的格局已经基本形成，对外贸易、引进外资及对外经济技术合作蓬勃发展。

三、加入世界贸易组织以后

2001年，加入世界贸易组织（WTO），开辟了中国外向型经济大踏步发展新阶段。为加入世界贸易组织，中国进行了长达15年时间的马拉松式的谈判，进行了大幅度的关税削减，并承诺逐步废止非关税措施。其中，四个方面最具有代表性：第一，开放了电信业、银行业、保险业和专业服务业四个新的投资领域，为外国直接投资的进入提供了新的可能。这四个领域，中国之前都严格禁止外国直接投资的介入，或对其业务范围和经营地域有严格的限制。加入WTO后，中国逐步撤除这些限制：在2~3年内，股权比例放宽；5~6年内，业务种类或地域限制取消，因此，承诺将为外资的进入创造良好的条件。

第二，入世承诺加深了中国对外开放的程度。这主要体现在三个方面：其一，完全的贸易和分销权的授予将大大加深中国市场开放的程度。长期以来，中国对"三资"企业的贸易权（进出口权）和分销权（批发、零售、维修、运输等）进行比较严格的限制，不允许外国公司在中国境内分销在海外制造的产品，或拥有、管理分销网络、批发市场、货仓等；产品内销的比例也有限制；还通过发放商业许可证的方式，限制外国公司进行市场推销、售后服务、维修和顾客支援活动等。这些措施有力地减缓了外国商品和服务对中国市场的冲击。在贸易和分销权利方面，中国的入世承诺涉及上述所有方面，如外国商人可以分销进口产品和在中国制造的产品，这为扩大外国商品的进入提供了重要机会。其二，在视听产品的分销和旅游业的经营中，将允许外资更多地进入。外国企业不仅可以分销视听产品，而且，可以在分销合资企业中占有49%的股份。同时，中国也允许资信较好的大型旅游跨国公司不受限制地进入中国市场，允许它们在合资企业中占有多数股份。其三，汽车、电子和化学工业中的关税和非关税减让承诺将促使现有的外资投资项目进行大规模的调整活动。其中，汽车和化学工业属于中国的资本、技术或资本技术双密集型行业，投资额比较大。这两个产业的关税和非关税水平均比较高，外国直接投资的进入主要是为了满足中国的内部市场，属于"市场寻找"型投资。因此，随着中国关税和非关税水平的降低，国内市场不断开放，现有的这些投资将要做比较大的结构调整，如需要在贸易进入还是投资进入战略之间做出重新权衡等。

第三，中国入世大大改善了跨国公司及其直接投资在中国的经营环境。在入世承诺中，中国公开声明要加入《与贸易相关的投资（TRIMs）协定》和《与贸易相关的知识产权保护协定》。这两个协定的执行有利于改善外国直接投资在中国的经营环境。入世之前，中国在为外国直接投资提供各种优惠的同时，也为它们的进入及经营附加了种种绩效要求，如产品出口和内销的比率，转让技术要求，创造就业要求，国产化或当地含量要求，外汇平衡要求等。应该说，这些绩效要求对引导外国直接投资进入中国需要发展的行业和地区，补充中国经济建设的短缺资源，促进中国经济有序发展起了非常重要的作用。但是，不可否认，这些绩效要求也在国内企业和外国企业之间造成许多差异。比如，在税收方面，对外国企业有诸多减免和优惠，提供了"超国民待遇"；在经营范围和绩效上，又对它们附加了种种限制，实施"歧视性的非国民待遇"。加入世界贸易组织就彻底改变了这种状况，对所有企业一视同仁，实施国民待遇。《与贸易相关的投资措施协定》是乌拉圭回合的重要成果之一。它要求任一成员方不得实施与1994年版《关税与贸易总协定》的国民待遇原则（第3条）和取消数量限制原则（第11条）不相符的任何投资措施。在最后达成的协议中正式列明的不得采取的投资措施有：当地采购或国产化率要求；将企业的进口与其出口挂钩；一般性地限制企业进口；将进口用汇量与该企业的出口创汇量相联系；限制企业的出口或出口销售。中国做出的入世承诺实际上已经超出了TRIMs所达到的程度。TRIMs只是针对"与贸易相关的"投资措施，而中国的承诺不仅包含了 TRIMs 的要求，而且还做出了不强迫转让技术或要求在中国进行 R&D 活动等方面的承诺。这些条款都大大改善了外商在中国的投资环境。与外国企业及其直接投资在中国的经营环境直接相关的一个非常重要的因素是对知识产权的保护问题。目前中国对知识产权的保护主要是通过参加知识产权保护组织及其国际公约，或通过双边协定的形式实施。客观地讲，这种保护不是非常有力。入世后，知识产权的保护要受到 WTO 争端解决机制强有力的约束。

总之，加入世界贸易组织，是中国对外开放领域中的里程碑式的大事件。它不仅标志着中国对外开放的程度大大提高，范围不断扩大，而且也标志着中国开始在世界贸易组织的争端解决机制的约束下及各个成员的监督下，对国内外的产品实施非歧视性待遇（即最惠国待遇和国民待遇）。而这种非歧视性待遇，尤其其中的所谓"国民待遇"也包含着向开放型经济转变的因素。

第三节 开放型经济的门槛

加入世界贸易组织后的十多年来，经过过渡期的调整及最近几年的发展，中国经济是否到了应该推进开放型经济的新阶段呢？

一、制造业规模

标志工业化进程的一个重要指标是制造业的规模。我们以美国制造业的规模作为一个参照来分析中国制造业规模的增长。1998—2017 年，中国制造业增加值从 1998 年美国制造业的 23.54% 增长到 2010 年的 106% 及 2017 年的 165%。同样地，如果以包括采掘业以及公用事业部门（煤气、电力和自来水供应）的工业部门来比较，那么，类似的变化也很清楚：1970 年，中国的工业增加值只有美国的 11.24%，2001 年为美国的 26%，2010 年为美国的 96%，2017 年进一步为 140%。显然，中国制造业和整个工业已经实现了对美国的超越，如图 0-1 所示。

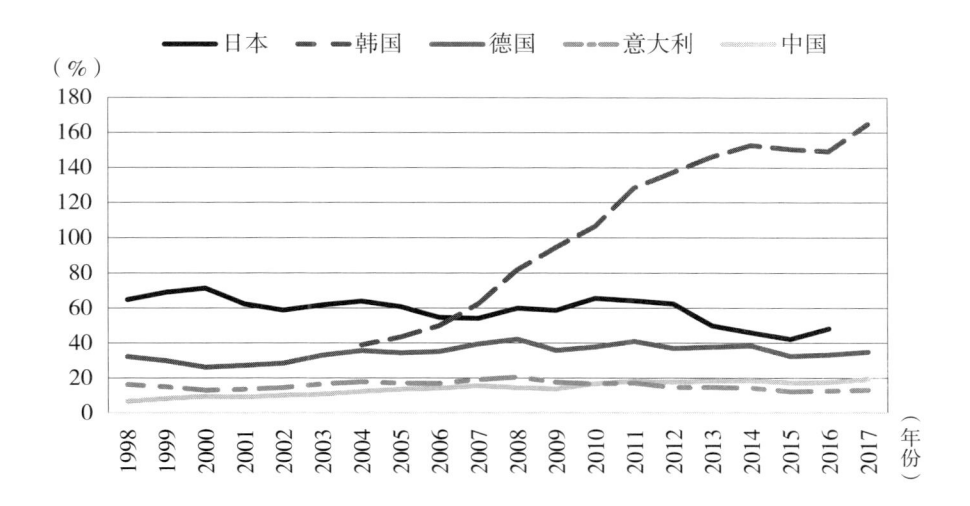

图 0-1　世界主要国家制造业规模对美国制造业规模占比

资料来源：世界银行发展指标数据库。

注：以美国制造业为 100 来计算；计算以当年制造业的现值美元值为基础。

尽管制造业的绝对规模是一个重要的参考指标，但是，是否我们制造业的规模超过了美国，我们就可以实行自由贸易或者实行开放经济呢？并不尽然。最典型的例子就是信息技术产业。从规模上看，中国已经是全球最大的信息产品的制造国和出口国。过去几年，西方国家就以此为证指责中国在新一轮信息技术产品（ITA）的扩容谈判中不积极，开出的例外产品太多。

因此，除了规模之外，更重要的还要看，在开放的条件下，一个国家能否在世界上占据一片和本国规模相当的高质量制造业？对此，我们可以直接采取模拟分析的方法进行模拟。另外，也可以通过间接的方法来推断这种转型的条件是否达到。其一，随着经济的发展，特别是劳动力成本的上升，劳动密集型的制造业向海外转移是否发生？从发达国家的情况来看，尤其是"二战"后发达国家实行开放经济的情况来看，只有将这类产业转移出去，并且，成功跨入到高层次的产业领域后，才可以实行开放经济。其二，转型后，是否成功实现了升级换代？从其他国家和地区的经验来看，这种升级换代需要 10~20 年时间。比如，韩国在 20 世纪 80 年代中期逐渐将劳动密集型的产业转移出去后，只是到 2003 年、2004 年时，才开始大规模推进开放型经济，与美国、欧盟等商谈高质量的 FTA 安排。这中间的升级换代时间大概经历了 20 年，并促使韩国在汽车、电子及化工等领域的国际分工中占据一席之地。又比如，中国香港的转型升级则比较快。在 20 世纪 90 年代中后期，中国香港就转化成服务型经济，在国际分销以及国际贸易中介等领域中占据一席之地。

世界主要国家制造业规模对美国工业规模占比如图 0-2 所示。

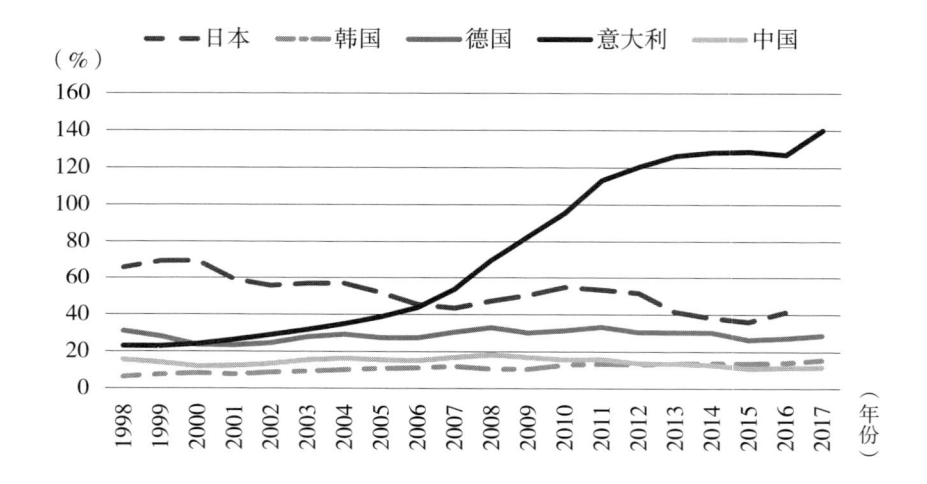

图 0-2　世界主要国家制造业规模对美国工业规模占比

资料来源：世界银行发展指标数据库。

注：以美国工业为 100 来计算；计算以当年工业的现值美元值为基础。

从这两个角度来看，中国距离实施开放型经济还有很长的路要走。首先，我们制造业的转移尚未发生。最近 10 年中，许多劳动密集型的产业从中国的沿海地区向中西部地区转移，大大延后了这类产业转移出去的时间。这也是中国作为一个大国和巨型经济体的独特之处。预计还有 7~8 年的时间，这类大规模的转型才会开始。其次，需要升级的产业，或者说，我们需要在开放条件下，在国际上占领的、与我们经济规模相对应的产业群是什么呢？我们还需要更长的时间进行探索。

总体来说，我们要实行韩国式的开放型经济（通过高水平的 FTA 安排，推进开放型经济），至少还需要 10 多年的时间。

二、贸易情况

从贸易上看，中国表现出和制造业类似的情形，规模上，我们已经是世界第一了，但是在贸易的结构上，我们许多产品和产业上的进口替代尚未完成，距离在国际上占据相应的地位还有很长的路要走。

在过去 10 年中，中国贸易突飞猛进。2003 年，中国出口超过日本，成为亚洲第一，2004 年中国进口也超过日本成为亚洲第一；2009 年，中国出口超过德国成为世界第一；2013 年，中国货物贸易超过美国成为世界第一。

但是，如果我们仔细分析中国贸易产品的结构，就会发现中国大量进口的产品，即中国处于比较劣势的产品，都属于技术密集型或者资本密集型的产品。在这些产品领域中，中国不仅没有形成国际竞争力，甚至连基本的进口替代都没有完成。典型的例子就是集成电路芯片、液晶显示屏、大排量汽车及商用飞机等产品，如表 0-1 所示。

表 0-1　2013 年前 40 位最大贸易逆差产品（HS8 位码）中的中国高科技产品的进口

高科技产品	进口总额/亿美元	在进口中所占比例/%	贸易逆差/亿美元
空载大于 45 吨的飞机等航空器	82.41	0.42	-81.03
2.5~3.0 及 1.5~2.0 排量的汽车及越野车、汽车自动变速箱等	351.59	1.80	-332.18
处理器、储存器、液晶显示、放大器等电子部件	2807.80	14.40	-1573.60

资料来源：海关总署。

从战略性新兴产业的发展上，更可以看出中国产业和产品的竞争力。中国的战略性新兴产业，主要是国际已经存在的、在发达国家主流技术或者前沿技术支撑下的产业。这些技术已经存在，但是中国却没有掌握。因此，这种战略性新兴产业的发展，从技术上讲，更多的是一种学习和追赶，是一种二次创新——想引进的引不进来，必须进行自主创新。同时，从产业的角度来看，这些产业也已经在发达国家存在，并且是主流，或者某些发达国家的核心产业。中国的发展，简单地说，就是要建立自己的产业，是一种典型的"me too"战略。这既是一种追赶，也是经济发展的必由之路。

而中国的强势进入以及鼓励和支持，势必会形成中国与西方国家及其产业和企业直接的、面对面的竞争。这意味着：①我们所面临的贸易和投资限制及摩擦会增多。②我国参与国际经济合作的方式，从以前的分享型成长转变成竞争性成长——直接在跨国公司和西方国家的手中，争夺新的产业和市场机会。③很多政策措施和做法，也会受到WTO规则及西方国家的监督和非议。④从全球治理的角度来看，这种做法也会成为西方其他国家观察中国国际行为的一个证据。在开放经济中，如何应对这些挑战和问题，是值得我们预先考虑和防范的。

三、直接投资情况

在直接投资方面，最近几年中国对外直接投资的增长很快，2016年达到1961.5亿美元的历史最高值，居世界第2位，2017年下滑至1246亿美元，居世界第3位。除2015年和2016年外，中国总体上仍然是一个外国直接投资的净流入国，如图0-3所示。这说明，中国经济的发展仍然处在产业竞争优势和企业所有权优势的积累阶段。

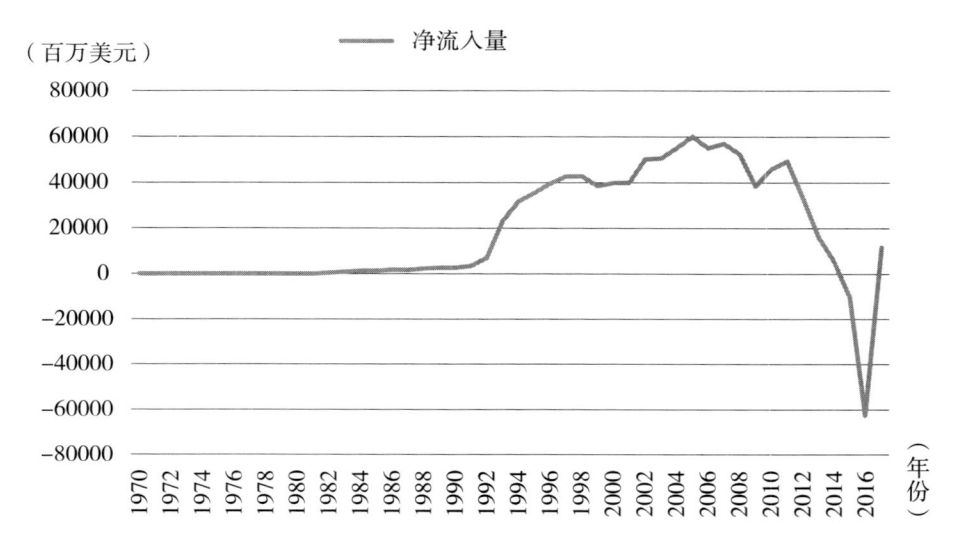

图0-3　中国直接投资的净流入情况（1970—2017年）

资料来源：UNCTAD databank。

同时，从"开放条件下一国经济发展与对外投资的阶段"来看，中国也还处在对外直接投资的初级阶段。一般来讲，一国的对外投资要经历：①建立或者弥补国内经济体系不足的技术和管理寻找型的对外投资，以及资源寻找型的对外投资阶段；②国内经济向海外扩张的海外销售型的试探投资、小规模制造业对外投资，以及大规模的对外投资阶段；③产业转型的对外投资、构建和掌控全球价值链形式的对外投资（全球化条件下的对外投资）；④开放条件下的全球投资阶段（没有内外经济之分，四海为家）。

中国对外直接投资存量的产业分布（2017年）如图0-4所示。

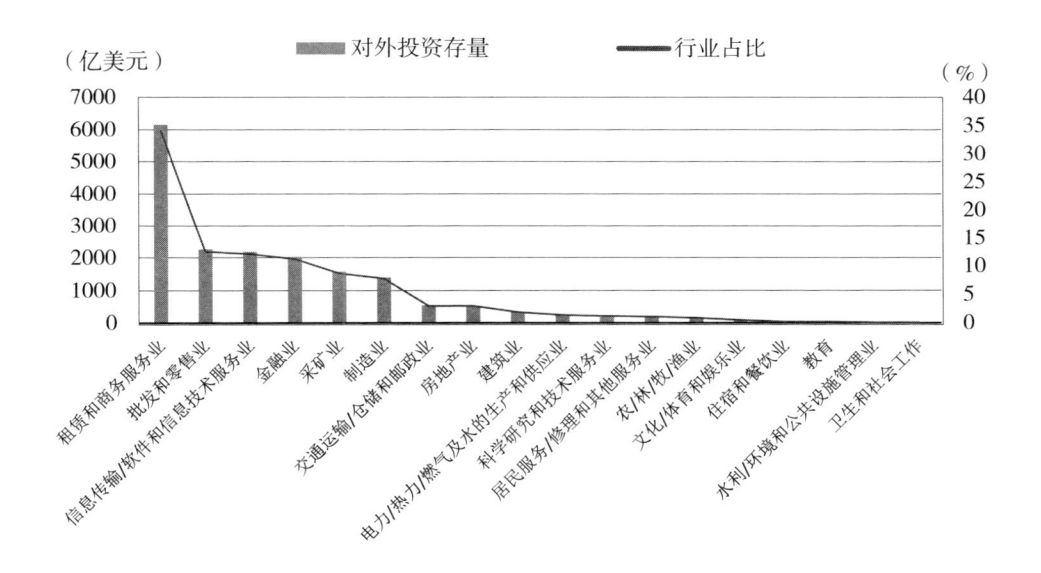

图0-4 中国对外直接投资存量的产业分布（2017年）

资料来源：商务部等，《中国对外投资报告2017年》。

四、经济发展、外汇储备与本币国际化

发展中国家的外汇储备有两个重要功能：其一是防范外部风险。在比较开放的国际环境中，外汇储备是一个国家最终偿还债务、保持外部可持续平衡的基础。如

果一个国家外汇储备有限，而对外举债又比较多的话，那么，就容易陷入外部平衡困境之中，甚至导致国家破产的金融危机。其二是一个国家竞争力的标志。在本币尚未国际化时，贸易盈余和外汇储备还是一个国家国际竞争力的一个标志：产品越具有国际竞争力，贸易盈余越多，外汇储备也越多，反之则相反。

另外，外汇储备还有一个重要的辅助功能，即巨额外汇储备的持续存在，会最终导致一个国家的货币升值，推动其国际化进程，甚至会导致其成为世界储备货币。在本币成为世界货币的情况下，这个国家很大程度上就不需要建立外汇储备。因为，本币就是世界货币。即便发生了金融危机，这个国家也可以通过印制本币获得自我救助，这是一个事物发展转化的绝好例子。

中国外汇储备的数量超过 3 万亿美元，为整个进口的 144%。外汇储备的规模远远超出了防范金融风险的程度。同时，近 5 年我们所创造的贸易盈余高达 3500 亿~6000 亿美元，充分表现了我国产品的国际竞争力。但是，全球化的条件下，对于这种创造贸易顺差的能力，也需要更客观、全面地看待。外汇储备主要来自贸易盈余和直接投资净流入量。在我国，主要来自贸易盈余，尤其是加工贸易盈余。这种贸易盈余，更多地反映了目前我们所具有的劳动力及综合加工、制造方面的国际竞争优势。但是，随着劳动力成本的上升，贸易盈余的状况是否还能够长期保持则需要画一个问号。

五、国际治理

在国际治理中，中国是否是国际主流社会不可或缺的一员？在金融防范方面，除了我们的货币尚未国际化之外，更重要的一个担心，是在我们发生系统性的金融危机的时候，是否会有其他西方主要发达国家伸出援手，也许这些国家会落井下石，甚至趁火打劫？显然，实行开放型经济，不仅是我们要具备相应的能力问题，而且还有一个其他国家对于我们的接纳和认可的问题。

在这里，我们关注的问题是，对于中国是否会特殊对待？比如，即便是我们具有对外投资的能力和意愿，其他国家也需要，但是，为什么总会用所谓的安全借口来限制我们呢？是不是我们改革了我们的国有企业，比如，真正实行了竞争中性，我们就可以无歧视进入西方发达国家吗？在参与国际治理中，我们的标准和价值观会被接受多少？是不是我们也要逐步接受西方的价值观呢？

总之，不论是从制造业的发展水平和阶段，从贸易的结构和发展方向，还是从直接投资的发展阶段、金融发展水平及参与国际治理的情况看，要实行完全的开放型经济，中国还有相当长一段路要走。总体上讲，我们仍然需要经过长期的努力，才能够迈过开放型经济的门槛。

第四节　分两阶段推进开放型经济建设

从中国产业和产品目前及未来一段时期的竞争力状况看，距离建成完全的开放型经济还需要大概 20 年左右的时间。我们应该分两个阶段来推行这种开放型经济的建设，即近期（"十三五"和"十四五"期间）大力推进边境壁垒的降低和削减，实现重点突破；远期（"十五五"和"十六五"期间）积极推进边境内壁垒的降低和削减，实现全面开放的两步走战略。

第一，在贸易方面，边境上的壁垒仍然存在，边界内部的限制则需要进一步协同和统一。近期，应该根据产业竞争状况，削减货物上的关税水平；在卫生、教育及金融等服务部门中，积极推进市场开放，促进这些部门的竞争力提高及管理水平的改善。与贸易壁垒的削减相联系，也要进一步改进贸易便利化。远期，应该推进边境内规制的协调和统一，以及与贸易相关的知识产权保护等事宜的推进。

第二，在投资方面，内企与外资之间，仍然存在一定界限，我们对外国直接投资采取的负面清单仍然较长。近期，我们应该根据产业和企业竞争力的状况，逐步推进产业部门的更多对外资的开放，不断修订和缩减负面清单；在全面落实准入前国民待遇加负面清单管理制度的同时，还要加上正面鼓励，再加上准入后的国民待遇；改善内外资的竞争环境，反对垄断。远期，不再区分内资和外资，一律实行国民待遇。

第三，在金融方面，人民币仍然没有国际化，仍然储存大量外汇资源。近期，我们需要适度开放金融业，提高金融企业的竞争力和管理水平；积极推进金融业的市场化改革，稳步推进资本账户的开放，推进汇率及利率的市场化改革；积极推进人民币国际化进程。远期，促使人民币成为主要国际储备货币之一；推进本币的对外投资规模。

第四，在国际治理方面，内外部事务界限分明——仍然没有世界大国的气度：国内的新闻就是国际新闻，国际新闻就是国内新闻（因为重大事件都是主导者之一）。近期，应该积极参与现有国际秩序和治理，并成为主要的责任方；远期，根据自身地位的变化，适度修改现有国际治理构架，以便更符合自身利益。

推进开放型经济的"两步走"战略如表0-2所示。

表0-2 推进开放型经济的"两步走"战略

主要领域	现状	重点突破阶段（近期："十三五"和"十四五"期间）	全面开放阶段（远期："十五五"和"十六五"期间）
对外贸易	关税及非关税壁垒仍然存在	边境壁垒的消除	边境内标准和规制的统一及协调
直接投资	产业指导目录管理	负面清单，准入前国民待遇	内外资统一，国民待遇
国际金融	资本账户管理；人民币尚未国际化；巨额外汇储备	人民币国际化；汇率及利率市场化	人民币成为国际储备货币
全球治理	参与现有全球治理体系	主要参与国之一	全球治理的主要国家
总体	差距不小	道路曲折	任重道远

第一章

构建开放型经济新体制是实现强国目标的必然选择

判断中国经济发展所处的阶段及其特征，进而阐释现阶段可能面临的问题和挑战，首先需要借鉴现有的评价经济发展阶段的理论。这些理论既包括发达国家的经验，也包括发展中国家的难题。而且，两者在各自的经济增长过程中，不可避免地会在相同的阶段中出现一些共同的趋势或特征。这种共同的一般性趋势不是出现在同时期的不同国家中，而是出现在不同国家的相同阶段上。马克思说过，工业发达国家向不发达国家所显示的，只是后者未来的景象。但是需要注意，现有经济发展阶段划分理论，毫无例外地都是采用多国样本，从人均GDP或比重结构的角度出发；而对特定国家或地区来说，正如德国经济学家李斯特所指出的，不同国家的国情不同，其需要参照的划分标准自然也不能雷同。因此，本章通过对经济发展内涵的分析，重新构建了评价中国经济发展阶段的指标体系。结果显示，我国经济进入了以创新促进经济发展、外需在经济增长中作用在逐渐减弱、以城市化推动经济发展和人民群众对资源环境及生活品质追求日益提高等为特征的阶段。这一阶段面临的挑战集中在：世界经济复苏不确定性、不稳定性进一步上升带来的挑战；全球产业结构和国际分工继续深度调整、经济格局发生重大变化带来的挑战；中国经济"三期叠加"带来的挑战；生产成本上升和创新能力不足带来的挑战；产能过剩及资源环境约束带来的挑战；财政金融风险增大带来的挑战；

社会矛盾复杂、多发带来的挑战等。

第一节　评价经济发展阶段的理论基础

现有研究在判断不同国家或地区经济发展阶段时，所依据的理论基础大致可以包括两个层次。第一层次是从整体经济发展的角度，对不同国家或地区经济发展阶段进行划分；第二层次是进一步深入到整体经济发展的不同阶段，主要是工业化阶段，对不同国家或地区的工业化进程进行细致划分。

一、整体经济发展阶段划分的理论

不同的整体经济发展阶段划分理论，其划分标准存在较大差异，同时，划分的结果也存在一定不同，主要有三阶段论、五阶段论、六阶段论等；而对工业化发展阶段进行划分的理论，也存在类似的情况。

（一）三阶段论

将整体经济划分为三个阶段的主要有：配第—克拉克定理及库兹涅茨经济发展阶段理论，都是从国民收入和劳动力在产业间分布的角度来进行划分。

1. 配第—克拉克定理

配第—克拉克定理是指，随着一国人均国民收入的提高，劳动力首先从第一产业向第二产业转移；当人均国民收入达到一定水平之后，劳动力将从第二产业向第三产业转移；劳动力在产业间的分布状况是，第一产业将减少，第二产业和第三产业将增加。配第—克拉克定理所揭示的这一基本趋势，不仅能从一个国家经济发展过程中得到证明，而且可以从不同发展水平的国家同一时点上的横断面比较中看到这种一般趋势。

17世纪英国古典政治经济学家威廉·配第根据当时英国的实际情况指出，工业往往比农业的收入多，而商业往往又比工业的收入高，因此，劳动力必然由农业转向工业，而后再由工业转向商业。克拉克在《经济进步的诸条件》一书中，通过对

40多个国家不同时期的三次产业的劳动投入和产出资料的整理与比较，指出随着人均国民收入的提高，劳动力在三次产业分布结构变化的一般趋势，他据此将各国经济发展划分为三个阶段：①以农业为主的低开发经济社会。在这个阶段，人们主要从事农业劳动，由于劳动生产率低，人均收入比较低，全社会的国民收入较少。②随着经济发展，制造业比重迅速提高，进入以制造业为主的经济社会。在这一阶段，由于制造业的劳动生产率高，人均收入比较高，引起劳动力从农业向制造业转移，全社会国民收入增大，人均国民收入提高。③随着经济的进一步发展，商业和服务业得到了迅速发展，由于商业、服务业的人均收入比农业和制造业要高，引起劳动力从农业主要向商业和服务业转移，全社会的国民收入增长加快，人均国民收入大大提高。克拉克把他的发现看成是对威廉·配第的印证，后续研究通常将他们的发现统称为"配第—克拉克定理"或"配第—克拉克趋势"。

2. 库兹涅茨经济发展阶段理论

美国经济学家库兹涅茨在继承克拉克研究成果的基础上，进一步收集和整理了多个国家的庞大数据。据此，从国民收入和劳动力在产业间的分布这两个方面，对伴随经济发展的产业结构做了分析研究。库兹涅茨把第一、第二、第三次产业分别称为农业部门（含农业、林业、渔业等）、工业部门（含矿业、制造业、建筑业、电力、煤气、供水、运输、邮电等）和服务部门（含商业、银行、保险、不动产业、政府机关、国防及其他服务产业）。

库兹涅茨的经济发展阶段理论的主要内容包括：①从纵向角度，研究了各个产业的产值和劳动力在总量中所占比重的变化趋势。其结论是，对发达国家而言，国民生产总值在三次产业中分布的趋势是类似的：农业部门的份额显著下降，工业部门的份额显著上升，服务部门的份额略微的而且不是始终如一的上升，但有少数国家（如法国和美国）则例外地出现较明显的上升。总劳动力在三次产业中的分布的变化趋势与国民生产总值分布的变化趋势大致相同，只是劳动力在第二次产业中所占比重的上升趋势不够明显，而在第三次产业中的比重则显著上升。对后起国家和不发达国家而言，产业结构的变化趋势与发达国家的情况大致相同。②从横断面角度，比较了不同国家三次产业在总产值和总劳动力所占份额的分布规律，得出与纵向分析大致相同的结论。

也就是说，人均国民收入水平越低的国家，农业部门与工业部门、服务部门的比较劳动生产率（即某一部门或产业的相对国民收入，等于该部门的国民收入的相对比重与该部门的劳动力的相对比重之比）差距越大；其原因是不发达国家多为农业国，农业劳动力比重大，发达国家多为工业国，农业劳动力比重小。因此，穷国变成富国，必须大力发展非农产业，并加速农业劳动力向非农业领域转移。

（二）五阶段论：李斯特经济发展阶段论

李斯特是德国国家主义学派的经济学家，为了明确当时德国国民经济所处的落后地位，以及据此应采取的保护主义经济政策。1841年，他在《政治经济学的国民体系》一书中，提出了经济发展和产业结构演进的五个阶段理论，"在经济方面来看，国家都必须经过如下五个发展阶段：原始未开化时期，畜牧时期，农业时期，农工业时期，农工商时期。"[①]

李斯特提出，各国经济发展阶段不同，应采取的贸易政策自然也应不同，为振兴德国产业资本、实行保护关税政策提供理论依据。比如，对处于农业阶段的国家来说，应坚持实行自由贸易政策，便于农产品的自由出口和国外工业品的自由进口，以促进本国农业的发展，并培育工业化的基础。对处于农工业阶段的国家来说，虽然其国内工业已有一定程度的发展，但是，还远未达到与国外工业品相互竞争的程度，因此，国家必须实施保护性的关税制度，使本国工业品免受国外产品的冲击。最后，对处于农工商业阶段的国家来说，由于国内工业产品已具备较强的国际竞争力，国外产品的竞争威胁已极大减弱，因此，可以实行较为自由的贸易政策，以享受自由贸易带来的利益，从而刺激国内产业进一步发展。

李斯特的经济发展阶段理论还涉及产业结构转换问题。他认为，一国的政治制度、科学技术、人员素质、民族精神都是生产力发展和工商业繁荣的重要条件和源泉。因此，他提出了更广泛的政治问题，如采取国家干预经济、实行关税保护、扶

---

① 也有文献将之称为：狩猎状态、游牧状态、农耕状态、农工状态、农工商状态。

植本国幼小产业、积极发展基础设施、大力发展教育事业、引进技术等。

（三）六阶段论：罗斯托经济发展阶段理论

1960年，美国经济学家兼经济史学家罗斯托在《经济成长的阶段：非共产党宣言》一书中，将经济成长的过程分为六个阶段，即：传统社会阶段、为起飞创造条件阶段、起飞阶段、走向成熟阶段、大众高消费阶段及消费阶段之后，并根据资本积累水平和主导产业两项指标，将工业化过程划分为四个阶段，即：准备阶段、起飞阶段、成熟阶段与后工业化阶段。从地位来看，由于罗斯托经济发展阶段理论是目前各国研究经济发展阶段的基础，因此下面对罗斯托经济发展阶段理论中的各个阶段提供一个较为详细的介绍。

第一，传统社会阶段是指其结构在有限的生产函数内发展起来的社会阶段，以前牛顿时代的科学技术和前牛顿时代人类对物质世界的态度为基础。在这个阶段，没有现代科学技术，传统社会由于生产力的限制不得不把大部分资源用于农业生产，在社会组织中起主导作用的是家族和氏族，人均实际收入仅够维持生存。

第二，在为起飞创造条件的阶段，是从传统社会阶段向起飞阶段转变的过渡阶段。金融业开始发展，并为新的投资提供资金；商业也随着交通运输业的改进而正在扩大；农业的发展具有基础性的作用，它既要提供更多的粮食来养活迅速增长的城市人口，又要为工业的发展提供资金积累和销售市场，因此农业产量的增长具有重要意义，它决定此过渡时期持续时间的长短。现代科学知识开始在农业和工业中转变为新的生产函数，在现代史中较为一般的情形是由较先进社会从外部入侵产生这一变化，动摇传统社会并加速其解体。在这一过程中，有一个决定性特征来自政治方面，即建立一个有效的中央集权民族国家以促进统一市场的形成和大笔社会经营资本的积累是这一阶段的决定性因素，并且差不多是起飞的必要条件。这个阶段是以农业为主的社会，通常有75%或更多的劳动力从事农业。在政治上，也应有相应变革。这一时期发展的障碍正在逐步克服，人均实际收入缓慢增长。

第三，起飞阶段是现代社会生活中的巨大分水岭，是稳定增长的障碍和阻力被最终克服的时期。此阶段阻碍经济增长的问题得到解决，增长成为各部门的正常现象。达到此阶段必须具备三个条件：一是要有较高的积累比例，有效的投资率和储蓄率可能从国民收入的 5% 提高到 10% 或 10% 以上；二是要建立起飞的主导部门，使它发展较快并带动其他部门增长；三是要有制度上的改革，即建立一种能够保证起飞的制度，以推动经济的扩张。此阶段农业劳动力逐渐从农业中解脱出来，进入城市劳动，人均收入大大提高。这一时期新兴工业迅速扩张，城市地区随之进一步扩张，新技术不仅在工业也在农业中扩散，农业生产率发生革命性变化，经济增长成为正常状态，起飞阶段将持续约 10~20 年。罗斯托认为，一个区域一旦实现起飞，经济就可以"自动持续成长"，所需要的原料生产与供给、交通运输、劳动力供给等问题也可以得到解决。事实上，此阶段相当于资本主义发展史中的产业革命阶段。

第四，走向成熟阶段，通常指经济在这一阶段展现出超越曾经推动它起飞的初始工业化的能力，以及在非常广泛的资源范围上吸收和有效采用现代技术的最先进成果的能力。新的主导部门逐步建立，代替旧的主导部门，国民收入中有 10%~20% 稳定地用于投资。一般来说，铁路建筑、钢铁工业及大量使用钢铁的通用机械、采矿设备、化工设备、电力工业和造船工业等部门的发展，是一国经济"成熟"的标志。在向成熟阶段推进的过程中，成长所依靠的是对供给方面的投资，也就是靠对工业设备部门的投资，并由此带动了经济成长。在这个阶段一国经济可能缺乏原材料或经济地生产一种特定类型的产品所需要的其他供应条件，但是这种依赖是一种经济选择或者政治优先考虑的问题，而非技术或者制度的必然结果。走向成熟阶段是一个较长时期的持续增长阶段，历史上经济发达国家用了 40 多年的时间完成了这一阶段。

第五，在大众高消费阶段，工业高度发达，主导部门转向耐用消费品和服务业，社会对高额耐用消费品的使用普遍化。越来越多的资源用来生产耐用消费品，技术工人和城市人口的比重都比前阶段有一定提高，用来供社会福利和保障之用的一部分资源逐渐增大，人们的生活方式发生了较大变化。这一阶段的另一个特征是出现了福利国家，通过政治程序将更多的资源用于社会福利和社会保障。

第六，消费阶段之后，以服务业为代表的提高居民生活质量的有关部门（包括教育、卫生保健、文化娱乐、市政建设、环境保护等）成为主导部门，这些部门的特点，是提供服务产品，而非生产物质产品。居民追求时尚与个性，消费呈现出多样性和多变性，人类社会将不再只以物质产量的多少来衡量社会的成就，还包括以劳务形式、环境状况、自我实现的程度所反映的"生活质量"的高低程度。

在上述六个阶段中，第三个阶段是关键，是社会发展过程中的重大突破。罗斯托理论中，主导部门是各个阶段经济发展的核心动力。形成主导部门的条件是：这个部门必须在国民经济中占有举足轻重的地位，有技术创新和迅速应用新技术的能力，有能够快速增长并带动其他部门增长的能力。主导部门是不断更替的，传统社会阶段的主导部门是农业，起飞前阶段的主导部门是食品、饮料、烟草、水泥等工业部门，起飞阶段是非耐用消费品的生产部门（如纺织）和铁路运输业，走向成熟阶段是重化工和制造业，大众高消费阶段是耐用消费品工业（如汽车），消费阶段之后是服务业部门（如文教、卫生等）。较高的资本积累率是经济起飞的重要条件，政治与社会制度的变革是起飞顺利实现的保证。

二、工业化发展阶段划分的依据

事实上，考虑到大多数国家的经济发展都必须经历工业化的过程，因此，对工业化发展阶段的判断与划分，对发展中国家来说，特别是中国，其重要性及参考价值可能要高于对整体经济阶段的划分。这方面通常依据的理论或标准包括霍夫曼定律、钱纳里等的人均GDP划分标准和联合国工业发展组织的划分标准等。

（一）霍夫曼定律

1931年，德国经济学家霍夫曼在《工业化的阶段和类型》一书中，对20多个国家1880—1929年消费品工业和资本品工业比重的数据进行了分析和归纳，从产业结构演进的角度，通过测算工业内部结构比例关系的变化，分析了制造业中消费资料工业和生产资料工业的比例关系。

霍夫曼把工业产业分为三大类：一是消费资料产业，包括食品工业、纺织工业、皮革工业、家具工业等；二是资本资料产业，包括冶金工业、运输机械工业、一般机械工业、化学工业等；三是其他产业，包括橡胶工业、木材工业、造纸工业、印刷工业等。某类产品有 75% 以上属于消费资料就归入消费资料产业，75% 以上是生产资料则归入生产资料产业，不能归入上述两类的就归入其他产业。

霍夫曼根据历史经验观察到，尽管许多国家的国情不同，但工业的过程都有这样的趋势：食品和纺织等消费品部门总是最先发展的，冶金和机械等资本品部门随后得到发展；后者虽然起步晚，但发展却快于前者。因此，随着工业化推进，消费品部门与资本品部门的净产值之比是逐渐趋于下降的。霍夫曼认为，衡量经济发展的标准不是产值的绝对水平，不是人均的产值，也不是资本存量的增长，而是经济中制造业部门的若干产业的增长率之间的关系。即衡量标准是消费品部门与资本品部门之间净产值的比例，即：

霍夫曼比例 = 消费资料工业的净产值 / 资本资料工业的净产值

这个比例后来被称为"霍夫曼系数"。霍夫曼据此提出了工业结构存在重工业化趋势，即在工业化进程中霍夫曼比例呈不断下降趋势的霍夫曼定律，并将工业化划分为四个阶段，如表 1-1 所示。

霍夫曼认为，在工业化的第一阶段，消费资料工业在整个制造业中占有优势地位。到了第四阶段，情况发生逆转，资本资料工业净产值开始大于消费资料工业净产值。但是，不少学者对此持批评态度。如库兹涅茨认为美国的经济发展过程中看不出存在霍夫曼比例。日本学者盐野谷佑一的研究显示，以 1950 年价格计算凡是人均国民收入超过 200~300 美元、工业化达到较高水平的国家，消费资料工业与生产资料工业的比例是稳定不变的，处于这个水平以下正在进行工业化的国家，霍夫曼比例将下降；由此，他认为霍夫曼定理只适用于工业化初期，霍夫曼把工业化初期的趋势推广为通用于整个工业化过程的一般模式是不合适的。

表 1-1　霍夫曼比例及工业化阶段划分[①]

工业阶段	特征	霍夫曼比例
第一阶段（或初期阶段）	农业为主导产业，消费资料工业占统治地位	5（±1）:1
第二阶段（或中期阶段）	消费资料工业规模仍然大于生产资料规模	2.5（±1）:1
第三阶段（或中后期阶段）	消费资料工业规模与生产资料规模相当	1（±0.5）:1
第四阶段（或后工业化阶段）	生产资料工业规模大于消费资料工业规模	<1

（二）钱纳里等的人均 GDP 划分标准

美国经济学家钱纳里等人运用投入产出方法、一般均衡方法和经济计量模型，考察了"二战"后发展中国家的工业化过程，并借助多国模型，以人均 GDP 为划分标准，将经济结构转换过程划分为 6 个时期 3 个阶段，如表 1-2 所示。

表 1-2　钱纳里等的人均 GDP 划分标准[②]

时期	人均 GDP（美元） 1964 年	人均 GDP（美元） 1970 年	经济发展阶段	
1	100~200	140~280	初级产品生产阶段	
2	200~400	280~560	初级阶段	工业化阶段
3	400~800	560~1120	中级阶段	工业化阶段
4	800~1500	1120~2100	高级阶段	工业化阶段
5	1500~2400	2100~3360	初级阶段	发达经济阶段
6	2400~3600	3360~5040	高级阶段	发达经济阶段

[①] 于同申：《发展经济学——新世纪经济发展的理论与实践》，中国人民大学出版社 2002 年版，第 284 页。

[②] 钱纳里：《工业化和经济增长的比较研究》，上海三联书店出版社 1989 年版，第 71 页。

钱纳里等通过对 101 个国家 1950—1970 年的统计资料进行分析后发现，当人均收入处于低水平时，初级产业（农业）产出在国内生产总值中的比重大，随着人均收入的增加，初级产业产出份额持续下降，工业和服务业产出份额持续上升。当人均收入为 100 美元时，初级产业产出份额为 45%，工业为 15%；当人均收入为 500 美元时，初级产业产出份额降到 20%，工业增加到 28%。

而且，钱纳里与塞尔昆还构造出世界发展模型，并由世界发展模型整理出经济发展结构模型，即经济发展不同阶段产业结构的标准数值。钱纳里等认为，在经济发展的不同阶段，存在着不同的经济结构与之相对应，如果不对应，则说明该国结构存在偏差。这就为不同国家分析在经济发展过程中产业结构演变是否正常提供了依据。

（三）联合国工业发展组织的划分标准

为便于国际比较，联合国工业发展组织根据工业净产值在国民收入中的比重，也提出了一个简便的工业化发展阶段的划分标准。联合国工业发展组织对工业化发展阶段的划分标准[①]如表 1-3 所示。

表 1-3 联合国工业发展组织工业化发展阶段的划分标准

工业化发展阶段	工业净产值占国民收入的比重（R）
农业经济阶段	R<20%
工业经济阶段	20%<R<40%
工业加速阶段	R>40%

第二节 中国经济发展阶段评价的指标体系

对具体国家或地区经济发展阶段的划分，固然要以上述经济发展阶段划分理论为基础；但是，现有经济发展阶段划分理论，毫无例外都是采用多国样本，从比重

---

① 中国社会科学院研究生院城乡建设系：《城市经济学》，经济科学出版社 1999 年版，第 121 页。

结构的角度出发；而对特定国家或地区来说，正如李斯特所指出的，不同国家的国情不同，其需要参照的划分标准自然也不能雷同。因此，需要首先明确的是，从中国的角度，我们国家经济发展的内涵是什么？

一、经济发展的含义：基于中国的视角

对经济发展含义的认识，进而据此对经济发展阶段进行科学划分，以及对不同阶段特征的识别，是制定科学合理的经济发展战略，从而更好地促进经济发展的关键。在工业社会以前的漫长历史时期，由于生产力水平低下，人类活动的范围和强度都十分有限，人与自然界之间的关系基本上处于自然和谐状态，因此，人们关于发展问题的看法基本上是一种自然生态观。而工业革命以后，机器大生产极大地促进了人类对于自然资源的开发利用。伴随工业革命，人类的物质财富虽然不断增长，但自然资源却在大量消耗，同时还加大了对生态环境的污染和破坏。因此，各个国家真正开始了对经济发展问题的系统思考和探索。比较有代表性的思想主要有经济增长观、社会发展观、综合发展观和可持续发展观等。

首先，经济增长观强调，把GDP的多少及其增长速度的快慢视为一个国家或地区贫富与经济活力的象征，因此，一切经济行为的根本目标就是追求国内生产总值的不断增加，强调经济增长在整个社会中的根本作用和重要地位，片面追求高指标、高速度、高投入、高产出，把工业化作为促进经济发展的根本动力。其次，在对经济增长观所造成的系列恶果进行直观反思的基础上，社会发展观开始从社会要素角度解释经济发展的内涵，认为整个社会结构的现代转化对经济发展具有重要意义；把人作为社会存在物，注重人的社会存在形式的变革和发展，特别重视关注经济发展过程的综合性。再次，综合发展观则认为，必须区分经济增长与经济发展的差异，经济增长仅仅是指一个国家或地区在一定时期内包括产品和服务在内的产出的增长；而经济发展则意味着随着产业增长而出现的经济和社会等方面的结构变化，从这个角度看，经济增长是经济发展的基础，而经济发展则是经济增长的最终目的。另外，综合发展观还提出，必须认识经济发展的层次性，既存在着地区、国家经济发展、区域经济发展、全球经济发展的区别，也存在行业与全社会经济发展的差异。最后，

可持续发展观提出，经济发展是人与自然的协调发展，这是可持续发展的核心，而人与人的和谐则是可持续发展的实质；经济发展必须在空间维度上体现出整体与局部的协调统一，在时间维度上体现出现在与未来、当代与后代之间的统一，其核心是保证代与代之间具有平等的发展机会和条件。

我国实行改革开放40年，一直坚持以经济建设为中心的战略，使中国经济取得了跳跃式的发展，GDP也已经比改革开放初期翻了两番以上。但是一段时间以来，一些地方把"发展是硬道理"误读为"增长是硬道理"，把"以经济建设为中心"误解为"以GDP为中心"，这种以GDP为唯一发展标准的做法现在日益显现其缺陷，单纯的GDP增长并不能反映经济与社会发展、区域发展、城乡发展和财富分配的均衡性，也不能反映人与自然的和谐发展。

因此，此处强调的中国视角的经济发展观，不仅强调人与自然的和谐，而且更加关注人们在生产、交换、分配、消费关系中的和谐；既要求保持经济平稳快速增长，防止大起大落，又要注重优化结构，努力提高质量和效益。根据党的十七大、十八大报告及十八届三中全会公报，我们认为，从中国角度理解的经济发展应该是，全面协调可持续的经济发展，即按照中国特色社会主义事业总体布局，全面推进经济建设的方方面面，促进现代化建设各个环节、各个方面的协调，特别是促进生产关系与生产力、上层建筑与经济基础的协调。坚持走生产发展、生活富裕、生态良好的经济发展道路，建设资源节约型、环境友好型社会，实现速度、结构、质量、效益统一，经济发展与人口资源环境协调的可持续发展。

二、经济发展阶段评价的标准与指标体系

下面从两个方面进行分析，首先是依据经济发展阶段划分的理论基础，以及我们对经济发展的理解，考虑划分经济发展阶段的标准；其次是根据这些标准构建相应的用于后文数量分析的指标体系。

（一）划分经济发展阶段的标准

按照上述对经济发展的理解及对应原则，我们可以归纳出以下五个方面的划分

经济发展阶段的标准。

1. 经济总量标准

一方面，我国的人口多、底子薄、发展不平衡，处于社会主义初级阶段；另一方面，我国每年新增大量劳动力，要解决这些人的就业问题，逐步吸收农村转移劳动力，缓解巨大而持续存在的就业压力，保持就业和社会形势的稳定，完成全面建设小康社会的宏伟目标，加快推进社会主义现代化，实现中华民族的伟大复兴，决定了我们必须将经济总量及其增速保持在一定的水平上。

2. 经济结构标准

经济结构的变化包括就业结构、产业结构、消费结构、分配结构等多个方面的变化。经济结构标准强调通过经济结构调整，使社会总供给和社会总需求基本平衡，经济各部门之间和内部比例关系协调，经济结构效率、经济结构水平不断提高的过程。经济结构优化是一个动态的过程，它不是指静态的经济结构水平的高低，而是指通过不断地调整经济结构，使一国或地区的资源配置效率达到最优的过程。

3. 市场化与制度标准

党的十八届三中全会审议通过的《中共中央关于全面深化改革若干重大问题的决定》明确指出，"经济体制改革是全面深化改革的重点，核心问题是处理好政府和市场的关系，使市场在资源配置中起决定性作用和更好发挥政府作用。"不仅如此，作为社会经济发展表征的现代经济发展，通常是在具体经济制度下运行的，市场化程度与制度的品质具有极其紧密的联系。而且，在全球化日益深入推进的时代，更好地融入世界市场化与制度一体化的潮流中去，更全面、更高质量地对外开放，会直接影响经济发展的活力。

4. 创新能力标准

创新是产业演变、经济周期发生的根源，只有接连不断地出现创新，才能保证经济持续不断地发展。不仅如此，技术创新还可以通过变革工业部门、消费部门、贸易结构等，引起经济增长质量的提升。在现代经济体系中，经济的增长与企业的发展都越来越取决于创新能力，企业的生存与发展取决于其竞争优势，而创新能力目前广泛地被认为是形成企业竞争优势的根本支撑，创新能力体现于从新技术的研究开发、生产到实现商业化的全过程，是企业竞争力的核心和企业发展的原动力。培育创新能力，成功地开展创新活动，是保持和提高国家、地区、产业以及企业竞争优势的关键。

5. 资源环境与生活品质标准

环境、资源是可持续发展的刚性约束条件，同时也与广大人民群众的生活品质息息相关。从人类经济发展的过程来看，一种要素或资源在经济发展中的重要性，并不完全取决于它在生产过程中的实际作用。生态环境和自然资源历来都是人类生存和发展的基础，尤其是在农业经济时代其作用更是重要。但是，在农业经济时代，产业发展和规模对生态环境和自然资源的影响不大，相对于经济需求，环境、资源供给和接收废物的能力被认为是无限的，环境和资源不是制约经济的稀缺要素，而对经济发展相对稀缺的是耕地和劳力。到了工业经济时代，当经济规模增长到对环境资源的供给和废物接收能力已经明显匮乏时，环境和资源便成为经济发展的稀缺要素，而物质资本的短缺程度下降，生态环境和自然资源成为经济发展的重要内生变量和刚性约束条件，以牺牲生态环境和浪费资源的方式换取一定的经济发展是得不偿失的。

（二）指标体系的构建

以上一节的评价标准为基础，我们构建了一组指标体系来衡量不同经济发展阶段的特征，包括总量水平、经济结构、市场化与制度水平、创新能力、资源环境和生活品质水平五个方面。根据指标要素的不同侧面对其进行细化，通过人均 GDP、产业结构等十余个指标描述经济体所处不同发展阶段的总量水平、经济结构、市场化与制度水平、创新能力、资源环境和生活品质水平。另外，考虑到指标体系的多层次、多结构的特点，仅用单一指标很难涵盖如经济结构等这样的状态特征，因此将整体指标再次细化成多个分项指标对其进行描述，形成判定经济发展阶段的指标体系。

按照统计的一般方式，我们将拟构建的指标体系分为四个层次，首先，从分项指标汇总得到一个综合表达经济发展阶段的发展程度指数，代表着一个国家或地区经济发展总体演化轨迹。其次，将经济发展水平解析为内部具有内在逻辑关系的五大子系统，即总量水平、经济结构、市场化与制度水平、创新能力、资源环境和生活品质水平。该层次主要揭示各子系统的发展状态和趋势。再次，从本质上反映、揭示系统的行为、变化等的原因和动力，包括某一时间截面上的状态和某一时间序列上的变化状况。最后，采用可测的、可比的、可获得的指标，对状态层的数量表现、强度表现给予直接的度量。本处采用12个指标对各分项进行了定量描述，如表1-4所示。

表1-4 划分经济发展阶段的指标体系

子系统	分项	指标	备注
总量水平	人均GDP	人均GDP	GDP/人口数量
经济结构	产业结构	工业化程度	工业GDP/GDP
	分配结构	基尼系数	
	就业结构	非农就业占总就业的比重	非农就业人数/就业总人数
	城乡结构	城市化水平	城镇人口/总人口
市场化与制度水平	市场化程度	市场化指数	国家预算内固定资产投资/全社会固定资产投资
	开放度水平	对外贸易依存度	对外贸易总额/GDP
创新能力	教育水平	教育投入强度	教育总经费/GDP
	研发水平	研发投入强度	研发经费/GDP
资源环境和生活品质水平	环保水平	人均公园绿地面积	公园绿地面积/总人口数
	人口聚集程度	人口密度	人口总数/国土面积
	医疗水平	每万人口执业医师	10000×（执业医师/总人口）
	消费水平	城镇居民家庭恩格尔系数	食品支出总额/个人消费性支出总额

（左侧合并列：经济发展阶段）

（三）估计方法

上述指标只是从不同侧面反映了经济发展状况，要从总体上把握经济发展水平，需把这些指标综合起来形成经济发展综合指数，这就需要进行指标综合。指标综合的第一步，是对各指标进行标准化处理（也称无量纲处理），第二步是确定各指标的权重。

1. 数据标准化

我们采用较为常用的极差变换法。

对于某个 x_i，如果是正向指标：

$$x_i' = \frac{x_i - \min(x_i)}{\max(x_i) - \min(x_i)}$$

如果是逆向指标：

$$x_i' = \frac{\max(x_i) - x_i}{\max(x_i) - \min(x_i)}$$

2. 指标权重的确定

在我们构建的指标体系中，各个变量的测度单位有很大差别，其重要程度也不同，此时就需要对各因素的相对重要性，也就是不同指标的权重进行估计，以得到不同指标权重组成的权重集。确定指标权重的方法较多，我们采用较为常用的层次分析法。层次分析法是一种较好的权重确定方法。层次分析法通过将复杂决策问题中的诸多因素，细分为相互关联的不同层次，是一种定量分析与定性分析相结合的科学方法。层次分析法确定权重的步骤可以大致概括为如下三步。

首先，构造判断矩阵。以 A 表示目标，u_i、u_j（$i, j=1, 2, \cdots, n$）表示因素，u_{ij} 表示 u_i 对 u_j 的相对重要性，可以得到判断矩阵：$P=(u_{ij})_{n \times n}$。其次，计算重要性排序。根据判断矩阵，求出判断矩阵的最大特征根 λ_{max} 所对应的特征向量 ω，公式为 $P\omega=\lambda_{max}\omega$。$CI=\frac{\lambda_{max}-n}{n-1}$ 为判断矩阵的一般一致性指标。当判断矩阵 P 的 $CR<0.1$ 时，认为 P 具有满意的一致性，否则需要调整 P 中的元素以使其具有一致性。

最后，一致性检验。$CI=\frac{\lambda_{max}-n}{n-1}$ 为判断矩阵的一般一致性指标，RI 为随机一致性指标，只与矩阵阶数 n 有关，$CR=\frac{CR}{RI}$ 为随机一致性比率。当 $CR<0.1$ 时，认为 P 具有满意的一致性，否则需要调整 P 中的元素以使其具有一致性。此时，特征向量 ω 标准化后的向量即为权重向量，各因素的相对重要性由权向量各分量确定。

第三节　中国经济发展所处的阶段

本节我们将从两个方面来分析中国经济发展所处的阶段及特征：第一，根据第二节构建的指标体系，利用中国的对应数据计算中国经济发展的总指数；第二，就各个指标对经济发展的贡献度进行分析，从而研判我国经济发展现阶段的关键矛盾。

一、中国经济发展阶段的演进

（一）指标标准化矩阵

本节分析涉及的指标包括：人均 GDP、产业结构、分配结构、就业结构、城乡结构、市场化程度、开放度水平、教育水平、研发水平、环保水平、人口聚集程度、医疗水平和消费水平等。我们利用 wind 数据库搜集了所有这些指标的数据，根据数据的可获得性，此处将指标期限设定为 1990—2017 年。我们利用极差变化法对这 12 个指标进行了标准化处理，结果如表 1-5 所示。

表 1-5　1990—2017 年不同指标的标准化结果

年份	人均GDP	工业化程度	基尼系数	就业结构	城市化水平	市场化指数	外贸依存度	教育投入	研发投入	人均公园绿地面积	人口密度	每万人执业（助理）医师	城镇居民家庭恩格尔系数
1990	0.00	0.38	0.89	0.00	0.00	1.00	0.00	0.34	0.15	0.00	0.00	0.07	0.00
1991	0.00	0.43	1.00	0.01	0.02	0.68	0.10	0.26	0.14	0.02	0.08	0.07	0.02
1992	0.01	0.54	0.69	0.02	0.03	0.27	0.12	0.19	0.12	0.03	0.12	0.07	0.05
1993	0.02	0.76	0.79	0.04	0.05	0.17	0.06	0.07	0.09	0.03	0.15	0.08	0.15
1994	0.04	0.79	0.33	0.05	0.07	0.05	0.36	0.06	0.04	0.04	0.23	0.10	0.16
1995	0.06	0.86	0.28	0.06	0.08	0.00	0.05	0.04	0.01	0.06	0.27	0.11	0.16
1996	0.07	0.90	0.04	0.09	0.13	0.00	0.12	0.02	0.00	0.08	0.31	0.12	0.21
1997	0.08	0.93	0.53	0.12	0.17	0.02	0.12	0.02	0.02	0.11	0.38	0.14	0.30
1998	0.09	0.78	0.53	0.15	0.22	0.25	0.05	0.03	0.12	0.15	0.42	0.13	0.37
1999	0.10	0.75	0.56	0.18	0.26	0.59	0.10	0.12	0.20	0.14	0.46	0.21	0.47
2000	0.11	0.78	0.44	0.20	0.31	0.62	0.28	0.13	0.30	0.16	0.50	0.22	0.58

续表

年份	人均GDP	工业化程度	基尼系数	就业结构	城市化水平	市场化指数	外贸依存度	教育投入	研发投入	人均公园绿地面积	人口密度	每万人口执业（助理）医师	城镇居民家庭恩格尔系数
2001	0.12	0.72	0.01	0.24	0.35	0.67	0.25	0.23	0.27	0.23	0.54	0.23	0.63
2002	0.14	0.69	0.22	0.28	0.39	0.72	0.37	0.29	0.35	0.30	0.58	0.00	0.64
2003	0.16	0.80	0.07	0.33	0.44	0.32	0.63	0.25	0.38	0.39	0.62	0.01	0.67
2004	0.19	0.84	0.11	0.37	0.48	0.28	0.85	0.23	0.44	0.46	0.62	0.03	0.64
2005	0.22	0.95	0.04	0.41	0.52	0.28	0.95	0.23	0.50	0.50	0.65	0.05	0.68
2006	0.26	1.00	0.02	0.47	0.56	0.20	1.00	0.30	0.54	0.53	0.69	0.07	0.72
2007	0.32	0.92	0.04	0.52	0.61	0.20	0.93	0.39	0.55	0.59	0.73	0.07	0.70
2008	0.39	0.91	0.00	0.57	0.64	0.27	0.77	0.49	0.59	0.65	0.73	0.11	0.64
2009	0.42	0.72	0.01	0.62	0.68	0.39	0.39	0.61	0.73	0.73	0.77	0.29	0.69
2010	0.50	0.77	0.06	0.68	0.73	0.34	0.56	0.63	0.77	0.77	0.81	0.33	0.72
2011	0.60	0.76	0.08	0.73	0.77	0.27	0.54	0.76	0.82	0.82	0.81	0.36	0.70
2012	0.66	0.62	0.10	0.78	0.81	0.32	0.45	1.00	0.91	0.86	0.85	0.48	0.70
2013	0.73	0.47	0.11	0.82	0.85	0.30	0.40	0.92	0.97	0.89	0.88	0.61	0.75
2014	0.79	0.34	0.13	0.87	0.88	0.37	0.33	0.91	0.95	0.92	0.88	0.67	0.78
2015	0.84	0.11	0.17	0.91	0.92	0.43	0.18	0.98	0.96	0.94	0.92	0.77	0.96
2016	0.90	0.00	0.16	0.95	0.96	0.53	0.10	0.97	0.99	0.95	0.96	0.87	0.97
2017	1.00	0.07	0.14	1.00	1.00	0.56	0.13	0.94	1.00	1.00	1.00	1.00	1.00

数据来源：wind 数据库。

（二）权重集的确定

如上一节所分析的，在经济发展阶段的指标体系构成中，不同范畴具有不同内容，各个指标对经济总体发展水平的贡献率也相异。在进行经济发展阶段的评价时，必须考虑不同指标的权重。本处采用层次分析法来确定不同指标的权重，大致包括以下步骤：先是计算各个子系统的权重，然后计算各个子系统内部不同指标的权重，最后通过相乘就可以得到各个指标的权重。采用类似的方法，我们可以得到不同子系统内各个指标的权重，此处不再一一例举，而是利用表 1-6 直接列出所有指标的权重。

表 1-6 权重集情况

人均GDP	工业化程度	基尼系数	就业结构	城市化水平	市场化指数	外贸依存度	教育投入	研发投入	人均公园绿地面积	人口密度	每万人口执业（助理）医师	城镇居民家庭恩格尔系数
0.089	0.044	0.062	0.031	0.044	0.128	0.113	0.084	0.074	0.129	0.054	0.077	0.064

（三）经济综合发展情况

根据表 1-6 计算得到的各个指标的权重，对各个指标的标准化值进行加权求和，就可以得到最终的经济综合发展情况，具体结果如图 1-1 所示。

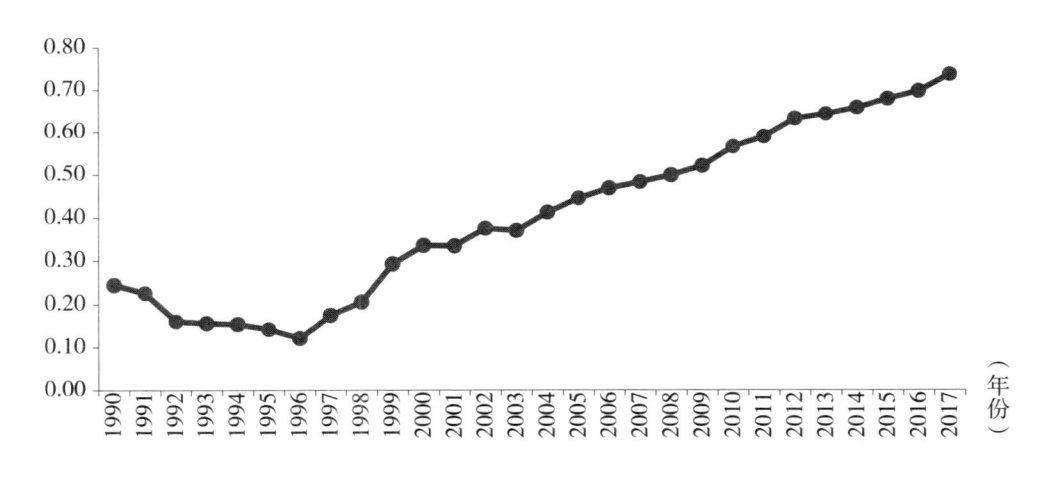

图 1-1 经济综合发展情况

从 1990 年开始的经济综合发展情况显示，我国经济实现了长期、持续、快速、平稳的增长，这为实现社会主义现代化建设战略目标奠定了坚实基础。不仅如此，在这一长期增长过程中，中国还积累了全过程的、多方面的经验。这里所说的全过程包括四个阶段：① 1990—1997 年积累了经济"软着陆"的经验；这期间综合经济发展指数由 0.2447 缓慢地下降到 0.1750。② 1998—1999 年积累了制止经济增速过度下滑的经验。这两年综合经济发展指数由 0.2059 迅速上升为 0.2934。③ 2000—2002

年积累了经济缓慢回升的经验。这三年综合经济发展指数分别为0.3358、0.3347和0.3754，均高于1999年。而2001年经济增速小幅下降，在很大程度上是由于美国、日本、欧盟三大经济实体增速下降，以及随之而来的东南亚地区经济下滑和世界贸易额大幅下挫造成的。④ 2003—2007年，积累了治理局部过热、避免经济大起的经验。这五年综合经济发展指数分别为0.3704、0.4133、0.4462、0.4694和0.4836。

二、中国经济发展进入新阶段

2008年国际金融危机爆发后，我国经济遭受巨大冲击，为扭转增速下滑过快造成的不利影响，政府及时采取了拉动内需和产业振兴等一揽子刺激政策，推动经济增长迅速企稳回升。近五年，综合经济发展指数分别为0.6446、0.6594、0.6807、0.6992和0.7384。从不同指标对综合经济发展贡献（见表1-7）的角度，整体来看，后危机时代以来，中国经济进入了一个崭新的发展阶段，这个阶段的典型特点大致包括以下四个方面。

第一，以创新促进经济发展的阶段。2009年下半年起，2008年爆发的世界金融危机在世界上一些主要国家的影响逐步见底并进入后危机阶段。后危机阶段即经济停止下滑，同时复苏尚未完全开始的阶段。从经济周期分析，危机是短期的，发展是长期的。进入后危机阶段，意味着需要及时地由保增长转向求发展。后危机阶段有多长，很大程度上取决于迎接新增长周期的发展性投资的强度。根据一般的周期性规律，危机过后必然会进入新的增长周期，其动力就是产生具有新技术革命意义的产业创新。

表1-7　1990—2017年不同指标对经济发展的贡献

年份	人均GDP	工业化程度	基尼系数	就业结构	城市化水平	市场化指数	外贸依存度	教育投入	研发投入	人均公园绿地面积	人口密度	每万人口执业（助理）医师	城镇居民家庭恩格尔系数
1990	0.00	0.07	0.22	0.00	0.00	0.52	0.00	0.12	0.04	0.00	0.00	0.02	0.00
1991	0.00	0.08	0.27	0.00	0.00	0.39	0.05	0.09	0.05	0.01	0.02	0.02	0.00
1992	0.01	0.15	0.27	0.00	0.01	0.21	0.08	0.10	0.06	0.02	0.04	0.03	0.02

续表

年份	人均GDP	工业化程度	基尼系数	就业结构	城市化水平	市场化指数	外贸依存度	教育投入	研发投入	人均公园绿地面积	人口密度	每万人口执业（助理）医师	城镇居民家庭恩格尔系数
1993	0.01	0.21	0.31	0.01	0.01	0.14	0.04	0.03	0.04	0.02	0.05	0.04	0.06
1994	0.02	0.23	0.13	0.01	0.02	0.04	0.26	0.03	0.02	0.03	0.08	0.05	0.07
1995	0.04	0.27	0.12	0.01	0.03	0.05	0.20	0.00	0.00	0.05	0.10	0.06	0.07
1996	0.05	0.33	0.02	0.02	0.05	0.00	0.11	0.01	0.00	0.08	0.14	0.08	0.11
1997	0.04	0.23	0.19	0.02	0.04	0.01	0.08	0.01	0.01	0.07	0.12	0.06	0.11
1998	0.04	0.17	0.16	0.02	0.05	0.16	0.03	0.02	0.01	0.07	0.11	0.05	0.12
1999	0.03	0.11	0.12	0.02	0.04	0.26	0.04	0.03	0.05	0.06	0.08	0.05	0.10
2000	0.03	0.10	0.08	0.02	0.04	0.24	0.09	0.03	0.07	0.06	0.08	0.05	0.11
2001	0.03	0.10	0.00	0.02	0.05	0.25	0.08	0.06	0.06	0.09	0.09	0.05	0.12
2002	0.03	0.08	0.04	0.02	0.05	0.24	0.11	0.05	0.06	0.10	0.09	0.00	0.11
2003	0.04	0.10	0.01	0.03	0.05	0.11	0.19	0.06	0.08	0.13	0.09	0.00	0.12
2004	0.04	0.09	0.02	0.03	0.05	0.09	0.23	0.05	0.08	0.14	0.08	0.01	0.10
2005	0.04	0.09	0.00	0.03	0.05	0.08	0.24	0.04	0.08	0.14	0.08	0.00	0.10
2006	0.05	0.09	0.00	0.03	0.05	0.06	0.24	0.05	0.09	0.15	0.08	0.01	0.10
2007	0.06	0.08	0.01	0.03	0.06	0.05	0.22	0.07	0.08	0.16	0.08	0.00	0.09
2008	0.07	0.08	0.00	0.04	0.06	0.07	0.17	0.08	0.09	0.17	0.08	0.02	0.08
2009	0.07	0.06	0.01	0.04	0.06	0.10	0.09	0.10	0.10	0.18	0.08	0.04	0.08
2010	0.08	0.06	0.01	0.04	0.06	0.08	0.11	0.09	0.10	0.18	0.08	0.04	0.08
2011	0.09	0.06	0.01	0.04	0.06	0.09	0.10	0.11	0.10	0.18	0.07	0.05	0.08
2012	0.09	0.04	0.01	0.04	0.06	0.06	0.08	0.13	0.11	0.17	0.07	0.06	0.07
2013	0.10	0.03	0.01	0.04	0.06	0.06	0.07	0.12	0.11	0.18	0.07	0.07	0.07
2014	0.11	0.02	0.01	0.04	0.06	0.07	0.06	0.11	0.11	0.18	0.07	0.07	0.07
2015	0.11	0.01	0.02	0.04	0.06	0.08	0.03	0.12	0.10	0.18	0.07	0.09	0.09
2016	0.11	0.00	0.01	0.04	0.06	0.09	0.02	0.12	0.10	0.18	0.07	0.09	0.09
2017	0.12	0.00	0.01	0.04	0.06	0.10	0.02	0.11	0.10	0.17	0.07	0.10	0.09

数据来源：wind 数据库。

第二，外需在经济增长中的作用在逐渐减弱的阶段。过去的一年，我国外贸进出口总体规模又上了新的台阶，在整体增速保持稳定的同时，实现了稳中有进、稳中向好，外贸发展的质量和效益进一步得到提升，我国对外贸易转方式、调结构取得了积极进展，我国经济发展的模式正在由外需拉动向内需驱动转变。

第三，以城市化推动经济发展的阶段。城市化是指人口在城市迅速集中的现象。从世界各国发展的经验看，城市化是工业化推动的结果。工业化需要劳动力在某些经济区域迅速集中，这样可以产生聚集的经济效益，带来集约化经营的众多好处。而城市不仅可以提供集约化经营的场所，而且可以创造新的市场、新的生活方式和新的就业需求。

第四，人民群众对资源环境及生活品质追求日益提高的阶段。在全面建设小康社会的新阶段，工业化、城镇化加速发展，将带动基础产业、城市基础设施和公用事业等领域的投资显著增加，城乡居民消费结构不断升级，人居环境和生活质量不断改善提高。但是，以追求经济增长速度为目标的发展方式引发不少难以化解的矛盾和问题，突出地表现在：一是贫富差距、城乡居民收入差距、区域经济差距的不断拉大趋势还未得到有效遏制；二是生态环境恶化趋势不断加剧也未得到有效遏制。这些矛盾和问题难以化解的根源，就是当前经济发展中经济增长由粗放型向集约型转变还没有整体性突破，经济发展的质量和效益还没有实质性提高。水资源短缺，绿色空间锐减，环境污染加剧，这些问题，在一定程度上抵消了经济快速增长和收入增加带来的生活水平提高。经济发展已不单纯以提高经济增长速度和收入水平为目标，将更加注重生活质量全面提高、人的素质全面发展、资源利用更加合理、人与自然更加和谐的高级目标。

第四节　新阶段面临的问题与挑战

"世界潮流，浩浩荡荡，顺之者昌，逆之者亡"。总结起来，目前我国面临的问题及与之对应的挑战大致包括为：世界经济复苏不确定性、不稳定性进一步上升带来的挑战；全球产业结构和国际分工继续深度调整、经济格局发生重大变化带来的挑战；中国经济"三期叠加"带来的挑战；生产成本上升和创新能力不足带来的挑战；产能过剩及资源环境约束带来的挑战；财政金融风险增大带来的挑战；社会矛盾复杂多发带来的挑战。

一、世界经济复苏不确定性、不稳定性进一步上升带来的挑战

国际金融危机深层次影响持续显现，外部需求没有明显提升，化解发达国家经济存在的结构性问题，如产业空心化，服务业特别是金融服务业过度发展的经济结构问题；储蓄率过低、福利消费过高的经济模式问题；高赤字、高政府债务率的财政结构问题；过度杠杆化的金融结构问题，等等，不是一朝一夕的事情。而发达国家为了走出危机，扭转"高失业、高债务、低增长"的状态，毫无例外地采用了大规模的非常规量化宽松措施，一方面，量化宽松政策在短期内可以起到压低国债收益率、降低债务成本的作用，一定程度上有助于提振市场信心；另一方面，量化宽松政策可能引发国际资本大规模跨境流动，加剧各国货币汇率频繁波动，冲击国际金融市场的稳定。因此，短期内，国际经济的大环境很难明显好转，不仅如此，世界经济面临的下行压力和潜在风险可能还会有所加大，世界经济复苏的不确定性、不稳定性进一步上升，使全球经济活动放缓，国际市场需求扩张缓慢，世界贸易前景变得更加暗淡。

二、全球产业结构和国际分工继续深度调整、经济格局发生重大变化带来的挑战

这主要体现在：第一，全球产业结构呈现"软化"趋势。劳动密集型产业所占比重逐渐下降，知识密集型和技术密集型产业占比不断上升，信息技术等高新技术在传统产业中广泛应用，金融、信息、咨询服务等现代服务业逐渐成为拉动经济增长的主导产业，从而形成产业结构高度化和高新技术产业化的新趋势。第二，传统制造业加速向先进制造业转变。近年来，主要工业国纷纷制订各种发展计划，促进传统制造业向先进制造业转变。先进制造业的发展，不仅优化了制造业内部的产业结构，也为整体经济的技术进步、结构系统优化，提供了坚实的发展基础。第三，后危机时代国际产业分工可能出现局部调整。首先是发达国家的"再工业化"政策，可能使某些制造业回流，带动全球国际分工格局的局部调整。其次是新兴经济体内部的分工可能出现一些调整，由于要素禀赋、技术水平等不同，新兴经济体的发展

会出现一定程度的分化。与此同时，全球金融危机使美、欧、日等传统发达国家实力严重受损，传统意义上的西方世界在国际体系中的地位下降。新兴经济体国家，特别是中国，虽然也深受冲击，但与其他国家和地区相比所受冲击相对较小，起到了引领世界经济增长和复苏的作用，在国际体系中的地位不断上升，开始相对平等地、不同程度地参与到国际体系的"建章立制"进程中，改变了世界经济结构和全球利益格局。国际社会要求中国在贸易体系、气候变化、可持续发展等重大问题上，"担负更大的责任"。因此，如何提升中国在国际分工中的地位、正确定位中国的国际地位，并承担与能力相称的国际责任，对于崛起中的中国而言，无疑是一个新的挑战。

三、中国经济"三期叠加"带来的挑战

第一，经济增长速度进入"减速换挡期"。改革开放以来，经过30多年的高速经济增长之后，现今阶段，潜在增速下降是不得不面对的事实。中国"十三五"期间的GDP年平均增速下降到6%~7%左右，而2020—2030年，中国GDP增速可能会进一步下降到5%~6%左右。也就是说，或者是因为基数的增大及发展方式的转型，或者是国内外其他因素的影响，今后中国的经济增长可能维持在较低增速的"新常态"。当然，经济增速放缓也不全是坏事，因为经济增速放缓可以在一定程度上缓解以往高速增长导致的资源环境破坏；但不可否认的是，正如之前我们提到的，中国现阶段的国情，如严峻的就业问题、中低收入群体的生活水平问题、社会人才流失问题及民生问题等，都要求我们保持较高的经济增速。如果不能正视经济增速下降的现实，很可能会制定错误的政策，进而给经济的平稳运行、经济社会稳定等带来非常大的隐性风险。第二，经济结构调整面临的"阵痛期"。目前，经济发展与资源环境的矛盾日趋尖锐，加快转变经济发展方式和调整经济结构刻不容缓。中国经济结构转型大致包括：以依靠内需为主替代原来的主要依靠外需为主；以依靠消费为主替代原来主要依靠投资为主；以主要依靠社会投资为主替代主要依靠政府投资为主；以主要依靠高级要素投资替代主要依靠普通要素投入。但结构转型不是免费午餐。为了化解过剩产能，优化产业结构，一些行业难免受到较大冲

击，有些企业甚至会退出市场，这些不得不付出的代价就是结构调整中的"阵痛"。第三，前期刺激政策的"消化期"。2008年国际金融危机爆发后，我国经济遭受巨大冲击。为扭转增速下滑过快造成的不利影响，政府及时采取拉动内需和产业振兴等一揽子刺激政策，推动经济增长迅速企稳回升，但政策的累积效应和溢出效应还在发挥作用，对经济结构继续产生深远影响，也使当期宏观政策的选择受到掣肘，调控余地缩小。

四、生产成本上升和创新能力不足带来的挑战

高成本包括土地高成本、房价高成本、原材料高成本、能源高成本、环保高成本、人才高成本、普通劳动力高成本、资金高成本、知识产权高成本、物流高成本、税费高成本和交易高成本。随着我国发展阶段的变化，企业面临着各种成本迅速上升的巨大压力，土地、矿产等资源和生态环境瓶颈约束日益强化，要素价格持续上升，依靠大规模增加要素投入、透支资源环境支撑经济增长已越来越困难。应对高成本对利润的侵蚀，大多数经济学家开出的"药方"都是强调创新，但是伴随国内生产成本的上涨，企业创新能力不足问题也日益凸显。面对全球以制造业数字化、智能化为核心的产业变革新态势，若不加快提升研发能力，加快产业技术进步，部分已有的技术路线和生产能力将面临被淘汰出局的风险。

五、产能过剩及资源环境约束带来的挑战

产能过剩一直是近年来中国产业发展的"痼疾"。近年来，我国制造业产能迅猛扩张，在满足国内需求的同时，有相当大一部分通过扩大出口得以释放。但金融危机后，随着国际市场扩容放慢和我国经济增速放缓，产能过剩的矛盾凸显出来。不仅传统产业产能严重过剩，风电设备、太阳能光伏等新兴行业领域也面临较大过剩压力。产能过剩是新一届政府宏观调控中的最大挑战。产能过剩的发展使企业的投资预期下降，净利率降低，负债增加，而应收账款的增加，又会导致银行不良资产增加，进而将风险传递到银行业。压缩产能肯定是需要合并、关闭一些工厂，但这又会导致失业，打击居民的收入和消费预期，由此使经济增长面

临越来越明显的下行压力。不仅如此，产能的扩张还会导致能源和资源的大规模消耗，以及与之对应的环境污染。以低碳经济为例可以很明显地看出这个问题。现在全球气候变暖，在国际上我国面临越来越大的碳减排压力，我国政府已经承诺到 2020 年单位 GDP 碳排放比 2005 年减少 40% 至 45%。但是，我国正处于工业化、城市化中后期阶段，也就是高碳排放阶段；而且，我国的资源禀赋是一个高碳结构；同时，在国际分工体系中我国处于加工制造的低端环节等，这些都对未来经济发展的低碳化形成了极大挑战。

六、财政金融风险增大带来的挑战

在速度效益型增长模式下，经济增速放缓必然带来财政收入、企业利润增幅大幅回落，保证必要的财政支出和企业正常生产经营面临严峻挑战。但是，由于依靠投资拉动经济增长的模式没有得到根本改变，一些地区为了追求经济增长速度，盲目扩大投资，不顾条件上项目。在高速增长时期扩大债务和信用规模，尤其是地方政府融资平台大规模贷款已形成隐性财政债务，一些靠高负债、高投资急剧扩大产能规模的行业，在增速放缓、企业利润明显回落的背景下，其财务状况恶化将导致金融风险增大。当前我国的地方融资平台、房地产和过剩产能、影子银行的过度膨胀已相互联系，成为一个自我维持的系统。房地产、金融领域的调整，都比较容易引发三个领域的共振，产生全局性的被动紧缩效应。

七、社会矛盾复杂多发带来的挑战

居民收入差距依然较大，不同群体间利益矛盾加大。城乡社区公共服务设施依然薄弱，城乡、区域、群体之间基本公共服务差异较大，低收入群体和农业转移人口享受的基本公共服务水平偏低。环境污染、征地拆迁、非法集资、群体利益诉求等导致的群体性事件时有发生。

第五节　构建开放型经济新体制势在必行

改革开放40年来，我国日益融入国际市场，对外开放的广度和深度不断拓展，封闭半封闭的经济体越来越成为全方位开放型经济体。我国走出一条以廉价的人力和资源为优势，以国际产业转移和国际产业分工为契机，以地方政府招商引资为中心，以引进外资所形成的规模生产和规模进出口为基本模式的开放型经济发展道路。

当前，这条道路越来越不适应新的国际国内形势。在国外，国际产业竞争和分工格局发生变化，低端加工制造业加速向低收入国家转移，中高端制造业向发达国家回流，我国出口导向型制造业面临国际竞争的挑战，传统的出口市场需求不足，新兴市场尚待拓展等。在国内，人力和资源的成本价格不断上涨，基于产品静态成本优势的国际竞争力难以为继；资源和生态环境的承载力日益脆弱，低端加工出口的规模效应不可持续；科技创新能力不足，中高端附加值产业的国际竞争力相对滞后；中西部地区对外开放相对滞后等。

实践表明，要想在新时期的国际竞争中取得优势地位，必须要对已有的开放型经济道路进行根本性的变革，推动开放型经济的战略创新，构建开放型经济新体制。面对我国经济社会转型在改革攻坚期的新要求，党的十八届三中全会提出"构建开放型经济新体制"，确定了发展开放型经济的新目标，掀开了"以开放促改革"的新篇章，是对全面深化改革的重要部署，也是对开放型经济探索经验的继承与发展。党的十九大报告指出："中国特色社会主义进入了新时代，这是我国发展新的历史方位。"在这个战略性的新坐标下，报告提出要"主动参与和推动经济全球化进程，发展更高层次的开放型经济"，推动形成全面开放新格局。

第二章

构建开放型经济新体制是适应国际经济新趋势的客观要求

　　中国面临的国际环境发生了深刻的变化，客观、理性地评价当前我国面临的国际环境变化，是制定符合我国国情的新一轮发展目标和政策的前提与基础。本部分主要通过对入世前后中国面临的国际环境进行比较分析，研究我国下一阶段所面临的外部环境的变化和特点。本章主要通过五个方面阐述中国国际环境的发展趋势和情况。第一，国际分工和产业结构调整的方向。经济贸易和全球生产网络的便利化发展是推动全球化深化的经济因素，价值链的深化与推广加深了世界各国对经济全球化的认识。第二，全球化表现形式的最新动向。区域经济一体化发展是目前全球化深化的一大亮点，未来或将成为重塑国际经济合作基本规则的关键。第三，以经济实力为基础的全球经济格局发生了极大变化。伴随传统意义上的西方世界在国际体系中的地位下降，新兴经济体国家及部分发展中国家，在国际体系中的地位不断上升，开始相对平等地、不同程度地参与到国际体系的"建章立制"进程中。第四，全球金融危机后，贸易保护再度卷土重来，并在手段、方式和内容上呈现出一些新的趋势和特点。第五，全球金融危机以来，世界经济和能源供需格局发生了一系列新的变化，世界能源生产地和消费地的不一致，使能源成为世界各国特别是能源消耗大国争夺的焦点。

第一节　国际分工和产业结构调整的方向

全球价值链（Global Value Chains，GVC）成为当今世界贸易和投资领域的主要特征，也是全球化的重要推动力量。全球价值链的深入发展改变了世界经济格局，也改变了国家间的贸易、投资和生产模式。在过去的20多年，受全球价值链及当前世界先行的商业和法规环境、新技术、公司观念和战略、贸易与投资自由化等因素的共同影响，国际生产分割（Fragmentation of Production）现象出现了。在新型国际生产体系中，国际组织和政策制定者将弥合传统规则制定和经济现实的分歧。不断推进的国际生产分割也具有很重要的政策含义，包括强调参与价值链的国家若要获得经济收益，就必须具有开放、透明的贸易和投资政策，以此吸引外国供应商、国际投资者和国内生产者。

一、变化世界中全球价值链的新发展

全球价值链自身的发展和变化体现的是各国在价值链上位置或者经济结构的变动。对国家而言，提升本国的全球化水平不仅要积极参与全球价值链，关键是把全球价值链纳入国家发展战略中。各国需要清楚国家在全球价值链中的位置，这里有两个判断因素：一是国家经济参与GVC的水平和国内价值创造能力；二是国家经济在全球价值链中技术层面所处的位置和能力。国家产业（或者企业）一般是从资源密集型活动到低、中、高技术制造服务活动，再到高增加值的知识型创造活动等，表现出生产活动的结构升级。GVC的变化则是从一体化融入不同层面的升级过程，整个价值链呈现梯级发展状态。

对只能依赖资源型经济的国家而言，GVC的发展战略通过提高参与分割化的价值链、扩大多样化程度、增加中间产品和服务的出口获得提高。上述的生产和出口只是位于低技术复杂度的价值链末端，依靠低成本劳动力实现。这种模式虽然参与了多条价值链，但都是低端环节的加工制造，所以，出口的国内增加值很低。资源型国家全球价值链发展可以通过吸收外国投资来发展加工制造业，逐步提高国内增加值，从资源比较优势向规模经济跨越。

即使拥有技术的国家，参与全球价值链的水平和层次也不尽相同。这些国家不断在全球价值链中升级的关键在于，提升产品和加工水平，提高生产率和增加值创造能力，以此向价值链技术更高、更复杂的环节发展。可见，国家既要一体化于全球价值链，还要在价值链中获得升级，必须利用国内要素禀赋和条件，在价值链上获得成功发展路径。参与全球价值链不仅是国家获得经济发展的必要选择，同时也是贸易和投资全球化的重要途径。

二、全球价值链的结构重构和发展路径

全球价值链在倡导经济全球化的当今世界获得了全面发展。对发达国家而言，全球价值链是其获得巨大收益的重要途径。发达国家掌控着价值链的高端环节，占据着"微笑曲线"的两端位置，所得到的贸易和投资收益最大。例如，在东亚国际生产网络中，经济发达国家美国、日本和韩国等国就掌控着产品的研发、设计和营销等环节，而中国、马来西亚和泰国等国就成为加工工厂，仅赚取微薄的利润。发达国家和发展中国家扮演着全球价值链上、下游不同的角色，形成了新型国际生产体系。国家的经济发展水平越高，生产的上游高技术零部件就越多，发展中国家则主要生产下游劳动力密集型零部件并完成组装任务。

全球价值链的结构在经济全球化过程中经历着变化，也面临着转型和重构。从世界层面看，中国越来越多的企业"走出去"，对海外公司实施跨国投资战略，美国则在危机后宣称"重返制造业"，欧洲实体经济饱受债务危机的重创，新兴经济体则异军突起引领危机后的经济增长，世界经济格局的新变化对全球价值链的结构和发展将产生战略性影响。

不同的国家在全球价值链上发挥了自身比较优势并获得了对应的任务贸易（Task Trade），充分参与了全球生产体系，赢得了更多的福利。在此背景下，全球价值链可能会存在不同的发展路径，而这完全取决于各国参与全球价值链的模式，尤其是发展中国家所采取的贸易和投资战略。如何提升在全球价值链中的地位和参与度，发展中国家可以根据自身情况沿着如下路径寻求不同阶段的发展。

一是从事全球价值链的生产活动。发展中国家依靠吸引外商直接投资（FDI）与

跨国公司建立非股权关系，从事加工贸易生产，其出口中内含着不断增加的中间品和服务。通过这种非股权生产模式下的贸易与投资活动，扩大参与全球化的广度边际（Extensive Margin）。二是在全球价值链中求升级。一体化程度较高的发展中国家，不断增加高增加值产品和服务的出口，扩大参与全球化的深度边际（Intensive Margin）。三是在全球价值链中勇于竞争。一些发展中国家在高增加值环节利用国内生产能力取得竞争，并通过跨国并购使国内生产企业融入全球生产体系。四是转变全球价值链模式。发展中国家根据其出口构成提升加工贸易中的进口构成，其进口构成与自身生产能力可以改变全球价值链的模式。五是实现全球价值链跨越发展。一些国家出口竞争力依托国内生产能力的快速扩张而得到提升，FDI在贸易一体化和国内生产能力建设方面起着催化剂作用[①]。

三、国际产业结构调整的方向

国际产业结构调整主要体现在三个方面，首先，按产业结构呈现"软化"趋势。所谓产业结构"软化"，是由工业经济时代传统的以物质生产为关联的硬件产业结构向以技术、知识生产为关联的软件产业结构转变的过程。产业结构的"软化"不仅是指产业结构演进过程中第三产业的比重不断上升，出现所谓"经济服务化"的趋势，也是指整个产业结构的演进更加依赖于信息、服务、新技术和知识等"软要素"。这种趋势主要表现在：一是劳动密集型产业所占比重逐渐下降，知识密集型和技术密集型产业占比不断上升，从而形成产业结构高度化和高新技术产业化的新趋势。二是信息技术等高新技术在传统产业中广泛应用，为传统产业提供新的发展机遇和空间；同时，信息技术加快了各类技术相互融合和渗透的步伐，提高了工业产品信息化、生产工具数字化和智能化水平，极大地促进了生产力的提高和生产方式的转变，成为新时期全球产业结构调整的重要驱动力。三是金融、信息、咨询服务等现代服务业逐渐成为拉动经济增长的主导产业，在经济社会发展中的作用越来越突出。

---

① UNCTAD Report, "Global Value Chains and Development", February, 2013.

其次，传统制造业加速向先进制造业转变。先进制造业是指采用先进技术、设备和现代管理手段，科技含量较高的制造业形态。先进制造业的发展对推动第二产业内部结构升级发挥着至关重要的作用。在经济全球化和信息技术革命的推动下，国际制造业的生产方式正在发生着重大变革。近年来，主要工业国纷纷制订各种发展计划，促进传统制造业向先进制造业（Advanced Manufacturing Industry）转变。加快发展先进制造业，已经成为世界制造业发展的一种不可逆转的新潮流。先进制造业的发展，不仅优化了制造业内部的产业结构，也为整体经济的技术进步、结构系统优化，提供了坚实的发展基础。在美国、德国和日本等发达国家，制造业中高技术产业的比重都在 60% 以上。生产效率的不断提高主要还是由先进制造业拉动的。制造业特别是先进制造业劳动生产率的较高增幅，带动了第二产业劳动生产率的整体提高。

最后，后危机时代国际产业分工可能出现局部调整。金融危机的爆发一定程度上也影响了现阶段国际产业分工格局，有可能带动国际产业分工格局的局部调整。一是发达国家的"再工业化"政策，可能使某些制造业回流。以美国为首的发达国家为了应对金融危机后失业率不断高企的状况，提出了"振兴制造业"的"再工业化"目标。如果新兴经济体劳动力继续快速上涨，制造业尤其是高端制造业可能出现回流现象，从而带动全球国际分工格局的局部调整。二是新兴经济体内部的分工可能出现一些调整。国际金融危机爆发后，新兴经济体增速明显快于发达经济体。但由于要素禀赋、技术水平等不同，新兴经济体的发展也出现了一定程度的分化。在发达国家短期内难以向外大规模产业转移的情况下，经济发展前景的不同导致在新兴经济体已经形成的分工体系可能出现一些调整。当然这取决于新兴经济体政策调整方向和经济发展前景。

第二节 区域经济一体化的新动向

区域经济一体化是指地缘或经济发展水平临近的两个或两个以上的国家或地区之间，为谋求共同利益，在平等互利及彼此自愿地约束各自部分经济主权，甚至相互对等地分享或让渡部分国家主权的条件下，通过建立的共同协调机构，打破行政区划界限，制定统一的经济贸易政策，按区域经济原则统一规划布局、统一组织专业化生产和分工协作，消除相互之间的贸易壁垒，逐步实现区域内共同的协调发展和各种资源的优化配置，以促进经济贸易发展、实现产业互补和共同经济繁荣的过程。

一、新一轮的 FTA 发展

遵循 WTO 基本原则建立和运行的区域经济一体化发展迅速。自 20 世纪 80 年代末以来，在国际政治局势日趋缓和及经济全球化加速发展大背景的有力推动下，全球范围内掀起了新一轮的区域经济一体化浪潮，以自由贸易协定（Free Trade Agreement，FTA）为核心的各种形式的区域贸易协定（Regional Trade Agreements，RTA）数量在不断增加。尽管 WTO 统计的各区域经济合作组织都有自身的特点和不同的内容，但其建立和运作必须遵循 WTO 基本原则。WTO 关于区域经济一体化问题主要涉及三项条款，一是 GATT 第二十四条，即对关税同盟和自由贸易区的解释；二是 GATS 第五条，即对服务贸易自由化协定的规定；三是授权条款，即关于差别和更为优惠待遇、互惠及发展中国家进一步参与的规定。这三项条款共同构成在 WTO 框架内建立 RTA 的法律依据。据 WTO 统计，截至 2018 年年底，向 WTO 通报的各种 RTA 达 471 个，其中依据 GATT 第二十四条建立的有 263 个，涉及 GATS 第五条的有 158 个，涉及授权条款的有 51 个。

FTA 快速扩张的原因。FTA 之所以获得快速发展，原因有以下三个：一是以 WTO 为主导的全球多边贸易谈判举步维艰。随着 WTO 成员的不断增多，发展中国家队伍的不断壮大，不仅发达国家和发展中国家之间存在严重的利益冲突，即便是发达国家和发展中国家内部也存在较多矛盾和分歧，协调和达成共识的难度极大，导致"多哈回合"全球多边贸易谈判屡次陷入困境，无果而终。很多国家和地区逐渐对 WTO 框架下的多边贸易谈判丧失信心，把注意力转向建立区域性或双边 FTA。二是 FTA 自身的优越性和灵活性被越来越多的认可和接受。FTA 参与成员少，谈判更加灵活和自愿，比较容易达成共识。FTA 还可以根据不同的对象，按照不同的时间表自由签订协定，贸易利益可以在短期内实现。另外，FTA 协议超越了以往只降低关税、降低数量限制的范围，向服务业、投资等领域拓展，可为缔约方创造更好的贸易和投资环境。三是"多米诺骨牌"效应。因为有的国家自身并不愿意加入区域贸易协定，但它们感受到游离于区域贸易集团之外的巨大压力。因此，它们必须考虑加入区域贸易协定，从而产生类似于"多米诺骨牌"的效应。

二、区域贸易协定的新特征

目前，全球及各主要地区的区域贸易协定在合作模式、组织架构、地域重心及运作领域等方面，均呈现出许多新的特征。

第一，区域经济一体化合作的模式打破了传统理论限制，组织成员在地域与经济发展水平等方面的同质性减弱，异质性或混合型趋势愈益明显，南北型合作成为发展的新主流。传统的区域经济一体化理论认为，社会经济、政治制度同一、经济发展水平相近、地理位置相邻和具有共同历史文化背景等，是建立区域经济一体化组织的基本条件，即同质的国家之间易于建设区域经济一体化，开展经济协调合作，如东扩前的欧盟与美加自由贸易区。但是，在生产分割条件下，发展中国家与发达国家间生产网络的发展，导致近些年 RTA 的发展基本上改变了这一趋势。自从 1994 年墨西哥加入北美自由贸易区启动南北合作的模式后，越来越多的南北型区域经济一体化组织建立起来，欧盟 2005 年的第五次和 2007 年的第六次扩大，加入的都是发展中国家。同时，欧盟还积极致力于与亚洲、非洲、加勒比海和环太平洋国家的双边自由贸易协定的谈判，成功同韩国、南非、智利、墨西哥等发展中国家签署了 FTA。亚太经合组织内成员更是在社会政治制度及历史、文化、宗教和意识形态都差异很大的情况下走到一起，共同开展经济协调合作活动。这表明随着国际形势的发展和变化，区域经济合作和一体化中的意识形态因素和色彩越来越淡化了，区域经济一体化组织在体制和机制上有了新的重大开拓和突破。

第二，区域经济一体化合作的格局日益复杂，经济一体化组织出现多层次性，成员交叉重叠，呈网络化、跨洲性的发展趋势。过去的区域经济一体化组织带有明显的联合一致、共同对外的特征，区域经济集团之间的竞争多于合作，对抗甚于协调。实行区域经济一体化的成员之间在地理上基本是连成一片或邻近的，形成贸易集团的主要动力之一是为了对付其他更强大的贸易团体或集团，保证多边谈判及进出口市场的讨价还价能力。但近年来，这种封闭式的一体化发展道路有了很大的改观。首先，在区域经济一体化迅速发展的背景下，各国均希望通过签署自贸协定获取巨大的现实经济利益，各种区域贸易协定如雨后春笋般在全球各地涌现，所有WTO成员都至少参加了一个或一个以上的FTA，形成了一张庞大的FTA网络，各区域经济集团成员国之间互相交叉、联合和协调，使得区域经济一体化之间的边界显得日益模糊，导致目前的区域经济一体化呈现出相互交叉重叠、纠缠交错的"意大利面条碗效应（Spaghetti Bowl Effect）"。如美国既是北美自由贸易区的成员，又是亚太经合组织的成员，还在筹组泛美自由贸易区。又如澳大利亚不仅与新西兰达成一体化协议，又参与亚太经合组织，还与印度、南非等国协商筹组印度洋经济圈。其次，在此过程中，区域经济一体化组织虽然有一定的地域限制，但并不是固定不变的。如亚太经合组织地理范畴包括了亚洲、北美洲、拉美和大洋洲，甚至吸收了政治经济重心在欧洲的俄罗斯联邦为其成员，成为一个囊括环太平洋国家，东西横跨11个时区，南北纵穿寒、温、热带，成员国的国内市场总值总和超过世界总产值一半以上的、跨洲际的超级区域经济一体化组织。这一格局昭示着各国追求的并非一时一地的区域经济一体化，只要条件和时机成熟，在更大的地域范围内实现一体化是必然选择。

第三，在以自由贸易区为目标的区域经济一体化协议已遍及全球的背景下，区域经济一体化合作的重心开始转移，亚太地区日益成为全球引人注目的亮点。自20世纪90年代初再次掀起区域一体化浪潮以来，欧洲、北美地区一直处于世界一体化水平的领头羊地位，而亚太地区在此方面一直处于落后的状态。但进入21世纪，伴随着地区经济的起飞，以及发达国家在亚太地区利益争夺的加剧，亚太经济一体化进程开始大幅加速，逐渐呈现出APEC稳步推进，东盟一体化，"东盟—中国""东盟＋日本""东盟＋韩国"（3个"10＋1"）与"东盟＋中日韩"（"10＋3"），"东盟＋中日韩印澳新"（"10＋6"）等RTA进程并行、交叉推进的格局。需要特别注意的是，自2009年年底以来，亚太地区的区域经济合作更是成为全球关注的焦点。

一是美国的高调介入和推动使得 TPP（跨太平洋战略经济伙伴协定）成为当今亚太区域合作中最引人关注的问题。TPP 或将成为亚太地区新的竞争性区域合作机制，从而推动以美国为主导的亚太区域一体化进程和亚太自由贸易区（FTAAP）的建立，加速实现亚太经合组织（APEC）成员提出的贸易自由化和投资便利化目标。二是 2012 年 11 月 20 日，东盟 10 国与 6 个自由贸易区伙伴国中国、日本、韩国、印度、澳大利亚和新西兰正式启动了"区域全面经济伙伴关系"（RCEP）谈判。作为东盟国家近年来首次提出，并以东盟为主导实施区域经济一体化的组织形式，RCEP 旨在整合和优化东盟与中、日、韩等 6 国已签署的自由贸易协定，建成一个高质量的自贸区。这不仅对进一步密切东盟和其他 6 国经济关系和提升彼此之间的凝聚力，巩固和发展东盟在亚太区域合作中的话语权起到了重要的推动作用，而且为东亚经济一体化注入了强劲动力。三是经过历时 10 年的艰苦努力，中日韩宣布启动中日韩自贸区谈判，东亚自贸区建设也迈出了新的步伐。中日韩自贸区的建立一方面可以扩大区域内市场，推动三国经济融合，实现三国互利共赢，另一方面对促进东北亚一体化进程乃至亚太及全球经济贸易格局产生重大影响都具有深远意义。

第四，区域经济一体化合作涉及的领域日趋广泛，内涵和外延不断加深，而且标准也越来越高，未来或将成为重塑国际经济合作基本规则的关键。近 10 年来，全球生产网络的形成和发展是全球化的主要特点，传统贸易模式是商品作为消费品在国家间进行交换；新贸易模式则体现为生产过程的国际化，商品、投资、服务、知识及人员在全球生产网络中跨境流动。全球价值链的变化，使国家间的联系程度更加紧密，利益纠葛在一起。生产的一体化，要求各国市场规则的一致性，以及各国间标准的相融性。这需要更复杂的国际贸易规则来处理商品和要素的跨境流动，促使国际贸易规则从边界规则向边界内规则（Behind the Border Barriers）扩展，这些边界内规则主要规范对象涉及一国的国内政策，如国有企业行为、知识产权保护、劳工等。全球价值链所带来的挑战还包括全球贸易更多的由 FDI 所驱动，贸易和投资规则有整合的必要性。商品贸易和服务贸易的关联度加强，运输服务、商业流动、信息服务等新领域涌现，需要新的贸易规则来协调这与商品贸易相关的服务贸易的发展。生产分割所引起的中间产品在多国间的流动，使原产地规则的确定需要更细化。

现有国际经贸规则已经落后于国际经贸发展的要求，面临调整的压力。而新一代国际经贸规则难以在 WTO 框架下达成，一方面，WTO 中日益多级化的治理结构使发达国家难以推行代表其利益的新经贸规则；另一方面，WTO 目前仍在传统贸易议题的谈判中陷入僵局，无法为新规则的谈判提供舞台。从全球化新规则的内容、国际规则形成的历史经验、新规则的现实发展来看，新一代全球化经贸规则演进的路径是：从区域贸易规则开始创建，伴随着规范某一领域的诸边贸易规则的发展，货物贸易、投资、服务贸易规则融合后逐渐向多边经贸规则扩展。

传统的 RTA 内容涵盖的范围以货物贸易自由化为核心，主要通过取消或削减关税及非关税壁垒的形式，后来扩展至服务贸易的自由化。然而，新一代 RTA 除在规则上与 WTO 保持一致外，涉及的内容日益广泛，内涵和外延不断加深。除上述内容外，还包括贸易投资便利化、贸易投资促进、知识产权保护标准、环境保护标准、劳工标准、原产地规则及贸易争端解决机制等。此外，有的协定还包括经济技术合作及海关合作的内容，有的已经超越了 WTO 的要求，即所谓的"超 WTO 协定"（WTO —plus Agreement），或者说，要求成员在某方面做出比 WTO 更多的承诺。新一代 RTA 这种"超 WTO 协定"在遵循多边贸易体制基本原则的基础上为协定伙伴国家之间提供更加自由的经贸空间，从而实现了互惠互利。但值得注意的是，发达国家参与区域经济一体化，除了在合作协定中谋求其自身的经济利益之外，试图利用经济一体化内部合作规则制定影响未来国际经济格局的动机明显增强。如跨太平洋战略经济伙伴关系协定（TPP）与跨大西洋贸易与投资伙伴协定（TTIP），体现了以美国为代表的、传统主导国际经济旧秩序的发达国家，在应对新经济形势挑战中，力求通过携手合作，主导贸易与投资规则谈判，重塑全球贸易新规则，掌握全球贸易"话语权"，以维持其在世界经济、国际贸易及全球治理中主导权的战略意图。

第三节 全球经济格局及治理体系变革的动向

随着经济全球化的日益深入,要素流动变得越来越频繁,协调各国间经济关系变得日益重要且必不可少。在一国享受经济全球化的红利和收益时,也不可避免地要承受经济全球化带来的风险。国家内部的经济行为越来越多地通过贸易、投资、金融等渠道影响其他国家或地区的经济,一国经济越来越多地受到外部世界经济的影响。在此背景下,有效协调世界各国经济关系成为任何一个开放经济体都会希求的愿景。随着新兴经济体的经济实力持续快速增长,以及世界经济重心从大西洋地区转向亚太地区,现行的全球经济治理机制在协调、效力等方面存在较大争议。合理有效的全球经济治理机制应该切实反映国际经济格局的变化,实现代表性、决策效率和实施效力的有机统一,而且应同时包括目标共识的协商机制与约束性规则的制定机制,以及同时兼顾短期的经济危机应急机制和长效的经济治理机制。

一、全球经济格局的调整

近 20 年来,尤其是全球金融危机发生之后,新兴经济体的经济实力持续快速增长。下面将从经济总量、国际贸易和投资、国际金融等三方面描绘 20 世纪 90 年代以来新兴经济体和七国集团(G7,代表发达经济体)、金砖国家和七国集团之间的经济实力变化,以证明新兴经济体的经济崛起。关于"新兴经济体"这一概念,目前并没有一致认可的定义和范畴。为了分析的方便,采用张宇燕和田丰(2010)对新兴经济体的界定,即新兴经济体包括 20 国集团(G20)中的 11 个发展中经济体,它们分别是阿根廷、巴西、中国、印度、印度尼西亚、韩国、墨西哥、俄罗斯、沙特阿拉伯、南非和土耳其,并将其称为"E11"。[1] 借鉴《经济学家》对两大梯队的分类,本书进一步将 E11 分为两个梯队:第一梯队是"金砖国家"(BRICS),包括巴西、中国、印度、俄罗斯、南非;第二梯队包括 E11 除金砖国家之外的国家,分别是阿根廷、印度尼西亚、韩国、墨西哥、沙特阿拉伯和土耳其。

---

[1] 张宇燕、田丰:《新兴经济体的界定及其在世界经济格局中的地位》,《国际经济评论》2010 年第 4 期。

从经济总量方面来看，1990 年，E11 总体以市场汇率计算的名义国内生产总值（GDP）为 2.83 万亿美元，金砖国家的名义 GDP 是 1.77 万亿美元，占 G7 总体 GDP 的比重分别是 18.84% 和 11.8%。此后，新兴经济体的经济增速显著快于发达国家，E11 和金砖国家总体 GDP 占 G7 的比重稳步提高。2017 年，E11 和金砖国家的名义 GDP 分别达到 24.69 万亿美元和 18.82 万亿美元，占 G7 的比重分别提高到 67.22% 和 51.24%。如果以购买力平价法来衡量 GDP，新兴经济体的总体 GDP 已经赶上 G7。如果以 2011 年不变价国际美元衡量生产法 GDP，1990 年 E11 和金砖国家的总体 GDP 分别是 10.78 万亿国际美元和 7.72 万亿国际美元，占 G7 总体 GDP 的比重分别是 55.11% 和 39.49%。2017 年，E11 和金砖国家总体 GDP 占 G7 的比重分别提高到 122.58% 和 92.72%。根据购买力平价法计算，以 2011 年不变价国际美元衡量生产法 GDP，1990 年 E11 和金砖国家的总体 GDP 分别是 12.39 万亿国际美元和 8.23 万亿国际美元，占 G7 总体 GDP 的比重分别是 57.84% 和 38.43%。2017 年，E11 和金砖国家总体 GDP 占 G7 的比重分别提高到 137.76% 和 105.12%，中国、印度、俄罗斯、巴西、印度尼西亚、墨西哥 6 个新兴经济体已经跻身世界前 12 大经济体，印度超过日本位居第三，中国和美国分居世界第一和第二大经济体。

从国际贸易和投资角度来看，得益于新一轮经济全球化、贸易和投资自由化，20 世纪 90 年代以来，新兴经济体对外贸易和国际投资规模快速扩张，迅速缩小同发达国家的差距，甚至在外商直接投资（FDI）净流入方面超过了发达国家。1992 年，新兴经济体总体的商品贸易额仅有 0.93 万亿美元，金砖国家总体商品贸易额仅为 0.45 万亿美元，占 G7 的比重分别仅为 23.58% 和 11.40%。经过 20 余年的快速发展，新兴经济体和金砖国家总体的商品贸易额分别达到 9.09 万亿美元和 6.01 万亿美元，分别增长了 8 倍和 12 倍多，占 G7 的比重也增加到 75.69% 和 50%。全球金融危机造成新兴经济体和发达经济体在 2009 年的商品贸易额均出现下滑，但是新兴经济体下滑幅度明显小于发达经济体。而且，2010 年新兴经济体商品贸易总额就恢复并超过 2008 年的水平，快速增长至 2014 年，之后出现下降。与此同时，发达国家 2011 年才恢复到危机前的水平，之后一直呈现下滑态势。

虽然新兴经济体服务贸易额和发达经济体相比还有不少差距，但是占 G7 的比重也在不断增加。新兴经济体和金砖国家服务贸易额占 G7 的比重分别从 1992 年的 17.99% 和 7.35% 提升到 2017 年的 46.11% 和 32.35%，同 G7 的差距在不断缩小。1992 年开始，新兴经济体占 G7 的比重提升 10 个百分点用了 13 年（1993—2005 年），但是此后再提升 10 个百分点仅用了 6 年（2006—2011 年），2014 年以后比重有所下滑，追赶进程放缓。

由于新兴经济体明显较好的经济表现，它们也成为 FDI 热衷流入的目的地。1992 年，新兴经济体和金砖国家 FDI 净流入额分别仅占发达经济体的 40.09% 和 21.97%。2009 年，新兴经济体 FDI 净流入额首次超过发达经济体，2012 年，新兴经济体 FDI 净流入额已经超过发达经济体 32.16%。2011 年，金砖国家 FDI 净流入额也开始超过发达经济体。近几年，新兴经济体和金砖国家 FDI 净流入额总量和占比均出现了较大幅度下降。

从国际金融方面来看，一国的对外金融实力可以通过净国际投资头寸（NIIP）、外汇储备等指标反映出来。其中，外汇储备是一国经济实力的重要组成部分，反映了一国的国际清偿力，在此，以外汇储备规模为例说明新兴经济体对外金融实力的快速增长。1992 年，新兴经济体和金砖国家的外汇储备（包括黄金，下同）总额分别仅有 0.14 万亿美元和 0.07 万亿美元，与此同时，发达经济体的外汇储备总额达 0.51 万亿美元。20 世纪 90 年代，尽管新兴经济体的外汇储备总额持续增长，但增速并不快。进入 21 世纪以来，新兴经济体外汇储备规模迅速扩大。2000—2017 年，新兴经济体外汇储备规模扩大了将近 11 倍，其中金砖国家外汇储备规模扩大了将近 15 倍。与此同时，发达经济体外汇储备规模仅扩大 2 倍。2005 年和 2006 年，新兴经济体和金砖国家外汇储备总额分别首次超过发达经济体。2013 年，新兴经济体和金砖国家外汇储备总额达到峰值，分别是发达经济体的 2.76 倍和 2.13 倍。

总之，通过比较 20 世纪 90 年代以来新兴经济体（金砖国家）和发达经济体在经济总量、对外贸易和投资、对外金融实力等方面的变动，可以看出，新兴经济体（金砖国家）的总体经济实力正在赶超发达经济体。新兴经济体正在崛起是一个不争的事实，新兴经济体的崛起意味着全球经济格局的调整。

二、世界经济重心向亚太地区转移

从地域上来讲，全球经济格局也在发生变化，世界经济重心正在从大西洋地区（美欧地区）转向亚洲太平洋地区（亚太地区）。18世纪中叶，发端于英国的工业革命正式拉开序幕，由此带动西欧国家经济的快速发展。19世纪的世界经济重心在西欧地区。20世纪起始，随着美国替代英国成为世界第一大经济体，整个世界经济的重心分布于大西洋两岸的美欧地区。美欧地区占世界经济的主导地位持续了近一个世纪之久。

20世纪90年代以来，随着中国经济的崛起，世界经济重心开始向亚太地区转移。广义地讲，亚太地区是指整个环太平洋地区，包括加拿大、美国、墨西哥、秘鲁、智利等南北美洲的国家，太平洋西岸的俄罗斯远东地区、日本、韩国、中国大陆、中国台湾和中国香港地区、东盟各国，大洋洲的澳大利亚、新西兰等国家和地区。第二次世界大战后，亚洲国家和地区经济相继起飞。先是二十世纪五六十年代日本经济的腾飞，随后是六七十年代"亚洲四小龙"经济的高速发展。但是，亚太地区尤其是亚洲地区真正的繁荣得益于中国经济的崛起。中国经济的起飞为东亚地区编织出独特的"东亚生产网络"，带动了日本和"亚洲四小龙"经济的新一轮持续繁荣。"东亚生产网络"最终经由"中国制造"销往美欧地区，尤其是支撑了美国的过度消费。中国的这种"共享型发展"创造并维持了整个亚太地区的经济繁荣。[①] 目前，世界前三大经济体美国、中国和日本都在亚太地区，亚太地区将在世界经济中扮演越来越重要的角色。

三、国际政治格局的深刻变革

21世纪以来的国际政治格局延续了20世纪末的基本形态，表现为单极化和多极化并存的基本态势。在基本态势的基础上，单极化与多极化都有新的变化：单极化力量总体呈现下降趋势；与此同时，多极化力量强劲发展，总体呈现上升趋势，21世纪以来的复合型国际格局中的单极化力量和多极化力量的互动进入了一个深刻

---

① 宋泓：《对外开放与中国经济发展经验探析》，《国际贸易》2012年第5期。

调整时期。

（一）国际格局中的单极化力量下降

冷战结束后，国际体系由两极格局与多极化并存的复合型格局转变为单极化与多极化并存的复合型格局。进入 21 世纪以来，国际局势深度发展，影响国际格局的重大事件相继发生，阿富汗战争、伊拉克战争及 2008 年发端于美国的金融危机，都成为国际格局演变进程中的重大事件。在这个过程当中，单极化力量总体呈现下降趋势，其对多极化力量的主导力进一步削弱。复合型国际格局中的单极化和多极化力量的互动进入了一个深刻调整时期。

（二）全球地缘政治重心东移

新兴经济体的快速崛起，使亚洲成为国际经济贸易的活跃地区，亚洲经济的快速增长及其在世界经济中地位的不断提升是推动全球地缘政治重心东移的重要推手。因此，美国以签署《东南亚友好条约》为标志，高调重返亚洲。不仅力推美印军事合作，全面推进美印战略伙伴关系；而且出台了"阿巴新战略"，把反恐战场重心从中东转向南亚。同时，还调整了西太平洋军事部署，继续将军力向以关岛为中心的基地群集中；加强同日韩的军事同盟关系等。美国对亚洲外交、军事投入明显加大，全球地缘政治重心加速东移。

（三）全球合作中"东西共治"增强。

新兴大国群体性崛起的亮点正在从"硬实力"积聚向"软实力"提升的方向发展。中国、印度、巴西、南非等国家的国际地位显著上升，并开始相对平等地、不同程度地参与到国际体系的"建章立制"进程中，以往由西方发达国家主导的国际合作逐步向着"东西共治"方向演进。毋庸赘言，目前在全球合作领域运行的大多数国际组织、国际规则都是"二战"后发达国家发起、制定的，其运行规则也体现了西方发达国家的利益偏好和价值观念。然而，进入 21 世纪以来，一系列事件的出现使得国际权力出现了由西向东转移的趋势，国际体系内部"东西共治"的色彩也渐浓。当然，这仅仅标志着非西方国家开始参与、主导全球规则的制定和执行，"东西共治"也仅仅处于起始阶段。要实现真正意义上的"东西共治",还需要一段较长的历史时期。

总之,全球多制,多元共存,世界多极化将继续成为国际政治格局发展的基本方向。

四、全球经济治理机制变革

下面从全球经济治理机制变革的需求和供给两方面来阐述全球经济治理机制变革的必要性和重要性。

(一)全球经济治理机制变革的需求

首先,新兴经济体具有变革全球经济治理机制的强烈愿望。第二次世界大战后,由发达经济体主导建立的全球经济治理机制催生了新一轮的经济全球化浪潮,使新兴经济体在和平发展的背景下快速发展自身经济。尽管新兴经济体也是现有全球经济治理机制的受益者,但是,由于新兴经济体经济总量的提升、贸易和投资额占世界的比重越来越高、对外金融实力越来越强,为了更好地维护自身的经济利益,新兴经济体迫切希望改革现有全球经济治理机制。如传统的八国集团的对话平台没有包含新兴经济体。

其次,发达经济体也希望通过变革全球经济治理机制维护自身的既得利益。虽然现有全球经济治理机制是由发达经济体主导建立的,但是由于新兴经济体崛起及话语权的提升,发达经济体开始对维护现有治理机制显得力不从心。随着发达经济体相对经济实力的逐渐削弱,它们也需要通过建立新的有利于自身经济利益的经济规则来延缓新兴经济体崛起的步伐,稳定自身的经济地位。因此,尽管发达经济体和新兴经济体对改革现有全球经济治理机制的目的不尽相同,但是都有改革现有治理机制的需求。

(二)全球经济治理机制变革的供给

首先,随着新兴经济体相对经济实力的上升,它们改革现有全球经济治理机制的能力越来越强。毫无疑问,改革现有全球经济治理机制的能力取决于经济实力。

经济实力决定话语权。如前所述，如果以市场汇率计算的名义 GDP 来计算，2017 年新兴经济体 GDP 占 G7 的比重已经达到 67.22%。而如果按购买力平价法来计算，新兴经济体的经济实力和发达经济体已经不相上下。在商品贸易额、服务贸易额、吸引外资、外汇储备等指标上也越来越逼近发达经济体，甚至已经超越。有经济实力的保障，新兴经济体改革现有全球经济治理机制的能力不断增强。

其次，尽管发达经济体相对实力开始削弱，它们依然有很强的能力和丰富的经验重建有利于自身经济利益的全球经济治理机制，它们依然有强过新兴经济体的经济实力。新兴经济体对发达经济体经济实力的完全赶超还需要相当长的时间。更为重要的是，发达经济体有建立全球经济治理机制的丰富经验和先发优势。它们变革全球经济治理机制的能力依然要明显强于新兴经济体。

总之，无论是对于新兴经济体还是发达经济体，它们均有改革现有全球经济治理机制的强烈愿望，并具备改革现有机制的能力。由此，改革现有全球经济治理机制具有很强的必要性和重要性。

第四节　全球金融危机后的贸易保护主义

经济危机通常是贸易保护滋生的温床，2008 年的全球性金融危机也不例外。据统计，从 2008 年 11 月至 2013 年 5 月，全球共实施了 3334 个贸易保护措施，其中，仅 2012 年 7 月到 2013 年 5 月就实施了 904 个。特别是在 2012 年第四季度和 2013 年第一季度，全球采取的贸易保护措施分别为 127 个和 125 个，是 2012 年第二季度（26 个）的近 5 倍。贸易保护再度卷土重来，并在手段、方式和内容上呈现出一些新的趋势和特点。

一、政府援助措施替代传统贸易限制措施成为贸易保护的新手段

为尽快摆脱危机，加快国内经济复苏步伐，各国政府采取了一系列经济刺激政策，包括政府采购和政府救助措施。这些经济政策将重点从限制进口转移到扩大出口上，通过政府经济政策的扶持，增加本国产品的国际竞争力，从而达到拉动经济

增长的目的。如图 2-1 所示，自 2008 年 11 月至今，政府援助措施和政府采购已经占全部贸易保护措施的 26%，成为最重要的保护手段之一。而以往贸易保护措施中最常使用的手段是关税和非关税措施，目前所占的比重已经不足 1/5。因此，在新一轮贸易保护抬头的过程中，各国出台的一系列经济政策代替了以往的贸易限制措施，成为当前贸易保护的新手段。尽管各国一再重申各自的经济刺激计划不会对世界贸易产生负面影响，但各国对国内产业的扶植措施，构成了不公平的国际贸易竞争环境，影响了国际贸易的健康发展。

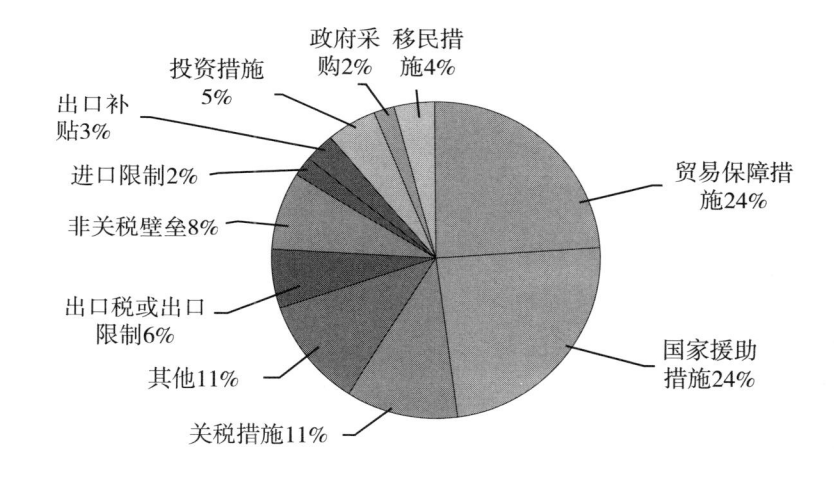

图 2-1　全球金融危机后十大贸易保护措施占比

数据来源：WTO 数据。

二、新兴产业和稀缺资源成为贸易保护的新目标

信息技术、生物技术、节能环保、新能源等新兴产业被视为带动世界经济走出低迷的重要引擎，因此，各主要经济体都将新兴产业作为新的经济增长点，并重点发展，企图依靠资金和技术优势，控制新兴产业关键领域，占领未来产业发展制高点。因此，保护主义开始向新兴产业蔓延。由于稀缺资源被广泛运用于高新技术产业和战略性新兴产业，因此，发达国家格外注重控制这一战略性资源。而发展中国

家在经济发展初期，由于技术水平较低，大量的出口资源型产品，长期粗放式经营和大量出口导致许多丰裕型资源变得极为紧缺，有些甚至需要进口才能满足国内需求。于是，发展中国家开始通过出口限制等贸易保护手段来保护本国资源。于是，稀缺资源领域的贸易摩擦逐渐显现。

三、"全球治理"成为贸易措施的新"保护伞"

随着人们生活理念的变化，国际社会关注的问题越来越集中于气候变化、低碳经济、粮食和食品安全、能源资源安全等问题上。这些问题不仅直接关乎人类生存，也是涉及经济发展的重大问题，成为全球新的治理机制建设过程中的重大议题。因此，很多国家，特别是发达国家常常以全球治理为借口，行"贸易保护"之实。如一些发达国家凭借环保技术优势，以节能减排为口号，提出低碳经济、绿色经济等概念，随后，碳关税、碳标签、碳认证等"三碳"问题便随之应运而生，并被越来越多的国家推崇。多数国际贸易协定都允许签约国可以在涉及国家安全或其他"基本安全利益"问题时不必遵守条约给它们规定的义务。因此，这些条款被一些国家用作实施贸易保护和推行扭曲性贸易政策的借口。

四、中国一直是贸易保护的最大受害者

中国一直是贸易保护的最大受害者。《全球贸易预警》报告显示，2008年7月至2013年5月，中国受到的歧视性贸易措施共877项，占到全球保护措施的41%。其中，反倾销、反补贴和特殊保障限制措施等贸易救济措施成为对中国贸易限制的主要手段，占中国被实施措施总数的比例超过20%；对中国贸易保护的对象已从具有出口竞争力的劳动密集型产业逐渐向新能源和高科技产业扩展，包括太阳能电池板和风电塔、钢铁、化工等产业。2011年11月，美国正式对进口中国的太阳能电池发起"双反"调查，开启美国对中国清洁能源产品的首例"双反"调查。紧接着，又对原产于中国的晶体硅光伏电池和应用级风电塔发起双反调查。2012年法国成立11个委员会对国内的航空航天、可再生能源等一些核心产业进行监督，以在"必要"时干预国外企业的并购。同年，欧盟又开始对中国光伏电池展开双反调查，并欲征

收惩罚性关税。

值得特别关注的是，近年来国际社会对华贸易保护措施的隐蔽性在提升。一些国家往往通过国家安全、拒绝并购、投资审查等各种名目，行贸易保护之实。如2008—2011年，美国政府多次以"国家安全"为借口阻止中国电信设备商华为、中兴等企业在其国内进行收购、设备供应等计划。其目的就是打压外国企业保护美国企业，实行贸易保护。除此之外，中兴、华为这些企业在印度、欧洲等国也遇到同样挑战。如印度以"危害国家安全"为由禁止国内运营商从华为、中兴手中购买电信设备，直至华为等企业接受其苛刻的条件后，才允许重新进入印度市场。可见，中国是世界上贸易保护最大的受害国。今后，随着中国经济的进一步发展，中国面临的贸易摩擦会越来越多，对外投资遇到的阻力和干扰越来越多，中国技术引进，特别是高技术引进面临越来越严格的限制。这些将直接影响我国开放的进一步扩大和深化。

第五节　全球能源格局的多极化趋势

世界能源生产地和消费地的不一致，使能源成为世界各国特别是能源消耗大国争夺的焦点。全球金融危机以来，世界经济和能源供需格局发生了一系列新的变化，中国作为经济增长最快的新兴经济体和全球最大的能源消费国，既影响着世界能源安全格局，也因为世界能源格局的变化而面临新的挑战和压力。

一、石油供应格局向多极化方向发展

石油是能源的核心，石油市场的供给直接关系世界的能源安全。2000年以来，中东以外的地区石油探明储量快速增长。石油探明储量上升最快的是拉美地区，2017年探明储量占全球的比例为19.91%，比2000年提高11.12个百分点。非洲和欧洲的探明储量也均增长60%以上。中东地区虽然仍是全球石油资源最丰富的地区，但与2000年相比，中东地区石油储量的份额下降了近17.57个百分点。全球已出现多个石油供给中心（中东地区、北美和拉美地区、苏联地区和非洲地区）的趋势。世界石油供给的多元化趋势对于全球石油供应的稳定具有重要的意义。

二、产油国和发展中国家成为石油消费重心

21世纪以来，世界石油消费的区域结构又出现了新变化。随着亚洲经济的发展，全球石油消费重心快速东移。2004年亚洲的石油消费量超过了北美。目前，世界能源的主要消费区域仍是北美、欧洲和亚洲三大区域，亚州地区位居首位，其份额占世界石油总量的30%以上。以中国、日本、韩国为主的亚州地区是全世界最大的能源消费市场之一，这些国家也是近年来石油缺口最大和石油消费增长最快的。中国的石油市场增长强劲，2000—2016年中国石油消费量增长了1.7倍，消费量位居世界第二位。在世界地缘政治新格局下，中国不仅要与北美、欧洲等石油消费国展开能源再分配的竞争，同时也要面临与日本、韩国等石油净进口国进行能源争夺战。

三、发展中国家能源投资快速增长

随着经济快速增长以及对能源需求的增加，发展中国家开始在世界范围内寻找资源，能源投资增长很快。2017年发展中国家对外投资占全球的26.63%，比1990年提高约10个百分点。与发达国家相比，发展中国家对传统化石能源煤炭和石油的投资比例高于发达国家。发展中国家在能源领域的对外投资中，石油和煤炭投资占89.75%，比发达国家高3.1个百分点；电力和天然气投资占10.25%，比发达国家低6个百分点。

四、美国和欧佩克在世界能源格局中的地位举足轻重

美国在世界能源格局中的地位体现在"石油—美元"计价机制上。在世界市场经济中，有两种容易波动的价格在起作用，一种是石油价格，另一种是美元汇率，它们影响着出口国和进口国的财富。对美国来说，以美元作为国际石油交易的计价货币，重要的不是汇率的高低，而是美元作为交易媒介的垄断地位，这样就巩固了美元的霸权地位。

目前，原油市场的主要供应商是提供世界40%的石油、并且拥有世界70%的已探明石油储量的欧佩克国家及一些非欧佩克产油国家。作为一个终端供应商，一般

情况下欧佩克的作用就像企业联合组织，通过保持充裕的石油产量来影响石油的价格。近年来，它的方针已经变成了在平衡市场的同时，允许石油消费国保持适当水平的原油存货。非欧佩克成员国的储量和剩余生产能力相对有限，一般只能充当价格的被动接受者。由于世界经济对石油的严重依赖，在石油利益的分配格局当中，石油需求国家往往处于被动和弱势的地位。

第六节　发展成为全球负责任大国

自美国金融危机爆发以来，美、日、欧经济先后陷入困境，新兴经济体和发展中国家经济前景则普遍向好。但新兴经济体和发展中国家普遍有一个担心，担心美、日、欧采取量化宽松的货币政策、扩张性的财政政策、保护主义的结构调整政策，实际上这是在向新兴经济体和发展中国家转嫁危机和矛盾。当这种转嫁持续到美、日、欧经济复苏的时候，新兴经济体所遭受的通货膨胀、资产泡沫、社会经济矛盾激化，是不是会出现另一轮经济调整和危机？

对中国而言，未来是做一个全球负责任大国还是做一个被边缘化大国；是否敢于应对高标准规则、高标准投资和服务贸易自由化的新挑战；是否有能力赢得全球大宗商品的定价权、重大规则的参与制定权、责任担当和逆周期调节能力的开放大国地位。从这个角度，经济全球化的新形势，不仅对国际经济治理、多边贸易体制、双边经贸合作产生深远作用，也将通过不同渠道影响我国开放型经济新体制的构建。为此，党的十八届三中全会审议通过的《中共中央关于全面深化改革若干重大问题的决定》明确提出，打造开放型经济新体制，适应经济全球化新形势。

应对经济全球化的新形势，打造开放型经济新体制，具体的工作大致可以归纳为四个方面。

一、打造开放型经济新体制，必须充分发挥市场在资源配置中的决定性作用

过去36年来，我国开放型经济发展模式是由各级地方政府主导、以招商引资为

中心、以开发区为载体、通过大规模引进外资形成庞大的生产制造能力和大进大出的循环格局，其核心在于以低成本迎合国际产业转移的基本动因，同时解决经济起飞所需要的市场，让中国经济在较长时间获得并保持高速发展。但是，这种模式带来的弊端，如资源错配、价格扭曲、产能过剩、环境恶化等，也日益凸显。

从政府主导不计成本的开放模式转向以企业为主导、并充分发挥市场配置机制的开放模式，需要着重抓以下三个方面的工作：第一，完善开放型经济的制度建设，对于阻碍开放型经济发展的法律法规，要及时修订，并在较长时间内保持稳定。第二，减少政策性调控，强化制度性调控，由市场按照需求和价格自发调节，由企业基于市场形势和自身竞争力决策选择出口或进口。第三，在机构设置和政府职能发挥上，做到不越位、不缺位、不错位，政府主要承担规则执行者和秩序维护者的工作。

二、打造开放型经济新体制，必须积极推动对内对外开放相互促进

对内对外开放的本质是一致的。扩大对内开放，是为了在国内建设一个更有活力、更加公正的经济社会体制，实现经济社会的可持续发展，而扩大对外开放，是为了充分利用外部资源为我国经济社会的发展服务，尽快提升我国在国际分工体系和国际经贸利益分配格局中的地位。在中国和世界联系日趋紧密、相互影响不断加深的今天，中国改革发展比以往任何时候都需要坚持和扩大对外开放，以开放促改革，可以使我们更好地了解世界，也可以使世界加深对中国的了解，进一步扩大同各方利益汇合点，不断拓展合作领域，促进国际国内要素有序自由流动、资源高效配置、市场深度融合。

积极推动对内对外开放相互促进，需要着重抓以下四个方面的工作：第一，实行统一的市场准入制度，进一步减少前置审批和资质认定项目，鼓励各种资本以多种方式参与银行、保险、电信等行业，并扩大国内不同地区的相互贸易、相互投资和相互合作。第二，加快研究制定进一步扩大开放的政策措施，对已经明确的扩大开放要求，要抓紧落实配套措施，统一内外资法律法规，促进有序开放。第三，应加快推动中西部地区的经济发展，尤其是要扩大中西部地区的对外开放。第四，扩

大内陆沿边开放，挖掘内陆沿边地区的开放潜力，打造分工协作、优势互补、均衡协调的区域开放新格局。

三、打造开放型经济新体制，必须加快自由贸易区建设

自贸区是国际经济合作的重要载体，近年来，世界主要经济体纷纷将自贸区作为重要战略推动，自贸协定已成为大国开展地缘政治和经济博弈的重要手段。美、欧正积极推动高标准的"下一代自贸协定"，不仅要求开放的部门多、程度高，还力图在其重点关注的劳工、政府采购、知识产权、投资、人权、环境等领域制定和形成新的规则，为未来全球各种自贸区谈判树立新的"标杆"，形成所谓的"二十一世纪新议题"。

打造开放型经济新体制，必须顺应这一新趋势，加快实施自由贸易区战略，当前需要着重抓以下四个方面的工作：第一，继续完善对外开放新格局，以中国（上海）自由贸易试验区为新的起点，在推进现有试点基础上，选择若干具备条件的地区发展自由贸易园（港）区，为全面深化改革和扩大开放探索新途径、积累新经验。第二，改革海关监管、检验检疫等管理体制，推行"单一窗口"制度，提高贸易便利化水平。第三，充分依靠中国与有关国家即有的双多边机制，将"一带一路"作为我国全方位开放格局建设的新抓手，为即有的、行之有效的区域合作平台注入新的内涵和活力。第四，积极推进与其他国家的自由贸易协定谈判，加快环境保护、投资保护、政府采购、电子商务等新议题谈判，形成面向全球的高标准自由贸易区网络。具体来说，在双边层面，创新与发达国家的合作模式，加强政策协调，增进开放互信；与新兴市场国家和发展中国家实现优势互补、错位竞争，维护共同利益。在多边层面，维护多边贸易体制主渠道地位，反对任何形式的保护主义，减少和消除贸易投资壁垒；积极参与国际经贸规则制定，推动国际经济秩序更趋公平合理。在区域层面，以周边为基础加快实施自贸区战略，主动参与新议题谈判，形成面向全球的高标准自贸区网络。在次区域层面，深化大湄公河、泛北部湾、大图们江等地区合作，形成于我有利的地缘经济和政治新格局。

四、打造开放型经济新体制，必须改革利用外资、对外投资管理体制

从国际趋势看，贸易政策的重心正从"第一代贸易政策"（如关税、许可证等）转向"第二代贸易政策"（如投资、竞争政策、贸易便利化、放松管制、环境等）。而我国利用外资仍然以专案审批加产业指导目录的管理方式为主。这种管理方式的优点是产业政策导向性强，缺点是审批环节多，政策稳定性不足，行政成本和营商成本都较高。而在对外投资领域，我们多年来的重点是引进来，现行的审批体制容易束缚住企业海外投资并购的手脚。在继续主动开放国内市场、提高利用外资质量的同时，要秉承利益互换、对等开放的原则，消除我国对外投资合作的障碍，促进国际国内要素有序自由流动，不断拓展我国经济发展空间。

提升"引进来"和"走出去"的水平，改革利用外资、对外投资管理体制需要着重抓以下三个方面的工作：第一，以负面清单和准入前国民待遇为切入点，改革利用外资、对外投资管理体制。到目前为止，我国对外资的管理一直采用的是正面清单模式，由"正"转"负"，充分体现了投资便利化与放宽投资准入的积极主动开放战略，具有开创意义。第二，继续鼓励各国投资者来华投资兴业，切实保护投资者合法权益，为各国企业提供公平竞争和分享中国发展红利的机会，同时也希望境外投资者更多地把资金投向符合中国产业升级的领域，更多地投向中西部地区；推进金融、教育、文化、医疗等服务业领域有序开放，放开育幼养老、建筑设计、会计审计、商贸物流、电子商务等服务业领域的外资准入限制。第三，加快实施"走出去"战略，按照市场导向和企业自主决策原则，放宽对外投资的各种限制，落实"谁投资、谁决策，谁受益、谁承担风险"的原则，确立企业及个人对外投资的主体地位，允许企业和个人发挥自身优势到境外开展投资合作，允许自担风险到各国、各地区自由承揽工程和劳务合作项目，允许以创新方式走出去开展绿地投资、并购投资、证券投资、联合投资等。

第三章

中国对外开放的历史进程与启示

一直以来，对外开放是一个国家和民族复兴之路的应有之意和必然选择。综观我国对外开放史、相关历史人物和历史事件的记载汗牛充栋，一幕幕画卷不仅让我们为先人在对外探索中的艰辛而折服，更为我国对外开放所取得的丰功伟绩而感叹。从全球地图上看，中国在地球上的位置呈现为明显的大"C"字形，东面对太平洋，北、西、南有 14 个邻国，陆上疆界绵延 22000 多千米，是全球少有的既有众多陆地邻国，又有漫长海岸线的国家。加之长江、黄河这两条横贯东西的"大动脉"全部位于国境内，这种得天独厚的地理优势，为我国对外开放的发展奠定了强有力的基础。

我国对外开放的历史进程大致可以分为三个阶段：第一个阶段是自先秦至明清 2000 多年的我国古代对外开放进程；第二个阶段是自鸦片战争至二十世纪六七十年代的我国近现代对外开放进程；第三个阶段是我国改革开放至今的 40 年对外开放进程。

第一节 中国古代对外开放的历史进程

我国古代对外开放始于秦，萌芽于两汉，停滞于魏晋南北朝，推广于隋，兴于唐、宋、元和明朝初期，最后衰于明中而败于清。

一、先秦时期的对外开放进程

公元前221年,秦兼并六国后,统一了文字、货币和度量衡,为经济文化和对外贸易的发展奠定了基础。秦朝初期,其疆域仅达到长江流域以南的地带,交通要道极为不便。为此,秦先是北击匈奴收复河套,继而平定百越,使得疆域面积迅速扩张。同时,秦开五尺道①以通滇黔,凿灵渠,分湘江之源以通岭南,从而打通了从中原到西南和岭南等边远地区的道路,突破了这些地区诸民族的原始闭塞性,使得当时的许多落后地区有机会接触中原的文化,并且逐渐加入封建主义的经济和文化体系之中。秦朝疆域的扩张和交通要道的基本形成,极大增强了中原与新疆、中亚、西亚、南亚乃至欧洲的经济往来。此时,秦朝的对外贸易主要是"物物交换"的方式,但这一时期的对外贸易并未受到秦朝中央的重视,人力和财力无法得到有效保障,使得通往边境的官道时断时续,呈现出民间性、不经常性和边境辗转等特点。

二、汉朝时期的对外开放进程

我国对外开放在汉朝时期得到了长足发展,由以往的"民间性"和"不经常性",转变为"主动性"和"自发性",对外开放进入了历史的新阶段。统一的大汉王朝疆域辽阔、民族众多,汉朝为了稳定边疆,维护国家统一,不断加强了与周边各国和民族的联系,这为汉朝后续的对外开放奠定了良好的基础。

(一)张骞出使西域,开辟"丝绸之路"

张骞两次出使西域,本为贯彻武帝联合大月氏抗击匈奴的战略意图,但其出使西域后的意义则远远超出了军事层面。"丝绸之路"②的开辟,打通了通往西域的商道,极大地促进了汉夷在贸易和文化上的往来,使中原的文明迅速得到传播。一方

---

① 秦始皇统一中国后,为了有效地控制在夜郎、滇等地设立的郡县,派遣将军常頞率军筑路,即为"五尺道"。

② 汉武帝派张骞出使西域形成了"丝绸之路"的基本干道。它以西汉时期长安为起点,经河西走廊到敦煌。从敦煌起分为南北两路:南路从敦煌经楼兰、于阗、莎车,穿越葱岭今帕米尔到大月氏、安息,往西到达条支、大秦;北路从敦煌到交河、龟兹、疏勒,穿越葱岭到大宛,往西经安息到达大秦。

面，中原的丝绸、漆器等商品源源不断输送到国外；另一方面，西域的核桃、葡萄、石榴、蚕豆等十几种植物，逐渐在中原栽培。龟兹的乐曲和胡琴等乐器，丰富了汉族人民的文化生活。张骞出使西域，是我国对外开放史上的一次壮举，对促进人类文明的发展贡献甚大。

（二）班超经营西域，巩固汉朝边疆

西汉末年，"王莽改制"时贬黜了西域各国的王号，使得长久以来西域诸国与汉朝的良好关系被打破，匈奴趁机在东汉初年迅速扩张势力，严重阻碍了西域与汉朝的来往。为了重建西域都护，恢复对西域的管辖，明帝派班超出使西域。班超最终用少数人马战胜了人数众多的匈奴，使得对西域的管辖权重新恢复。此后，班超在西域经营30年，使东汉与西域的经济文化交流得以继续发展，捍卫了"丝绸之路"，进一步巩固了汉朝西部边疆。此时，汉朝与西域各国的经济贸易不断扩大，产品远销西域和欧洲。

（三）海上"丝绸之路"的开辟

海上"丝绸之路"是由陆地"丝绸之路"的概念演绎得来。海上"丝绸之路"最早始于秦，据史书记载，秦始皇平定岭南时期，专门建造了大量船只，供平定瓯越所需。西汉初年，汉武帝平南越后，即派使者沿着百越民间开辟的航线远航南海和印度洋，经过东南亚，横越孟加拉湾，到达印度半岛的东南部，抵达锡兰（今斯里兰卡）后返航。汉武帝时期开辟的航线，标志着海上"丝绸之路"的发端[①]。

我国海上"丝绸之路"分为东西两线，东线到日本、高丽（朝鲜）、百济[②]等，西线海上"丝绸之路"的发展在唐宋时期达到顶峰，经由南海直通西亚、天竺[③]和非洲。经由海陆运输的商品众多，有丝绸、瓷器、香料、茶叶等，货物品种较陆地"丝绸之路"更为丰富。

---

① 以上史料出自《汉书·地理志》。
② 百济（前18年—660年）又称南扶余，是古代扶余人南下在朝鲜半岛西南部原马韩地区建立起来的国家。
③ 天竺是古代中国及其他东亚国家对当今印度和巴基斯坦等南亚国家的统称。

三、隋唐时期的对外开放

（一）隋朝时期的对外开放

至汉以降，长城内外先后出现五胡十六国，几百年战乱不息，使中原一片凋敝，此时的对外开放几近陷于停滞。在经历战乱纷争后，国家统一于隋。隋文帝变法后，隋朝经济开始进入全盛时期，文帝主张对外开放贸易，西域、南洋等地区成为隋朝的主要贸易伙伴，许多波斯、新罗[1]商人来华经商，长安、洛阳、扬州、益州聚集了大量外商，登州、扬州、广州也是著名的外贸港口。

文帝、炀帝在位期间，采取了多种措施经营西域。例如，通过"互市"与突厥保持贸易往来；设立"郡"，并开展屯垦为"丝绸之路"提供后勤保障；在京设立"四方馆"以招待四方来客等。这一系列的措施使中原与西域之间的经济文化交流进入了一个新的历史阶段。西域诸国的"方物"[2]大量传入中原，西域乐舞、绘画艺术在中原广为传播；同时，中原的华夏文化也对西域文明产生了重要的影响，进而为唐代前期中原与西域的文化交流奠定了基础[3]。

（二）唐朝时期的对外开放

唐朝是我国历史上较为强盛的王朝之一，雄厚的经济实力和强大的军事力量，使唐朝时期"万国来朝"，对外开放达到了一个很高的水平。在经济发展方面，唐朝实行均田制和租庸调法，大力发展农业和手工制造业，为对外开放提供了良好的经济基础和物质保障。在政治和军事方面，太宗击败颉利后，分别设立了安西、安北、安东、安南、单于、北庭六大都护府，强化对西域的行政和军事管理，保证"丝绸之路"的畅通。下面将从经济、民族、文化、外交等方面介绍唐朝时期的对外开放发展。

---

[1] 新罗（公元前57年—935年），是朝鲜半岛国家之一，立国达992年。公元503年开始定国号为"新罗"。新罗最初由辰韩朴氏家族的朴赫居世居西干创建。
[2] 方物是指西域诸国的土产，详请参考《隋书·西域传》。
[3] 赵文润：《隋朝时期中原与西域的文化交流》，陕西师范大学学报（哲学社会科学版），1998年第4期。

1. 海外贸易的发展

唐朝对外开放的最大特点是对外贸易的重心由陆路转为海陆。在唐朝建立之初，当政者就奉行一系列较为开明的对外开放政策，以吸引外商来华贸易。具体表现为以下几个方面：其一，运用了怀柔性的优惠政策。唐朝政府在同外商的交易中（如购买宫廷物品），一般会以高于民间市价的两倍购买。其二，开放海外贸易港口。唐朝先后开放了广州、泉州和扬州的贸易港口，并形成了南北两条贸易主线，南线通往印度洋和南洋，北线则是针对日本和朝鲜。其三，市舶制度。随着海外贸易的发展，唐朝在广州、明州、交州、扬州分别设立了市舶使[1]，用以征收舶税和管理海外贸易[2]。

唐朝开明的对外政策极大地促进了海外贸易的发展，使唐代的经济社会以直接或间接的方式指向了国际市场，建立了与世界经济的广泛联系，呈现出明显的外向倾向。

2. 倡导民族平等

唐朝时期，当政者对中国与外国、华夏与蛮夷、汉人与夷人之分最为淡泊，太宗皇帝在位期间，大力倡导民族平等，对来朝的外来人士都给予超国民的待遇，使整个社会对少数民族和外国人都秉持着极大的包容与接纳，国民的自信心和开疆扩土的精神得到了充分展示，唐朝也因此获得了统治疆域的扩大、国家的富裕和强盛等巨大的实惠和回报。

3. 国外宗教文化的传入与传播

国外宗教文化在唐朝时期进入兴盛，唐朝统治者虽然提倡佛教与道教，但并不排斥其他外来宗教，许多西方宗教都是在唐时传入中国。

早在汉朝张骞出使西域时，民间已出现佛教的交流，到了南北朝，涌现了大量的佛经翻译著作。太宗年间，玄奘法师历时17年，跋涉数万里，将357部梵文经书带回长安，随后太宗从全国聘请了数十名精通梵文的高僧来到长安，在弘福寺、慈恩寺翻译佛经，译书75部，共1335卷，并成著《大唐西域记》，为佛教在我国的传

---

[1] 市舶使相当于现在的海关，起源于互市监，在隋末唐初，互市监负责对来华的外商征收关税。
[2] 李金明：《唐朝对开放政策与海外贸易》，南洋问题研究，1994年第1期。

播与发展做出了不可磨灭的贡献。

4. 对外交流通道的建设

唐朝时期的外交主要是通过7条主干道实现的。往西，可以穿越帕米尔高原和天山山口，通往中亚、西亚地区；往东，借助山东半岛港口，通往日本和朝鲜；往南，由广州通往西方各国；往北，由大同、幽州等枢纽城市通往北方少数民族地区。为了进一步加强与外界的交流，唐朝在国内各交通要道共设立了1600多个军民两用驿站，其中包括260多个水路驿站[1]，极大地推动了中外人员的往来。

四、宋、元、明、清初时期的对外开放

（一）宋朝时期的对外开放

唐朝灭亡后，经过五代十国的洗礼，国家政权统一于北宋。然而，此时我国北方地区仍被辽、西夏和金等少数民族占据，阻隔了"丝绸之路"。南宋政权建立后，宋朝的经济中心南移，东南沿海的港口成为新的贸易中心。高宗曾面谕大臣：广南市舶，利入甚厚，提举官宜得人而久任，庶蕃商肯来，动得百十万缗，皆宽民力也[2]。由此可见，宋当政者非常重视海外贸易。

1. 市舶司的建立

北宋开宝四年，太祖设市舶司于广州，以后随着海外贸易的发展，陆续于杭州、明州（今浙江宁波）、泉州、密州（今山东诸城）设立市舶司。宋代没有关于市舶制度的统一、完整的规定，一般来说，市舶司的职责主要包括：办理出海许可证、点检货物、"阅实"回港船舶、对进出口的货物实行抽分制度[3]、主持祈风祭海等。

2. 第一部贸易法的制定

宋朝海外贸易对象主要分布于东南亚及其以西的"南蕃"各国。在各大港口中，广州与南蕃各国贸易往来最为近便，故自北宋初起，广州海外贸易规模就一直不断

---

[1] 梁盼：《唐朝的对外开放政策》，《新财经》2013年第4期。
[2] 李心传：《建炎以来系年要录》。
[3] 即将货物分成粗细两色，官府按一定比例抽取若干份，这实际上是一种实物形式的市舶税。

扩大。宋代经济价值最高的乳香、犀角、象牙等舶货主要产自南蕃各国，广州是宋朝获得这些舶货的重点地区。神宗年间，为了更好地配合海上贸易的监管，宋朝制定《广州市舶条法》，也称《元丰法》①，这是我国历史上第一部关于进出口贸易的经济法典。

3. 外贸港口设立蕃市

为了加速吸引外商，方便外商在华贸易经营，宋朝在各个外贸港口所处的城市设立"蕃市"，专卖外国商品，同时设立"蕃坊"供外国人居住；设立"蕃学"供外商子女接受教育。此外，政府还专门制定了蕃商犯罪决罚条。至今，广州和泉州城内仍然有许多蕃客墓，成为当时海外贸易繁荣的佐证。

4. 外贸优惠措施

由于海外贸易一直受到宋朝的高度重视，当政者也制定了许多优惠措施鼓励海外贸易。例如，出使东南亚各地招揽外商；奖励吸引贸易规模扩大；保护外商的合法权益；在外商集中地设立专门机构优待外商；为市舶司拨付充足资金等。

（二）元朝时期的对外开放

元朝建都后，统治者开始了版图扩张计划，到武宗时期，元朝的疆域面积达到了 1400 万平方千米。由于元朝军队的东征西讨，在宋朝时期阻塞的"丝绸之路"再复畅通，中外陆地贸易重现昔日繁荣。与陆地贸易相比，元朝时期的海外贸易发展更为兴盛，而积极的对外政策是元朝海外贸易发展繁荣的重要因素。

1. 市舶制度的进一步完善

在统一江南的战争尚未结束，世祖忽必烈别昭告四海：诚能来朝，朕将礼之；其往来互市，各从所欲②。元朝是我国历史上开放的港口数量最多的朝代③，元沿宋市舶制度，在泉州、上海、温州、杭州、广州等地均设有市舶司。之后，元朝政府组建了完整的海上贸易机构，设"行泉府司"，下辖镇抚司、海船千户所、市舶提举

---

① 元丰是宋神宗的年号。
② 出自《元史》卷十。
③ 最多时有泉州、庆元、广州、上海、澉浦、温州、杭州等七处，但兴废不常。出自陈高华：《元代的海外贸易》，《历史研究》1978 年第 3 期。

司，建立了海上驿站，转为朝廷运送"蕃夷贡物及商贩奇货"，并组建"海船水军"，保护航道安全[①]，这些举措无疑有利于海外贸易的发展。

2. 对外交流往来频繁

由于版图的扩张，元朝建立了联通欧亚大陆，衔接三大洋（太平洋、印度洋和北冰洋）的超级帝国，使东西方的政治、经济和文化交流达到前所未有的发达景象。元朝时期与各国外交往来频繁，各地派遣使节、传教士络绎不绝。其中最为著名的是 13 世纪意大利商人马可·波罗沿着路上"丝绸之路"来到东方，在中国游历了 17 年，并担任了元朝的外交专使。其著作《马可·波罗游记》对以后新航路的开辟产生了巨大的影响，也是研究我国元朝历史和地理的重要史籍。

3. 科学技术传播海外

除了海外贸易外，元朝医学、火药、天文等技术传入越南、朝鲜和日本等国家，元朝的瓷器工业远销东南亚、西亚、北非和东非。

（三）明朝时期的对外开放

明朝时期，手工业和商品经济繁荣，社会生产力进一步提升，江南地区商品经济日趋活跃，长江下游形成经济中心，局部地区甚至出现了商业集镇和资本主义萌芽。但明朝统治者为维护腐朽的封建制度，罢黜市舶，海外贸易一直处于断断续续状态，使得中国的对外开放从明朝开始出现了衰退。

1. 海禁政策与海外贸易

明朝初期和中期，倭寇侵犯严重，统治者认为"倭患起于市舶"[②]，明朝为了巩固封建政权实行了严厉的海禁政策。海禁政策在一定程度上削弱了反明势力，但却破坏了正常的中外经济联系。公元 1567 年，隆庆皇帝宣布海禁，调整海外贸易，允许民间私人远贩东西二洋，史称"隆庆开关"。随后，为了弥补海禁政策带来的影响，明朝制定了"朝贡贸易"政策，即朝贡国家以贡品的名义，将异国的珍品贡献给明朝，明朝再回赠朝贡国丝绸、瓷器等赏赐。"朝贡贸易"政策实质上是为了满足明朝

---

① 李增新：《元代海上贸易的繁荣》，《光明日报》2002 年 12 月 31 日。
② 出自《明史》卷五十五，沿海倭乱。

统治者对海外事物的需求而进行的官方贸易，也是明朝对外贸易的主要方式。

2. 郑和下西洋

公元 1405—1433 年，郑和七次下西洋，历时 28 年，行程万里，途径 36 国。从性质上来说，郑和下西洋并不是普通外贸探寻，而是封建统治者组织的兼有外交和外贸双重任务的一次出行。一方面，郑和出行是为了招徕各国向明朝称臣纳贡，并与这些国家建立起上邦大国与藩属之国的关系；另一方面，是向各国赠送礼物，并与南海（今马六甲海峡）国家建立友好关系。但总体来看，郑和下西洋不仅反映了我国的造船技术在明朝时期已经取得了较高的造诣，更是构筑了中国与西太平洋和北印度洋的海上交通网，进一步加强了中国与亚、非各国的贸易往来。

3. 中西科学文化交流

明朝时期的中西文化交流较为频繁，其中具有代表性的事件：一是葡萄牙与明朝的建交；二是"西学东渐"自然科学的传播。

（四）清初至鸦片战争时期的对外开放

每当提及清朝和鸦片战争，人们就会联想到一个词——"闭关锁国"。所以一直以来，固有的一种观点是：清朝的闭关锁国最终使得中国在世界贸易中处于被动，丧失了在世界经济中的领先地位，也是后来爆发鸦片战争的重要原因。然而，历史上的清朝真的闭关锁国吗？通过大量查阅史籍，我们发现，事实可能并不是这样。

1. "康乾盛世"下的闭关锁国

清朝初期，为了稳固政权，发展经济，清政府采取了休养生息、奖励农耕、扩大手工业作坊、改革税收、治理河道等一系列措施，社会经济空前繁荣，形成历史上著名的"康乾盛世"。1757 年，清朝下令关闭漳州、宁波、云台山三处的对外贸易港口，只剩下广州"一口通商"。随后，清政府先后颁布了《防夷五事》《民夷交易章程》《防范夷人章程》等条例，主要对来华外国人的活动进行限制。一般认为，这是清朝政府"闭关锁国"的开始。但是，需要注意的是，清朝从"多口通商"到"一口通商"的转变，并不意味着闭关锁国。因为，当时的禁令对象只针对英国、荷兰等西方国家，日本、朝鲜及东南亚等国，则并不在此禁令范围之内。这些国家的商船仍可以在云台山、宁波、漳州等地进行贸易，至于中国商人更是不在限制之列。

2. 清朝时期的海外贸易

下面可以通过一些数据来反映当时的海外贸易情况。从来华贸易的船只数量来看，1758—1838 年，到粤海关贸易的商船共 5107 艘，平均每年为 63.8 艘。其中，以英国的商船最多，1789 年为 58 艘，占外商船总数的 67%；1826 年为 85 艘，占外商船总数的 82%；1833 年为 107 艘，占外商船数的 80%[1]。从海外贸易的进出口货物来看，清初海外贸易的进出口货物品种之多，数量之大是空前的，其中出口的主要是丝织物、药材、糖、纸张和书籍，这些物资都是外国特别是日本需要的[2]。中国对东南亚各国也一直保持了旺盛的外贸，仅仅嘉庆二十五年（1820 年）前后，驶往东南亚的船只共 295 艘，出口货物包括丝、茶、糖、药材、瓷器和中国的土特产。出口到欧美各国的商品主要是生丝、丝织品、茶叶、瓷器、南京土布等大宗商品。

由此可见，1757 年颁布的禁令，并不足以成为闭关锁国的标志性起点，清朝时期的海外贸易依旧兴盛。但是，我们也清晰地看到西方国家经过两次工业革命后迅速崛起，开始大力拓展海外市场。与之相对应的是，清朝政府在对外开放上，并没有与当时西方国家的步调保持一致，仍然沉浸在所谓的"天朝上国"之中，这使得清朝政府的经济发展和科学技术严重落后于西方列强。

第二节　中国近现代对外开放的历史进程

一、晚晴时期的对外开放

鸦片战争爆发后，西方列强用炮火轰开了中国的大门，通过强迫清政府签订一系列不平等的条约，在中国夺取了大量特权，中国的对外贸易丧失了自主权。因此，晚晴时期的对外开放更多的是建立在一种条约通商机制上。

---

[1] 梁廷枏：《粤海关志》卷二四，《市舶》；张天护：《清代法国对华贸易问题之研究》。
[2] 林春胜、林信笃编：《华夷变态》卷一；浦廉一：《华夷变态题说》。

（一）鸦片战争时期的条约通商机制

一般来说，条约是主权国家平等协商、相互妥协的产物，但仍然无法掩饰强势国家的意志和利益。在国际社会，国家实力是国家赖以生存的基础，实力较弱的一方必然受制于强国。同理，晚清时期，清政府的衰败使得中国在对外贸易中丧失了自主权，条约通商机制实质上演变成了帝国主义攫取和维护自身利益的工具。

在关税征缴方面，英国对华输出商品的税率，总体上"值百抽五"，只相当于鸦片战争前中国自定税率的1/4[①]。在通商口岸方面，甲午战争前，西方列强迫使中国开放商埠30余处，并且在这些通商口岸划出一部分土地作为他们直接管理的租界。在鸦片贸易方面，《南京条约》及细则性附约《中银五口通商章程》和《五口通商附粘善后条约》的签订，使英国获得了惊人的利益。数据显示，英国在华鸦片贸易数量连年攀升，由1842年的33508箱增长到1855年的65354箱[②]。第二次鸦片战争结束后，中国每年进口的鸦片价值约800万~1200万英镑，是最大单项进口货物[③]。

（二）洋务运动的兴起

两次鸦片战争结束后，以奕䜣、曾国藩、李鸿章、张之洞、左宗棠为代表的洋务派，开始了一场引进西方军事装备、机器生产和科学技术的改良运动。洋务运动并没有能够像日本"明治维新"那样取得成功，但引进了西方先进的科学技术，使中国出现了第一批近现代企业，在客观上为中国民族资本主义的产生和发展起到了促进作用。

二、民国时期的对外开放

（一）北洋政府时期的对外开放

1911年10月，辛亥革命的爆发彻底推翻了封建帝制，开始了以国家权力的力量推动资本主义经济发展的历史。北洋时期是我国对外贸易政策初步形成的阶段，具

[①] 严中平：《英国资产阶级纺织利益集团与两次鸦片战争的史料：下》，《经济研究》1955年第1期。
[②] 马士：《中华帝国对外关系史》第1卷。
[③] 乔万尼·阿瑞吉等：《现代世界体系的混沌与治理》。

体表现为：其一，在立法方面，北洋政府颁布了一系列有利于外贸发展的实业法令，同时颁布了《商会法》和《商标法》，为对外贸易发展营造了有利的环境。其二，在对外开放政策上，北洋政府提出了"实业救国""利用外资"的主张，提倡民间兴办企业，鼓励利用外资和侨资发展对外贸易；主动开放和增开商埠，减免税厘、保护本国商品；举办国货展览会和积极参加外国博览会等。其三，北洋政府积极争取关税自主，为国民政府成功恢复关税自主权做出了贡献；其四，通过不懈的努力，收回了部分租界，废除了一些国家在华领事裁判权，使我国对外贸易的主权有所恢复。

客观而言，北洋政府的对外开放应从两个方面来看，一方面，北洋时期的对外贸易政策对当时推动对外开放起到了积极作用[①]；另一方面，也必须看到北洋政府对外贸易的局限性，在对外谈判中的地位依然较弱[②]，对外贸易政策受到西方列强的严格控制。

（二）南京政府时期的对外开放

南京国民政府成立之初，制定了一系列的对外开放政策，例如，重构关税自主政策、搭建商检贸易政策、币制改革、海关缉私体系的初步建立等，这些措施在一定程度上有利于我国对外贸易的发展。然而好景不长，1929年的世界经济危机及1931年"九·一八"事变的爆发，使短暂恢复的经济发展受到重创，我国对外贸易也在曲折中前进。大危机后，1935—1937年，我国对外贸易经历了短暂的发展，主要表现为：其一，与我国通商的国家不断增多，除了早期与晚清和北洋政府建立外贸关系的国家外，如土耳其、希腊、捷克等国家也陆续与我国缔结商约。其二，与外国通商的本国商埠继续增加，数据显示，1937年我国对外开放的商埠数量达109处[③]。

---

① 1917—1927年年均进口增长率达到7%，出口增长率达到6.4%。出自汪敬虞：《中国近代经济史》上册，人民出版社，2012年。
② 取消中俄交界百里免税政策是由俄国提出的，原本计划1914年6月1日实行，但由于俄商的反对，则延期到8月7日。江恒源：《中国关税史料》，北京：中华书局，1931年。
③ 李公衡：《民国成立后对外贸易之扩张及商埠的增加与不平等条约之部分的解除》，《外交学报》1937年第5期。

1938—1945年的8年抗战期间，日本法西斯对我国展开疯狂的经济掠夺，战争使得我国社会经济遭到严重摧残，70%的工矿业、2/3以上的铁路、公路等交通运输线、全部的海上对外贸易口岸丧失。为了更加有效地动员全国资源支持抗战，"统制经济"①成为这一时期的对外贸易政策的重要指导方针，体现了明显的抗战与应战的时代特色。

抗战胜利后，南京政府的对外开放呈现一种"畸形"发展模式。一方面，南京政府希望能够恢复战前正常的对外贸易关系，使整个国家的对外贸易重新步入正轨；另一方面，却是国家垄断资本的空前高涨，以及国民经济的逐渐崩溃。在这样的背景下，我国的对外贸易受到了政府的严格管制，包括商品管制和外汇管制，其目的是为了国家的经济利益和国内外的政策需求。尽管政府采取了许多积极的措施和政策，但在这种"畸形"的对外开放模式下，我国对外贸易的发展并没有步入正常的轨道。

三、中华人民共和国成立之初的对外开放

中华人民共和国成立之后，国家百废待兴，需要全面提升国家经济实力和人民的生活水平。然而，在当时的国内外环境下，我国对外开放的发展遭受到了严重的封锁。1949—1977年，我国对外开放进程大致经历了两个阶段。

（一）以苏联为主要对象的"单一型"对外开放模式

20世纪20年代至40年代末，以苏联为首的社会主义阵营均建立了计划经济体制，为了打破西方国家的经济封锁，我国选择了苏联作为主要的外交对象，并选择了封闭和半封闭的计划经济发展模式。

首先，从对外关系来看，我国在保持与苏联密切交往的同时，积极发展与第三世界国家的外交关系。在1955年的万隆会议上，周恩来总理倡导亚非拉国家要和平相处，共同反对帝国主义和殖民主义，赢得了国际社会的高度赞誉。在与西方国家

---

① 统制经济是指国家财政为服从战争需要，依靠行政的法律手段，直接干预或管制生产、流通、分配等社会再生产的各个环节和国民经济各个部门，它是一种高度专断集权的资本主义战时经济模式。

的外交中，中国多次强调中英双方可以合作共处，应不断加强经济通商和政治合作。

其次，从对外贸易来看，我国初步建立了社会主义对外贸易体系，对外贸易以服务生产为主。但从1950年开始，美国等西方国家开始对我国实行"封锁禁运"，我国对外贸易不得不实行"一边倒"的政策，对外经济往来对象主要为苏联等国家。统计数据显示，1950—1959年，我国与苏联等东欧国家的贸易占我国贸易总额的70%以上，其中针对苏联的贸易占比达到了50%，贸易依存度逐年提高[①]。

最后，在资金和科学技术的引进上，第一个五年计划时期，我国向苏联贷款金额达到12.47亿元，占所获得国外贷款总额的1/3。同时，我国与苏联共签订了引进304个项目的成套设备，以及64个单项设备装置合同，其中建成和基本建成的有149项，涉及钢铁、电力、机械、军工、煤炭、石油等项目[②]。

从20世纪60年代开始，中苏关系开始出现恶化，苏联停止了与我国的科技合作项目，以及设备和物质的供给，对我国实行经济封锁。在这一时期，我国对苏贸易急剧缩减，经济处于停滞状态。为此，我国一方面加大了与第三世界国家的贸易往来，另一方面在西方阵营中加强与法国和日本的贸易往来。1964年，法国正式与我国建交，有效缓解了西方国家对我国的全面封锁。

(二) 70年代对外开放的突破

20世纪70年代，虽然中苏关系持续恶化，军事摩擦不断；但这一时期，我国对外开放取得实质性突破，不仅在对外关系上打破了西方国家对我国20多年的封锁，而且进一步加快了科学技术和人才的引进步伐，对外贸易有了一定的恢复性增长。

首先，从对外关系来看，1971年，我国在联合国的合法席位得以恢复；1972年2月，美国总统尼克松访华，中美两国由对抗走向对话；同年9月，日本首相田中角荣来华，中日邦交走向正常化。截至1979年，与我国正式建交的国家已达到110多个。

其次，从对外贸易来看，在外交关系取得突破的基础上，我国的对外贸易得到

[①②] 陈文敬、李钢、李健：《振兴之路，中国对外开放30年》，中国经济出版社，2008年版。

了一定的发展。统计数据显示，1978年我国对外贸易额达到了206.8亿美元的历史最高水平。

最后，从科学技术和人才的引进来看，一方面，我国加强了与国外人才的交流，选派了一批学生赴英法等国留学；另一方面，从国外引进了石油、化工、化纤等现代化生产设备，增强了我国的工业生产能力。

第三节　改革开放至今对外开放的历史进程

1978年12月18日召开的中国共产党第十一届三中全会，确立了"以经济建设为中心"和改革开放的基本国策。对外开放是我国改革开放事业的重要组成部分，经过了40年的探索与发展，我国对外开放从沿海延伸到内陆，从东部跨越到中西部，逐渐形成了全方位、多层次、宽领域的对外开放格局。改革开放至今，我国对外开放的进程可以划分为四个阶段：一是以沿海地区开放为重点的探索阶段；二是加速纵深推进，逐步拓展对外开放阶段；三是加入WTO后对外开放水平全面提升阶段；四是以"一带一路"倡议构建对外开放新格局。

一、以沿海地区开放为重点的探索阶段

从1978年到21世纪初期是我国对外开放的试验阶段，在这一时期，我国对外开放以沿海地区城市为中心，采取以点到线，逐一推进的原则，对我国沿海经济的腾飞起到了至关重要的作用。

（一）经济特区的设立

党的十一届三中全会明确提出，在自力更生的基础上积极发展同世界各国平等互利的经济合作，努力采用世界先进技术和先进设备。这是改革开放以来，我国最早做出的对外开放重大决策。1979年7月，党中央、国务院根据广东、福建两省靠近港澳、侨胞众多、资源丰富、便于吸引外资的有利条件，决定对两省的对外经济活动给予更多的自主决定权。1980年5月，国务院决定设立深圳、珠海、汕头和厦

门经济特区，成为我国对外开放的先导示范基地。作为对外开放的重要窗口，我国经济特区充分利用毗邻国际市场的区位优势和国家赋予的经济管理权限，大力发展外向型经济，积极参与国际竞争与合作，注重吸引外资，并对外实施较大的优惠政策。1983年4月，国务院批准了《加快海南岛开发建设问题讨论纪要》，决定对海南岛实行经济特区的优惠政策，并于1988年正式通过建立海南经济特区。

（二）开放沿海港口城市

随着我国经济特区建设取得突破性进展，国务院进一步开放沿海城市。通过开放一批交通便利、经济基础好、科学技术和管理水平较高、教育体系发达的沿海城市，大力吸引外商投资，从而加快外资和技术的引进。1984年5月，国务院批准了《沿海部分城市座谈会纪要》，决定开放我国全部沿海港口城市。从南到北依次为：北海、湛江、广州、福州、温州、宁波、上海、南通、连云港、青岛、烟台、天津、秦皇岛、大连共14个城市。

（三）建立沿海经济开放区

在全面开放沿海港口城市的基础上，1985年2月，国务院批准了《长江、珠江三角洲和闽南厦漳泉三角地区座谈会纪要》，将珠江三角洲、长江三角洲和闽南厦漳泉三角地区设立沿海经济开放区。1988年3月，国务院进一步扩大了长江、珠江三角洲和闽南三角洲地区经济开放区的范围，并把辽东半岛、山东半岛、环渤海地区的一些市、县和沿海开放城市的所辖县列为沿海经济开放区。1990年，国务院决定开发开放上海浦东新区，以带动长江三角洲及整个长江流域的开放。这样一来，我国沿海地区从南到北连城一线，有力促进了沿海地区的经济发展和快速起飞。

二、加速纵深推进，逐步拓展对外开放

1992年，邓小平同志视察南方时发表的重要讲话，以及党的"十四大"的胜利召开，明确了扩大对外开放的基本方向。自1978年以来，我国对外开放取得了突飞猛进的发展，率先实行沿海经济发展的战略得以实现，到了90年代初期，我国在继续发展沿海地区经济的同时，开始加大力度推进沿边、沿江和内陆的开放。

（一）沿边、沿江和内陆城市的对外开放

1992 年 6 月，国务院先后批准开放了 15 个沿边城市[①]、5 个长江沿岸城市[②]、17 个内陆省会城市[③]、32 个国际级的经济技术开发区、52 个高新技术产业开发区、15 个保税区、34 个口岸[④]。沿边、沿江和内陆城市的开放，是我国对外开放迈出的第四步，从此我国对外开放已遍布全国所有省区，形成了"沿海→沿江→沿边→内陆"这样一个多层次、宽领域、有重点、点线面结合的全方位开放格局[⑤]。

（二）西部大开发战略

随着对外开放的进一步加深，东西部经济地区发展的差异也逐渐显现，客观上需要规划和统筹对西部地区的开发和建设。我国西部地区自然资源丰富，战略地位显著，具有较高的开发潜力。2000 年 1 月，国务院成立了西部地区开发领导小组，并于次年 3 月推出了《中华人民共和国国民经济和社会发展第十个五年计划纲要》，对西部大开发战略进行了具体部署。

西部大开发的省份包括陕西、甘肃、青海、宁夏、新疆、四川、重庆、云南、贵州、西藏、内蒙古、广西 12 个省、自治区、直辖市、少数民族自治州。西部大开发战略的实施，使我国地域经济的联系更为紧密，西部地区开发优势资源，并往东部输送，将为中东部地区的经济发展提供有力支撑，同时在西部地区创造了大量的投资机遇，最终形成东、中、西的优势互补，有利于我国举全国之力更好地开拓国际市场。

（三）外贸体制改革

在扩大对外开放地域的同时，我国也开始积极进行外贸体制改革。一方面，通

---

① 黑河、绥芬河、珲春、满洲里、二连浩特、伊宁、博乐、塔城、普兰、樟木、瑞丽、畹町、河口、凭祥、东兴。
② 芜湖、九江、岳阳、武汉和重庆。
③ 合肥、南昌、长沙、成都、郑州、太原、西安、兰州、银川、西宁、乌鲁木齐、贵阳、昆明、南宁、哈尔滨、长春、呼和浩特。
④ 由于篇幅限制，经济技术开发区、高新技术产业开发区的具体名称不做详述。
⑤ 常健：《改革开放 30 年之对外开放：成就、经验与面临的问题》，《学习与实践》2008 年第 11 期。

过实行计划指标与市场调节相结合的方法，下放外贸经营权，改革外贸体制，使地方与企业的外贸经营自主权逐步扩大；另一方面，对金融保险、旅游、房地产等禁止或限制类外商投资行业也进行了试点开放，取消进出口指令性计划，实行指导性计划，并在1994年取消了汇率双轨制、外汇留存制和企业上交外汇任务，实现了人民币经常项目有条件的兑换。与此同时，我国抓住发达国家以机电产业为代表的产业转移机遇，实施一系列鼓励扩大开放的举措，例如，1995年的《指导外商投资方向暂行规定》和《外商投资产业指导目录》，1997年出台的《国务院关于调整进口设备税收政策的通知》，以及1998年出台的《关于进一步扩大对外开放、提高利用外资水平的若干意见》。这些政策的实施，使得跨国公司战略性投资大量进入，对外贸易持续增长，贸易结构不断优化。

三、加入WTO后对外开放水平全面提升

2001年12月11日，经过长达15年艰难而曲折的历程，我国正式成为世贸组织成员。在加入WTO后，我国对外开放呈现新的特点：一是以试点为特征的政策性开放，转变为在法律框架下的制度性开放；二是由单方面开放，转变为跨境合作的多层次开放；三是由被动接受国际规则，转变为主动参与和制定国际规则；四是发展多边贸易体制的同时积极推进自由贸易区模式[1]。

（一）由政策性开放向制度性开放转变

由政策性开放向制度性开放转变，是我国加入WTO后对外开放最直接和最突出的变化。制度性开放的主旨体现为我国的法律法规、对外贸易体制与政策必须按照WTO的一般规则执行。

在法律法规上，一方面，我国根据WTO规则和所作承诺，有计划地对与贸易有关的法律、行政法规、部门规章等进行了调整。《立法法》《行政法规制定程序条例》等法律法规的制定，使立法公开进一步制度化、规范化。2003年制定的《行政许可法》，对政府行为的透明度提出了更加严格和具体的要求。另一方面，进一步加

---

[1] 陈德铭：《对外开放三十年的伟大历程和光辉成就》，《国际商报》2008年12月18日。

大了中央和地方的信息公开力度，通过开通官方网站，及时，准确地向公众传递政府信息。

在对外贸易体制与政策上，为应对 WTO 规则，我国采取了如下措施：其一，平均关税水平从 2001 年加入时的 15.3% 逐步降低到 2007 年的 9.8%[①]。其二，对关系国计民生的大宗商品的进口，建立了完整、公开、透明的关税配额管理体制。到 2005 年 1 月 1 日全部取消进口配额、进口许可证和特定招标等非关税措施。其三，放开外贸权的承诺，取消实行了 50 年的外贸权审批制，开始实行外贸经营权登记制。其四，开放了《服务贸易总协定》12 个服务大类中的 10 个，包括银行、保险、证券、电信服务、分销等在内的 100 个服务部门已陆续开放，占服务贸易部门总数的 62.5%。其五，出台了多项政策，鼓励和指导外商在华投资，包括《指导外商投资方向的规定》《外商投资产业指导目录》《鼓励外商投资高新技术产品目录》《中西部地区外商投资优势产业目录》等文件。其六，对与知识产权保护相关的几乎所有法律法规和司法解释都进行了修改，使其与 WTO《与贸易有关的知识产权协定》及其他保护知识产权的国际规则相一致。

（二）由单方面开放向跨境合作的多层次开放转变

加入 WTO 后，我国经济发展的态势良好，有着良好市场潜力。而分布在我国周边的邻国普遍具有人口多、资源丰富、市场容量大的特点，这与我国经济结构形成了互补。因此，俄罗斯、蒙古、哈萨克斯坦以及巴基斯坦等邻国均积极推进与我国在工业、能源、商贸领域的合作。

在深化跨境合作的基础上，我国的跨境合作已形成了国家战略对接、次区域合作、双边合作的多层次平台[②]。在东北地区，《中华人民共和国东北地区与俄罗斯联邦

[①] 其中，工业品平均关税由 14.7% 降至 8.95%，农产品平均关税由 23.2% 降至 15.2%。农产品中，较为典型的如牛肉关税从 31.8% 降到 12%，苹果关税从 22% 降到 10%，土豆关税从 24% 降到 15%。工业品中，较为典型的如汽车整车关税从 69.2% 降到 25%、汽车零部件关税从 22.9% 降到 10.4%、纸张关税从 17.2% 降到 6.7%。到 2005 年 1 月 1 日，我国绝大多数的关税削减承诺已执行完毕。

[②] 卢静：《对外开放：国际经验与中国道路》，世界知识出版社，2011 年版。

远东及东西伯利亚地区合作纲要（2009—2018）》和《中国图们江区域合作开发规划纲要——以长吉图为开发开放先导区》相继出台；在西北地区，我国与哈萨克斯坦、吉尔吉斯斯坦、俄罗斯、塔吉克斯坦和乌兹别克斯坦宣布成立"上海合作组织"；在西南地区，大湄公河次区域经济合作、泛北部湾经济合作区①、中越跨境经济合作区建设步伐不断加快。

（三）由被动接受国际规则转变为主动参与和制定国际规则

"二战"后发展起来的国际规则，主要是在欧美国家主导下形成的，体现的是主要发达国家的利益和需求。布雷顿森林体系、世界银行、IMF 的一票否决权、美元霸权地位等一系列"游戏规则"，使欧美发达国家牢牢掌控了国际组织的领导权，从中攫取了超额财富。在现行的国际经济规则下，我国不仅承受着许多不公平的待遇，而且还面临欧美国家利用"国际规则"对我国实行挤压和排斥。

面临这种形式，积极参与和制定国际规则是我国化解压力的有效途径。在加入 WTO 后，随着经济的持续高速增长，我国在世界经济中所占的份额越来越大，国际地位显著提高，国际社会也越来越重视中国声音，我国也开始积极参与和制定国际规则，在国际组织中的话语权得到明显提升。例如，从 2001 年开始，我国在 IMF 的特别提款权（SDR）的份额不断增加，并获得了在 IMF 单独选区的地位，从而有权选举自己的执行董事。2008 年 IMF 改革之后，中国份额增至 80.901 亿特别提款权，所占份额仅次于美、日、德、英、法五大股东国，投票权上升到 3.65%。2008 年，林毅夫担任世界银行首席经济学家兼高级副行长；2011 年，朱民被任命为 IMF 副总裁，成为历史上首位进入 IMF 高层的中国人。这一系列的成就是我国国际政治、经济、外交地位不断提高的有力体现。

（四）发展多边贸易体制的同时积极推进自由贸易区模式

在处理各国及单独关税区之间贸易规则中，WTO 一直采取的是"多边贸易体

---

① 跨境经济合作区是指在两国边境附近划定特定区域，赋予该区域特殊的财政税收、投资贸易及配套的产业政策，并对区内部分地区进行跨境海关特殊监管，吸引人流、物流、资金流、技术流、信息流等各种生产要素在此聚集，实现该区域加快发展，进而通过辐射效应带动周边地区发展。

制"。多边贸易体制最重要的目的是在不产生不良负面影响的情况下，使贸易尽可能自由地流动，非歧视原则、市场准入原则和公平贸易原则是该体系的"三大基本原则"。然而，在实际操作中，发达国家往往根据自己的需要在农业、纺织业等弱势产业领域屡次违反这些基本原则，使三大基本原则的效力在实际运用中被大大弱化。

与多边贸易体制相比，自贸区模式有利于自贸区内国家就自由贸易达成协议，减少贸易摩擦，进一步发挥经贸合作的地缘优势，推动各成员国内的经济结构改革。在加入WTO之前，我国就开始着手探讨自由贸易区模式，尤其是2008年全球金融危机后，贸易保护主义有所抬头，客观上加速了自由贸易区的建设步伐。目前，我国已签署自贸协定16个，涉及24个国家和地区，包括东盟、新西兰、新加坡、巴基斯坦、智利、秘鲁、哥斯达黎加、冰岛、瑞士、韩国和澳大利亚的自贸协定，中国内地与中国香港、中国澳门的更紧密经贸关系安排（CEPA），以及中国大陆与中国台湾的海峡两岸经济合作框架协议（ECFA）。

四、以"一带一路"倡议构建对外开放新格局

新形势下，中国正面临对外开放战略布局的重大契机：一方面，世界由单极向多级转变的趋势更加明显，中国国际影响力正在不断提升；另一方面，美国和全球经济复苏所带来的机遇也为中国的发展提供了良好的外部条件。党中央高瞻远瞩、审时度势，根据全球形势深刻变化和我国经济发展的阶段性特点，作出了我国经济进入"新常态"的重要判断，提出了以"一带一路"倡议构建全方位对外开放新格局。

（一）构建"一带一路"，打造世界经济最长走廊

改革开放40年，我国内外经济形势开始出现重大转变。在外部，世界经济持续低迷，我国周边邻国的基础设施严重不足；在国内，部分产业产能过剩、劳动力成本上升、外汇储备规模庞大、油气资源和矿产资源对外依存度较高等问题逐渐凸显，单纯依靠价格优惠和资源优势的对外贸易模式无法适应我国经济社会发展的客观需要。高水平的"引进来"和大规模的"走出去"，促使市场、资源、投资对外深度融

合，成为我国对外开放的主导思想。在这一背景下，"一带一路"倡议应运而生。

根据"一带一路"的倡议，"一带一路"有"三个通道"和"两个方向"。其中"三个通道"分别是中国→中亚→俄罗斯→欧洲（波罗的海）、中国→中亚→西亚→波斯湾→地中海、中国→东南亚→南亚→印度洋；两个方向分别是中国沿海港口过南海→印度洋→欧洲、中国沿海港口过南海→南太平洋。在陆地上，"一带一路"将依托国际大通道，以沿线中心城市为支撑，以重点经贸产业园区为合作平台，共同打造中蒙俄、新亚欧大陆桥、中国→中亚→西亚、中国→中南半岛、中巴、孟中印缅六大经济走廊建设。在海上，将以沿海重点港口为节点，建设通畅、安全、高效的运输大通道，优先推进中巴、孟中印缅两个经济走廊。

为了加快推进"一带一路"建设，我国充分发挥国内各地区比较优势，部署了四大片区：一是西北、东北地区。这一地区是打造"丝绸之路"的核心地带，包括打造西安内陆型改革开放新高地；推进宁夏内陆开放型经济实验区建设等。二是西南地区。包括加快北部湾—西江经济带开放发展；推进云南与周边国家国际运输通道建设等。三是沿海和港澳台地区。包括推进上海自贸区建设；支持福建建设 21 世纪海丝核心区；发挥深圳前海、广州南沙、珠海横琴、福建平潭等开发区作用等。四是内陆地区。这一地区主要是依托长江中游城市群，以成渝、中原、呼包鄂榆、哈长等城市群为核心，推进区域合作和产业集聚发展。

"一带一路"的建设将打造出我国新的经济增长极，对带动中西部加快改革开放和东部地区的转型升级和对外投资，促进亚洲地区互联互通和区域经济一体化，形成横跨欧亚非大陆与海洋的两极辐射具有重要作用。

（二）设立丝路基金支持"一带一路"建设

目前，"一带一路"已成为我国推动国内区域经济一体化和国际区域合作的重大战略部署，为了更好地为"一带一路"建设提供资金保障，我国开始筹划亚投行和丝路基金等机构的设立。考虑到亚投行的建立尚需一段时间，2014 年 11 月，我国宣布成立 400 亿美元的丝路基金，为"一带一路"沿线国家基础设施、资源开发、产业合作和金融合作等与互联互通有关的项目提供投融资支持。丝路基金的设计规模为 400 亿美元，首期资本金 100 亿美元，由国家外汇管理局、中国投资有限责任公司、中国进出口银行、国家开发银行共同出资，分别占比 65%、15%、15% 和 5%。

在投资方式上，丝路基金以股权投资为主，这样不仅能够保证丝路基金的非援助性，还有助于提高投资的透明度和可测性；在投资范围上，丝路基金会集中投向"一带一路"沿线国家的重点行业，如基础设施建设、能源、钢铁、电力、通信等。在投资期限上，与传统股权投资相比，丝路基金的投资期限更长，一般为 15 年及以上。在投资货币种类方面，丝路基金设立的是以外汇为主的对外投资基金，首期资本注入以美元为主，以便于国内外投资者通过市场化的方式加入[①]。

（三）亚投行：多边金融格局中的新力量

经过一年的筹备，2014 年 10 月，中国、印度、新加坡等 21 个意向创始成员国在北京签署了《筹建亚投行备忘录》，亚投行的筹建工作进入了新的阶段。随后，印度尼西亚、新西兰、沙特等国，以及以英、法、德、意等欧洲发达经济体先后申请加入亚投行，成员数量逐渐增加。2015 年 6 月，亚投行 57 个意向创始成员国财长或授权代表出席《亚洲基础设施投资银行协定》的签署仪式。

当前国际金融秩序的问题与矛盾，以及各方通过促进欧亚经济融合和本国经济发展的迫切需求，使得亚投行的诞生具有高度的历史必然性和时代前瞻性，其战略意义主要体现在以下三个方面[②]。

1. 以多边框架支持"一带一路"建设

成立亚投行的一个重要考量就是为"一带一路"倡议提供金融支撑，而亚投行的多边金融框架体系显然具有明显的优势。其一，广泛吸收资本。亚投行的多边框架能够集中创意成员国的主权信用，放大金融杠杆，提高资金规模，更好地为"一带一路"建设提供金融支持。其二，良好的沟通协商平台。作为一个负责任的大国，我国在倡导筹建亚投行时，始终以开放的态度提高亚投行创意成员国来源的广泛性，涉及的成员国不仅覆盖了"一带一路"沿线的大部分国家，而且延伸至全球各大洲，

[①] 张建平、刘景睿：《丝路基金："一带一路"建设的启动器》，《国际商务财会》2015 年第 3 期。
[②] 王达：《亚投行的中国考量与世界意义》，《东北亚论坛》2015 年第 3 期。

显著提高了亚投行作为一个国际多边金融机构的公平与公正，有利于凝聚共识、消除分歧。各成员国可以在亚投行这个多边融资平台上沟通与协商，平衡各方利益需求，将"一带一路"的具体项目落到实处。其三，借鉴国际先进经验。虽然我国是亚投行的首倡国，但对外投资经验依然不足，人力资源储备以及对国际规则的熟悉程度有待提高。在多边金融框架下，通过邀请经验丰富的区外发达国家参与亚投行的筹建工作，有利于我国吸收成熟的对外投资经验，提升亚投行的国际运营水准，更好地服务于"一带一路"建设。

2. 助推新一轮的对内改革和对外开放

从对内改革来看，长期以来，高投资和高出口是维持我国经济增长始终处于高位的重要因素，然而，这种要素驱动型经济增长模式难以为继，加快产业结构升级，实现创新驱动和内需拉动型经济增长是必由之路。从对外开放来看，全球经济周期下行，使得外需持续低迷，对我国出口贸易带来严峻挑战。美国主导的跨太平洋伙伴关系协定（TPP），将以更高的规格和标准重塑全球贸易规则。

在这一背景下，我国需要改变长期以来通过开放沿海城市吸引外资，以沿海带动内陆发展的旧模式，建立全方位、多层次、宽领域的对外开放新格局。以亚投行为金融支点的"一带一路"倡议，对内能够为我国对外产业转移和海外投资开辟广阔的空间，通过引导企业加大对"一带一路"沿线国家和地区的投资，打造分工协作、共同受益的产业链和经济带，盘活长期以来受地理区位、资源禀赋、基础设施等因素制约的中西部经济，助推沿海、沿边地区开放向内陆延伸；对外能够改善周边国家基础设置建设，加强中国与其他国家之间的互联互通和贸易往来，进而带动亚洲地区经济的快速发展。

3. 破解"美元霸权"，推动人民币国际化

在现行的国际货币体系中，美元拥有绝对的霸权地位，在 SDR 的准入和 IMF 改革中拥有一票否决权。要有效地推动人民币国际化，真正实现"走出去"的战略，必须打破美元一家独大的局面。在此背景下，亚投行的成立是破解"美元霸权"的有益尝试。虽然亚投行的注册资本是美元，业务运作初期都会使用美元结算，但是运作成熟后，将会鼓励使用人民币。这样可以通过直接对外投资的方式促使人民币

"走出去"，推动人民币的计价结算和在亚太地区的流通。同时，亚投行在后期可以发行区域内人民币债券，为直接投资和基础设施建设提供融资工具，从而促进区域经济主体增加对人民币储备的需求。

第四节 中国对外开放的历史启示

一、对外开放是我国谋求发展和崛起的必由之路

对外开放关乎着我国的国运兴衰，也是我国谋求发展和崛起的必由之路。国际经济学中的比较优势理论认为，各生产单位对资源的占有、分配和利用等情况存在差别，造成了比较优势的产生。而比较优势的差别直接导致生产物品的专业化和贸易的产生。这种专业化的结果是，当每个人都能够专门从事自己最擅长的事情时，生产就会变得更加有效率，从而整个社会可创造的物质财富和经济福利就会增加。由此可见，国与国之间的贸易往来会形成"互利共赢"的局面，一个国家想要实现经济的高效发展，必须要积极推进对外开放政策。

回顾我国对外开放的历程，从秦汉时期的萌芽，到唐、宋、元时期的盛世，再到明清的衰退，我国对外开放波澜起伏。而这一波澜起伏却与国家的强盛兴衰路径几乎一致。"丝绸之路"的开辟，使我国对外经济、政治、文化的发展达到了前所未有的高度，也正是汉唐时期国家强盛的重要原因。明清时期，统治者闭关锁国的政策，使我国错失了第一次工业革命的改革浪潮，加剧了与西方列强的差距。鸦片战争更是让中国陷入了万劫不复的深渊，曾经辉煌一时的满清帝国开始走向灭亡。

改革开放 40 年，我国从一个尚有 2 亿人生活在贫困线以下的国家，变成了一个经济繁荣，国际地位显著提高，有着活跃市场的强大经济体，实现了计划经济向市场经济的成功转型，这些成就与我国大力推进对外开放政策密不可分。随着我国进一步融入经济全球化，未来的对外开放将向着更高层次迈进。

二、开明的国家意志是对外开放的重要前提

一个国家或民族开放程度的高低,取决于这个国家是否具有海纳百川的胸怀,我们可以将其称之为"开明的国家意志"。这种国家意志反映了一种意识形态,引领着整个国家不断前行。

唐朝统治者以隋亡为鉴,保持了较高的对外开放度,在海外贸易的发展、倡导民族平等、传播宗教文化及对外交流通道的建设等方面,做出了积极贡献,使唐朝成为当时世界上最为强盛的王朝。元世祖忽必烈建立元朝后,高度重视对外开放,派军队西征保护"丝绸之路",大量开设港口,创办多种外贸形式,使其开放水平远超前代,成为世界强国。与之形成鲜明对比的是晚清时期统治者的腐朽思想,他们自诩为天朝上国,始终采取闭关锁国的政策,最终走向灭亡。

三、以点破面是我国对外开放的发展路径

我国疆域辽阔,东、中、西部地区在产业结构、地理环境、资源禀赋等方面存在较大差异,区域经济发展的不均衡使得我国难以做到资源的平均分配。我国在改革开放 40 年的对外开放历程中逐渐探索出了一条正确的发展路径:实施以点破面,渐进梯次的对外开放布局。

从空间布局来看,首先,我国对外开放以沿海地区城市为中心,采取以点到线,逐一推进的原则,先行设立了深圳、珠海、汕头、厦门 4 个经济特区,取得了初步成功。在此基础上,我国从南到北先后开放了 14 个港口城市,并建立了珠江三角洲、长江三角洲及环渤海地区等多个沿海经济开放区,使我国沿海地区从南到北连成一线。其次,从 1992 年开始,我国开始加速纵深推进,逐步拓展沿边、沿江和内陆城市的对外开放,实施西部大开发战略,实现了对外开放由沿海向内陆的延伸。最后,在加入 WTO 后,我国实现了全方位、多层次、宽领域的对外开放格局。

从产业布局来看,改革开放初期,我国对外贸易主要以轻工业、加工业和旅游服务业等为主。随着对外开放的加深,越来越多的外商进入我国开办企业,同时也带来了先进的科学技术和管理水平,带动了我国制造业和高新技术产业的发展。加

入 WTO 后，我国根据事前的承诺全面开放服务业，逐步放宽外资服务业的市场准入条件。至此，我国对外开放实现了三大产业的全面开放。

四、有序可控是我国对外开放的基本原则

随着对外开放的进一步加深，我国与世界经济的联系愈发紧密，这也为我国经济的发展带来新的机遇与挑战。一方面，对外开放使得我国逐渐融入全球经济一体化的浪潮中，综合国力日益提升；另一方面，我国与世界经济的融合度越高，受到国际市场的冲击也就越大，国家的经济安全和社会稳定所面临的风险就越大。因此，对外开放和经济市场化程度的提高，必然需要国家综合实力的匹配。

作为世界上最大的发展中国家，我国的对外开放需要秉持有序可控的基本原则，在逐步扩大对外开放的基础上，适时适度地发挥政府的作用，提升国家战略地位，构建国家战略与国际战略相辅相成的国家战略体系。唯有这样，才能在对外开放的同时维护国家的安全和社会的稳定。

第四章

发展开放型经济战略的国际借鉴

第一节　美国的经验和教训

美国是当前世界上最大的开放型经济体。尽管在不同历史时期，保护主义的幽灵有起有伏且从未泯灭，但总体来看，自 20 世纪 30 年代"大萧条"以来的美国经济，自由与开放仍居主流。不仅如此，美国还积极调动国内国际资源，致力于构建全球范围内的开放经济体系。尽管美国是这一体系的主要受益者，但客观来看，这也给世界经济的繁荣与发展带来了好处。

一、战略背景

第一次世界大战结束后，有识之士开始反思战争的根源。威尔逊主义的"向商业开放的世界将是一个和平的世界"的观念逐渐成为美国国际主义者的共识。人们开始认识到，设置贸易壁垒来帮助本国生产商的做法将会招致其他国家采取同样的报复行动，这将加剧本国的经济困难，孕育出德国的纳粹统治或日本的军国主义。只有建立一个更加开放的世界，才能防止人类走向恶性竞争的互毁之路（I·M.戴斯勒，2006）。

1930年美国参议院财政委员会主席里德·斯姆特等人提出的《斯姆特—霍利关税法》(The Smoot-Hawley Tariff Act)生效，给了美国人极鲜明和深刻的印象。法案修订了关税税则，将超过2万种进口产品的关税提高至创纪录的水平，结果引起其他国家竞相提高关税，造成美国进口和出口下降了一半（Bhagwati，2008）。许多经济学家认为该法案造成的"关税战"加剧了"大萧条"的深度和长度（Bernanke，2013）。

不过在《斯姆特—霍利关税法》生效后不到4年，美国国会颁布了《1934年互惠贸易协定法》(The Reciprocal Trade Agreement Act of 1934)，该法案授权总统可以不经国会批准就把任何一项美国关税最多降低50%。（I·M.戴斯勒，2006）这等于将关税降税由程序冗长的立法决策事件，转变为效率相对较高的行政或政策决策事件，给降低关税、鼓励贸易开了一个口子。

第二次世界大战结束后，汲取了一战及"大萧条"的教训，美国主导的战后重建摒弃了以邻为壑的经济政策，积极推动建设开放的世界贸易体系。美国国务院的备忘录指出，"战后国际贸易的健康发展，对于维护美国和其他地区充分和有效的就业，对于保护私人企业，对于成功地建立一个防止将来战争爆发的国际安全体系都极为重要"（龙永图，2001）。

美国第二次世界大战后大力支持自由贸易，与美国实力在这一阶段扩张的背景密切相关。欧洲、亚洲等世界多数地区毁于战火，美国则远离战事，庞大的生产体系和财富均得到保存，还拥有全世界2/3以上的黄金储备。其他国家都有赖于美国的产品供给，从第二次世界大战后到20世纪60年代末，美国多数年份都处于贸易出超的地位，如图4-1所示。

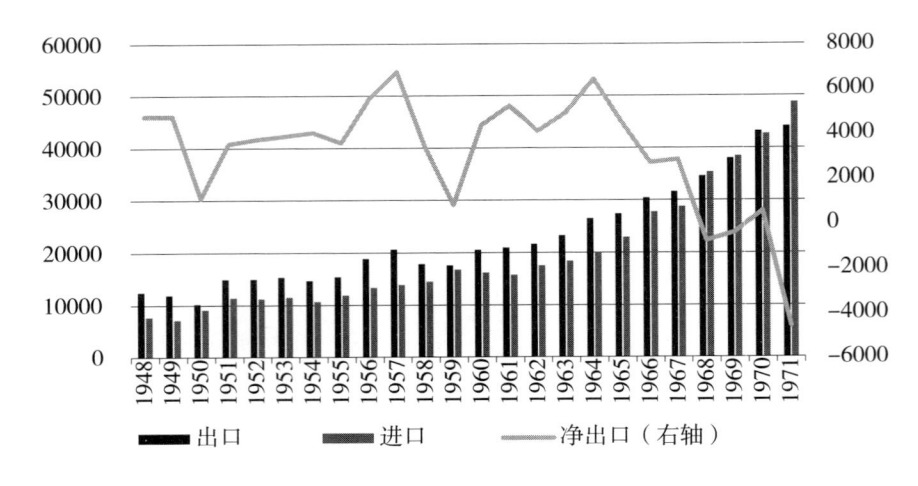

图 4-1 美国进出口额：1948—1971 年

资料来源：CEIC 数据库；单位：百万美元。

但应看到，同时期的货币体系或资本流动却受到严格的管制。1944 年 7 月，美国布雷顿森林小镇召开的同盟国会议奠定了战后的国际货币金融体系框架。在此框架下，贸易自由流动，但维持资本流动限制，实行固定汇率制，美元与黄金挂钩并成为国际储备货币。正如凯恩斯所言，布雷顿森林体系的关键框架之一在于"资本流动管制"是"战后体制的永久性特点"。（尼尔·弗格森，2009）为了维护这一秩序，与会者在美国设立了国际货币基金组织和国际复兴开发银行（即世界银行）两个机构，前者负责汇率协调，后者负责为战后重建而融资。

对美国来说，布雷顿森林体系至少有两大意义：一是将美元的国际储备货币地位制度化；二是用固定汇率来抵消因巨额贸易顺差而出现的升值压力（本·斯泰尔，2014）。"三难悖论"指出，资本自由流动、固定汇率制和独立的货币政策这三大目标最多只能同时实现两项。在布雷顿森林体系中，各国选择了后两个目标，因此第一个目标只能失守。这相当于牺牲了货币金融的自由开放，成全贸易的自由开放。这与当时美国强大的贸易或出口能力相适应，符合美国的最大利益。

随着欧洲、日本等美国援建地区经济的逐渐恢复，20 世纪 70 年代开始，美国积累贸易顺差的格局出现变化。欧日出口能力越来越强,加之石油危机等外生冲击提高了美国的生产成本,美国的国际收支出现逆差。但随着美国逆差的增大,美元的黄金保证又会不断减少,美元又将不断贬值,从而冲击了美元的国际储备货币地位。1971 年 7 月第七次美元危机爆发,尼克松政府于 8 月 15 日宣布实行"新经济政策",停止履行外国政府或中央银行可用美元向美国兑换黄金的义务。这意味着美元与黄金脱钩。1973 年 3 月,西欧出现抛售美元,抢购黄金和马克的风潮。3 月 16 日,欧洲共同市场 9 国在巴黎举行会议并达成协议,前联邦德国、法国等国家对美元实行"联合浮动",彼此之间实行固定汇率。英国、意大利、爱尔兰实行单独浮动,暂不参加共同浮动。此外,其他主要西方货币也都实行了对美元的浮动汇率。至此,布雷顿森林体系崩溃。1972—2017 年美国进出口额如图 4-2 所示。

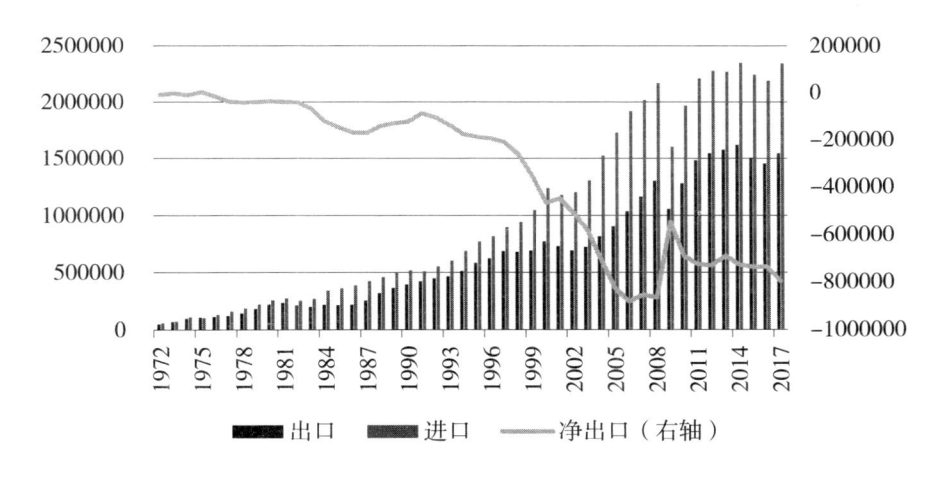

图 4-2　美国进出口额：1972—2017 年

资料来源：CEIC 数据库；单位：百万美元。

一方面,布雷顿森林体系的崩溃对美元来说意味着一种"解放"。美国单方面毁弃了对国际货币体系的稳定性承诺与责任,国际金本位制转变为彻底的美元信用本位制。美元继续维持其世界性储备货币的权利,但摆脱了维持汇率稳定的义务。打破了黄金的囚笼,美国能够更恣意地向全球征收"铸币税",输出美元,获取资源和产品。此时，美国同样希望并且需要维护一个开放的国际贸易体系，以便扩大其货币的流通域。外部世界对美国的依赖，由此前的产品及直接投资的依赖，逐渐转变为对美国市场、服务及货币的依赖。

另一方面，贸易逆差的积累也让美国政策制定者受到了国内产业及劳工组织的压力，而国际上GATT的谈判失败，使得美国开始追求双边FTA，形成所谓双轨的贸易政策。这一时期美国的自贸战略主要是对其国内压力集团经济诉求及国际经济形势的反应。1990年代国际形势出现了变化，苏联瓦解、欧盟成立并开始倡议建立货币联盟，美国将扩大贸易版图的重点放在扩大既有出口市场和新兴市场开放和推动苏东国家转型上（陈鸿钧，2008）。

进入21世纪以后，美国的外部环境又发生了重要的变化。首先，西雅图举行的WTO谈判失败，致使许多国家由多边主义转向双边主义，各种区域贸易协定和自由贸易协定剧增。其次，包括东亚一体化和中国崛起等因素的东亚政经格局的变化改变了美国在该区域的利益。第三，欧盟等向外特别是向拉美地区合作的扩张对美国利益构成挑战。第四，"9·11"事件之后，布什政府需要确保所有盟国经济上的稳定以对抗国际恐怖主义。在这样的形势下，美国参众两院通过了"贸易促进授权法案"和"快速审查程序法案"，使得总统获得了FTA谈判的授权，也使美国行政部门在"多哈回合"谈判中可进行更广泛的谈判。

美国次贷危机引发国际金融危机以后，美国反思了全球不平衡的原因。其中，归咎于中国为代表的亚洲经济体的看法成为主流观点。例如，美联储前主席伯南克主张"全球储蓄过剩"（Global Savings Glut），其含义是亚洲一些国家国内私人部门储蓄过剩，资金持续流向了美国等低储蓄率的工业化国家，成为支撑其贸易赤字的资金来源（Claessens, Hoekman, Evenett, Hoekman, 2010）。另一方面，这些国家又利用要素价格低等比较优势，向美国输出产品积累贸易盈余。鉴于此，美国开始采取"重返亚洲"的再平衡策略，其经济上的支柱就是加入并主导跨太平洋伙伴关系协议（TPP）谈判，试图通过重整经贸投资规则来构建一个从制度上限制中国等新兴国家经济竞争优势的规则网络。

不过，特朗普上台之后，美国一定程度上从传统的自由贸易立场后撤，主张用"公平贸易"取代"自由贸易",即美国需要从贸易伙伴国获取相应的利益,才能继续向该贸易伙伴国开放相应的市场。在外贸方面,特朗普签署命令退出 TPP、对"北美自由贸易协定"(NAFTA)进行重新谈判、拟征收 35% 的边境税、试图绕开 WTO 对贸易伙伴进行单边贸易制裁等。在汇率方面,特朗普不断口头干预美元汇率,主张弱势美元以促进出口,并主张以汇率操纵为名对贸易伙伴进行威胁。特朗普的贸易保护主义主张和贸易制裁行为,成为全球贸易增速放缓的重要原因。

二、战略内容

美国构建开放型经济战略主要包括以下内容。

第一,根据国家战略利益的需要,通过国内法案适时调整开放经济体系中的保护力度与保护方向。尽管美国总体上支持并受益于开放的国际经济体系,但在其发展的不同阶段,对特定的保护仍有相应的需求。在生产、投资及产品出口能力的兴盛时期,美国大力推动促进自由贸易和管制资本流动的法案,带动甚至迫使其他国家开放市场。例如,1962 年美国国会通过《1962 年贸易扩大法案》,授权总统对美国有权削减美欧之间的关税,有权取消现行税率不高于 5% 的产品的关税,并且取消了《互惠贸易协定法》规定的逐项谈判法,有利于达成关税的"一揽子"协议,从而加速了世界自由贸易的发展(海超,2009)。又如,为了加强资本管制,美国 1963 年通过了《利息平衡法案》,明确禁止美国人投资外国证券(尼尔·弗格森,2009)。但是,进入贸易赤字大规模出现的 1970 年之后,贸易保护的声音越来越强。《1974 年贸易法案》提出著名的单边保护制度"301 条款",授权政府可以采取限制进口等贸易保护手段来抵制国外的不公平贸易行为。《1988 年贸易和竞争综合法案》将"301 条款"升级为"超级 301 条款",不但扩大了报复施行的范围(将贸易顺差、缺乏知识产权保护、不顾劳工权益等纳入可报复范围之内),还将报复授权由总统下移给贸易代表(许自强,1989)。

第二,通过领导多边合作框架向外推行符合美国利益的开放经济政策。前文提及的 IMF 及世界银行等布雷顿森林机构即是在美国主导下成立的,其组织架构、所在地、授权状况等悉由美国掌控(Peet,2003)。此外,1945 年 11 月,美国还首倡创建国际贸易组织（ITO），尽管 ITO 宪章最终未获国会批准，但其中的贸易规则随后在美国大力推动下被移植到关税与贸易总协定（GATT）之中。1952 年，美国在 10 个最大工业国的出口中占据 35% 的份额，并且除了金属之外，所有主要工业品（机械、汽车、化工、纺织品等）都处于贸易顺差（屠新泉，2004）。此时，GATT 被赋予的最重要任务就是削减关税壁垒，消除歧视，扩大货物的生产与交换。而当美国在 20 世纪 80 年代确立了服务贸易、知识产权、高技术等领域形成新的竞争优势时，又通过 GATT 强调对非关税壁垒的拆除，以保护美国的新优势。时至现在，美国推动开放经济仍遵循领导多边框架、占据规则制高点并向外拓展的逻辑。这体现在美国对横向议题（Horizontal and Cross-cutting Issues）的遴选与运用上。所谓横向议题，是对关税、原产地规则等传统贸易谈判议题的全部或部分均产生影响的议题（蔡鹏鸿，2013）。美国在 TPP 谈判中推动的横向议题主要包括规则一致、国有企业、电子商务、竞争和供应链、中小企业五大问题。美国希望将这些横向议题引入 TPP 条款，进而引领全球 FTA 协定的制定。显然，这些横向议题有利于美国的贸易优势。

第三，采取"竞争性自由化"的开放体系拓展方式，形成以美国为中心的网络。大体而言，竞争性自由化策略[①]的要点有四：一是从全球、区域及双边等不同层次发起，形成以美国为中心的自由贸易协定网络。通过综合运用三个层次的谈判，营造对各层次谈判各方的压力，促使其主动寻求与美国合作，获取对美国最有利的谈判地位和利益，同时给尚未加入谈判的国家造成一种被排除的忧虑（荣沛芳，2009，p.299）。二是这些协议被鼓励反映美国的价值观和经济准则，包括美国市场的竞争性准入方式和商业法规，并同时支持美国在全球的外交政策和军事目标，从而恢复美国在多边贸易体制谈判中的领导地位（何永江，2009）。三是强调在服务、电子商务、知识产权、政府管制的透明性、环境和劳工标准等方面作详细规定，以便在未来的世界贸易组织多边谈判中取得谈判议题的制度优先权（何永江，2009）。四是特别强调所签订协议的先例性和可推广性，让协议的范本能作为一种模式应用在其他地方（Zoellick，2001）。例如，希望美国与新加坡和智利的自贸协定能作为一种标准成为

[①] 关于"竞争性自由化"的理论研究始于 Bergsten 对亚太地区协商动机的研究 (Bergsten, 1996)。

与东南亚和拉美其他国家自由贸易的基础。由于美国修订后的《1984年贸易和关税法》禁止其贸易谈判代表主动与外国寻求正式的贸易谈判,要求所有谈判的正式请求来自贸易伙伴[①],因此,在贸易伙伴取舍上,美国因为"捆绑自己的手脚"反倒拥有较大的主动权和自由度。

时任美贸易谈判代表的佐利克在2003年5月8日的华盛顿国际经济研究所(IIE)演讲时给出了他参照的14个标准,包括:①美国国会的同意;②美国商界尤其是农业部门的支持;③特殊利益集团对该FTA在国会能否通过的影响程度;④潜在谈判伙伴国政府高层的大力支持;⑤可开展涵盖所有部门的谈判,已有承诺的履行情况,有一个可与之谈判的工作团队等;⑥潜在谈判伙伴承诺在WTO框架下工作,争端解决方面尤其如此;⑦FTA对该区域"竞争性自由化"的刺激程度;⑧FTA谈判推动潜在伙伴国国内改革的程度(潜在伙伴国能够通过该FTA协议在推动国内改革上得到支持);⑨FTA对伙伴国公民社会各领域,如环境、劳动市场、商业环境和社会一般开放程度等的支持程度;⑩伙伴国在外交及安全事务上对美国的支持程度;⑪该FTA是否与伙伴国或该地区其他任何国家与美国竞争对手的优惠协定相悖;⑫该FTA在区域的可行性,尤其是在促进区域一体化方面;⑬欢迎参加各种FTA的发达国家和发展中国家;⑭该地区是否有其他正在谈判中的FTA将可能成为美国优先考虑事项。[②] 这些标准可归为四个方面,涉及对美国国内政策的影响、对美国经济目标的影响、伙伴国贸易相关改革的承诺水平及对美国外交政策的影响等方面的考虑。

---

① 对发展中国家而言,向美国发起谈判请求的很重要的政治蕴含,是做出了依照自由贸易协定要求对国内及贸易政策进行必要改革的政治承诺。Schott, Jeffrey. Assessing US FTA Policy[M]. Free Trade Agreements: US Strategies and Priorities, Institute for International Economics,2004.
② 由于无法找到并核对原始记录,此处引自演讲发表地IIE所出版的研究报告:Nicholas R Lardy, Daniel H Rosen. Prospects for a United States-Taiwan Free Trade Agreement[R]. Peterson Institute, 2004. pp.4~5. 而在其他资料中对Zoellick的13条标准之引述,与此处有较大差异的地方包括:在美洲自由贸易区(FTAA)和世贸组织(WTO)中对美国立场的支持情况;与贸易伙伴签订的协定是否能抵消其他不利于美国商业利益的自由贸易协定;伙伴国谈判达成涵盖所有经济部门的全面协议的意愿;美国贸易代表办公室的能力(经费)限制等。见 Jun-yu, L, L Hong-shik. Feasibility and Economic Effects of a Korea-US FTA[M]. Seoul: Korea Institute for International Economic Policy, 2005.

第二节　欧盟及其主要成员的经验和教训

一、欧盟的开放型经济战略

欧盟本身就是一个区域内相互开放的多边经贸体制。欧盟认为多边主义和 WTO 是管理全球化的一个机制，并希望把自己的单一市场模式作为全球贸易自由化的样板，以此来掌控全球化。欧盟也致力于把贸易领域扩大到了服务贸易、投资、知识产权保护、公共采购和竞争政策方面，并希望把这些新问题带进 WTO（朱颖，2007）。总的来看，对内，欧盟的开放型经济主要体现在"一体化"上。对外，欧盟的政策导向是"自由化"。其本质都是倾向于打破贸易和投资壁垒，促进内外商品与要素市场的竞争。

尽管长期以来欧盟强调通过全球经贸体系的多边形态推进欧盟主张的贸易自由化进程，但面对世界范围内蓬勃发展的双边自贸协定，欧盟实际上起到了推波助澜的作用。近年来，欧盟甚至已经成为发展中国家自贸协定扩展的主要推动力（Francois, McQueen, Wignaraja, 2005）。2006 年 10 月，欧盟委员会发布的《全球的欧洲：在世界中的竞争》虽然仍宣称"将多哈贸易谈判和 WTO 作为开放和管理世界贸易的最佳途径"（European Commission, 2006），但除一再申明其寄希望于 WTO 并表示希望恢复和结束多哈谈判之外，关于多边贸易体制的未来，这份报告鲜有建设性的提议，反倒是提出了发起"新一代"经审慎选择予以优先考虑的自由贸易协定的建议，认为只要审慎处理，新的协议可以成为多边贸易倡议的补充（Evenett, 2007）。

上述战略调整的背景至少有两个。第一，美国竞争性自由化战略的影响。尽管美国认为自己提出竞争性自由化战略不过是在追赶欧盟，但其客观效果迫使欧盟采取类似的策略来保证自身的就业和出口。第二，全球贸易体系中多边谈判框架迟迟未有成果，多哈谈判陷入僵局，使得欧洲不得不通过自贸区战略开展区域合作，以免在亚洲等国际贸易必争之地丧失先机。不过，对于这一战略调整，欧洲的经济学家并未达成共识，有人指出由多边改弦易张为双边会导致"其产出远远低于预期"（Evenett, 2007）。

从内容上看，欧盟的"新一代自由贸易协定"所涉及的知识产权、服务业、投资、公共采购和竞争政策等方面并未超出美国的竞争性自由化战略，甚至在劳工及环境保护方面还有所不及（朱颖，2007）。

从决策背后的逻辑看，同样存在政治外交和经济诸方面的综合考虑。各项协议的签订不仅注重增进欧盟内部和平、稳定与一体化，也有支持发展中国家的民主改革和深化其贸易、投资自由化等政治和外交方面的考虑，而且强调为欧盟出口商获得新的市场等经济方面的考虑（Francois，McQueen，Wignaraja，2005）。近年来，经济方面的权重甚至有所加强。现结合一些具体的案例来揭示欧盟开放型经济对外政策的特点。

欧盟在对中东北非地区国家（MENA），非洲、加勒比海及太平洋地区国家（ACP countries）实施单方面优惠时就不得不考虑与WTO协议是否构成法律上的冲突（McQueen，1998）。与中东、北非国家的自贸协定中政治考虑还特别重要。欧盟在1995年巴塞罗那宣言发起了欧洲地中海伙伴关系协定，明确提出，出于自身安全的切身利益，需要促进该地区社会和经济的稳定，实现与欧盟的经济趋同。欧盟认为，单方面优惠协议未能实现这些目标，因此把预定2010年建成的欧洲地中海自由贸易区作为继续推进这些目标的手段。由于中止该自贸协定对于中东、北非国家而言成本很高，它们因此被协议"锁定"，不得不在国内开展实质性的贸易和结构改革。

与墨西哥、智利和南方共同市场的自贸协议主要出于经济方面的动机。首先，为了应对美国建立北美自由贸易区带来的挑战，为欧盟对北美和南美出口提供一个平台。其次，与南共市的协议则是为了维护既有的市场份额并在服务贸易方面开拓新的出口领域。更一般地看，欧盟的所有自贸协议均包括了海关合作和原产地规则，竞争法律、标准，政府采购和投资法规等非常广泛的贸易议题，目的是建立多边协议上的欧盟规则和程序，为欧盟从事国际贸易和投资的企业提供更大的竞争优势。可见对大国或国家集团而言，自贸区的建设更重要的是规则、程序及由此衍生的制度合法性的建立和扩展，从这个意义上说，自贸区的建设过程本质上是为区域乃至世界立法的过程，当然这个过程是建立在大国相对于贸易伙伴绝对的经济优势和适度的利益输送之上的。

当前，欧盟在潜在贸易伙伴选择上考虑的因素主要有以下几个方面：①市场潜力，包括市场规模、增长前景以及欧盟的投资机会；②针对欧盟出口的保护程度，包括各类关税和非关税壁垒等；③欧盟在获取资源（如能源、皮革、金属等原材料和初级产品）方面的经济利益，包括获得这些资源的可持续的管理及对欧盟市场的影响；④政治方面的考虑，包括人权纪录、民主状况、在区域中的角色、在欧盟安全战略中的地缘政治意义等；⑤侵蚀欧盟现有享受优惠进入条件的发展中国家贸易伙伴利益的风险，对贸易伙伴参与区域一体化及融入世界经济的影响等发展中的利益，以及对多边贸易体系的影响（European Commission，2006）。

按照上述标准，东盟、韩国和南方共同市场被确认为欧盟发展FTA的优先选择对象，因为它们市场保护程度高、市场潜力很大而且积极与欧盟的竞争对手开展了自贸谈判。而印度、海湾合作委员会（GCC）和俄罗斯也被认为符合某些标准可归为潜在的FTA伙伴。

欧盟自贸区建设程序也有其特殊之处。除了优先选择区域的核心国家开展自贸谈判之外，它对为数众多的南方国家特别是小国，不像美国那样针对各个潜在对象国由帮助加入WTO、GSP到TIFAs，再到BITs，最后是FTA这样循循善诱、逐层深入，而是先通过援助方式和非互惠的优惠贸易安排（如地中海协定，科托努协定等）增强南方国家的经济贸易水平和一体化程度，然后再与"南—南"一体化的区域性集团结成自由贸易区，这种方式一方面充分发挥了"南—北"一体化方式的优点，同时又保留了"南—南"方式的积极因素，并且减少了同时存在过多优惠贸易安排的不利影响（马建军、付松，2007）。从地域来看，亚洲是欧盟当前自贸区战略实施的重点之一。

二、英国的开放型经济战略

（一）战略背景

英国是近代第一个奉行开放型经济战略的国家。早在18—19世纪之交，随着工业革命的完成，英国就开始放弃流行于 16—17 世纪的重商主义。后者认为国家实力源自贸易顺差所取得的财富，因此要竭力垄断贸易、保护出口。工业革命首先在英国发生后，英国成为世界第一个工业化国家和全球制造品生产中心，其产品在国际市场上拥有强大的竞争力。国内工业资产阶级的兴起，开始不断要求改变高关税政策，实行自由贸易，降低获取原材料的成本并更顺利地占领世界市场。国内工人阶级的兴起也要求获得更廉价的消费品。

与经济基础的发展相适应，英国学术界也开始为自由贸易的观点构建理论基础。亚当·斯密在《国富论》中提出"看不见的手"理论，提倡"自由放任"，强调市场规模扩大促进分工与专业化进而带来经济增长，按照斯密的理论，各国生产自己具有优势的产品，然后通过自由贸易，可以实现福利的最大化。

大卫·李嘉图继承并发展了斯密的理论，在绝对优势理论基础上提出了比较优势理论。在斯密那里，如果一个国家不具备生产任何产品的绝对优势，将无资格参加贸易。由于技术水平高的国家在生产任何产品上效率都高于技术水平低的国家，因此没必要与技术水平低的国家开展贸易，国际贸易只能在发达国家之间开展。但李嘉图的比较优势理论指出，即便一个国家在所有产品的生产上都处于劣势，只要取相对成本更低的开展专业化生产，再开展自由贸易，这样对贸易双方都是有利的。李嘉图的比较优势理论放宽了自由贸易的适用范围，为开放型经济的拓展奠定了理论基础。

边沁的功利主义对"自由放任"的价值给予了极大的支持。边沁指出，追求幸福是理性人的目标所在，最好的方法是鼓励每个人尽可能自由地按照自己的方法自求多福。政府或国家权力的行使应当被限制在最小状态，限于保护自由和财产权，除此之外不应过多干预。这种观点摒弃了政府干预关税或资本流动的合理性，客观上有利于英国通过自由贸易与投资在全球范围内获得资源并倾销产品。

英国成为自由贸易或开放型经济最早的支持者，与它在当时世界经济格局中的强大或核心地位密不可分。相关的典型事实包括：第一，英国作为"世界车间"的地位和英国海军保卫世界和平的作用，赋予了国际债权人对少量官方储备支撑的英镑巨额债权的信心（金德尔伯格，2007）。第二，英镑按黄金固定了价格，且对黄金出口没有任何限制和干预，随着国际金本位制的兴起，其他国家的中央银行和政府开始在伦敦大规模持有英镑计价的债券和票据。与此同时，外汇开始成为重要的国际储备。根据一项估计，自1880年到1914年，全球国际储备中外汇的比重由1/10上升到1/7（Lindert，1969）。第三，英国为当时全世界最大的贸易国。英国还是领先的制造品和服务的出口者，同时还是食品、原材料的主要消费者，为世界提供了巨大的市场。1860年吸纳了超过全球30%的出口，1890年仍达到20%。外国供应商发现，用英镑计价更容易进入英国市场。第四，英国是海外长期投资最重要的来源。尽管到19世纪末，法国、德国，甚至美国已经成为资本输出国，但英国仍然是金融资本的首要供应者。到1914年，英国财富的1/4以上投资于外国铁路和购买外国政府债券（罗伯特·吉尔平，2006）。外国政府到伦敦寻求海外借款时自然而然地将英镑作为了债务的记账单位。第五，伦敦金融市场流动性高，这是外国政府、中央银行及贸易商愿意将伦敦市场作为持有生息资产的首选地的最重要和基础性的原因。外国政府还可以用手头持有的英镑干预外汇市场，防止本国汇率超过黄金输送点。第六，英帝国体系强化了英镑的全球角色。自18世纪早期开始，英国就有意识地采取政策促进英镑作为简化和规范交易方式在包括殖民地在内的帝国范围之内的使用。英国的金融机构在殖民地设立分支机构，殖民地银行也在伦敦开设办事处。这些银行在伦敦持有资产和负债，同时在殖民地发行银行券，并使之与英镑之间维持固定的汇率。一旦汇率出现偏差，英国政府即对当地货币实施直接管制，例如，按一个固定汇价将殖民地银行券全额转换为英镑，有时是通过在伦敦按照需求买进或卖出英镑来实现（Eichengreen，2005）。[1]

第一次世界大战之后，英国的海上霸权消失，贸易规模相对缩小、逆差扩大，经济优势逐渐被美国所取代，并被其他资本主义大国赶上，这些形势的变化让英国对外经济政策也逐渐由自由开放转向保守。第一，从工业生产来看，工业生产指数以1937年为100，则到1946年，英国只有88，美国则高达150，法国为69，德国为31，意大利为72，日本为24。1937—1948年，上述各国在资本主义世界工业生

---

[1] 以上几则除注明出处外均根据Eichengreen（2005）总结而来。

产总额中所占比重的变化也反映了美国相对生产能力的大幅提升。英国比重由战前的 11% 略升至 11.2%，而美国由 42% 大幅上升到 53.4%，法国由 5% 降至 3.9%，德国和日本的比重则分别由 12% 及 4% 猛降至 3.6% 及 1%（宋则行、樊亢，1995）。第二，英国贸易能力也相对下降，被美国超过。1937—1946 年，各国在资本主义世界对外贸易总额中所占比重的变化分别为：美国由 13% 提高到 22%，英国由 16% 下降到 13%，法国维持 5% 未变，德国、日本则分别从 9% 和 4% 跌落到不足 1%（宋则行、樊亢，1995）。第三，伦敦的国际金融中心地位被纽约赶上。"一战"前夕，伦敦还保持着对巴黎的胜出，获得全球最大国际金融中心的地位。但"一战"之后，纽约开始崛起，与伦敦平分秋色。1945 年，纽约股票市场上市公司总数为 6463 家，年末流通市场达 18 万亿美元，纽约证券交易所超过伦敦证券交易所成为全球第一大证券交易所。此外，纽约的银行、保险公司等金融机构总资产也高达 1.6 万亿美元（王巍、李明，2007）。纽约金融市场的深度和广度也堪与伦敦分庭抗礼。第四，美国的资本输出也在"二战"之后超过了英国。1938 年，美、英、法、德四国资本输出分别为 115 亿美元、229 亿美元、39 亿美元和 40 亿美元，到"二战"末期，美国上升为 168 亿美元，英、法分别减少至 140 亿美元和 15 亿~20 亿美元，而德国的国外投资几乎化为乌有。

随着经济形势的颓势日益明朗，经济理论上，英国也开始由自由放任的经济思想转向"凯恩斯革命"。1929 年，凯恩斯经济学的财政理论基本形成，开始作为英国政府反危机措施的主要理论依据，政府不再被认为只能坚守最低限度的职责，通过财政政策来控制有效需求等责任被凸显出来，凯恩斯的政府干预学说开始大行其道。

（二）战略选择

在经济发展的上升期或在国际经济格局中占优势的时期，英国大力推行开放的经济贸易政策。其战略选择包括：第一，清理国内法规，为开放国际经济制度或秩序的拓展扫清国内法律障碍。具体表现在废除《航海条例》和《谷物法》。前者系为了独占殖民地而立，规定殖民地的糖、烟草、棉花和燃料只准运往英国出售，不仅造成工业资产阶级生产成本的上升，还引发欧洲各国之间的关税战，影响了英国整体对外贸易。后者规定，只有当国内粮食价格超过 80 先令每夸脱时，才可以自国外进口粮食。《谷物法》保护了土地贵族和农业资本家的利益，但损害了工业资产者、城市居民及工人阶级的利益。废除《航海条例》和《谷物法》后，英国生产成本进一步降低，赢得了对外贸易投资扩张的领先优势。第二，维护和扩大英镑作为国际货币及伦敦作为国际金融中心的地位。通过这些努力，英国可以最大限度地控制或对外转移开放经济体系中积累的风险。第三，尽管强调经济体系的开放性，英国仍然重视对"势力范围"的经营。在经济发展的上升期，这一范围成为支持其贸易自由化的基本班底，在经济实力相对衰落的时期，这一基本班底又通过"帝国特惠制"组成经济同盟，通过大量的双边支付和贸易协议，极力维持和扩展英国的经济力量，延缓其衰落带来的不利影响。第四，为开放经济或保护措施做好理论建设，增强其向外推广的合法性。归根结底，这还是国家基于自身利益的考量，但需要一个自圆其说的解释。对此，德国经济学家李斯特曾一针见血地指出，"任何国家，如果靠了保护关税与海运限制政策，在工业和海运事业上达到这样的发展高度，因此在自由竞争下已经再没有别的国家能同它相抗衡，当这个时候，代它设想，最聪明的办法莫过于把它爬上高枝时所用的梯子扔掉，然后向别的国家苦口宣传自由贸易的好处，用那种过来人后悔莫及的语气告诉它们，它过去走过了许多弯路，犯了许多错误，到现在才终于发现了自由贸易这个真理"（弗里德里希·李斯特，1961）。

三、法国的开放型经济战略

（一）战略背景

第二次世界大战结束后，法国对外战略的重心之一就是联合德国，以法德核心为依托将欧洲建设成为一体化程度很高的"联邦"，使其能成为世界中的一极。为此，法国特别强调所谓"欧洲人的欧洲"一说，试图摆脱在安全和经济等方面对美国的高度依赖。但是，法国对德国仍有戒备之心，特别担心在欧洲一体化建设进程中的主导地位被德国取得。随着德国经济实力的恢复和不断增长，法国在欧盟或欧元区的话语权已经很大程度被德国所超越。在经济与货币联盟条约、政治联盟条约等重要一体化法律文件的过程中,法国都接受了德国的方案以达成妥协。总的来说,法国更加需要欧盟这一体系来维持自身在世界事务中的话语权,因此必须对欧盟保持经济上的开放与一体化的立场。

法国经济增长率受国际金融危机影响如图 4-3 所示。

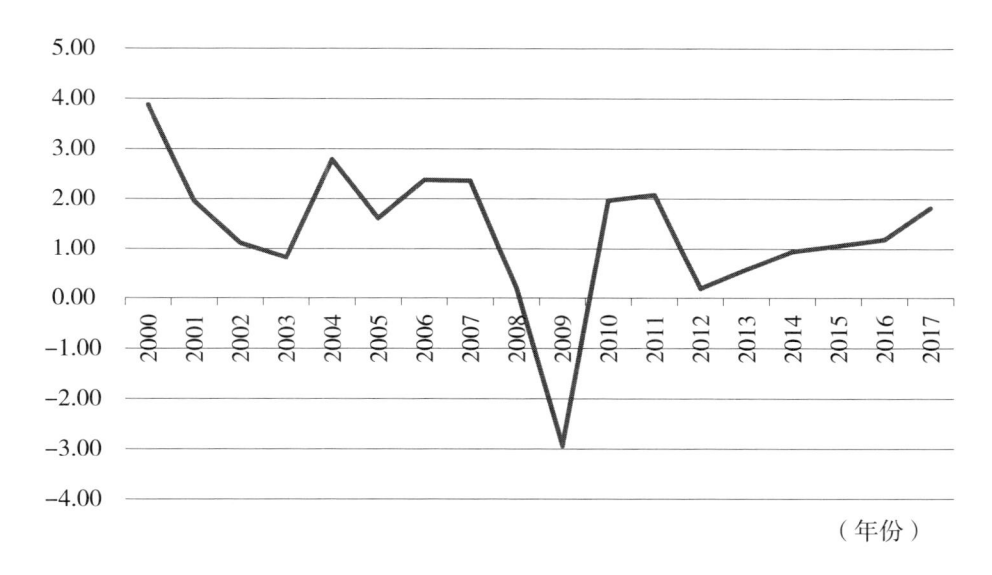

图 4-3 法国经济增长率受国际金融危机影响

资料来源:CEIC 数据库。

从法国经济体系演变的轨迹来看,法国传统上是西方国家中推行中央集权经济管理体制的典型,有"国家干预主义"的显著特征。但自 20 世纪 70 年代以来,传统模式越来越不能适应环境的变化,法国政府开始变革。例如,中央计划将指导性计划转变为战略性计划,不再规定宏观经济总量目标,并且在 1992 年之后停止了自 1947 年以来执行的国民经济中期计划。尽管如此,法国的经济发展战略仍然保留许多中央计划或规划的色彩,如强调增长极建设等。

2007 年美国次贷危机引发的国际金融危机,以及欧洲主权债务危机爆发对法国经济构成较严重的冲击,近两年的恢复表现也相对疲软。总的来说,法国需要外部市场对经济的拉动,为此也需要增强自身生产与出口能力。

实际上，法国进出口与 GDP 的比重不仅明显小于德国及欧盟 27 国，与英国相比也有所不及，甚至近年还低于世界平均水平。这意味着外需支持增长的潜力还有待深入挖掘。欧洲主要经济体进出口总额占 GDP 的百分比如图 4-4 所示。

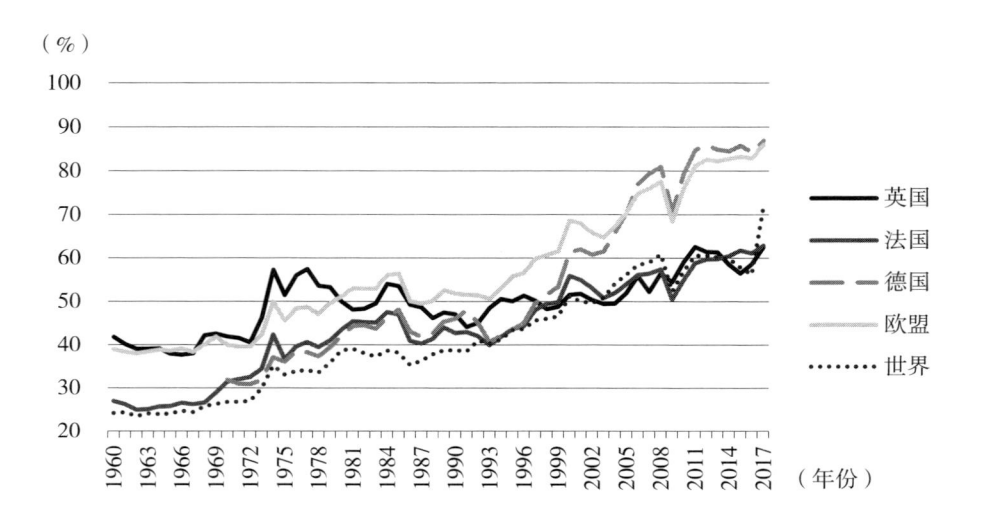

图 4-4　欧洲主要经济体进出口总额占 GDP 的百分比

资料来源：世界银行数据库。

（二）战略内容

法国构建开放经济战略的内容也带有其传统的计划特征，虽然同样指向自由化、市场化，但相对更强调政府的作用。

第一，面对出口竞争力下降的局面，采取法律、行政、金融、信息等各方面的手段来实施支持出口的战略。20 世纪 80 年代末，法国外贸中的市场优势逐渐被其他国家超越，逆差明显。为此，法国政府制定了 1993 年实现进出口平衡的政策目标，颁布了创设外贸战略委员会的法令和支持中小企业出口的发展计划，并通过金融机构向提供出口信贷的银行支付补助金。通过这些努力，法国的出口形势出现好转（王观群，1990）。

第二，强化科研与创新的战略。科研与创新是法国构建开放型经济的"底气"与核心竞争力之所在。法国科技人口数量在全世界排名第 20 位，只拥有 21 万名公、私立机构研究人员,近80万名工程师和专业人士,但其科技排名是世界第5位,在研究与创新领域处于领先地位。法国的国家研究与创新战略中有明确的优先发展领域,包括医疗卫生、福利、食品和生物技术,环境突发事件与环保技术,以及信息、通信和纳米技术(周晓芳,2010)。

第三,应对全球经济危机冲击时,采取带有保护色彩的"再工业化"战略。在全球经济危机的冲击下,法国除银行业外,各实体经济都在不同程度上受到冲击。就制造业来说,2008年法国制造业增加值占经济总量的比重降至16%,低于欧元区国家平均的22.4%;制造业就业人数占总就业人数的比例由2000年的16%下降至2008年的13%。法国政府对其经济战略进行了反思和讨论后,为了实现其振兴工业发展的目标,提出了以实施"法国制造"为主体的"再工业化"战略。主要目的是保住法国民族工业,不出现大规模产业向外转移,这明显带有贸易保护主义色彩,并显现出法国经济政策的"内倾化"(宾建成、李德祥,2014)。法国进出口额如图4-5所示。

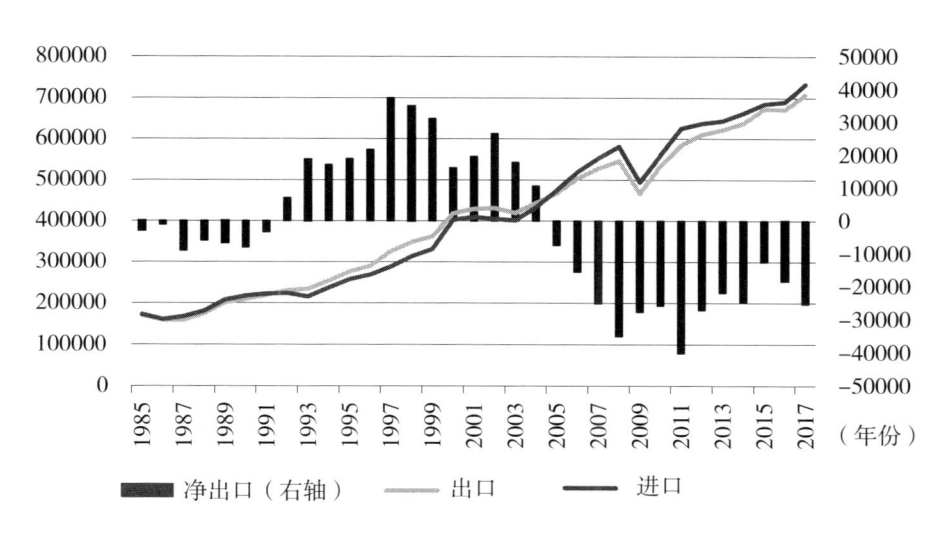

图4-5 法国进出口额

单位:百万欧元。

资料来源:WIND数据库。

四、德国的开放型经济战略

（一）战略背景

第二次世界大战后，德国通过货币改革、税制改革，鼓励投资与出口，缓和劳资关系，开展科技研究并引入先进成果，重视教育投资等举措，在美国"马歇尔计划"的扶持下，经济复苏迅速。到1951年，联邦德国工业生产就超过了战前水平。

德国重建过程中，其独立中央银行稳定货币的作用尤其富有特色。按照《德意志联邦银行法》规定，德国央行运用法律所赋予的货币方面的权力，以稳定货币为目的，调节流通中的货币量和提供给经济部门的信贷量，并办理国内外支付往来的银行业务。为了达到这一目标，德国央行享有独立于政府指令之外的自主权，当货币稳定与政府经济目标冲突时，央行可以维护前者而拒绝为后者服务。这一政策思路与学术界通过积极货币政策来刺激就业和增长的观点不一致，但德国央行坚持货币稳定是市场平稳运行及就业和经济增长先决条件的信条，将稳定币值作为经济政策的基石。从战后的实践来看，德国央行的目标得到了很好的实现。从1949年到1991年，联邦德国消费者价格指数（CPI）年均仅上涨1.66%。

特别地，当美国借《广场协议》等试图迫使日元、德国马克升值时，日本放弃了汇率决定的自主权，结果造成日元大幅度升值，日本央行为了缓解对于出口的抑制才采取了极为宽松的货币政策，进而导致国内的资产价格泡沫以及后来的泡沫经济破灭。相反，德国则坚持央行的独立性，坚决维护国内产出和物价稳定，没有因为汇率的升值问题而伤害本国经济的发展。

在德国的坚持下，德意志联邦银行关于货币政策独立性的要求也被引入了后来成立的欧洲央行规则之中，并以立法的形式确定下来。《马斯特里赫特条约》及其附件三《欧洲中央银行体系和欧洲中央银行章程》确立了欧洲央行的独立地位。《马约》第107条和《欧洲中央银行体系章程》第七条规定："在行使和执行本条约和本章程赋予的权力和任务时，欧洲中央银行、各成员国中央银行或其决策机构的任何成员，均不得寻求或接受共同体机构、来自任何成员国政府或来自其他任何机构的指示。共同体的机构与成员国政府承诺尊重这一原则，不影响欧洲中央银行或各成员国中央银行决策机构成员执行其任务。"这一规定为欧洲央行政治上的独立地位奠定了总基调,也是关于欧洲中央银行独立性最重要的法律渊源(徐聪,2012)。

德国很好地将本国的利益和规则嵌入了欧洲一体化体系之中,通过欧洲这一内部开放的大空间,实现自己的经济战略。

(二)战略内容

德国的开放型经济战略主要有以下几个方面。

第一,强调区域经济的务实整合,以应对外部压力。德国也有欧洲联合的思想与观念上的传统。德国著名法学家和政治思想家卡尔·施密特曾经提出以"大空间"对抗"普世主义",用美国人在门罗宣言中提出的原则,旗帜鲜明地反对同样由美国人自二十世纪三四十年代开始奉行的又一个原则,即普世主义的原则。施米特指出,大空间思想在门罗宣言中得到了简明扼要的概括,门罗主义作为一种真正的地区主义,与无视地区而将地球变成一个抽象的世界性资本市场的做法处于明显对立的位置上。在施米特看来,后者无疑将会导致地球变为向英美强权的所有干涉开放的空间。第二次世界大战之后,欧洲沦为焦土,施米特的德意志门罗主义成了黄粱一梦。但是,废墟上的欧洲从煤钢共同体起步,到关税同盟、统一市场,到欧洲经济和货币联盟,再到统一货币推出欧元,超越民族国家之上的作为国际法单位的"大空间"正在以欧盟委员会等形式,活跃在世界政治舞台上。这样看来,欧洲一体化进程的稳步前进,似乎又在一步步印证施米特的欧洲大空间思想。而德国在这一欧洲"大空间"的形成过程中扮演了重要的角色。

第二,积极出台和实施促进对外贸易和投资的计划,构建贸易投资支持体系。德国政府对外经济政策目标之一就是积极创造促进自由贸易与竞争的全球条件,同时促进德国企业在全球的竞争力。为此,德国联邦经济和科技部出台了《对外贸易和投资促进计划》,从出口促进、出口信贷担保、投资担保和非约束性贷款担保等方面为对外贸易投资提供便利。实际上,德国政府长期综合运用财政、金融手段鼓励出口,如给予税收优惠、出口津贴、发放出口信贷、补偿遭遇风险的出口商等。还设立外贸投资服务机构,如驻外使馆商务代表处、海外商会及联邦外贸信息服务局等三大外贸促进机构及一些商贸投资信息提供机构等。德国政府部门还制订官方出国参展计划，帮助和扶持中小企业开拓国际市场。

第三，鼓励研发与创新的战略。与法国一样，德国政府也在鼓励高科技研发和支持中小企业创新方面扮演积极角色。这意味着，它们都重视在开放经济体系下的国际分工链条中占据更高的位置，并且都由政府为此付出大量战略性的努力。德国专门制定了《高科技战略》，强调打通研发活动与商业实务之间的联系。《高科技战略》支持高校及科研部门的技术被中小企业集群和网络所运用，加快科研成果的商业性转化。德国联邦经济和技术部还出台《中小企业中央创新计划》，出资鼓励中小企业的研发创新活动。

第三节 日本的经验和教训

一、战略背景

二十世纪八九十年代，日本与欧洲一样主推世界范围内多边主义的贸易自由化策略，并无寻求区域一体化或双边自由贸易协定的压力。促使日本转向区域和双边议题的背景有三个方面。

一是九十年代泡沫破灭以来日本经济增长乏力，需要通过区域经济一体化促进贸易和投资来重新获得经济发展的活力。

二是全球多边贸易体系谈判失败的压力。由于乌拉圭回合陷入分歧时，美国的北美自由贸易协定和欧盟在区域及双边贸易谈判中取得进展，已经给日本不小的刺激，WTO多哈回合谈判在西雅图会议以来数次破裂陷入停滞，让更多的WTO成员各自竞相推进双边和区域贸易协定，对日本的压力愈加增大。

三是亚洲区域合作的兴起，尤其是中国与东盟自由贸易协定的签署可能的"骨牌效应"直接促使日本正视区域和双边的自贸区规划和建设。

二、战略内容

日本的开放型经济战略构建主要体现在它所致力于构建的"经济伙伴关系协定"（Economic Partnership Agreement，EPA），该协定旨在建立全面的经济伙伴关系。按照日本外务省经济局的解释，EPA 比传统 FTA 开放项目更多，其中包含了服务贸易、投资自由化、贸易便利化、原产地规则、救济措施、争端解决、知识产权、环境与劳工、人员交流等项目，因此其所涵盖的领域更广、一体化程度更深，大大超出一般 FTA 所涵盖的贸易与投资范围，可谓"深度一体化"。日本特别重视投资自由化一项，其主要目的为日本通过签署 EPA 实现签署国对日本投资的保障。

日本认为开展自贸区战略存在经济和政治及外交上的利益。在经济方面，日本希望通过自由贸易协定来扩大进口和出口市场，转换产业结构使之更有效率，并且令竞争环境得以改善。此外，日本还希望通过自由贸易协定减少经济摩擦，避免由此引发政治纷争。日本同样认为自贸协定有助于强化和协调现有的与贸易有关的法规和制度。政治及外交方面的利益，则在于增加日本在 WTO 谈判中的议价能力，还可以通过自贸协议的谈判来影响和加快 WTO 谈判，EPA 作为补充的手段，最终还是要促进 WTO 多哈回合谈判早日结束。此外，经济上相互依赖程度的加深可以促进缔约各国间政治上的互信，使日本在全球的外交影响力和利益得到扩展。

日本 EPA/FTA 签署及研议情况表明，日本在自贸协议签订上首先以东亚为中心，其次考虑区域外的主要大国。从签订数量上看，日本的 FTA/EPA 处于相对美国、欧盟等落后的状态。此外，从对外贸易中自贸区贸易量比重看，日本的 FTA/EPA 也落后于美国、欧盟等国家和地区。这是因为，为了避免对国内产业和市场造成冲击，日本在推进 FTA 时优先选择了一些易于达成协议的谈判对象。

日本选择潜在贸易伙伴的标准有五项：经济考虑、地理位置、政治与外交考虑、具有实现可能性、时机考虑。日本内阁府曾公布确定 EPA/FTA 谈判对象的 12 项标准。这些标准分为三类：一是创造有利于日本的国际环境；二是能实现日本整体经济利益；三是谈判伙伴具备实现 EPA/FTA 的可行性。具体包括：此 FTA 能否增强日本的经济力量并有助于解决政治与外交问题；能否因而强化日本从事国际经贸谈判的地位（如 WTO）；是否有利于稳定与分散日本的食品与其他物资之进口来源等。日本政府开始实施"安倍经济学"以来，对 FTA/EPA 促进经济增长方面的期待越来越高。在 2014 年修订的《日本振兴战略》中，明确列出了将 FTA 缔约方所占日本外贸比例由 2013 年的 22.6% 提升到 2018 年的 80% 的目标。

日本谈判程序和步骤较复杂，流程可分为前景分析、政府间的准备性协商、产官学共同研究、实际谈判、内容协商（货品关税、服务/投资、人的移动、政府采购等领域下的规则建立及自由化协商、知识产权/竞争政策下的规则制定、商务环境的整理及合作事项等）、签署、核准手续（国会承认）及正式生效实施七个阶段。

与美、英相比，日本的开放型经济战略只强调了贸易（以及投资）的一面，在货币金融方面缺乏与之配套的策略。日元国际化推行多年，成效也非常有限。与法、德相比，日本的东亚一体化思路缺乏区域成员的积极响应，未能形成一个支持其开放型经济战略的区域空间。总体来看，日本的开放型经济战略缺乏自主性，或者说，存在较强的依赖性甚至依附性色彩。就东亚开放经济体系构建来说，日本很难绕开中国，缺乏后者的支持，这一体系无法建立。就更广（比如亚太）的战略层面考察，日本的开放型经济战略是从属于美国及其主导的经济体系的。

第四节 新兴经济体的经验和教训

前文分析了发达经济体构建开放型经济战略的背景与内容，主要是一些成功的做法。这些国家无不重视出口的重要作用。本部分以代表性的新兴经济体在开放经济体系中采取相反，即进口替代方式的后果进行分析。这些经济体也曾有过较快的增长，但最终陷入"中等收入陷阱"，迟迟难以跃出。巴西和阿根廷是其中的代表，巴西的人均 GNI 与 GDP 增长率如图 4-6 所示。

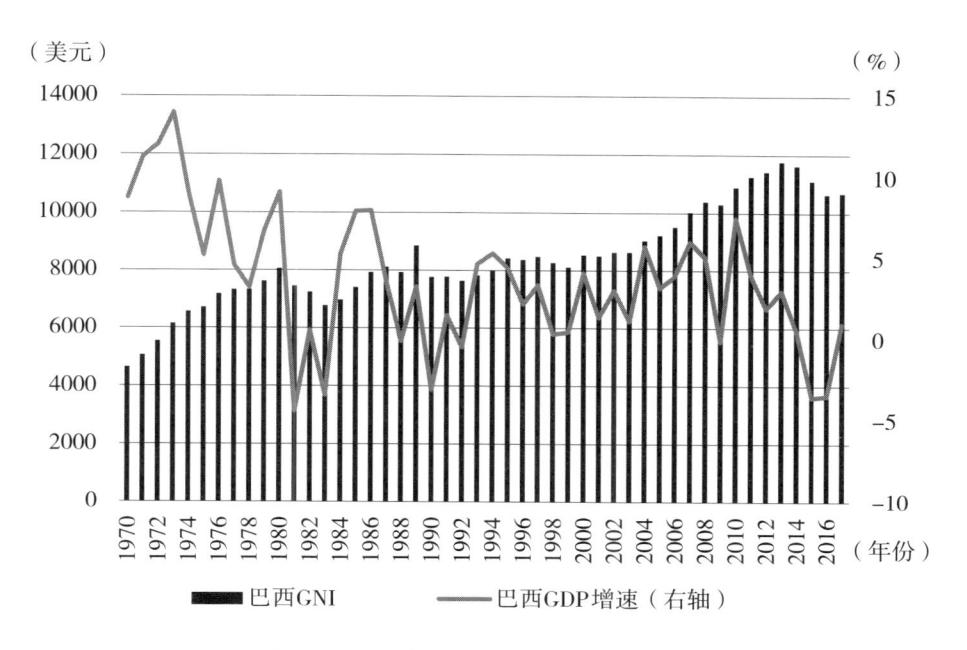

图 4-6 巴西的人均 GNI 与 GDP 增长率

资料来源：世界银行数据库。

巴西经历了 1980 年之前的高速增长期，GDP 年增速平均值 8.53%，人均 GNI 平均值 6563 美元（2010 年不变价，下同）。其后没有一个中高速增长阶段，而是直接陷入了陷阱期。1981—2003 年，GDP 年增速平均值 2.14%，人均 GNI 平均值 7986 美元。2004 年以来，巴西经济进入一个恢复阶段。GDP 年增速平均值 2.49%，人均 GNI 平均值 10569 美元。目前，巴西正在迈向高收入阶段，可能像日本和韩国经历的那样，遭遇瓶颈期的挑战，如果能顺利度过瓶颈期，有可能迈入发达国家行列。

阿根廷也是直接由高速增长期跌入陷阱期。1980 年之前，高速增长期的阿根廷 GDP 年增速平均值 2.80%，人均 GNI 平均值 7453 美元（2010 年不变价，下同）。其后进入 1981—2002 年的陷阱期，GDP 增速平均值 0.87%，人均 GNI 平均值 7216 美元。其间，1994—2002 年人均 GNI 在由中等收入向高收入迈进时（接近人均 10000 美元）出现了接近 10 年的停滞及下跌。2003 年以来，阿根廷经济进入恢复期，GDP 年增速平均值 4.04%，人均 GNI 平均值 9552 美元（由不到 4000 美元上升至 10000

美元以上)。与其他国家及自身的增长历史相比,阿根廷 1980 年之前的"高速期"增长速度并不太高,并且其后发展过程中在向高收入跃进时遭遇了长达近 10 年的中等收入陷阱。目前的恢复增长阶段,也正在再次向高收入阶段迈进,同样面临与巴西类似的瓶颈期考验。阿根廷的人均 GNI 与 GDP 增长率如图 4-7 所示。

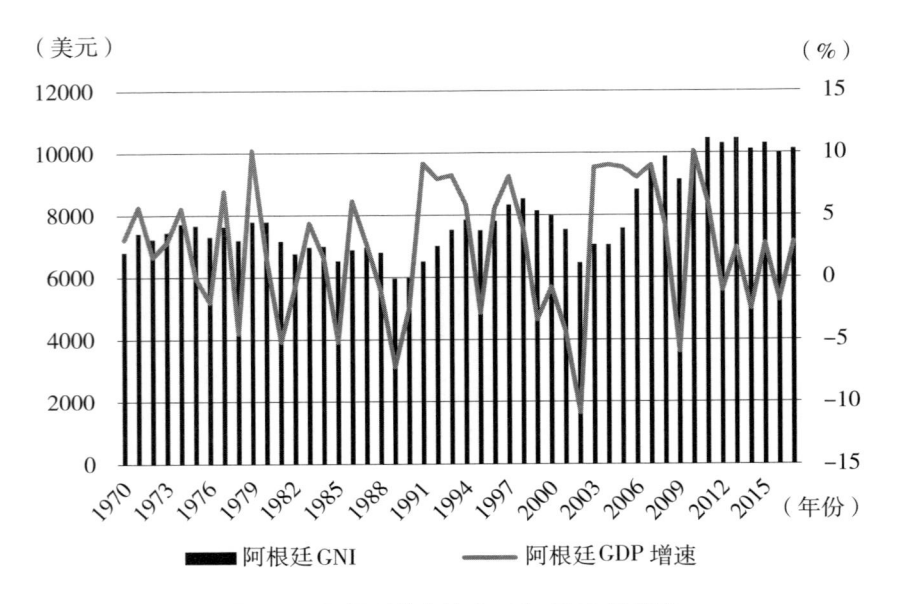

图 4-7 阿根廷的人均 GNI 与 GDP 增长率

资料来源:世界银行数据库。

在较大的经济体中,日本和韩国是成功跨越了中等收入陷阱、跻身发达经济体行列的典型。可将它们的情况作为参照来发现拉美新兴经济体发展中存在的问题。

从日本的经历来看,经历了 20 世纪 60 年代的高增长以后,1970—1975 年日本经济经历了过渡期,在此期间 GDP 年增速平均值 3.90%,波动较大;人均 GNI 平均值 20663 美元(2010 年不变价,下同)。1976—1990 年,日本经济进入持续时间较长且相对稳定的中高速增长期,其间 GDP 年增速平均值 4.49%;人均 GNI 平均值 29237 美元。其中,1980—1985 年,由中高收入经济体迈向高收入经济体过程中出现了一个 5~6 年的瓶颈(停滞)期,突破这一瓶颈之后,人均 GNI 又有大幅上升,但增长速度逐渐由中高速向低速稳定期过渡。1991 年以来 GDP 年增速平均值 1.02%，人均 GNI 平均值 43962 美元，日本经济进入低速增长期。日本的人均 GNI 与 GDP 增长率如图 4-8 所示。

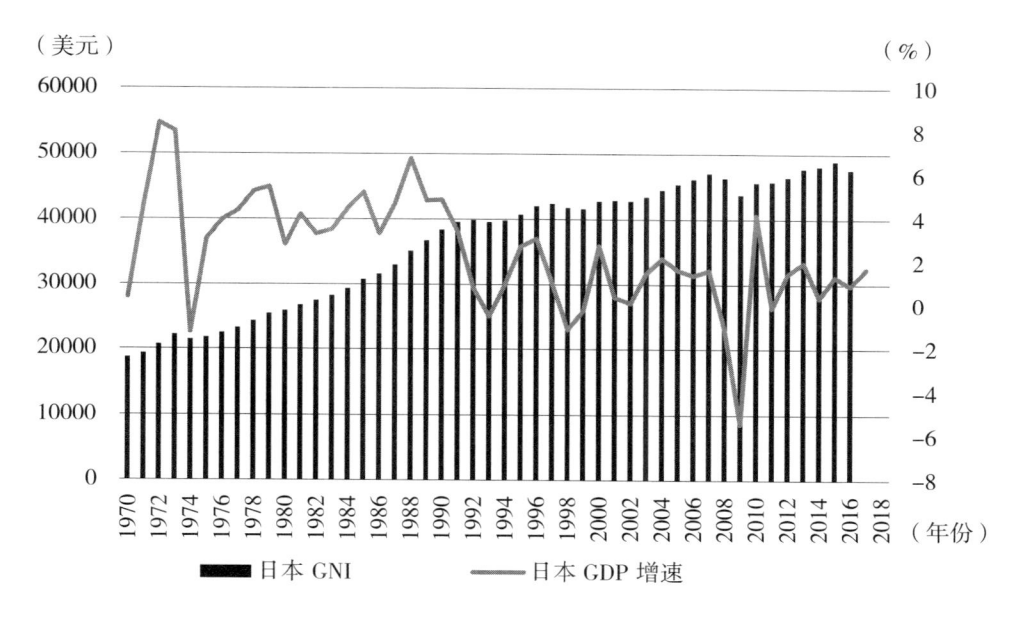

图 4-8　日本的人均 GNI 与 GDP 增长率

资料来源：世界银行数据库。

韩国起飞较晚，但演变的轨迹与日本类似。1988 年之前都是韩国经济的高速增长期，GDP 年增速平均值 9.75%，人均 GNI 平均值 3843 美元。1989—2000 年，韩国经济进入中高速增长期，GDP 年增速平均值 7.27%，人均 GNI 平均值 11322 美元。其中，1996—2000 年出现 5 年左右的瓶颈（反复）期，其间在迈向高收入经济体时出现了人均 GNI 的下降，突破这一瓶颈之后，人均 GNI 又有大幅上升，但增长速度逐渐由中高速向低速稳定期过渡。2001 年以来，韩国经济进入低速稳定期，GDP 年增速平均值 3.85%，人均 GNI 平均值 21180 美元。韩国的人均 GNI 与 GDP 增长率如图 4-9 所示。

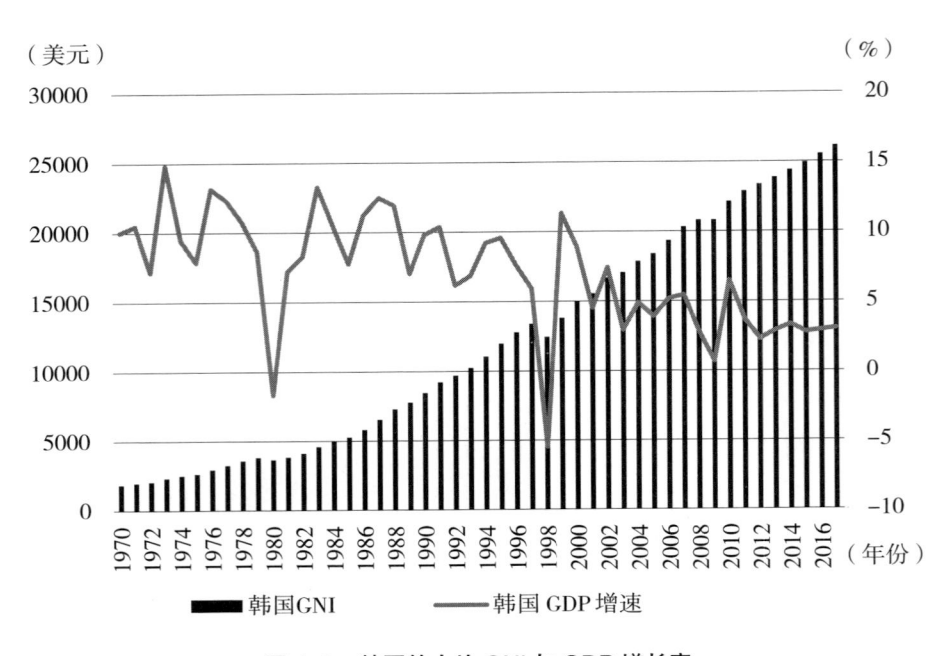

图 4-9 韩国的人均 GNI 与 GDP 增长率

资料来源：世界银行数据库。

综观上述各国跨越或跌入中等收入陷阱的经历，可以得出以下结论及推论。

第一，成功跨越中等收入陷阱的国家，在高速增长期之后，有一个明显的 12~15 年的中高速增长期，中高速增长期的 GDP 增速均值为 5%~7%。在中高速增长期内，将出现一个 5 年左右的瓶颈（停滞或反复）期，这个区间可能出现在中高速阶段的初期或末期，人均 GNI 在突破瓶颈之后，将迅速迈入发达国家行列，获得新一轮快速增长。

第二，陷入中等收入陷阱的国家，在高速增长期之后，没有中高速增长阶段，直接进入长达 20 年左右的陷阱期（GDP 增速 0.8%~2.0%）。它们没能突破人均 GNI 值 10000 美元的关口（巴西在达到人均 5000 多美元，阿根廷在达到人均 9000 多美元后），就出现了停滞与下降。

然而也并不能完全否定"进口替代"在巴西、阿根廷等国经济发展中的作用。事实上，1960—1980 年，它们也的确出现了较高速的经济增长。进口替代政策的逻辑是，一国采取各种措施，限制某些外国工业品进口，促进国内有关工业品的生产，逐渐在国内市场上以本国产品替代进口品，为本国工业发展创造有利条件，实现工业化。一般做法是国家通过给予税收、投资和销售等方面的优惠待遇，鼓励外国私人资本在国内设立合资或合作方式的企业；或通过来料和来件等加工贸易方式，提高工业化的水平。为使国内替代产业得以发展，就要使用提高关税、实行数量限制、外汇管制等手段，限制外国工业品进口，以使国内受进口竞争的工业在少竞争、无竞争的条件下发育成长。进口替代政策就是从经济上独立自主的目的出发，减少或完全消除该种商品的进口，国内完全由本国生产者供应的政策。

进口替代政策有利于在短时间内尽快形成国内产能，因而能够刺激经济的增长，解决国内就业。但这一政策不利于创新，因为受到保护的国内产业没有动力不断模仿和学习新的工艺与技术，国内产能日益落后得不到更新。技术进步对增长的促进作用在这一政策之下大为削弱。

例如，巴西20世纪90年代初只能生产打字机和计算器，无法生产计算机，这就是其直到1991年仍然对计算机芯片等实施进口替代政策所致。从20世纪70年代直到1991年，巴西禁止从国外进口个人计算机——或微芯片，传真及几十种其他电子产品。不仅禁止进口电子产品，就连外国公司在巴西投资建立电子产品的制造厂也遭到禁止。法律规定，合资公司中外国公司拥有股份不能超过30%。采取这些限制措施，目的是为了培育巴西国内的电子产业。但事实上，就连该法律的支持者也不得不承认，巴西的电子产业技术落后，根本不具备竞争力。

从20世纪90年代初期开始，禁止进口的成本日益突现。世界上已经广泛使用的电子燃料注射器或是刹车防滑系统在巴西的汽车上几乎看不到。诸如苹果公司的计算机等产品不允许在巴西销售，巴西宁可让德州仪器关闭在巴西的半导体工厂，也不允许该公司投资1.33亿美元更新生产线。对进口替代政策的坚持使巴西成为一个不欢迎计算机的国家。1991年，巴西只有12%的中小企业局部实现了计算机化，0.5%的教室装备计算机。国外的计算机既不能在国内生产，又不准许进口，阻碍了许多巴西企业的现代化进程。一些巴西企业借助于计算机和其他电子设备的走私，而遵守规定的企业则只得继续使用过时而昂贵的设备。

进口替代政策的着力点在于保证本国产业的独立性，但不能实现迅速的技术进步，能保证中短期的增长，但长期来看容易滑向"中等收入陷阱"。与之相对的出口导向政策，其长处在于能紧跟市场方向，引进先进的技术和生产模式，但缺陷在于自主性不足，可能被锁定在"国际分工陷阱"之中。

由发达国家主导的经济全球化催生了世界范围内新的国际分工格局。经济全球化主要体现为国际贸易、直接投资和技术扩散在深度、广度和数量上的变化。发展中国家得益于发达国家的技术扩散和市场开放，而新技术的应用和扩散也总是伴随着大规模的贸易和投资的增长。在这一过程中，许多发展中国家的人力资本也得以积累。经验显示，一国经济开放度的提高和其人均国民收入增长之间存在正相关关系。应当承认，发达国家和部分发展中国家的经历支持了"共赢"的观点。然而，全球化在为世界提供"共赢"机遇的同时，也使发展中国家面临着掉入"国际分工陷阱"的挑战。在整个国际分工链条中，发达国家凭借其资本、科技、人才、营销和消费方式上的优势或先机，占据了高附加值、高技术含量的产品和服务市场，而大多数发展中国家则处于国际分工链条的末端，成为全球市场上为劳动密集型、低附加值、低技术含量产品与服务的提供者。伴随着信息和通信技术迅猛进步，不同国家或经济体之间，在获得接入信息和通信技术的机会与利用互联网进行各种业务活动方面，出现了明显的"数字鸿沟"。换言之，全球化收益的绝大部分由发达国家获得，发展中国家只能够获得其中的一小部分。而且就是这一小部分收益，发展中国家之间还展开了激烈的争夺。它们竞相开出各种优惠条件，如税收优惠，允诺最大限度地开放国内市场，承诺遵守发达国家制定的严厉的经济规则，甚至做出政治上的让步。

包括中国在内的东亚经济体在构建开放型经济体制的时候，就应特别关注掉入"国际分工陷阱"的风险。由于长期从事出口导向的加工贸易，东亚经济体的制造业从产业链中获得的价值只占产品售价10%以下，90%甚至更高的价值来自产品设计、原料采购、物流运输、订单处理、批发经营、终端零售等环节。这些最能创造价值的环节主要掌握在产业链高端的西方发达国家手中。

美国高科技公司的产品价值分配情况如表4-1所示。

表 4-1　美国高科技公司的产品价值分配情况

价值 299 美元的 iPod	iPhone	iPad	HP notebook
无法测定的投入和直接劳动：36% 苹果公司：25% 分销和零售：25% 日本公司：9% 苹果以外的美国公司：2% 韩国公司：1% 中国台湾公司：1%	苹果公司：58.5% 原材料投入成本：21.9% 未识别利润：5.3% 韩国公司：4.7% 非中国劳动力成本：3.5% 苹果以外的美国公司：2.4% 中国劳动力成本：1.8% 欧盟公司：1.1% 日本公司：0.5% 中国台湾公司：0.5%	原材料投入成本：31% 苹果公司：30% 分销和零售：15% 韩国公司：7% 未识别利润：5% 非中国劳动力成本：5% 苹果以外的美国公司：2% 中国劳动力成本：2% 中国台湾公司：2% 日本公司：1%	产品成本：38% 惠普公司：28% 微软和英特尔公司：18% 日本公司：7% 其他供应商：5% 中国台湾和韩国公司：3% 其他美国公司：1%

资料来源：Jason Dedrick. "Who Profits from Innovation in Global Value Chains? iPhones and Windmills".

总之，从陷入"中等收入陷阱"的新兴经济体的教训来看，构建开放型经济是保证经济持续增长的重要条件，结合东亚出口导向经济体的发展经验来看，还应注意保证一定的产业自主性，以免落入"国际分工陷阱"。

第五节　国际经验的启示

第一，构建开放型经济需要以强大的生产能力、金融实力、创新能力及足够规模的国内外市场为基础。开放型经济环境中，微观主体面临的发展机会更多，需要应对的外部风险也更大。强大的生产能力、金融实力、创新能力和足够的市场容量不但能帮助本国微观主体更有效捕捉获利机会，也能支持其提升抵御风险的能力。英国和美国在全球推行开放经济政策，无不伴随着其生产能力和金融实力的扩张。法国和德国在推进开放型经济时特别注重出台鼓励研发与创新的政策。通过这些能力的建设，一国就可以在开放经济体系中获得更大的市场规模来鼓励分工、规避风险，实现技术进步和经济增长。可见，上述因素事关一国构建开放型经济的"底气"。

第二，构建开放型经济需要以完善、透明的法律体系和权威、高效的执法能力为保障。开放型经济体系的稳健性来源于法治环境的可靠性，经营实体在这样的环境中能够形成相对稳定的政策预期，产权能够得到有效的保护，不必因强势利益集团的机会主义行为而遭受掠夺或欺诈造成损失。正如英国和美国所做的那样，这要求政府厘理不利于经济开放性的法规，严格在法律允许及授权的范围内行动，为开放型经济确立坚实的法律保障。对市场主体是"法无禁止即可为"，对政府则是"法无授权不可为"和"法定职责必须为"。

第三，构建开放型经济还需要不同部门的充分动员与密切配合，形成一体化的战略决策、动员与执行机制。开放型经济涉及的范围十分广，不是少数部门、地区就可以完成的任务。不同地区、部门之间往往因为本位的利益，相互掣肘，影响了开放型经济体制的构建。从法国的经验看，一项战略决定之后，需要法律、行政、金融、信息等各方面的共同支持，才能把效果发挥到最好。而这需要顶层设计与分层对接环环相扣，决策、动员与执行各环节的密切配合。因此，一个跨区域、跨部门的高层协调机制是十分必要的。

第四，构建开放型经济需要保持足够的政策自由度，要为特定情势下的国内保护留足政策回旋空间。构建开放型经济并不意味着在一切情况下均无条件开放。事实上，任何国家都会根据不同发展时期的国家利益，适时调节开放的方向与力度。美国通过国内法案的制定和修订来调节，英国曾通过大量的双边支付和贸易协议来调节，法国通过行业或产业计划来调节，德国通过各种支持对外贸易投资的计划及与欧元区国家的政策协调来调节，其目的都是在特定情势下，避免本国产业遭受重大冲击，影响国内经济运行。

第五，对发展中及新兴经济体而言，构建开放型经济还应特别注意，不能牺牲经济社会发展的自主性，要避免落入"国际分工陷阱"。一方面，不能像巴西、阿根廷曾经做过的那样，完全搞"进口替代"，拒绝外源性的技术进步。另一方面，也要注意自主创新能力的培育，避免被绑定或锁定在发达国家生产与创新链条的低端环节，形成对发达国家过于稳定的依赖甚至依附性关系。

第六，对大国而言，构建开放型经济需要确立自己的核心价值观，并争取得到其他"志同道合"国家的接受，努力扩大这一阵营的范围与规模，增加核心价值观的普遍适用性。欧美发达国家一直推行新自由主义为核心的制度改革导向的发展观。其假定是，如果一个国家政治透明度低、经济管制程度高、金融自由化或深化不足，那么在这些国家进行投资的风险就很大，还可能会助长其国内的腐败等问题，所以应该先要求它开展制度改革，实现市场化、自由化等，而援助和投资应当与这些改革绑定，有改革就有援助，不按照要求执行，甚至要撤回援助，这个国家就会陷入困境。这种自上而下的开放模式，可能降低了援助者的风险，但是被援助国的风险就非常大。

中国倡导的基础设施导向的开放路径与此有很大不同。其假定是非常朴素的自下而上的"要想富，先修路"。路一通了，本地的劳动力、资源、资金等就能够通过基础设施互联互通接入全球市场，享受全球化带来的好处，一旦基层民众享受到了这些好处，观念也会随之逐渐发生变化，上升的欲望就会进一步要求制度上和观念上的开放与改革，推动整个国家更好地融入现代世界经济网络。

中国的理念如果得到更多国家实践的检验，无疑将扩大中国倡导的国际合作网络的范围。正如英国、美国经验所表明的那样，区域或跨区域的合作网络将为一国开放型经济体系的世界扩展提供强大的战略依托作用。

第七，货币国际化是大国构建开放型经济的重要内容。大国所提供的国际公共产品，通常兼具公益产品属性与公害产品属性。没有公益性，无法吸引其他国家参与合作；没有公害性，无法保证大国为中心的国际合作结构的相对稳定性。那些试图"搭便车"的国家随后会发现，它们可能是搭上了一辆快速狂奔中的战车，尽管不用花钱，但也无法轻易从车上跳下，强行跳下可能要承担极严重的后果。

国际货币就是典型的兼具公益性与公害性的公共产品。接受国使用国际货币可以便利地与任意第三国进行交易和结算，可以容易地储蓄国际公认的货币财富。但与此同时，接受国也被发行国征收着超长期的铸币税，同时，大量财富以国际货币的计价形式存在（如中国的外汇储备大量以美元资产的形式投资在美国国债等市场上），相当于接受国向发行国遣送了重要的"人质"，将自己的重大利益置于风险之中。尽管对接受国来说，这是一种有害或高风险的状态，但对发行国来说，这种"人质"又相当于得到了接受国的可置信保证，可以确信其至少在可预见的期间内不会颠覆现有的国际权力结构，从而有信心为权力结构提供更高质量的各类公益产品。鉴此，促进货币国际化将有助于一国所构建的开放型经济体系的稳定性，也有助于国际战略依托范围的形成。

第五章

构建中国开放型经济新战略

第一节　总体战略思路

一、战略背景：经济全球化呈现新趋势

近年来，特别是金融危机以来，国际上出现了去全球化（de-globalization）的声音。但是，从客观经济形势分析，经济全球化深化的总趋势没有改变。这种深化主要表现在全球贸易和投资的增长仍在继续，人员、资本、技术等生产要素的流动仍在加强。因此，党的十八届三中全会《中共中央关于全面深化改革若干重大问题的决定》（以下简称《决定》）提出，为适应经济全球化、进一步构建开放型经济新体制的新要求是适应世界经济形势发展客观要求的。

经济全球化的新趋势，主要包括以下三个方面：第一，推动全球化的驱动力正在发生改变。由于多边贸易体制受阻，多哈回合久拖不决，全球化的驱动力已经从多边和区域、双边的双轮驱动，逐渐演变为以区域、双边为主导的单轮驱动模式。虽然WTO多哈回合在2013年达成了"早期收获"，但是距离多哈回合的全面完成仍是杯水车薪。与之形成对比的是，全球范围内区域自由贸易区发展迅猛。根据WTO统计，截至2018年年初，正式生效的区域自由贸易协定465项，其中有241

项是危机爆发后 10 年间签订的。美国总统特朗普上台后，更是推行"美国优先"的策略，以双边、多边贸易谈判意图取代原有的 WTO 贸易规则。第二，世界经济格局出现重大变化。近年来，全球经济格局呈现出新兴经济体集体崛起的趋势。特别是金融危机后，不少发达国家经济复苏艰难，而新兴市场和发展中经济体成为拉动世界经济增长的重要力量。2009 年，G20 匹兹堡峰会宣布 G20 取代 G8 成为永久性国际经济协作组织，表明在全球治理平台上，发展中国家正扮演日益重要的角色。第三，是全球产业竞争态势发生深刻调整。金融危机后，发达国家纷纷采取"再工业化"政策，使得一些中高端制造业向发达国家回流；而新兴经济体出现了低端制造环节加速向低收入国家转移和转型升级的趋势。随着经济全球化引发的产业升级和经济结构的调整，世界各国竞争的重点领域从货物贸易逐步转向服务贸易。新能源、云计算、3D 制造等新技术也将成为世界各国参与国际竞争的主导方向。这种趋势使得发展中国家在制造业和服务业领域都面临与发达国家的激烈竞争。

二、战略转型：从"外向"到"开放"

改革开放以来，我国的对外开放战略经历了从"外向型经济"到"开放型经济"的阶段性转变，可以概括为以下三个主要阶段。

一是"外向型经济"的提出和推动阶段。党的十一届三中全会做出了实行改革开放的重大决策，我国从此开始迈出对外开放的步伐。1987 年党的十三大报告中指出，继续巩固和发展已初步形成的"经济特区—沿海开放城市—沿海经济开发区—内地"逐步推进的开放格局，着重发展外向型经济，积极开展同内地的横向经济联合，以充分发挥它们在对外开放中的基地和窗口作用。由此，我国对外开放范围由点到面逐步覆盖全国。

二是"开放型经济"的提出和发展阶段。党的十四大提出"对外开放的地域要扩大，形成多层次、多渠道、全方位开放的格局"。十四届三中全会提出"发展开放型经济，使国内经济与国际经济实现互接互补"。党的十五大报告再次做出强调，要求"完善全方位、多层次、宽领域的对外开放格局，发展开放型经济"。党的十六大报告在关于全面建设小康社会的目标中，提出建成"更具活力、更加开放的经济体系"，实施"走出去"战略，鼓励和支持有比较优势的各种所有制企业对外投资。党的十七大提出"拓展对外开放广度和深度，提高开放型经济水平"。

三是"开放型经济"的完善和深化阶段。党的十八大指出，要"全面提高开放型经济水平。适应经济全球化新形势，必须实行更加积极主动的开放战略，完善互利共赢、多元平衡、安全高效的开放型经济体系"。党的十八届三中全会《决定》更加全面深入地对开放型经济做出表述，提出为适应经济全球化、进一步构建开放型经济新体制的新要求。其核心第一是对内对外开放相互促进，第二是"引进来"和"走出去"更好结合，从而促进国际国内要素有序自由流动、资源高效配置、市场深度融合，加快培育参与和引领国际经济合作竞争新优势，以开放促改革。党的十九大提出"主动参与和推动经济全球化进程，发展更高层次的开放型经济，推动形成全面开放新格局"。

三、战略目标：开放与改革相互促进

党的十八届三中全会《决定》明确提出了为适应经济全球化、进一步构建开放型经济新体制的新要求。为此，需要进一步明确我国对外开放的战略目标，主要包括以下几个方面。

（一）促进国际国内要素有序自由流动、资源高效配置和市场深度融合

我国在对外开放进程中已经取得了显著的成绩。我国加入 WTO 以来，承诺货物、服务等相关领域的开放，降低关税和非关税壁垒。从货物贸易的角度讲，我国已经广泛融入世界市场，但是在服务业领域，我国的开放程度仍较低，在资本、人力、技术等要素的流动还存在障碍。在新的开放条件下，需要促进国际国内两个市场的深度融合，让市场发挥决定性作用，在全球范围内整合资源，实现国内外资源的优化配置。这一战略目标重点从以下几个方面体现，一是加快各地自由贸易试验区的建设，积累可复制、可推广的经验，并支持有条件的地方发展自由贸易园（港）区，形成辐射和带动效应。二是放宽投资准入，提高利用外资综合效益，统一内外资法律法规，为企业提供稳定、透明、可预期的政策环境，清除国内市场壁垒，打

破垄断，建立统一、高效、竞争有序的国内市场机制。三是加快企业"走出去"的步伐，增强全球价值链整合与国际化经营能力。四是扩大内陆沿边开放，形成内陆、沿边、沿海全方位立体化的对外开放新格局。

（二）加快培育参与和引领国际经济合作竞争新优势

当前，全球经济正面临深度调整，我国面临的外部环境日趋复杂，竞争日趋激烈，为了应对新的挑战，需要我国在重点领域和关键环节加快培育参与和引领国际经济合作竞争的新优势。一是市场和营商环境的新优势。市场和营商环境作为参与国际经济竞争合作的基础保障，是一国经济软实力的重要体现。为培育这一领域的新优势，需要统一内外资法律法规，进一步开放市场准入，完善市场监管，使市场规则更加公开透明。二是国际化经营的新优势。在对外贸易方面，从单纯的成本优势向核心竞争优势转化，从传统的货物贸易向服务贸易的加快发展转化。在对外投资方面，确立企业的对外投资主体地位，支持有条件的企业跨国经营，在审批、融资等环节为企业提供更大便利。在国际经济合作领域，规范市场竞争秩序，加强项目管理能力，在对外工程承包、对外劳务合作中树立良好的国际形象。三是产业竞争新优势。提高创新能力是占据未来全球产业制高点，参与和引领全球产业竞争的关键。战略性新兴产业国际化发展是我国当前重要的创新驱动力量。为此，要在高端装备制造、新一代信息技术、生物、新能源、新材料、绿色节能环保等产业为重点，加快形成我国的支柱性创新产业。四是国际规则和标准制定的新优势。当前，我国虽然在全球治理的平台上发挥了更大作用，但是作为现行国际经贸规则接受者的角色没有根本改变。面对新一轮国际贸易投资规则的制定，我国需要加快环境保护、投资保护、政府采购、电子商务等新议题的研究和谈判，加快自由贸易试验区的探索，推动相关体制的全面改革，形成对高标准国际规则的适应能力，增强我国在国际经贸规则和标准制定中的话语权。

（三）以改革促开放

从党的十一届三中全会以来，我国的改革开放进程已经历时40余年。在实践的检验中可以得出，改革和开放是中国发展的两大根本动力，两者相互促进，不可分割。首先，改革为开放创造体制基础和内在条件，而开放则为改革提供经验借鉴和活力源泉。没有改革，开放是无源之本；没有开放，改革则行而不远。当前，我国的发展处于转型期和换挡期，改革已进入攻坚期和深水区，面对深层次的矛盾和发展瓶颈，需要通过更高水平的对外开放，进一步促进国内体制改革，为我国经济长远发展再造一个开放红利期。其次，大部分的改革任务是可以通过开放加以促进的。比如，国家治理体系和治理能力现代化，市场在资源配置中的基础性作用，政府职能转变，国内投资体制改革，公平竞争和国企改革，法治建设，农业、服务业及相关产业改革、社会管理制度与社会和谐，以及生态文明建设等。最后，要发挥好改革与开放的相互促进作用。通过二者之间的相互促进，实现从接受国际规则的被动开放到自身发展需要的主动开放的转变，从与 WTO 承诺相关的局部改革到顶层设计下的全局改革的转变。

四、战略路径：内外同步，进出结合

在新形势下，我国对外开放具有新的特点，因此需要在开放战略上有所创新。21 世纪初，加入 WTO 大大加快了中国融入世界经济的步伐，为中国经济带来了十几年的强劲增长。但是，原有开放红利的边际效益正在递减，促使我国对外开放的思路做出调整，从入世时所有领域的开放和单向开放，过渡到今后重点领域的开放和双向开放。对内对外开放相互促进，"引进来"和"走出去"更好地结合是这一思路的核心。

这一核心战略思路主要体现在新时期对外开放的三个重点领域。一是放宽投资准入。我国一直以来实行的逐案审批和产业指导目录，以及内外资法律有别的外资管理方式，虽然有较强的导向性，但是审批环节的烦琐和政策的不可预期等大大增加了行政成本和营商成本。因此，需要创新外资管理体制。上海自贸区采取"准入前国民待遇"和"负面清单"的管理方式，使内外资企业享受同等待遇，将"事前审批"转向"事中事后监管"。这种管理方式有利于维持政策的稳定、透明和可预期，为企业创造良好的营商环境，这也是我国外商管理体制整体改革的方向。我国目前已经跻身对外投资大国行列，但是我国对外投资管理体制还相对滞后，企业走

出去面临审批、外汇管理、金融服务、货物和人员流动等多方面问题。加快实施走出去战略,关键是确立企业及个人对外投资的主体地位,以"谁投资谁负责"的原则,"允许企业和个人发挥自身优势到境外开展投资合作,允许自担风险到各国各地区自由承揽工程和劳务合作项目,允许创新方式走出去开展绿地投资、并购投资、证券投资、联合投资等"。二是加快自由贸易区建设。在加快推进自由贸易区建设的空间布局方面,确立以周边作为基础,建设高标准的自贸区;在自贸区谈判议题方面,既解决贸易便利化等传统议题,也要参与环境、投资等新议题的谈判;同时,在已有运行机制的基础上,扩大与港澳台地区的开放合作。三是扩大内陆沿边开放。需要把握全球产业重新布局的机遇,以贸易、投资、技术创新协调发展为主要目标,形成全方位开放新格局。在内陆开放方面,通过加工贸易集群发展解决产业布局问题,货运通道对外走廊解决贸易运输问题,通关协作口岸互认解决出口问题。在沿边开放方面,通过对人员、物流等采取特殊方式和政策,建设开发性金融机构以及加快基础设施互联互通建设等,推进"一带一路"建设。

在对外开放的同时,也需要更加强调对内开放的作用。通过对内对外开放相互促进,形成更加完善的市场机制和开放公平竞争的格局。此外,在对外开放的同时,需要维护国家经济安全,包括基本政治和法律制度、意识形态与文化、网络信息、金融以及粮食等国家重点和敏感领域的安全。从根本上讲,关键是在对外开放的竞争环境中提高自身实力,提高适应全球环境变化的能力,从而更好地维护国家经济安全。

五、战略布局:主动出击,多方突破

在上述战略思路和战略目标的指导下,构建我国开放型经济体主要从自贸区建设和推广、企业"走出去"、投资协定商签、自贸区建设及内陆沿边开放等方面进行战略布局,以落实好党的十八届三中全会《决定》所提出的要求。

(一)由上海自贸区向第二、第三批自贸区扩展,探索建立自由贸易港

中国(上海)自由贸易试验区,简称上海自由贸易区或上海自贸区,于2013年

9月29日正式挂牌。它是我国进一步融入经济全球化的重要载体,它的目标是建设成具有国际水准的投资贸易便利、货币兑换自由、监管高效便捷、法制环境规范的自由贸易试验区,为我国对外开放和深化改革探索出新思路和新途径。

1. 上海自贸区开放新途径

上海自贸区对我国对外开放新途径的探索主要体现在以下两个方面。一是"准入前国民待遇和负面清单"的管理办法。目前,"准入前国民待遇和负面清单"已经成为国际通行的方式,上海自贸区作为我国对外开放先行先试的窗口,实施这一管理办法,是对外商投资管理体制的实质性改革。在"负面清单"以外,外商投资项目核准和企业合同章程审批全部采取备案制。这种管理模式的目的是创造公平、稳定、透明、便利的市场环境,在对其实际运行效果评估的基础上,修订"外资三法",建立既符合国际通行方式,又适应我国国情的外资准入制度,也为我国参与高标准的国际贸易投资协定提供经验。已经出台的2013年版负面清单,包含190项特别措施,其中使用"禁止"字样的有38条,"限制"字样的有74条。这份"负面清单"作为第一次尝试,还存在一些问题,一是"负面清单"比较长,二是"负面清单"的透明度还不够。2014年版的"负面清单"需要在这两个方面予以改进。

二是事中和事后监管。在监管体制方面,我国一直以来以行政监管为主体,分业监管、多头监管、交叉监管,而且存在重事前审批、轻事后监管的问题,造成市场资源配置效率较低。因此,市场化监管改革势在必行。目前,上海自贸区正在建立事中事后的监管制度,具体包括:安全审查和反垄断审查机制、企业年报的公示制度、企业信用管理体系、综合执法体系及部门之间对于监管信息的共享机制。除了对被监管对象进行监管以外,监管者本身的监管也需要纳入监管制度框架。具体监管内容包括监管者所依据的规章的合理性、成本和社会收益的匹配度等。此外,还需引入监管评估对可能出现的不当监管和过度监管进行监督。

2. 上海自贸区对外开放的重点领域

上海自贸区将开放的重点领域放在服务业上。2013年,上海自贸区主要对金融服务、航运服务、商贸服务、专业服务、文化服务及社会服务六大领域实施开放,共采取了23条开放措施,暂停或取消其有关准入限制。以上措施,除了有限牌照银行等之外,目前都已基本落地。2014年,结合新版的"负面清单",上海自贸区将进一步开放育幼养老、建筑设计、会计审计、商贸物流、电子商务、检测检验认证、影视出版等服务业领域,对海洋工程装备、航空航天制造、新能源等新兴制造领域也将推出对外资准入的新政策。其中,金融改革是自贸区开放创新的重中之重。金融改革重点需要落实以下五个方面:建立分账核算的自由贸易账户体系,推动投融资的汇兑便利,扩大人民币的跨境使用,推动利率市场化的试点及推动外汇管理改革。人民银行上海总部和外汇管理局上海分局又先后出台一系列有关金融开放的细则,主要包括人民币跨境使用便利化、利率市场化和深化外汇管理改革三项内容。

3. 上海自贸区经验在天津、广东和福建等地的复制推广

党的十八届三中全会《决定》指出,在推进现有试点基础上,选择若干具备条件的地方发展自由贸易园(港)区。2014年政府工作报告提出,要建设好、管理好中国(上海)自由贸易试验区,形成可复制、可推广的体制机制,并开展若干新的试点。所谓"可复制、可推广",是指国际通行做法,如自贸区货物贸易监管模式采取"境内关外"的做法;采取负面清单制度,使外资和民营资本获得更大的投资便利;在政府管理职能上,从事前审批转为事后监管等。

2014年上海自贸区建设的工作安排分为七个方面,共涉及42项重点任务。其中,属于可复制和推广方面的有4项,具体内容包括投资管理制度创新、政府管理方式创新、贸易监管制度创新、功能拓展试点四个领域经验的复制推广。首批在全国可复制可推广的试点成果在2014年下半年形成。具体来讲,在推广投资管理制度创新方面,重点对"负面清单"的管理模式、境外投资备案管理制度、外商投资企业设立和变更"一口受理"和综合办理等制度和操作方法进行总结,形成可复制、可推广的经验;在推广政府管理方式创新方面,主要是对联合监管和协同服务、综合执法、社会信用制度等进行总结、复制和推广;在推广贸易监管制度创新方面,要对"一线放开、二线安全高效管住、区内自由"的做法进行总结,形成可复制、可推广的监管制度、规范和操作办法;在推广功能拓展试点经验方面,要在总结贸易、金融、航运等领域比较成熟的功能拓展试点经验和做法基础上进行复制和推广。

我国第二批设立了广东、天津、福建三个自贸区(2015年4月),第三批设立了

辽宁、浙江、河南、湖北、重庆、四川、陕西7个自贸区（2017年3月），2018年10月，海南全岛被设为自贸区。

（二）推动中国企业"走出去"

近年来，我国企业对外投资的规模不断扩大，在"走出去"方面取得了显著的成绩。党的十八届三中全会《决定》中提出要"扩大企业及个人对外投资"，为此需要进一步加大力度推动中国企业"走出去"。

1. 中国企业"走出去"战略布局

中国企业对外投资的战略布局主要体现在以下五个方面。

第一，中国企业"走出去"的主体布局。首先要明确企业是实施"走出去"的主体。《决定》提出要"确立企业及个人对外投资主体地位"。从主体的性质上看，中国最初进行对外投资的主要是国有企业，而随着中国经济体制改革过程中各种所有制形式的均衡发展，民营企业越来越多地参与到海外投资中。随着民营经济的不断发展壮大，国有企业在对外投资存量中占比减少，民营企业成为"走出去"的主体已成趋势。在投资主体布局上，继续推动国有企业对外投资的同时，需要进一步加大对民营企业"走出去"的政策和资金支持，减少民营企业"走出去"的障碍。为其在境外开展新建投资、并购投资、证券投资、联合投资以及工程和劳务合作等创造条件。从主体的区域分布来看，目前我国中西部地区企业"走出去"的数量规模依然与东部沿海地区差距较大，需要进一步加大对中西部企业对外投资的支持力度，促进区域平衡发展。

第二，中国企业"走出去"的空间布局。我国的对外投资区域不断扩大，对外投资遍布亚洲、欧洲、拉丁美洲、北美洲、非洲和大洋洲等地区，投资市场呈现多元化的方向发展。截至2017年年底，中国企业共在全球189个国家和地区设立了境外企业，覆盖率为81.1%。但是，我国对外直接投资仍然以亚洲为主，2017年，中国对亚洲的投资占投资流量总额的69.5%。截至2017年年底，中国在亚洲地区设立的境外企业数量超过2.2万家，占56.3%。新形势下，我国企业对外直接投资在巩固已有市场的基础上，需要进一步扩展海外市场，尤其是要夯实中国与拉美、非洲等地区的合作基础，不断拓展与发展中国家的投资合作，实现"走出去"的多元化布局。

第三，中国企业"走出去"的行业布局。我国境外企业的行业分布广泛，但是比例较为集中。截至 2017 年年底，批发和零售业、制造业的境外企业数量均超过 8000 家，分别占到境外企业总数的 28.4% 和 20.5%，合计将近 50%。新形势下，我国企业需要在服务业领域加快"走出去"的步伐。对具有较强竞争力和经营管理能力的服务贸易企业，需要鼓励和引导其开展境外投资，推动商业存在模式的发展，获取境外营销网络和品牌专利。在建筑、运输、分销等行业领域，重点支持企业在发展中国家进行直接投资和本地化经营。在金融、教育、文化艺术、广播影视、新闻出版和旅游等领域，根据各国市场特点有重点地推动海外业务。对动漫、网络游戏等新兴产业，加大对企业"走出去"的扶持力度。对中医药、中餐等中国特色产业，充分利用"老字号"的品牌效应向海外拓展。在为企业"走出去"提供高端咨询服务方面，加快推动建立本土的中介机构和信用评级机构。此外，在企业实现国际化经营的同时，推动中国技术和标准"走出去"。

第四，中国企业"走出去"的方式布局。从投资方式上来说，跨国并购已成为中国企业对外直接投资的重要方式。2017 年，中国企业共实施对外投资并购项目 431 起，实际交易金额 1196.2 亿美元，对外投资并购依旧活跃。在新的开放条件下，我国企业"走出去"战略，需要采取更加多元化的投资方式，包括绿地投资、并购投资、证券投资、联合投资及对外工程承包和劳务合作等，实现实体企业、金融机构、人民币、资本、营销网络和渠道等全方位的"走出去"。在股权投资上，在加大投资力度的同时，要注意参股行为作为一种中长期战略投资，需要形成深度合作而非短期炒作。同时，与其他国家的合作建立境外合作区，从而更好地发挥集群效应。

第五，中国企业"走出去"的产业链布局。我国企业"走出去"能够更好地融入全球价值链中，并且在价值链分工体系中提升我国的地位。一是我国企业"走出去"可以发展境外加工贸易体系。长期以来，加工贸易占据我国贸易方式很大比重，而随着我国劳动力成本上升，把我国境内的国际工序分工从组装环节为主，升级为价值链前端附加值较高的环节,而将国际分工的低端环节通过企业"走出去"战略扩展延伸到境外,形成中国企业主导的加工贸易生产体系。二是通过企业"走出去"实现价值链的攀升。我国企业"走出去"可以吸收国外先进技术和研发资源,提高附加值较高中间产品的生产能力,带动我国提升全球价值链中的地位。

2. 我国企业"走出去"应注意的问题

第一,防范"走出去"带来的风险。要抵御和防范"走出去"的开放风险。在宏观上,企业"走出去"会面临包括全球金融、汇率、大宗商品价格风险在内的风险。其中,人民币汇率弹性化、资本项目开放、金融和资本市场开放等国内调整可能带来不可预见性风险,需要防范和化解。在微观上,企业"走出去"需要增强风险管理能力,包括绿地投资和跨国并购过程中出现的投资风险、市场风险和环境风险。发达国家对涉及关键技术和敏感行业领域的海外并购,要求进行申报或主动审查,主要包括国家安全审查、特定行业限制、技术禁运和反垄断审查。特别是美国等发达国家对国有企业并购的特别限制,对我国影响较大。此外,中国企业"走出去"还面临着国际上"中国威胁论"等的非经济风险,需要发展企业的"软实力"消除这些影响。

第二,增强知识产权保护意识。近年来,我国企业在"走出去"过程中遭遇的知识产权纠纷呈增加趋势,而且规模更大和涉及范围越来越广。这是由于利用知识产权来遏制竞争对手,越来越受到发达国家的重视,成为巩固其在创新领域优势的常用做法。而随着新兴市场国家经济实力的不断增强,在法律和技术领域的多边和双边合作更加紧密,全球知识产权领域的格局也在发生变化。近年来,中国在国际知识产权合作中发挥日益重要的作用。我国企业"走出去"过程中,需要进一步增强知识产权意识,加强对知识产权的开发、运用和保护,在复杂的国际环境中把握竞争的主动权。

第三,重视履行社会责任。随着我国企业"走出去"与当地的交往融合增加,社会责任问题越来越成为企业国际化进程中不可忽视的问题。要引导企业推进属地化、本土化经营,需要企业在以下几个方面加强履行社会责任。一是参与能有助于改善当地民生的公益事业。企业在国际化经营的同时,可以结合自己的能力范围,帮助改善当地的基础设施、教育、医疗等方面的落后状况。由此，使东道国也受益于中国企业"走出去"的成果，有助于中国企业在东道国进一步拓展商业机会。二是重视对当地环境的保护和资源的节约。企业在"走出去"的项目建设和经营活动中，需要科学设计、合理施工，并通过有效管理实现节能减排，将环境污染程度努力降至最低。三是推进属地化经营，与当地企业共同发展。"走出去"企业需要与当地企业更密切地合作，通过原材料当地采购、员工当地雇佣的方式增加与当地企业的利益共同点，在为对方提供机会的同时实现共赢发展。四是注重对当地员工的权益保障。我国企业在"走出去"过程中，需要对当地员工采取同工同酬的原则，维护他们的合法权益，并通过培训提高他们的专业技能。

第四，处理好与世界其他主要大国的合作竞争关系。近年来，新兴经济体出现集体崛起，随着我国经济实力和国际地位的提高，美欧等发达经济体对华策略也在调整，如要求中国承担全球经济再平衡更大的调整任务，承担更多的国际责任等，这些都使中国与世界主要发达国家之间的战略竞争加剧。而金融危机后出现的区域经济合作的新趋势，发达国家主导的TPP、TTIP、TISA、BIT等高标准的国际贸易投资协定的谈判，也增加了我国企业"走出去"战略的不确定性。同时，我国在优化投资环境的同时，也应该对等地要求其他国家开放市场，解除对中国企业"走出去"的限制。

（三）加快与有关国家商签投资协定

党的十八届三中全会《决定》要求，"加快同有关国家和地区商签投资协定"，明确了中美、中欧双边投资协定谈判在新一轮改革的地位和作用。中美投资协定谈判于2008年正式启动。2013年第五轮中美战略与经济对话中，中国同意以"准入前国民待遇和负面清单"为基础与美国进行投资协定谈判。2013年10月，中美举行第10轮双边投资协定谈判，标志着中美两国已经进入双边投资协定的实质性谈判阶段。2014年1月中美双边投资协定第11轮谈判启动文本性实质谈判，3月进行了第12轮谈判。中欧投资协定谈判自2013年11月21日中欧领导人第16次会晤时正式启动，截至2018年年底双方共举行了19轮磋商，12次会间会。2018年7月，在第

20次中欧领导人会晤期间，中欧双方正式交换了清单出价，标志着谈判进入了一个新的阶段。为加快我国与有关国家商签投资协定，需要明确战略布局，稳步推进。

1. 抓住参与国际贸易投资规则制定的机遇

作为现行国际贸易投资规则的接受者，国际规则对中国来说是既定的外部条件。中国在过去的对外开放和对内改革过程中，所做的工作主要是适应国际规则，参与国际经济活动，从而融入全球化的发展中。我们所能发挥的空间是如何利用现有规则使我们在全球经济竞争合作中获得尽可能大的收益，并规避风险。

当前，国际上出现了新一轮国际贸易投资规则的重塑。在投资领域尚无国际多边规则，在目前以双边区域协定为主的形势下，双边投资协定（BIT）的达成对国际多边投资规则的形成至关重要，这对中国来说是一次改变国际经济规则中被动地位的机会。中美、中欧投资协定是中国与美欧发达国家直接进行的高标准协定谈判，作为平衡发展中国家和发达国家利益诉求的高标准协定，一旦达成，将为全球贸易投资治理格局未来发展确定基础，也成为中国发挥国际投资规则制定中的实力的重要机遇。中美、中欧投资协定，也是当今发达国家代表和新兴经济体代表在全球治理领域的直接博弈，谈判结果将关系到中国乃至新兴经济体在全球治理中的地位。

2. 与美欧主导的自由贸易协定谈判整体布局

在加快双边投资协定谈判进程的战略布局中，需要首先认识到谈判的意义。中美、中欧 BIT 谈判不仅仅关系到两国之间的投资领域的准入和保护问题，而且在贸易投资日趋融合的背景下，BIT 与当前正在进行的重大经贸谈判均有密切关系。对于加快与有关国家商签投资协定，不能孤立地进行战略布局，而是要结合当前重大经贸谈判一起做通盘考虑，使得我国在整体利益上最大化。

第一，BIT 谈判需要与 TPP、TTIP、TISA 等经贸谈判通盘考虑。由于美国在其主导的自贸区谈判的投资条款中，基本以其 BIT2012 年版本为参照依据，中国需要密切关注美国主导的自贸区谈判的进展。由于各方分歧的存在，为使协议尽早达成，美国可能较难坚持原有的标准，而中国也可以寻求在中美 BIT 谈判中可能存在的灵活空间。同样，服务贸易谈判与投资协定谈判的进展也会相互影响，因为 TISA 谈判难度最大的领域多集中在投资上，即"商业存在"领域。

第二,"准入前国民待遇和负面清单"对中国的谈判模式和底线影响深远。中国同意以"准入前国民待遇和负面清单"为基础与美国进行谈判,使中美 BIT 进入实质性谈判阶段。这一高标准的模式将对中国在其他贸易投资协定谈判中的模式和底线产生重大影响。比如,在中日韩自贸区谈判中,中国接受以负面清单模式和准入前国民待遇模式的可能性大大增加。在中欧双边投资协定中,双发也基本会采取这一谈判模式。中国已经提出加入服务贸易协定 TISA 的谈判,那么既然在中美投资协定中接受了负面清单模式,则没有理由再拒绝这种谈判模式。

第三,适当利用美欧两国与中国签署 BIT 的竞争性。美欧都希望尽快打开中国市场,使中国放开投资准入,在双边投资协定的谈判中存在一定的竞争效应,那么中国在与二者的谈判中,也可以对此加以利用。

3. 重点解决谈判中双方要价的关键问题

由于中美投资协定进入实质文本谈判阶段,而中欧投资协定尚处于初步阶段,以下重点分析中美投资协定谈判的相关问题。

中美双边投资协定始于 20 世纪 80 年代,但此后经历了长时期的停滞。直到 2008 年第四次中美战略经济对话期间,中美双方才正式宣布重新启动谈判,但谈判始终未取得实质性突破。奥巴马政府于 2012 年 4 月公布了新修订的双边投资协定范本,取代了 2004 年的版本。中美投资协定将基于这一新范本进行,新的范本仍然保留了以"国民待遇和负面清单"为核心的内容,并对劳工权利、环境、透明度、国有企业等议题做了新的规定。美国以 BIT2012 年版本作为模本与中国进行谈判,表明美国能够妥协的余地不大,使中国限于较为被动的地位。从这一范本和中国现有投资制度比较,双方在核心条款上存在较大分歧,谈判将是一个艰难的过程。我国在谈判中需要确定负面清单的内容和措施,核心议题的要价,并注意带来的风险。

第一,确定负面清单的内容和措施。双边投资协定的负面清单属于国际法,一旦确立不能单方面改变,这一点与上海自贸区的负面清单性质是不同的,因此对其行业列表和措施列表都需要谨慎制定。负面清单的模式表明,只要未列在其中的行业都对外资准入不设限制。需要特别注意的是行业列表的前瞻性,对有些尚未出现的行业,或者在美国已经出现而中国尚未出现的行业,需要做出特别说明和规定,防止将来陷入被动局面。措施列表包括国民待遇、最惠国待遇、业绩要求、高管要求等方面现存的不符措施。美国与其缔约另一方的"措施列表"往往将现存不符措施进行详细说明，而国际上其他国家的做法并不完全相同。因此，我国在与美方谈判时需要根据我国国情，争取有利方式。

第二，审慎对待双方要价，防范风险。一是在"投资"的定义方面，美版的投资协定采用极为宽泛的界定，不仅包括直接投资，而且包括股份、债券，甚至期权和期货等金融衍生品。此外，美国 BIT 2012 年范本在第七条中，对投资的自由转移做出了相当高的要求。在金融服务条款中，还规定协议一方不能以货币和信贷政策、汇率政策及宏观审慎管理的理由阻止资本自由转移。这些条款中隐含的金融开放风险，需要格外注意。因此，对尚未实行资本项目自由兑换的我国，需要在双边投资协定中明确投资的定义，使其在我国金融开放的进程与投资协定之间取得平衡，同时保留临时资本管制的权利。二是在新议题方面，美国在 BIT 2012 年范本中包含国有企业、知识产权、劳动保护、金融服务、环境等议题，而中国目前已经签署的 BIT 中尚无以上内容。为此，我国需要在上海自贸区加快试验，为谈判要价提供依据。三是在国家安全审查方面，中国企业投资美国很多受到美国国家安全审查的阻碍，而美国 BIT 2012 年范本中涉及国家安全的第十八条规定：缔约方有权采取"其认为必要的措施"来维护和平和安全利益，什么样的措施是必要的则由采取措施一方自己决定。这意味着以此范本达成的中美投资协定并不能约束美国的安全审查制度，中国在与之谈判过程中需要防止美国将滥用安全审查纳入协定。

（四）加快自贸区建设

党的十八届三中全会《决定》提出，加快自由贸易区建设。坚持世界贸易体制规则，坚持双边、多边、区域次区域开放合作，扩大同各国、各地区利益汇合点，以周边为基础加快实施自由贸易区战略。改革市场准入、海关监管、检验检疫等管理体制，加快环境保护、投资保护、政府采购、电子商务等新议题谈判，形成面向全球的高标准自由贸易区网络。扩大对我国香港特别行政区、澳门特别行政区和台湾地区的开放合作。

目前，我国已经与东盟、新加坡、巴基斯坦、新西兰、智利、秘鲁、哥斯达黎加、冰岛和瑞士签订自贸协定，签订内地与香港、澳门的更紧密经贸关系安排，以及大陆与台湾的海峡两岸经济合作框架协议。正在谈判的自贸协定包括与韩国、海湾合作委员会、澳大利亚和挪威的自贸谈判、中日韩自贸区及《区域全面经济合作伙伴关系协定》（RCEP）等。我国已初步构建起横跨东西的周边自贸平台和辐射各洲的全球自贸网络。今后，需要在《决定》的指导之下，明确战略布局，加快推进自贸区建设。

1. 以周边为基础的自贸区战略布局

周边地区是我国推进自贸区建设战略的基础。通过高水平和宽领域的自贸区的建设，为实现全球范围高标准自贸区网络的目标打下基础。目前，在周边地区开展的自贸区建设主要有中国—东盟自贸区升级版、中韩自贸区、中日韩自贸区及区域全面经济伙伴关系。

第一，打造中国—东盟自贸区升级版。中国—东盟自贸区自2010年宣布正式成立以来，为中国与东盟经贸往来发挥了重要促进作用。但是，目前中国—东盟自贸区协议中的很多内容已经滞后于形势的发展，区内贸易的自由化程度和便利化程度还相对较低。为此，在中国东盟战略合作伙伴关系不断加强的背景下，打造中国—东盟自贸区升级版是中国与东盟实现合作共赢的需要。自贸区"升级"包括双方货物贸易关税水平的进一步降低，货物种类范围的不断扩大，服务贸易市场准入条件的放宽，投资的"准入前国民待遇和负面清单"管理模式的逐步实现等方面。推进中国—东盟自贸区升级版的重点领域，一是贸易投资便利化。包括加强融资渠道建设；建立中国与东盟经贸合作的信息平台；改善投资环境；扩大双边本币互换的规模和范围，增加跨境贸易本币结算试点。二是加强基础设施互联互通和人员的自由流动。包括我国提出的建立亚洲基础设施投资银行的建议，用以解决基础设施建设的资金需求问题；进一步消除障碍，便利人员往来。

第二，推动中韩自贸区向更高级发展。目前，中国已成为韩国最大贸易伙伴国、第一大出口对象国和第一大进口来源国；韩国已成为中国第一大进口来源国和最重要投资来源国之一。韩国海关统计数据显示，2018年中韩双边贸易额达到2686.4亿美元，其中韩国对中国出口额为1621.6亿美元，自中国进口额为1064.8亿美元。中韩自贸区谈判由此成为目前中国对外正在进行的自贸区谈判中覆盖领域最广、涉及贸易额最大的自贸区。2012年5月，中韩自贸区协定的谈判正式启动。2014年11月，中韩自贸区结束实质性谈判。2015年6月，两国正式签署中韩自贸协定。2017年12月，中韩两国签署了《关于启动中韩自贸协定第二阶段谈判的谅解备忘录》，中韩自贸协定第二阶段谈判正式启动。中韩自贸协定第二阶段谈判是我国在自由贸易协定中首次使用负面清单方式开展服务贸易和投资谈判。双方将积极推进第二阶段谈判，为两国企业营造更加自由和便利的服务贸易和投资环境，共同发出坚定维护自由贸易的强烈信号。

第三，加速推进中日韩自贸区谈判。中日韩自由贸易区这一设想2002年在中日韩三国领导人峰会上正式提出。设想中，中日韩自由贸易区是一个由人口超过15亿人的大市场构成的三国自由贸易区。自由贸易区内关税和其他贸易限制将被取消，商品等物资流动更加顺畅，区内厂商往往可以降低生产成本，获得更大市场和收益，消费者从中获益，中日韩三国的整体经济福利都会有所增加。2012年11月20日，在柬埔寨金边召开的东亚领导人系列会议期间，中日韩三国经贸部长举行会晤，宣布启动中日韩自贸区谈判。2013年3月，中日韩自贸区第一轮谈判在韩国首尔举行。谈判已经历时6年，迄今几经波折。2017年5月第七次中日韩领导人会议发表联合宣言，重申将进一步加速中日韩自贸区谈判，力争达成全面、高水平、互惠且具有自身价值的自贸协定。2018年12月7日，在北京举行的中日韩自贸区第14轮谈判首席谈判代表会议上，谈判取得了实质性进展，中日韩三方商定将自下一轮谈判起恢复工作组会议，就货物贸易、服务贸易、投资等议题展开实质性磋商。

第四，推动"区域全面经济伙伴关系协定"（RCEP）谈判。2012年11月，东盟十国与中国、日本、韩国、印度、澳大利亚、新西兰的领导人共同宣布正式启动"区域全面经济伙伴关系协定"谈判，目标是达成一个现代、全面、高质量和互惠的经济伙伴关系协定。根据《RCEP谈判指导原则和目标》，谈判领域包括货物贸易、服务贸易、投资、经济技术合作、知识产权、竞争政策、争端解决机制等方面。该指导原则和目标还明确了"承认参与国家个体差异和所处不同环境"，并且"考虑到参与国家不同的发展水平，RCEP 将包含一些适当的灵活形式，包括为最不发达的东盟成员国提供特殊和差别待遇，并为之附加额外的灵活性"。也因为如此，RCEP 是否能够达成预期的高标准自贸区具有一定的不确定性。RCEP 有助于推动亚洲一体化进程，推进其尽快达成符合中国以周边为基础的发展战略。RCEP 为中国提供了推动区域合作以及应对美国主导的 TPP 谈判的新平台。截至目前，已举行 1 次领导人会议、10 次经贸部长会议及 22 轮谈判。2018 年 4~5 月，RCEP 第 22 轮谈判在新加坡举行。

第五，推动"亚太自贸区"（FTAAP）建设。早在 2010 年 11 月日本横滨 APEC 峰会上，与会代表提出在 APEC 各成员之间 43 项双边及小型自由贸易协定的基础上建立自由贸易区，并明确提出建立 FTAAP 的多种途径。2014 年 5 月，在山东青岛举行的 APEC 贸易部长会议上，中方主张建立自贸区信息交流机制、探讨制订实现 FTAAP 的路径和方式并尽快开展 FTAAP 的官方可行性研究。2014 年 8 月，在北京举行的 2014 年 APEC 第三次高官会深入讨论了 FTAAP 的路线图，并在启动 FTAAP 进程方面取得重要进展和共识。2014 年 11 月，以"共建面向未来的亚太伙伴关系"为主题的亚太经济合作组织（APEC）第二十二次领导人非正式会议在北京举行，与会领导人就启动 FTAAP 进程达成共识。2016 年 APEC 利马峰会上，各会员国签署了《亚太自由贸易区利马宣言》。FTAAP 的目标是逐步将 APEC 整体推进到一个大型自由贸易区，从而形成经济一体化组织。FTAAP 不仅有利于深化亚太区域合作，也有利于为中国的开放型经济创造良好的外部环境。

2. 形成面向全球的高标准自由贸易区网络

当前，TPP、TTIP 等发达国家主导的自贸区谈判正在进行。这些自贸区谈判的一个重要特征是旨在建立高于现有 WTO 规则的高标准自贸区。协议一旦达成，将会重塑国际贸易规则体系。我国对这些自贸区谈判持开放态度，同时，也应该看到发达国家主导的自贸区谈判对我国推进自贸区战略产生的影响，如美国主导的 TPP 谈判对亚洲区域经济一体化形成一定的阻碍；在目前中国不参与谈判的情况下，新的国际贸易规则的制定会使我国陷于被动接受的局面。

为了更好地参与高标准自贸区协议的谈判，在新一轮国际贸易规则的制定中发挥更大话语权，我国需要加快包括环境保护、投资保护、政府采购、电子商务等在内的新议题的谈判。2018年《政府工作报告》中指出，中国坚定不移推进经济全球化，维护自由贸易，愿同有关方推动多边贸易谈判进程，早日结束区域全面经济伙伴关系协定谈判，加快亚太自贸区和东亚经济共同体建设。在环境保护问题上，一是要对自贸协定开展环境评估，包括贸易变化和规则变化对环境的影响等；二是参与自贸区联合可行性研究，开展包括是否设单独环境章节、是否包含环境相关内容等的环境影响评价；三是建立自贸协定环保示范园；四是加强自贸协定环境议题谈判的组织领导及保障机制建设。在投资保护方面，我国已经与130个国家签署了双边投资保护协定。在新的中美投资协定和中欧投资协定谈判中，我国以"准入前国民待遇和负面清单"为基础进行谈判，对我国进一步深化改革、扩大开放、营造法治化营商环境，建立安全、高效、公开、透明与国际接轨的外资管理体制提出新的要求。在政府采购问题上，我国为了履行入世承诺于2007年年底向WTO提交了加入WTO《政府采购协议》（GPA）申请书，启动了加入GPA的谈判，由财政部会同有关部门与GPA参加方开展谈判。我国在2014年1月提交了第5份出价清单，在第4份清单的基础上做出更多的开放和承诺，包括开放更多的省份、更多的服务和工程项目，以及更少的例外情形等。加入GPA谈判，需要我国在市场开放范围和国内法律调整两个方面进行改革和完善。同时，增加采购监管及应对GPA谈判的力量，使采购人员专业化和综合能力不断提高。在电子商务问题上，随着跨境电子商务迅速增长，对平台、物流、支付结算、海关商检等环节提出更高的标准，需要研究解决制约跨境电子商务发展的体制机制问题，比如，针对跨境电子商务B2C方式存在的通关、商检、结汇、退税、统计等方面存在的问题，采取支持跨境电子商务零售出口政策等。

3. 扩大对港澳台地区的开放合作

我国已经建立了内地与香港、澳门的更紧密经贸关系安排，以及大陆与台湾的海峡两岸经济合作框架协议。协议的签署为两岸三地经贸关系的发展发挥了显著的促进作用。党的十八届三中全会提出的建立公平、开放、透明的市场规则等，必将吸引更多的港澳台资企业进入内地。在新的开放形势下，内地将成为港澳台地区经济社会发展的新动力，而港澳台地区包括金融、专业服务、物流业等的优势产业，将对内地的发展起到积极促进作用。

依托粤港澳大湾区推进与港澳的深度开放合作。2017年的《政府工作报告》正式提出要研究制定粤港澳大湾区城市群发展规划，粤港澳大湾区发展上升到国家战略层面。2019年2月《粤港澳大湾区发展规划纲要》的出台意味着粤港澳大湾区建设有了纲领性文件，将正式步入实施阶段。粤港澳大湾区将与"一带一路"建设、京津冀协同发展和长江经济带发展并立为国家区域协调发展战略，成为中国区域经济的新增长极。

（五）扩大内陆沿边开放

党的十八届三中全会《决定》提出，扩大内陆沿边开放，形成全方位开放新格局。为此，需要明确内陆和沿边开放的战略布局，加快内陆沿边开放的步伐。

1. 扩大内陆开放战略布局

第一，抓住全球产业重新布局的历史机遇。当前，世界经济正处在发展模式的大变革时期，国际分工正经历重大调整，全球产业链也在重新布局。国际产业转移和国内产业内迁，使"海外接单、沿海加工"模式向"沿海接单、内地加工"模式转变。这些变化为内陆地区扩大开放、建立内陆开放经济战略高地创造了重大发展机遇。在产业转移的过程中，一些沿海地区的企业陆续将生产加工环节转移到中西部地区或国外。这一趋势在未来还将继续，而由于中国的市场容量和需求，相当一部分传统产业也会继续留在国内。在当前形势下，内陆开放不能简单复制东部沿海开放的模式，而是需要结合自身实际情况，并更加注重协调发展。除了传统的发展贸易之外，在投资、技术创新等领域提高国际竞争力，实现内陆地区的扩大开放和可持续发展。

第二，创新加工贸易模式，形成产业集群。我国东部沿海地区通过加工贸易促进出口，形成了经济的高速增长。传统的加工贸易模式主要是来料加工、进料加工等"两头在外"的模式，而内陆地区由于物流成本较高，从事传统模式加工贸易的优势不明显。需要突破对加工贸易的固有认识，创新模式。比如，将零部件和成品加工整合为全流程产业链，使加工贸易由水平分工向垂直一体化发展，将"两头在外"变为"一头在内、一头在外"的模式,从而大大减少中间产品进口的物流成本。在全流程产业链建立和整合中,促进产业集群的发展,形成能够发挥内陆地区优势的产业布局和生产加工模式。政府部门需要对内陆地区的产业园区、科技园区等给予支持,以优惠政策和便利化服务形成促进内陆地区产业集群的体制机制。同时,内陆地区还应将加工贸易从简单的制造、装配环节向研发等高端环节拓展,从传统产业布局向战略性新兴产业拓展。

第三,建成货运通道,形成对外经济走廊。长期以来,地理位置偏僻带来的物流成本相对高昂,成为内陆地区发展开放型经济的最大制约。西部大开发以来,我国内陆交通运输条件得到改善,但是较沿海地区交通运输方面仍是弱项。在新时期的内陆沿边开放战略中,需要对内陆地区的运输问题做全方位立体的建设和改善。以我国既有的铁路、公路、内河航运体系为依托,通过开辟内陆地区水、陆、空通道与之衔接,从而打通内陆通向海外的国际大通道。这一综合交通体系建设主要包括增加国际客货运航线和发展多式联运。具体来讲,一是增开内陆直飞世界各地的客货运航线,使内陆地区通过航空运输与沿海地区达到同等物流成本的开放;二是发展江海联运,充分利用长江黄金水道;三是发展铁海联运,开行内陆直连沿海港口的列车;四是发展陆海联运,建成直达东南亚、南亚腹地和印度洋沿海的国际公路物流大通道。通过综合的运输体系建设,形成横贯东中西、连接南北方对外经济走廊,使内陆地区的对外开放物流成本大大降低。

2. 扩大沿边开放战略布局

第一,实行人员、物流及旅游等方面的特殊方式和政策。沿边开放需要所涉及的地区及国家在政策上加强沟通,政府间建立高效务实的工作机制,对沿边重点口岸、边境城市和经济合作区的要素跨区域流动采取积极和灵活的方式,在政策和法律上为区域经济的融合提供便利。推进贸易和投资的自由化和便利化,在相关政策上进行合作,消除壁垒,降低贸易和投资成本。对于沿边重点口岸,加强跨境通关协作,提高通关效率;在人员往来方面,简化手续;相互开放旅游资源,实现互利共赢。建设沿边开放先行区,采取先行先试,以点带面的方式,加快沿边开放。目前已有的先行试验区包括新疆喀什、霍尔果斯经济开发区建成特殊经济区,新疆阿拉山口、塔城等边境口岸建成边民互市贸易区、出口产品加工区等。沿边经济合作区要积极推进外引内联，周边国家扩大和深化经贸合作，进一步提升沿边开放的质量和水平，使沿边地区建成互利共赢、安全高效的开放型经济体系。通过扩大开放，优化、整合和提升区域功能，形成沿边地区国际竞争的新优势，从而促进我国的全方位对外开放。

第二，建立开发性金融机构。加快沿边开放，首先要改善和提高基础设施条件，而对基础设施建设的大力投入关键是资金保障。作为区域公共产品，政府需要对基础设施建设承担责任。但是仅仅依靠财政投入，对于沿边地区大规模的建设需求是不够的，这就需要创新投融资方式，运用市场化手段，弥补单纯的政府投入的不足。建立开发性金融机构是解决基础设施建设资金问题的有效方法。开发性金融机构能够为沿边基础设施建设提供强有力的投融资平台，为我国与相关国家开展铁路、港口、机场等基础设施建设提供便利的投融资支持，进而加强区域基础设施的互联互通。我国于2013年提出了设立亚洲基础设施投资银行的倡议，专注于亚洲基础设施建设，促进区域互联互通和经济合作，并与现有的世界银行、亚洲开发银行等多边开发性金融机构形成互补。亚投行于2016年设立，至2018年年中已在13个国家开展28个项目，并接连斩获三家国际评级机构最高信用评级，正在持续打造21世纪新型国际多边开发机构。

第三，加快基础设施互联互通建设。加快沿边发展，首要问题是基础设施的建设。由于沿边地区基础设施的基础较为薄弱，更需要国家进一步加大建设投入。为此，需要重点建设市政基础建设、边境口岸设施、口岸高速公路等一批互联互通重点项目，对已有的基础设施进行提升改造，如对跨境铁路的扩能改造。政府需要在一些重大项目规划上适当向边境地区倾斜，加大对边境地区和边境贸易资金扶持力度。同时，需要深化边境省区同毗邻国家的合作，统筹经济、贸易、科技、金融等方面资源，充分利用比较优势，找准互利共赢的战略契合点，共同完善基础设施的互联互通，打通经济联系的通道。此外，在沿边基础设施互联互通建设方面，需要处理好政府与企业的关系。一方面，作为区域公共产品，政府需要在商业利益没有显现时主导投入；另一方面，对于长期大型的项目建设单纯依靠政府财政投入是不够的，需要结合市场化运作，使企业看到商机，提高参与的积极性。

第四，加快长江经济带建设。2014年9月，国务院批准长江经济带规划，这将为建设陆海双向对外开放新走廊、培育国际经济合作竞争新优势提供新的战略支点。长江经济带覆盖上海、江苏、浙江、安徽、江西、湖北、湖南、重庆、四川、云南、贵州11个省市，面积约205万平方千米，人口和生产总值均超过全国的40%。长江经济带横跨我国东中西三大区域，具有独特优势和巨大发展潜力。长江经济带得天独厚的综合优势主要表现在：一是交通便捷，具有明显的区位优势；二是拥有丰富的淡水资源、矿产资源、旅游资源和农业生物资源，具有明显的资源优势；三是作为重要的工业走廊和农业基础，具有明显的产业优势；四是科教事业发达，技术与管理先进，具有明显的人力资源优势；五是城市密集，市场广阔。长江经济带是整个长江流域最发达的地区，也是全国除沿海开放地区以外，经济密度最大的经济地带，它对我国经济发展的战略意义是其他经济带所无可比拟的。与沿海和其他经济带相比，长江经济带拥有我国最广阔的腹地和发展空间，是我国今后15年经济增长潜力最大的地区，应该成为世界上可开发规模最大、影响范围最广的内河经济带。为此，长江经济带的战略定位体现在具有全球影响力的内河经济带、东中西互动合作的协调发展带、沿海沿江沿边全面推进的对内对外开放带以及生态文明建设的先行示范带。

第五，推进"一带一路"建设。党的十八届三中全会《决定》中指出，要推进"丝绸之路经济带""21世纪海上丝绸之路"建设，形成全方位开放新格局。"丝绸之路经济带"是我国面向欧亚内陆开放的新战略，而"21世纪海上丝绸之路"是以中国—东盟合作为重要载体和平台的跨区域跨领域合作。"一带一路"不仅仅局限于传统意义上的区域经济合作，而是涵盖经济、政治、文化等领域的全面合作。"丝绸之路经济带"在空间布局上可以分为欧亚大陆桥、输油管道和出境高速公路三条线。它将以乌鲁木齐、伊宁和兰州等商贸物流中心及边境口岸为节点，面向中亚、西亚、南亚及中东欧国家，构建国际商贸和物流中心。在能源通道方面，利用新疆向西开放的地缘优势，依托新丝绸之路和第二亚欧大陆桥，建设连接俄罗斯、中亚及伊朗等国家和地区，建立国际能源、资源产业合作基地，形成能源、资源陆上国际大通道，从而形成横贯东中西的对外经济走廊。"21世纪海上丝绸之路"在空间布局上将中国、东盟国家，以及印度、巴基斯坦、孟加拉国、斯里兰卡等国联系起来，再到沙特、伊朗、埃及，然后经过苏伊士运河到达地中海，与希腊、意大利、西班牙、法国等欧洲国家联系贯通。"21世纪海上丝绸之路"作为和平合作、开放包容的理念和倡议，将沿线国家临海港口城市联系起来，开展海上互联互通、港口城市合作、海洋经济、科技环保、防灾减灾、社会人文等各领域的合作，实现和谐相处、互利共赢和共同发展。这条新的海上丝绸之路，不仅造福中国与东盟，而且能够辐射南亚和中东。"丝绸之路经济带"与"21世纪海上丝绸之路"契合了我国构建开放型经济新体系的战略，是我国进一步深化改革、扩大开放的重要决策。

第二节 中国的国际投资战略

一、中国国际投资战略调整的背景和条件

（一）中国利用外资和境外直接投资的成就

对外开放40年来，我国的利用外资战略取得了巨大的成功，外资经济增长迅速，已同公有经济、民营经济一起构成了我国经济三大组成部分。截至2018年年底，中国累计使用的外商直接投资资产规模超过2万亿美元。

中国吸引FDI的一个趋势是，制造业比例显著下降，而服务业的比重稳步上升，如图5-1所示。2003年以来，制造业吸引的FDI占FDI总量的比例稳步下降，由77%的峰值下降到2010年的47%、2017年的26%。从2010年开始，服务业吸引外资的规模和比重超过了制造业，此后二者的差距越拉越大。2010年以来，服务业吸引的FDI规模逐年上升，由2010年的500亿美元升至2017年的890亿美元，增长了0.78倍，其占FDI总规模的比重也相应由2010年47%大幅攀升至2017年的68%。2016年以前，房地产业曾经一度是外商对中国服务业投资最大的细分行业，最高占比29%，其次是租赁服务业和批发零售业。2017年，信息传输、计算机服务和软件业成为外商投资最大行业，占比16%，其次是租赁服务业和房地产业，占比均为13%左右，批发零售业占比下滑至9%。

外资经济在我国经济社会快速发展的过程中做出了不可或缺的贡献，具体体现在：促进资本形成、拉动经济增长、推动经济体制改革、扩大出口规模、赚取外汇收入、提供税收收入和创造就业机会、促进技术转移和技术进步、提升国内企业竞争力。因此，外商投资在促进改革和发展中，改变了我国经济运行的轨迹，加速了我国参加经济全球化的步伐，使我国快步融入全球经济主流。

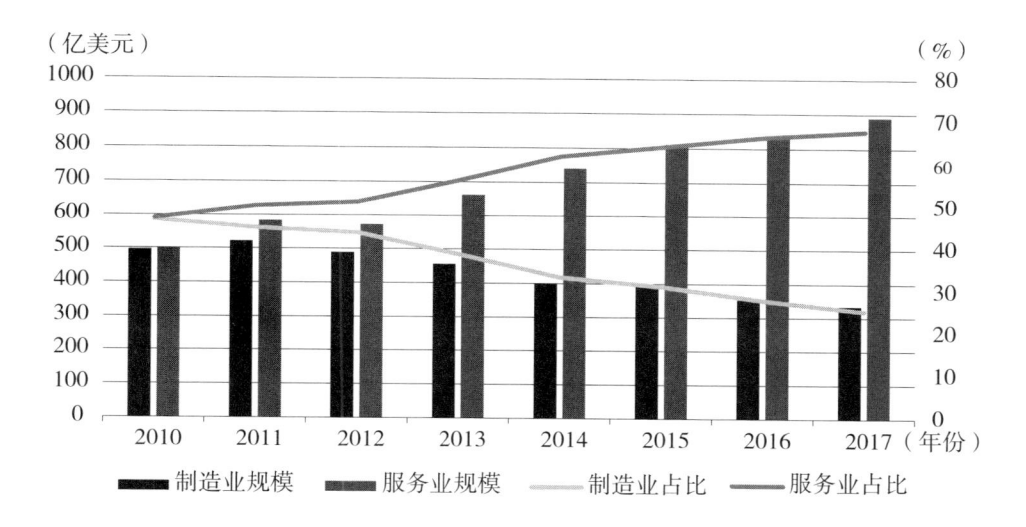

图 5-1 中国制造业、服务业吸引的 FDI 规模及其占 FDI 的比例

数据来源：国家统计局。

21 世纪初以来，随着中国逐步成长为"世界工厂"，中国获取了大量的贸易顺差和资本顺差，长期困扰中国的外汇短缺问题已迎刃而解，但随着中国经济体量的迅速增大，中国对资源、能源等初级大宗商品的需求也日益急剧增加，导致大宗商品大幅上升，从而，中国经济增长面临着能源资源的供应安全问题。同时，中国企业的财务实力得到明显增强，但也面临着进一步提升技术水平和市场竞争力的巨大压力，而吸引外资这一被动途径不能有效满足企业转型升级的发展需求。正是在这一经济背景下，中国开始大规模实施"走出去"战略，鼓励国内企业在境外开展直接投资，以绕开国际贸易壁垒，扩大海外市场；获取海外稳定的能源

和资源供给；向国外转移不再具备劳动力成本优势、技术成熟的行业和高耗能、高污染的资源密集型行业；获取发达国家先进企业的技术、管理经验、品牌和营销网络，提升国内企业的国际市场竞争力。在过去的 10 余年中，中国境外直接投资规模增长迅速，实现了跨越式发展。2014 年，中国对外直接投资规模 1231 亿美元，超过引进的外资规模（流量）1195 亿美元，从而在直接投资项目下首度成为资本净输出国，此后一直保持直接投资净资本输出国的地位。2017 年，中国对外直接投资的规模 1583 亿美元，当年利用的外商直接投资规模 1310 亿美元。当然，作为境外投资者领域的后来者，中国企业还面临着诸多的先天不足，如不熟悉国际市场、自身竞争能力弱、内部治理结构不完善等，境外直接投资的总体经济效益较低，尚未进入投资收获期。

（二）中国利用外资和对外投资的挑战

在中国经济全面转型发展的过程中，中国利用外资直接投资和开展境外直接投资均面临着一系列的困难与挑战。在过去的 10 余年时间内，随着中国国力的迅速增长，中国对外资的需求已发生显著变化，利用外资已经不再单纯是为了弥补国内建设资金不足，吸收外资正从过去的弥补储蓄缺口和外汇缺口的"双缺口"向带动经济技术进步、产业结构升级转变，从数量扩张型向质量效益型转变。从内部条件看，随着劳动力成本上升、原材料和能源价格上涨、税收优惠政策的取消、人民币升值、土地和环境的成本上升，外商投资企业成本提高，以及国内企业竞争实力的显著提升，外商投资企业在中国市场的竞争优势明显下降，其市场份额不断下降，以至于一些外商投资企业抱怨中国投资环境恶化。显然，外商投资企业对中国投资环境的抱怨应主要归咎于其不能根据中国市场的激烈竞争程度和政策变化而进行及时调整。当然，外商投资企业的部分抱怨也具有合理性，如市场竞争秩序不够公平公正、知识产权保护力度不足、审批程序过于烦琐、执法不够透明且自由裁量权过大等。

同时，中国的境外直接投资也面临着许多的障碍和挑战。由于中国是国际大宗商品的主要需求者，中国境外直接投资一个很大的部分配置于资源和能源领域，这引起西方国家的批评和疑虑。例如，一些国外政客和媒体批评中国在非洲的投资行为是"新殖民主义";一些国家政府对中国的投资设置很多的门槛,如国家安全审查、竞争中立标准等。作为国际投资者的一个后来者,中国的投资被迫大量配置于政治动荡和社会不稳定的地区,导致中国境外投资的国家风险高企。中国境外投资企业的行为规范也存在不足,如内部治理结构不完善、不熟悉东道国的法律法规和世俗人情、企业的社会责任意识较为淡薄。

另外,中国积累的巨额外汇储备资产也面临着投资能力不足和投资收益低下的问题。中国政府持有巨额外汇储备,虽可有效维持人民币汇率稳定、防范爆发货币危机和债务危机、通过为进口国提供融资来维护外部需求的稳定,但随着外汇储备规模远远超过充分与适度的水平,中国政府持有过多外汇储备的成本与风险日益凸显,例如,低收益率储备资产的机会成本、储备资产的保值增值日益困难、外汇占款上升对国内流动性及央行冲销造成的压力、大规模央行冲销操作的金融抑制和经济扭曲效应等。目前,中国外汇储备投资的资产种类主要为美日欧等发达国家政府债券,其中又以美国长期国债和机构债为首要投资对象。毋庸置疑,中国外汇储备的上述资产配置,特别容易遭受美元贬值风险、美元利率上行风险和美国通货膨胀风险的冲击。与高风险状况不相匹配的是中国外汇储备的低投资收益率。一些研究发现,中国外汇储备的投资收益率长期处于较低水平。全球金融危机以来,中国外汇储备的投资收益率显著下跌。若考虑人民币升值和央行冲销成本等因素,则中国外汇储备的投资净收益在一些年份为负值。因此,如何优化中国外汇储备资产的配置结构并提高外汇储备的投资收益率,是中国央行面临的迫切任务。

(三)中国利用外资和对外投资的国内外新环境

在"十三五"及未来一段时间,中国面临着新的国内外环境。国际环境的新变化体现在:一是全球正在掀起新一轮的国际产业调整,为中国产业升级带来机会;二是全球价值链分工成为国际分工的新的主要形式;三是发展中国家正在改变传统国际经济格局,成为全球经济增长的主要动力源泉;四是欧美在遭受全球金融危机和主权债务危机的打击之后,元气大伤,无力继续扮演全球经济增长的需求动力源的作用,全球贸易保护主义回潮;五是美欧推动构建一个涵盖"贸易—投资—服务"

的全面经贸规则，强化投资自由化，加强对国有企业规制和推行竞争中立政策，扩大东道国政府的监管权力和政策空间、环境问题和劳工标准问题成为国际经贸规则的新内容。

中国国内环境的新变化体现在：一是中国总体上成为一个资本相对充裕的国家，流出的境外直接投资的流量规模将很快赶超流入的外商直接投资规模，双向跨境直接投资将处于较为平衡的发展阶段；二是经济增长模式进入换档期，由过去的高速增长向中高速增长模式转换，经济发展模式呈现新常态，强调科技驱动和绿色、生态友好型增长；三是"丝绸之路经济带"和"海上丝绸之路"倡议的提出与实施，中美之间以"负面清单"为主要形式的双边投资协定谈判的加快推进，以及各地自贸区的试点，标志着中国迈入全面开放的新阶段；四是中国鼓励企业自主开展跨境贸易投资决策的自由化政策已经形成；五是产业结构转型处于关键期，表现在产业结构实际高度化不足、大量行业的产能过剩、价值链处于中低端、产业政策的生态环保导向增强、技术升级与价值链迁移压力上升、人均资源与能源贫乏等；六是劳动力和资金要素价格的上涨以及人民币的持续升值，导致企业国内经营成本持续上升。

二、中国利用外资和境外投资的战略思路与目标

（一）中国利用外资和境外投资的战略思路

国内外环境的新变化和中国双向跨境投资面临的困难与挑战，提醒我们需要适时调整中国的利用外商投资和境外投资的战略目标。在资本充裕甚至是相对过剩的条件下，中国利用外资的目标显然不是弥补国内资本的不足，其实，外商投资流量相对于目前国内投资流量是微不足道的。那么，如何对利用外资战略进行定位？党的十八届三中全会的《决定》为我们勾画了清晰的蓝图，那就是用对外开放来促进国内改革，通过加快中美、中欧高标准的双边投资协定的谈判，来倒逼国内的改革，加快建立公平开放透明市场规则的进程；提高引进外资的品质和效益，继续发挥外资的引领、示范和溢出效应，以提升国内企业技术水平、品牌声誉度和国际竞争

能力。

在境外直接投资方面，我们过去主要坚持"价值链延伸"型的投资战略，注重强调弥补我们产业链条的不足和短板，如并购能源资源和先进技术等，从而引起一些国家的批评和质疑，而没有充分强调利用中国的竞争优势去进行境外投资，如基础设施领域。目前，我们基础设施领域的建设能力和融资能力方面拥有一定的竞争能力，如高铁、交通、水利、开发金融等。对此，党的十八届三中全会的《决定》提出，"建立开发性金融机构，加快同周边国家和区域基础设施互联互通建设，推进丝绸之路经济带、海上丝绸之路建设，形成全方位开放新格局"。而金砖国家开发银行和亚洲基础设施投资银行的设立，将为基础设施投资提供较为充足的资金来源。未来一段时间，我们在继续鼓励开展"价值链延伸型"对外投资的同时，可强调充分发挥中国在基础设施领域的优势开展海外投资，并以此为突破口促进中国的技术、标准和资本联合走出去，改变国际社会对中国投资的固有印象，如获取技术而不是提供技术、获取资源而不提供就业机会、投资品质较低、技术含量较低等。

在外汇储备投资方面，中国应适时调整管理的原则和目标。中国可适当调整外汇储备管理体制，在继续强调外汇储备管理的"流动性""安全性"目标的同时，宜将"收益性"目标置于更为优先和重要的地位。在实际操作过程中，可考虑将中国的外汇储备分为流动性组合和投资性组合，流动性投资于高度流动性的欧美发达国家的政府债券，而投资性组合应适当增加对企业的债权和股权证券的投资。

（二）中国利用外资和境外投资战略的总体目标

中国的利用外资和境外投资工作，应立足中国实际，适应经济全球化新形势，以党的十八届三中全会关于全面深化改革决定的精神为指导，贯彻"丝绸之路经济带、海上丝绸之路"倡议，围绕加快经济结构战略性调整和转变经济发展方式这一主线，推动对内对外开放相互促进、引进来和走出去更好结合，促进国际国内要素有序自由流动、资源高效配置、市场深度融合，加快培育参与和引领国际经济合作竞争新优势，以开放促发展、促改革、促创新。推动利用外资和境外投资从注重规模速度向注重质量效应转变，使外资在推动我国产业升级、结构优化、科技创新、区域协调发展等方面发挥更加积极的作用。加快同有关国家和地区商签投资协定，完善领事保护体制，提供权益保障、投资促进、风险预警等更多服务，扩大投资合作空间。统一内外资法律法规，改革涉外投资审批体制，保持外资政策稳定、透明、可预期。稳步扩大境外投资，拓宽方式、提高效益，重点领域投资成效明显，发展形成一批具有国际竞争力的跨国企业和著名品牌。逐步形成"引进来"与"走出去"协调发展的良性互动格局，加快形成国际合作和竞争新优势，进一步完善内外联动、互利共赢、安全高效的开放型经济体系。

（三）中国利用外资和境外投资战略的重点目标

第一，加快服务业开放步伐，优化外资利用结构。深入落实重点产业调整振兴规划，坚持高端发展方向，推进金融、教育、文化、医疗等服务业领域有序开放，放开育幼养老、建筑设计、会计审计、商贸物流、电子商务等服务业领域外资准入限制。鼓励外资投向新一代信息技术、生物、节能环保、新材料、新能源等战略性新兴产业。吸引外资投资于高技术产业，以及进产业关联度大、技术含量高、辐射带动能力强的高端项目，着力发展高端现代制造业，改造提升传统制造业。延伸制造业产业链，促进工业化与信息化融合发展，增强产业配套能力和集群发展水平。大力吸引世界 500 强企业、知名跨国公司入驻。积极推动研发中心、结算中心、采购中心和营运中心等功能性机构落地。

第二，加快商签投资协定，构建稳定、透明和可预期的投资环境。加快中美、中欧双边投资协定，以及中日韩自由贸易区协定等经贸协定的谈判进度，为中国双向跨境投资提供一个稳定、可预期的制度环境，提升中国在国际投资治理领域的地位。统一内外资法律法规，改革涉外投资审批体制，保持外资政策稳定、透明、可预期。投资便利化进一步推进，逐步形成与国际通行规则相衔接的投资环境。探索对外商投资实行"准入前国民待遇和负面清单"的管理模式。实行统一的市场准入制度，在制定负面清单基础上，包括外资企业在内的各类市场主体可依法平等进入清单之外领域。要切实建设好、管理好自由贸易试验区，为全面深化改革和扩大开放探索新途径、积累新经验。在推进现有试点基础上，选择若干具备条件地方发展自由贸易园（港）区。完善领事保护体制，提供权益保障、投资促进、风险预警等更多服务，扩大投资合作空间。

第三，鼓励创新驱动发展，提升企业在全球价值链中的地位。随着"刘易斯拐点"快速临近，劳动力、土地和环境等要素成本的快速上升，国内企业已逐渐散失成本优势，面临着国内外对手的激励竞争。面对日新月异的产业技术变革、激烈的国内外市场竞争和不断强化的资源环境约束，要在全球和区域经济分工中占领高端、争取主动，中国企业必须把强化创新驱动作为重要着力点，统筹服务好、调动好各类资源要素。中国政府应创造各种有利条件，鼓励企业通过吸引外资和对外投资方式向产业价值链上下两端延伸，获取企业持续发展所必需的资源、技术、人力资本、营销渠道和品牌等战略性资源，实现创新驱动发展，推动企业从全球产业链的被动参与者向主导者转变，提升企业在全球价值链中的分配地位，使中国在全球生产与分工中获得更大的利益。

第四，着力培育本土著名品牌和跨国公司群体。要注重积极引进与重点培育并重、国内总部与跨国总部并重，大力提升总部经济发展水平。加快实施以境外投资为主体的"走出去"战略，鼓励和引导企业从单纯产品输出向资本输出、技术输出、标准输出与品牌营销并重转变。促进外商直接投资与境外直接投资的协调平衡发展，鼓励企业采取"引进来"与"走出去"相结合的方式，与跨国公司结成战略联盟，共同"走出去"寻求资源、技术、市场和品牌。支持企业在境外开展技术研发投资合作，鼓励基础设施、制造业领域优势企业有效对外投资，创建国际化营销网络和知名品牌，培育一批具有国际影响力的本土跨国公司。积极培育熟悉国际市场的会计、法律、咨询等中介机构和行业组织，为全国企业"走出去"提供专业服务。提升企业在全球产业链和价值链中的主导权、控制力和分配地位，培育一批拥有核心技术和自主品牌、能主导全球生产网络与国际竞争力强的本土跨国公司群体。

三、中国利用外商投资战略的重点任务

（一）优化外资的质量和结构，促进产业转型升级

吸引外商直接投资要强调择优引资，促进引资与引智的结合，注重引入先进技术、管理经验和高素质经营管理与技术人才。统筹国内产业结构升级和承接国际制造业的转移，引导外商直接投资更多地投向高端制造、高新技术、节能环保、生态建设、生活服务、新能源等产业，积极推动战略性新兴产业的国际合作。加强外资政策和产业政策的协调，提高产业核心竞争力，促进现代产业体系的发展。严格限制"两高一资"（即高耗能、高污染、资源性）和低水平、过剩产能扩张项目。大力吸引世界500强企业、知名跨国公司入驻，积极推动研发中心、结算中心、采购中心和营运中心等功能性机构落地。提高产业综合配套能力，培育引资新优势，推动我国从全球加工制造基地向研发、制造和服务基地转变。

进一步利用外资大力提高我国服务业整体水平。推进金融、教育、文化、医疗等服务业领域有序开放，放开育幼养老、建筑设计、会计审计、商贸物流、电子商务等服务业领域外资准入限制。鼓励外商投资生产性服务业，形成生产性服务业与制造业协调发展的格局。鼓励外资企业参与跨境服务外包，提升我国服务贸易竞争力。稳步推进银行、证券和保险等金融行业的对外开放。

构建开放的创新体系。抓住研发国际化机遇，完善科技创新和利用外资政策，加快引进和利用国际创新资源，把我国创新体系进一步融入全球创新网络，促进自主创新能力增强和经济发展方式转变。支持科研机构和企业通过人才引进、技术引进、合作研发和研发外包等方式开展国际科技合作与交流。吸引和鼓励跨国公司在华增加研发投入，培养研发人才，引入先进技术。进一步鼓励和规范外商投资企业与内资企业、科研机构的优势互补，共同研发，共享成果。鼓励中外企业加强研发合作，支持符合条件的外商投资企业与内资企业、研究机构合作申请国家科技开发项目、创新能力建设项目等。申请设立国家级技术中心认定，吸引外商投资企业和研发机构参与科技攻关项目，加快实现我国在关键技术领域的突破。增强外资企业与内资企业的产业关联，提高境内配套企业研发能力。

（二）协调区域发展，促进投资合作

发挥好《外商投资产业指导目录》和《中西部地区外商地区外商投资优势产业目录》的导向作用，优化外商投资的产业及区域结构。抓住全球产业重新布局机遇，考虑配合国家区域发展总体战略和主题功能区战略，把扩大对外开放和区域协调发展结合起来，协同推动沿海、内陆和沿边开放，形成优势互补、分工协作、均衡协调的区域开放新格局。

东部地区应加快推动外资产业结构优化升级，提升参与全球分工的层次，率先实现利用外资由"量"向"质"的转变。加强对中西部地区吸引外资的政策支持，引导外资开口就向中西部地区转移和增加投资。中西部、东部欠发达地区要发挥劳动力、土地、能源等优势，以中心城市和城市群为依托，以沿江、沿铁路通道为纽带，推动形成劳动密集型外资企业的新的聚集地。创新加工贸易模式，形成有利于推动内陆产业集群发展的体制机制。支持内陆城市增开国际客货运航线，发展多式联运，形成横贯东中西、联结南北方对外经济走廊。

加快沿边开放步伐，允许沿边重点口岸、边境城市、经济合作区在人员往来、加工物流、旅游等方面实行特殊方式和政策。建立开发性金融机构，加快同周边国家和区域基础设施互联互通建设，推进"丝绸之路经济带""海上丝绸之路"建设，形成全方位开放新格局。

（三）加快中美投资协定谈判，做好国内配套体制改革准备

全面评估国内产业的发展现状和前景及其重要性程度，明确负面清单的内容。深入研究外方的负面清单，向外方提出要价，最大限度地为我方投资者争取权益。中国各政府部门应在外商投资产业指导目录的基础上，根据国内相关产业的发展状况及其重要性程度，列举出本部门的负面清单、例外措施，即外资不能享受准入前国民待遇和自由进入投资的行业等。在总结中国（上海）自由贸易试验区负面清单实施经验的基础上，进一步削减负面清单的内容。

加快改革外资管理体制投资审批制度。根据"准入前国民待遇和负面清单"的原则，改革我国现行的对外商投资全面核准制度，调整在核准中采取的准入限制加

优惠措施的管理措施，实行以竞争政策和环境、技术标准为主的管理制度，简化外商投资审核程序，尽早实行外商投资注册登记制。利用中美 BIT 谈判打开国内的改革局面，加快国内投资体制改革，对内资企业和外资企业实行同等的投资管理制度。

借鉴美国 BIT 范本的内容，推进国内经济体制改革，加快建立公平开放透明的市场规则。推进国有企业改革，促进政企分开、政资分离，保障国有企业与其他经济成分平等竞争。实行统一的市场准入制度，在制定负面清单基础上，各类市场主体可依法平等进入清单之外领域。探索对外商投资实行"准入前国民待遇和负面清单"的管理模式。依据环境保护法和促进技术进步的相关法规，修订外商投资鼓励措施。将环境、劳工待遇纳入投资协定条款中。平衡投资者的权利和义务，既给予外国投资者平等参与国内技术性标准制定的权利，又要避免外国跨国公司凭借技术领先优势垄断和主导国内技术标准的制定，明确投资者承担的义务内容。

在投资协议中保留政府保护公共利益的政策空间。保留投资监管空间完全可以在投资协定内通过例外条款、过渡期条款等手段实现，这也被世界各国国际投资规则实践所认可。在资本账户还没有完全放开、金融体制不健全的条件下，保留资金转移的例外措施，在国际收支恶化情况下实行资本管制，维护金融安全。同时，在启动上海自由贸易（试验）区建设后，及时总结经验，加快金融体制改革和外汇管理体制改革，提高对国际资本流动的监管能力，加快人民币利率、汇率市场化进程，早日实现人民币资本项目自由兑换。

（四）完善法律政策体系，营造良好投资环境

加快构建适应新形势的外商投资法律体系，逐步推动外商投资企业在设立、经营、财务、监管、清算等方面适用统一的法律规定。完善外商投资和境外投资政策法规，深化管理体制改革，调整审批内容，简化审批程序，提高审批透明度。促进外资并购方式有序发展，做好外资并购安全审查，维护国家安全。规范外商投资管理，加强重大项目择优选资。

构建日益完善的外商投资环境。继续推进内外资公平竞争。大力清理涉及外商的审批事项，为外商投资企业营造稳定透明的政策环境、统一开放的市场环境和规

范高效的行政环境。提高司法执法的公正性和透明度，解决执法自由裁量权过大的问题。加强知识产权保护，构建完善的创新环境，打造研发国际化的重要承接地。通过法律制度手段实现对外资的监管，减少对政府依靠临时性的规定、规章等措施管理经济的依赖，降低政策的随意性，增强投资环境的稳定性、一致性和可预测性。

积极参与国际多双边投资框架谈判，建立健全多双边投资保障机制，营造有利于利用外资和境外投资的外部环境。加强外交与经济的配合协调，充分发挥高层交往的引领作用，推动我国与重点投资合作伙伴合作关系不断发展，建立健全经常性对话机制，拓展合作领域。积极推动与重点合作国家与地区签订经济合作、投资保护、避免双重征税、司法协助、领事条约、海关互助合作、便利双方往来等政府间双边协定。

四、中国境外直接投资战略的重点任务

（一）继续鼓励资源、技术、市场和效率寻求型投资，提升对外投资水平

继续鼓励企业积极参与境外资源开发项目。投资境外能源和矿产资源开发项目，可为国民经济发展提供长期、稳定、经济、安全的能源资源供给。资源寻求型对外直接投资在区位选择上应重点选择资源禀赋富裕的国家和地区。例如，为弥补能源不足，国内企业应该重点选择俄罗斯、哈萨克斯坦、伊朗和委内瑞拉等国家；为弥补矿产资源的不足，企业应选择印度尼西亚、越南、南非、澳大利亚、巴西、秘鲁和智利等国家；为弥补林业资源的不足，应重点选择东南亚国家、新西兰、赤道几内亚、刚果、利比里亚等国家。在投资开发资源初级产品的基础上，支持有实力的企业投资境外资源产品深加工项目。支持有实力的企业结合境外资源开发需要，积极开展境外基础设施建设和投资。加强与周边国家在跨境运输通道建设方面的投资合作，实现能源资源进口多元化，保障供应安全。支持有条件的企业到周边、南美、非洲等农业资源丰富的国家和地区开展农业领域投资合作，逐步建立稳定、高效、安全的境外农产品仓储物流、生产加工和国际物流体系，为农产品贸易供给提供有力支持。

加快实施境外技术提升战略。技术寻求型对外投资的区位选择主要应集中于欧、

美、日等发达国家。支持境内优势单位与国外一流机构建立稳定合作关系。为突破发达国家的技术封锁，加快国际技术转移，鼓励境内资金通过收购、参股、在境外设立研发中心、合资企业、产业投资基金等多种方式，投向境外高新技术产业、先进制造业项目，努力学习掌握高新技术、新产品设计和生产工艺、现代商业模式和管理方法，收购知名的品牌，推进传统产业优化升级和战略性新兴产业加快发展。支持企业获取境外知识产权，加快推动境内具有自主知识产权的技术标准在境外推广应用。鼓励有条件的企业在境外积极开展通信、物流等生产和市场服务领域，以及文化、旅游等个人消费服务领域的投资合作，提高境内服务业的供给能力和水平。

大力实施境外市场开拓战略。市场寻求型投资应选择市场空间大、发展前景好的国家和地区，以及对中国产品贸易限制较多的国家。发达国家的人均收入水平高，消费能力强，且消费者对产品质量和信誉的要求高，在发达国家设立营销渠道和销售网络，有利于促进国内企业的产品升级和创建知名品牌。金砖国家等新兴经济体发展前景广阔，人口众多，市场空间大，且仍在持续快速增长，占领巨大新兴市场的一部分份额，对于中国企业的稳定发展至关重要。同时，国内企业应向对中国产品进口限制较多的市场投资，如南美国家，开展贸易替代型投资。当然，东亚、东南亚国家等中国周边市场，在文化上与中国存在一些渊源关系，应作为北京市场寻求型对外投资的重点区域。

积极鼓励边际产业转移型对外投资。中国的边际产业集中于加工贸易行业和劳动密集型产业部门，主要涉及技术较低的电子信息产品制造业、机电设备制造业。为充分发挥边际制造产业的比较优势，国内企业对外直接投资的最佳区位选择应该是东南亚、非洲、中亚和南美等发展中国家，以及东欧、中亚等部分国家和地区。具体而言，政府应鼓励轻工、纺织、家电、汽车、一般性装备制造等境内技术成熟、国家市场需求较大的行业和化工、冶金、建材等重化工业或其部分加工制造环节向境外转移，带动产品、设备和劳务输出，拓展企业国家发展空间。鼓励企业在能源矿产资源丰富、市场空间较大的国家和地区，发展钢铁、有色、炼化、木材等深加工产业。推进现有境外经贸合作区建设，强化其功能定位和产业选择，提高综合服务能力，使其成为我国在境外重要的生产加工基地。边际产业转移型对外投资不仅有利于东道国解决国内需求和就业问题，加快东道国技术升级，也有利于实现我国产业的外部延伸，增强国内企业的竞争优势，促进国内产业结构的调整与升级。

加快培育跨国公司和国际知名品牌。突出企业的投资主体地位，支持企业在研发、生产、物流和销售等方面开展国际化经营，加快培育我国的跨国公司和国际知名品牌。推进企业社会责任建设，增强企业国际竞争力和可持续发展能力。促进企业加快建立健全公司治理结构，完善内部决策管理机制。引导企业制定科学合理的海外发展战略规划。积极做好人才培养与引进。加强境内骨干企业和国外相关企业的合作。注重发挥中小企业和民营企业优势，鼓励其与大型企业合作。借助行业协会商会的平台机制，加强国内企业之间境外投资经验教训的交流沟通，提高企业境外投资的成功率。鼓励有实力的企业收购和建立国际营销网络和知名品牌，扩大市场份额，提高产品附加值，增强我国企业的国家影响力和市场竞争力。采取有力措施，加大对骨干企业和重点项目的支持力度。

（二）充分利用中美、中欧投资协定谈判，参与国际投资规则的重构

目前国际规则处于调整重构过程中，推进中美、中欧投资协定谈判，一方面，可以通过市场准入、国民待遇、投资争端解决机制等方面的谈判为中国投资者提供海外投资保障；另一方面，我国也可以通过中美、中欧投资协定谈判，参与到国际投资规则的重构中。

中国应充分利用中美、中欧BIT谈判，对涉及我国海外投资利益的国有企业定义、环境与劳工等条款的具体内容进行充分谈判、据理力争，切实维护我国海外投资利益。对"国有企业"的定义，目前各国有不同的认定标准，也没有形成一致认可的概念。世界银行将国有企业定义为"政府拥有或控制，以服务或商品的销售为主要收益的事业"。这一定义无疑过于宽泛、模糊。有些国家（如澳大利亚）采取广义说，即所有等级的政府成立的企业，只要其通过销售服务或商品获利，或与民营企业具有竞争关系，则无论其组织形态，均属于国有企业的范围。还有一部分国家则采取狭义说，即仅有以商业组织形态（如公司）设立的事业，才属于国有企业，它甚至排除政府持股低于50%的公司。国有企业的认定标准决定着"竞争中立"规

则的适用范围。因此，我国在中美 BIT 与中欧 BIT 谈判中应尽量要求限缩国有企业的定义，缩小目前受到国际投资协定约束的国有企业的范围，降低竞争中立等政策对我国国有企业带来的冲击。

积极对外商签双多边投资协定，为海外投资提供国际法保障。双多边投资协定具有保护投资、便利外资进入与经营的功能。通过对外商签双、多边投资协定可以为海外投资提供国际法层面的法律保障。国际性投资条约，可以为投资者提供一个明确、稳定和透明的投资法律框架，即使发生争端，投资者也可绕过东道国而直接寻求国际救济。例如，依照双、多边投资协定中的投资者诉东道国机制，中国海外投资者在东道国利益受到非法侵犯时，可以向 ICSID（解决投资争端国际仲裁中心）提起国际仲裁。过去中国对投资协定中的条款多是从"东道国"角度考虑，而从中国企业走出去视角重新审视，并予以适当调整与平衡，一些投资协定中的高标准要求可以变成我们手中的矛。

结合自身经济发展特点，逐步引入国际投资新规则。对于国际投资新规则，不能形成抵触心理，一味否定。从被动反应的角度而言，在国际经贸规则中对一些不会影响中国核心利益与根本原则的措施，我国应该做出相应调整，以示我国有参与国际经济规则治理的积极性。通过国际多边、双边及区域自由贸易协定的谈判，在规则接受程度和方式上掌控得当，这些规则将发挥良性的"倒逼"作用。例如，竞争中立政策，可以促使中国持续推进国有企业改革，尊重市场运行规律，让国企作为一个平等独立的主体参与市场竞争，提高其可持续发展的能力，而不是凭借政策或优惠政策的保护。

同时，也应清醒地意识到，接受高标准的国际投资规则，需要结合自身经济发展特点，逐步引入。各国所处的经济发展阶段不同，产业发展水平差别更大，经济发展所处的政治、法律和社会环境也不同，要求在国际范围内制定同等的投资规则标准不具有合理性。例如，推行竞争中立规则，不能忽视发展中国家和转型经济体的经济发展水平和特点，否则将演变为贸易投资保护的工具。综观美国、欧盟、澳大利亚等发达国家政府商业领域的改革历程，它们也是逐步推进，绝非一蹴而就。因此，中国应立足自身作为发展中国家和转型经济体的基本国情，充分了解本国的产业发展现状，借鉴发达国家逐步、适当引入高标准的国际准则，才能在国际贸易、投资协定谈判中攻守自如。

（三）多层次解决企业"走出去"融资难的问题

"融资难"问题是我国企业境外投资过程中面临的首要难题之一，国内金融市场的不发达及金融机构国际化程度不高，是造成这一问题的主因，这也是国内"融资难"问题的国际表现。要解决这一问题，必须充分调动国内国际两种资源，使之为中国企业"走出去"服务。

鼓励企业境内外上市，通过上市为海外投资融资。资金来源会直接影响企业海外投资的绩效，依靠自有资金和上市融资进行境外投资的企业更容易获得成功。创业板启动以后，我国已经初步形成了多层次的证券市场，不同规模、类型的企业都有可能通过证券市场融资。除了国内的证券市场之外，我国企业也可以考虑在境外上市，包括中国香港证券交易所、纽约证券交易所、伦敦证券交易所和纳斯达克证券交易所在内的交易所，对中国企业到当地上市都持积极的态度，欢迎不同类型的中国企业（包括技术型的中小企业）到当地上市融资。

增加直接融资的比例，鼓励通过集合债券为中小企业融资。直接融资有风险小、成本低的特点，是世界范围内公司融资的主要渠道，在这方面，中国的发展远远滞后于实际需要。应当鼓励大型企业通过公司债市场进行融资，在降低融资成本的同时，减少企业经营的风险和压力。中小企业在进行境外投资的过程中，也可以通过中小企业集合债券进行融资。

加大对中小企业海外投资金融支持，设立中小企业海外投资基金。虽然中国政府也加大了对海外直接投资的资金支持力度，主要包括政策性贷款、财政补贴和专项基金，以及与国内外机构合资设立的产业投资基金和发展基金。这些资金支持对企业境外直接投资，尤其是特定行业和目的国的境外直接投资无疑有促进作用，但大部分政策性机构主要支持的是大型项目和国有企业，而其他专项资金的规模都普遍较小。中国金融体系对中小民营企业"走出去"支持严重不足。因此，国家应加大对中小企业海外投资的金融支持，建立中小企业海外投资基金，解决中小企业走出去长期经营所需的外汇资金。该基金规模可为 100 亿~500 亿美元，可根据具体海外投资项目资金需求情况分期注资。基金性质可为股权、债券混合型基金，投向为中小企业海外投资长期外汇贷款或者股权融资，重点支持有助于中国经济转型升级、转移国内过剩产能的中小企业海外投资。建议基金委托商业银行管理，遵循商业化运作原则，以减少东道国对于"竞争中性"的忧虑。

和投资当地外资银行签订战略合作协议，为中国企业对外投资提供融资支持。可以根据不同的投资去向选择不同的外资银行，如在美国选择花旗银行、在欧洲和中国香港选择汇丰银行，而在日本则选择三菱东京 UFJ 银行，签署战略合作协议，为前往当地进行投资的企业提供信贷和金融支持。在政策实施的初期，可以重点和这些外资银行在中国的办事处（或分行）进行合作。

丰富和扩大中国商业银行的对外业务，服务我国企业"走出去"。在中国企业"走出去"的过程中，中国商业银行"走出去"的步伐也应加快。我国商业银行一是建立服务全球的理念，提高服务境外中国企业的意识，提高对境外中国企业信贷的比例。二是要适应新出台的政策，用足、用够现有政策。为了适应中国企业"走出去"的发展，中央政府对银行信贷等进行了政策调整，出台了对外授信、内保外贷等具体措施，我国商业银行要充分利用这些政策调整。三是要推出与境外投资直接相关的金融产品。如直接为境外投资企业服务的金融产品、理财产品等。四是要加大与企业之间的互动。将商业银行现有金融产品，尤其是与境外投资相关的金融产品（如外汇风险规避产品）向企业进行宣传。同时，及时了解企业的需求，并根据境外投资企业的需求量身定做，提供与之相适应的金融产品。

"走出去"和"引进来"相结合，减少企业境外投资的融资压力。鼓励企业在进行海外并购时，使用换股、相互投资等形式，即中国企业在收购境外企业股份时，允许境外被收购企业同时拥有一部分中国企业的股份比例，或者帮助境外企业拓展中国市场，这样既可以减少企业境外投资的压力，也可以降低中国企业境外并购中的阻力，还可以解决中国企业在境外投资中如何兼顾国内市场增量的问题。

（四）大力支持基础设施对外投资，促进中国技术、装备和资本联合"走出去"

中国在基础设施的建设和融资具有明显的竞争优势，拥有世界上最大规模的基础设施建设能力，如高铁、公路、桥梁等，且中国具备较为发达的开发金融体系，国家开发银行和进出口银行发放的基础设施贷款规模远超过世界银行。同时，中国对即将设立的金砖国家新开发银行和亚洲基础设施银行具有重大影响力，而这两家银行的主要业务将集中于基础设施领域授信。发达国家和发展中国家都存在大规模基础设施建设的需要，且大多数发展中国家的基础设施薄弱，基础设施投资合作的空间巨大，从而促进基础设施对外投资，不仅有助于中国的技术、标准和资本联合"走出去"，而且有助于改善中国海外投资的形象。

自全球金融危机爆发以来，全球基础设施建设进入快速、稳定的发展时期。亚非拉地区基础设施建设普遍薄弱，对基础设施投资有着强劲的资金与技术需求。东盟2010年通过了2955亿美元的发展基础设施投资计划，该计划包括兴建路桥、港口、机场、综合工业区和电厂等717个工程项目，于2020年完成。非洲每年也存在310亿美元的基础设施融资缺口。同时，美、欧等发达国家基础设施也面临更新换代，如美国2010年宣布实施500亿美元基础设施升级计划。这为中国基础设施领域企业提供了巨大的市场机会。与此同时，中国部分基础设施建设将逐渐趋于饱和。中国高速公路路网建设已经完成了大约90%，逐渐趋于结束。大型水电项目的建设规模难以长期维持在很高的水平，相应的设备制造能力将逐渐出现过剩和闲置的局面。中国还形成了世界最大规模的铁路车辆、工程机械和普通机床等的生产能力。从而，中国将不断面临部分产业特别是相关制造业产能的过剩。因此，中国开展对外基础设施投资，不仅可抓住世界各国对基础设施的巨大需求，拉动中国施工机械及劳务的输出，带动相关商品和建材出口，消化国内过剩产能，而且可开拓新兴国际市场，促进中国制造业的技术进步和设备更新。

中国对外基础设施投资不仅有效保障中国资源能源安全，加强与投资目的国的政治与经贸联系，而且可提升中国对外投资的国际形象。中国目前对很多发展中国家的投资都集中在资源和能源领域，这些投资项目是在自愿互利的基础上进行的，在实施过程中往往会搞一些配套的基础设施建设。因此，中国可考虑将基础设施对外投资战略上升为国家战略，并将其与走出去战略、海外市场开拓战略、资源与能源战略、对外援助战略和国家安全与外交战略密切相连起来，加强统筹协调和整体规划。

（五）充分发挥海外中资企业商会在促进对外投资方面的积极作用

中国企业对外投资需要海外的"接应方"，其中中国在海外的中资企业商会团体如果发展较好，则能够对"走出去"的中国企业在立足、生根上提供最充分的帮助，有效地对接海内外不同的生存环境和文化差异，帮助在海外孤军奋战的中国企业凝聚成联合舰队，从而大大增强其抗风险和生存能力。因为海外商会既了解所在国的法律法规、市场供求和竞争现状，又熟知所在国的社会习俗和国情。其相对于中国官方能更妥善地向所在国政府为中国企业争取合法权益；而相对于单个企业，商会又能站在比较高的立场，组织活动向当地社会做回馈，处理与当地社会的关系。因此海外中资企业商会能够帮助解决"走出去"中国企业所面临的众多问题与挑战，降低投资风险，还可以出面协调，避免恶性竞争。

现在海外中资企业商会众多，他们各有特点，但也有一定局限性，需要加强团结和整合。同时，国内各系统的商会可以通过设立"海外部"实现商会信息化、市场化和国际化，并与中国海外中资企业商会进行对接。中国海外中资企业商会长期而言应该实现"以会养会"的民间性，即商会团体的费用全部自筹，主要是靠会员会费的收入。但在早期可以通过政策提供支持费用，同时鼓励对外投资企业集资组建与加强海外中资企业商会。不管经费来源如何，突出海外中资企业商会的"服务功能"是其存在的根本和发展的基础，要努力发挥其促进中国投资者与东道国的交流、风险化解、争端解决等方面的积极作用，避免无序竞争和恶意竞争，同时防止将"管理型"的作风带入海外中资企业商会。

（六）建立信息咨询服务体系，扶持本土海外投资中介机构发展

建立对外直接投资信息咨询服务体系，编制国别法律制度指南。加强政府主导的对外投资国别地区项目库建设。完善对外投资的产业导向和国别指导政策。编制国别法律制度指南，将各主要投资国的法律法规、会计制度、历史文化、生活习俗、

商业礼仪、投资协定、优惠政策、投资争端解决办法、投资促进机构联系方式等信息进行汇编。法律制度指南要具有可操作性，能够成为对外投资企业可直接参考的案头指南，并将这一指南用于国际化人才培训和政府人员培训。

扶持本土银行、法律、会计、评估等海外投资中介机构发展，切实发挥这些中介机构的专业化咨询、权益保障等作用，为中国企业海外投资提供高质量的投资顾问、融资顾问、财务顾问、金融顾问和法律顾问服务，为海外投资企业立项建议书和可行性研究报告提供技术层面的支持。

（七）建立对外投资统计调查体系

可以参照美国和日本的经验，建立三级统计调查体系：一是境外投资核准信息。根据各部委核准信息进行统计，但这一部分信息仅作为内部参考，不对外公布。可以在现有核准统计的体系中，加入第三国投资、国有股份统计等内容，进一步完善现有核准信息。二是抽样统计体系。改变由商务委统计的做法，改由统计部门对有境外投资的企业进行统计，建立完善的统计体系。三是调查体系。建议由中国产业海外发展与规划协会或贸促会主导，定期对中国企业境外投资状况、国别投资环境进行调研，面向境外中国企业定期发布调研结果，以帮助中国企业及时、准确掌握全球经济条件和投资环境的变化。四是建立联合年检制度。一般情况下，在统计的同时即完成对境外投资企业的年检，为了核准年检信息的真实性，可由商务委、发改委等部门组成联合小组，每年选择一个境外投资目的地进行实地年检，年检信息在部门间共享。

（八）量身定制中国对外投资国家风险评级、预警和管理体系

从中国企业和主权财富的海外投资视角出发，量身定制中国对外投资国家风险评级，全面和量化评估中国海外投资所面临的战争风险、国有化风险、政党更迭风险、缺乏政府间协议保障风险、金融风险及东道国安全审查等主要风险。并提供风险警示，为企业降低海外投资风险、提高海外投资成功率提供参考。

建立和完善海外投资保险制度。我国目前尚未出台相关法律和法规对海外投资保险制度予以法律上的确认，因此需要在相关部门进行实践经验总结的基础上，初步推进《海外投资保险法》的立法进程。同时，明确承保对外投资保险业务的机构。中国出口信用保险公司成立之初是为了承保中国企业的出口业务，随着对外投资的发展，其也开始为企业的海外投资提供保险。中国出口信用保险公司并非官方专设的承保对外投资业务的机构，需要以此为雏形，进行完善建设。

（九）规范国有企业海外投资，发展混合所有制海外投资体

加强对国有企业海外投资项目的规范和监管，防止国有资产流失。国有企业是目前中国海外投资的主体，由于涉及国有资产，所暴露的投资风险和监管风险不断增加。国有企业海外投资一旦失败，并没有相应的责任主体为此负责，这导致企业海外投资决策随意、重规模轻绩效，投资大幅亏损和国有资产流失风险大增。同时，1995年修订的《境外国有资产产权登记管理暂行办法实施细则》及1999年的《境外国有资产管理暂行办法》等规定早已无法满足当今的境外国有资产监管要求。因此，需要尽快出台诸如《国有企业海外投资管理办法》《海外国有资产监管条例》等类似法规，加强对国有企业海外投资的规范和监管，就投资论证、投资程序、投资责任、投资绩效、风险管控等做出相应规定，实行投资主体责任制（投资母公司对国有资产的境外转移、管理的责任约束）和投资项目法人责任制（对境外具体项目法人即子公司对母公司投资进行具体运营进而保值的责任约束），维护国有资产安全，防范国有资产流失。

发展混合所有制海外投资体。我国企业在海外投资过程中碰到的一个突出问题是遭遇东道国进入壁垒，出于对经济安全等因素考虑，外国政府往往对国有企业进行更严格的审查。因此，应该探索和鼓励以民营企业为主国有企业为辅，以民营企业打前线国有企业随后跟进的混合所有制模式海外投资，从而实现单独依靠国有企业或者民营企业都难以完成的海外投资项目，降低投资风险和壁垒，提高决策效率和精度。

五、中国外汇储备投资战略的重点任务

当前，中国应充分利用欧美发达国家企业资产估值较低，以及全球大宗商品已向下深幅调整的有利时机，借鉴外汇储备管理的国际经验，转换外汇储备管理思路，

将外汇储备的收益性目标置于优先地位，改革外汇储备管理体制，发挥外汇储备的国家财富功能，采取积极主动的外汇储备管理模式，加快实施外汇储备多元化战略。

（一）将外汇储备收益性目标置于优先地位，兼顾安全性和流动性目标

中国的外汇储备管理目标通常强调安全性和流动性，并在确保安全性和流动性的前提下实现收益的最大化。也就是说，流动性和安全性是外汇储备管理的主要目标，收益性是兼顾目标。因此，在实际管理操作过程中，中央银行通常将外汇储备投资于信用风险和市场风险尽可能低的高度流动性资产，如短期美国国债，以用于缓冲意外冲击、维持汇率稳定、偿还外债和支付进口需求。在当前外汇储备规模高达3万亿美元，继续坚持保守的投资策略，显然是对宝贵的外汇储备资产的一种浪费。

在后金融危机时代，中国应顺应外汇储备管理的新趋势，适时调整外汇储备管理的原则和目标。中国应在继续强调外汇储备管理的"流动性""安全性"目标的同时，宜将"收益性"目标置于更为优先和重要的地位。在实际操作过程中，可考虑将中国的外汇储备分为流动性组合和投资性组合，流动性组合投资于高度流动性的欧美发达国家的政府债券，而投资性组合应适当增加对企业的债权和股权证券的投资。

（二）将外汇储备管理体制由央行主导改为财政部与央行共同主导

外汇储备是国家财富，对外汇储备的投资管理必须体现国家战略目标，单纯从央行角度进行战略决策和投资管理，缺乏实现国家战略目标的基础。需要在外汇储备管理体系中引入财政部门，从中央银行和财政部相结合这一更为综合和宏观的视角，来制定外汇储备的投资战略和管理策略。参照国际经验，中国可考虑将外汇储备管理体制由现行的央行主导调整为财政部与央行共同主导。要逐步由中国人民银行单独管理的"一元"模式，向央行和财政部共同管理的"二元"模式转变。财政部在外汇储备投资战略方面提供导向性意见，中央银行和国家外汇管理局负责外汇市场管理与外汇储备的具体投资管理。财政部下属的主权财富基金公司强调实施外汇储备资产的积极管理，追求盈利性目标，而中央银行则对外汇储备实行消极被动管理，强调外汇储备的安全性和流动性目标。若改革推进顺利，可考虑让财政部在

人民币汇率的决策上面发挥更为重要的作用。考虑财政部缺乏外汇储备管理方面的经验，外汇储备体制改革可按先易后难的原则分步进行。同时，鉴于中国财政部不具备西方国家财政部的综合性地位，建议筹建一个由国务院牵头，国家发改委、财政部、中国人民银行和商务部等部门参与的外汇储备投资战略决策委员会，从国家战略高度来制定外汇储备投资目标，并制定以中国人民银行为主的储备战略执行和风险管理框架，定期听取汇报和进行检查。

（三）理顺主权财富基金管理体制，设立新的主权财富基金

鉴于当前中国外汇储备远远超出最优规模，教条式坚持流动性和安全性目标势必会产生巨大的机会成本。美国次贷危机和欧洲主权债务危机为中国主权财富基金公司提供了有利的投资时机，这主要体现在：一方面，欧美金融机构遭受金融危机的重创，普遍面临资本短缺问题，对外来资本持更为欢迎的态度，中国主权财富基金的海外投资壁垒整体上有所下降；另一方面，金融危机造成国外企业的估值大幅下跌，资产价格相对便宜，为中国主权财富基金提供了较为合适的投资时机。

中国政府应明确财政部对主权财富基金的管理权限。中投公司应考虑与中央汇金公司最终脱钩，从而形成两个平行的实体，汇金负责国内外战略性投资，中投专司海外金融产品组合投资。同时，中国政府应继续增资中国投资公司，将一部分外汇储备资产划拨给中投公司，追求风险可控条件下的储备资产收益最大化。另外，在中国主权财富管理的现有体制模式不变的条件下，国家外汇管理局继续兼顾流动性投资和风险性投资，但显著增加风险性投资组合的资产规模。

除中投公司外，中国可考虑设立新的主权财富基金。例如，中国可考虑仿效其他国家，新设立一家主权养老基金与一家主权能源基金。养老基金的资本金和投资收益用于弥补将来养老基金账户的亏空，缓解人口老龄化对中国政府未来的财政压力，而能源基金投资的海外能源资源权益主要用于保障中国能源供应的安全。每家的资本金规模依然在 2000 亿美元左右。若资本金规模太小，对中国外汇储备资产的多元化管理不具实质性影响。基金的设立方式依然是财政部发行特别国债，财政部用发债募集资金与央行外汇储备资产互换，之后将外汇资产作为资本金注入该基金。

财政部应是养老基金、能源基金的唯一股东,行使出资人的职责权限。主权养老基金从成立之日起,就明确投资所得最终只能用于补充中国养老金账户,在投资策略、资金运用与管理机制方面应该充分透明。中国政府应明确主权能源基金的投资方向为参股国外能源资源企业,以确保中国有稳定和可靠的能源供应渠道。通过引入多层次的外汇储备管理机制,有助于在中国主权外汇资产管理领域引入竞争,从而提高外汇资产管理效率,降低外汇资产管理面临的系统性风险。

(四)优化外汇储备资产的配置结构

美联储退出量化宽松政策对中国外汇储备投资构成了复杂影响和严峻挑战。在未来数年,美国国债收益率的稳定上升将一直对中国外汇储备投资的美元债券的市场价值形成负面冲击。但与此同时,美联储的审慎货币政策将降低美国主权债务货币化的风险,有利于维持中国持有的美元资产购买力的长期稳定。为应对量化宽松政策退出的冲击,中国货币当局应客观评估形势,制定出长、中和短期相结合的外汇储备投资方案,稳步推进外汇储备资产的多元化进程。具体建议如下。

第一,渐进稳步调整外汇储备资产结构,避免引发美国国债市场震荡。美联储退出量化宽松是一个长期过程,其推进节奏取决于美国信贷市场和劳动力市场的反应,美国国债的收益率上升和价格下跌应是一个平缓的过程,不会出现大起大落的现象。而且,美国经济基本面也有助于降低美元资产的违约风险。同时,中国持有美国长期国债的规模巨大,资产配置结构调整难以在短期内完成。因此,在外汇储备资产结构调整方面,中国应逐步调整美元资产结构,避免引发美国国债市场震荡。

第二,美元资产比重占外汇储备的比例宜维持稳定,应加大对美国股票、不动产和企业债券的投资力度。考虑到美国在经济弹性及发展前景、人口老龄化程度和主权债务状况等方面明显优于欧洲、日本,美元在未来数年很可能维持相对强势地位,因此,在削减美元资产份额问题上,中国不宜操之过急。在未来一段时间,美元资产占中国外汇储备的比重应继续稳定在55%的水平上。目前,美国经济逐步向好,以及美联储逐步退出量化宽松政策,将对美国国债等无风险资产构成利空,而对股票、企业债券和不动产等风险资产构成利好，从而，美国国债价格将会稳步下跌，而美国的股票、企业债券和不动产的价格将会上涨。因此，未来中国外汇储备多元化的重点，不是币种的多元化，而应是证券品种的多元化，即逐步降低国债的持有份额，加大对股票、企业债券和不动产的投资力度。

第三，调整美国国债资产的剩余存续期限结构，减持剩余存续期较长的国债，适当增持期限较短的国债和通货膨胀保护国债 TIPS。量化宽松政策退出将导致美国国债的收益率上升和价格下跌，是一个确定性事件。中国可适当减持剩余存续期较长的长期国债，增持剩余存续期较短的长期国债和短期国债。例如，减持剩余存续期 10 年左右的国债，增持剩余存续期或期限 2 年左右的国债，以减少国债收益率上升所引起的估值损失。待美国国债市场收益率预期较为稳定的时候，再卖出剩余存续期较短的美国国债，购入剩余存续期较长的国债，以提高外汇储备的投资收益。同时，未来美国经济复苏将导致通货膨胀率上升，侵蚀美国国债的投资收益，为规避通货膨胀风险，中国可适当增持美国的通货膨胀保护国债 TIPS。

第四，在时机合适时，中国可适当增持主要新兴经济体的资产。目前，美联储退出量化宽松政策，对巴西、印度和印度尼西亚等一些新兴经济体造成较大的负面冲击，出现了资产价格大幅下跌、资本外逃和货币贬值的问题。而对那些经常项目长期逆差、外债负担重的国家而言，量化宽松退出带来的国际收支问题更为严重。但从中长期角度来看，巴西、印度和印度尼西亚等一些主要新兴经济体具有良好的经济增长前景，投资回报较高。而且，美国经济向好也会带动新兴经济体的增长，在市场逐步消化量化宽松退出的不利影响之后，基本面较为健康的新兴经济体的资产价格将出现反弹，货币也将升值。因此，在新兴市场的资产价格有了一定的调整之后，中国外汇储备应加大对这些国家资产的投资力度。

第五，完善外汇储备委托贷款和商业银行转贷款渠道，加大对"走出去"企业的资金支持力度。为充分利用当前后金融危机背景下难得的对外投资机遇，中国外汇储备应加大对开展境外直接投资的国内企业，特别是民营企业的资金支持力度。外汇储备管理部门应进一步完善向国有商业银行、国家开发银行发放委托贷款和转贷款的方式，向"走出去"寻求技术、资源和市场的企业提供信贷支持。这不仅能提高中国企业的国际经营能力，而且可提高外汇储备的收益率。

第六，适当增持黄金储备、战略物资储备和先进技术设备。鉴于美元是大宗商品的计价货币，美元升值将导致大宗商品价格下降。黄金是一种有效的储备保值手段。目前，黄金价格已大幅下调，中国可考虑购置部分黄金，以降低中国外汇储备的美元贬值风险。同时，中国人均资源贫乏，可选择有利的价格时机，利用外汇储备来购买一些不可再生的资源，如石油、矿石资源、稀有金属等，满足国民经济建设对战略性物资的长远需求。中国还应扩大进口先进技术、先进设备的免税范围，鼓励企业大量进行技术改造，提高国内企业的技术水平。

（五）完善外汇储备管理的职责分工和风险防控机制

目前，中国外汇储备主要由国家外汇管理局的国际储备司和中国外汇交易中心负责管理，国际储备司既要负责外汇储备投资的战略制定，又要负责投资战略的贯彻实施。由此来看，中国政府在外汇储备的内部管理和风险防控机制上均有较大的改进空间，具体政策建议包括以下几个方面。

首先，清晰界定和分离外汇储备投资战略的决策部门与执行部门之间的职责权限。外汇储备投资的战略决策宜由中国人民银行、国家发改委、财政部和商务部等主要部委参与的跨部门的外汇储备投资战略决策委员会做出，以减轻中国人民银行的决策压力。战略决策的内容包括外汇储备的货币结构、利率风险和投资回报之间的平衡及流动性要求等，并制定战略性的投资基准，以反映国家长期政策的需要及该委员会对风险和回报的偏好。外汇储备投资的执行决策由中国人民银行及国际储备司制定，并制定策略性基准，以反映当时市场情况下对中短期风险和回报的偏好。

其次，制定严格的外汇储备管理规则。在确保市场和信用风险受到严格控制的条件下，中国人民银行应制定具体的投资准则，以实现外汇储备的组合回报和风险之间的平衡。在保持行政成本和其他成本足够低以及给定约束条件下，中国人民银行对储备资产管理的授权做了明确界定，以实现储备资产投资组合收益的最大化（相对于投资基准）。

最后，完善外汇储备管理的风险防控机制，加强对外汇储备管理的监督。设立风险委员会负责授权投资行为和控制风险敞口，组成人员包括风险管理部门、后台部门的负责人，管理市场风险、信用风险和操作风险。中国人民银行应每半年对外汇储备的投资业绩进行回顾评估，并讨论外汇储备投资策略的科学性。中央银行应每季度对外汇储备的管理绩效和外汇储备的充足性进行内部审计，并出具独立的审计意见。审计署每年应对外汇储备的投资业绩进行外部审计。中国人民银行应每月向国家发改委、财政部和商务部通报外汇储备的管理绩效。同时，中国人民银行应定期对外汇储备的市场风险进行压力测试，检测外汇储备对潜在的各种市场变动的抗风险性及其可能的损失。

第三节 国际贸易战略

一、国际贸易战略调整的背景

国际贸易战略是一国根据本国的总体经济发展战略、国民经济发展情况、阶段特征、产业结构及生产要素情况，国际生产分工和全球贸易发展的趋势，本国参与全球经济治理、国际分工的模式、程度和方式，对国际贸易的发展目标、实现方式及管理体制所进行的规划。

（一）中国经济实力提升要求重新确定中国在全球贸易治理中的角色

中国入世 10 余年，中国在全球贸易中的地位逐渐加强，占全球货物贸易总额的比重由 2001 年的 4.0% 提升至 2013 年的 13.0%，2013 年中国超越美国成为货物贸易第一大国。在出口方面，2004 年超过日本，2007 年超过美国，并逐渐与欧盟的出口规模接近，如果按国家看，中国是全球最大的出口国，2013 年中国出口占全球出口份额的 11.7%，如图 5-2 所示。中国进口占全球比重也逐年增加，2013 年排在美国和欧盟之后，是全球第三大进口来源地，中国的进口占全球进口份额 10.3%，如果按国家看，中国是全球第二大进口国，2009 年后，中国进口需求的稳步增长，成为支撑全球经济复苏的重要力量，如图 5-3 所示。美国、欧盟、中国是全球贸易的三大核心力量，但现有国际规则制定权仍由美国和欧盟所主导，中国在市场中所占力量和在谈判中规则制定权方面的力量存在不平衡，中国经济实力提升要求中国重新确定其在全球贸易治理及国际贸易规则制定中的角色。

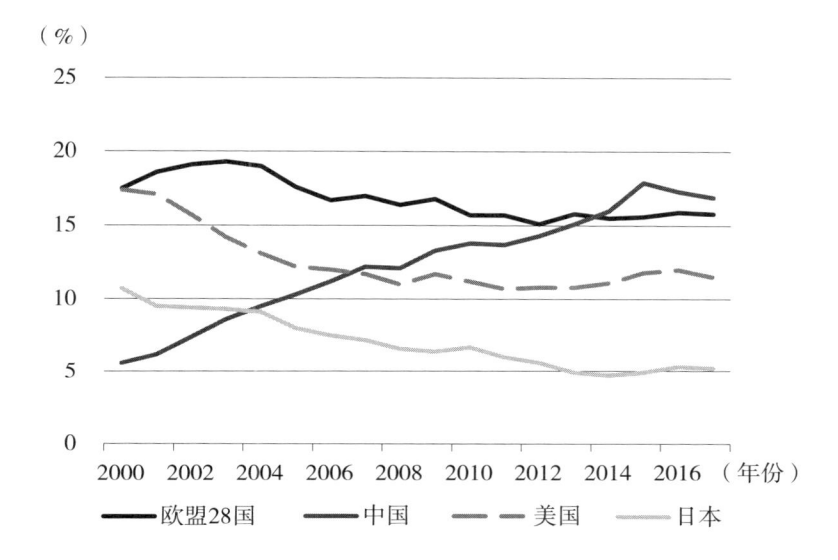

图 5-2 主要经济体在全球出口贸易中所占比重的变动趋势

数据来源：wind。

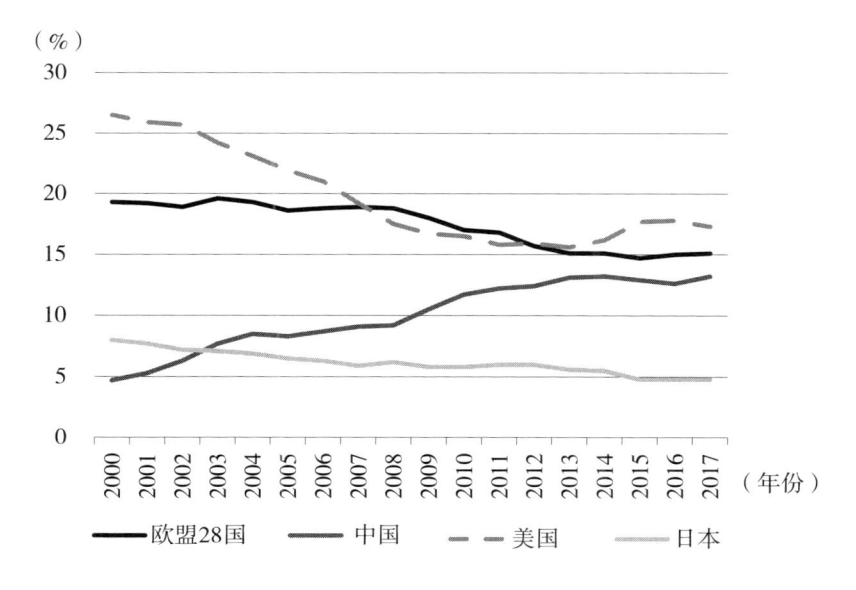

图 5-3 主要经济体在全球进口贸易中所占比重的变动趋势

数据来源：wind。

（二）自由贸易区迅猛发展，成为推进经济全球化的重要平台

区域经济一体化已经成为全球区域经济一体化，成为经济全球化的主要驱动力，在美国、欧盟等发达国家的引领下，高标准、跨区域、全方位的自由贸易区谈判成为各国谋求在全球经贸及国际战略布局中有利地位的重要平台。全球贸易自由区发展迅猛，截至 2018 年 3 月 5 日，向 WTO 通报的区域贸易协定有 670 个，其中已经生效区域贸易协定有 456 个。多国通过主导 TPP、TTIP、TISA 等贸易投资协定谈判，谋求在地缘政治中的有利地位，并力图推行代表发达国家利益的高标准的贸易投资规则。

以亚太自由贸易区为基础，扩展面向全球的高标准自由贸易网络建设，也是扩大中国同各国、各地区利益汇合点，发展全方位经贸关系的重要平台。美、日、欧是中国传统的三大出口市场。金融危机和欧债危机影响下，发达经济体需求增长乏力，而中国对东盟、中国内地对中国香港的出口呈现高速增长，中国对俄罗斯、南非等新兴市场国家的出口增速提高较快，如图 5-4、图 5-5 所示，中国进出口集中度过高的趋势逐渐减弱，市场日益多元化。通过自由贸易区建设，可以为中国与其他国家的合作提供制度保障。

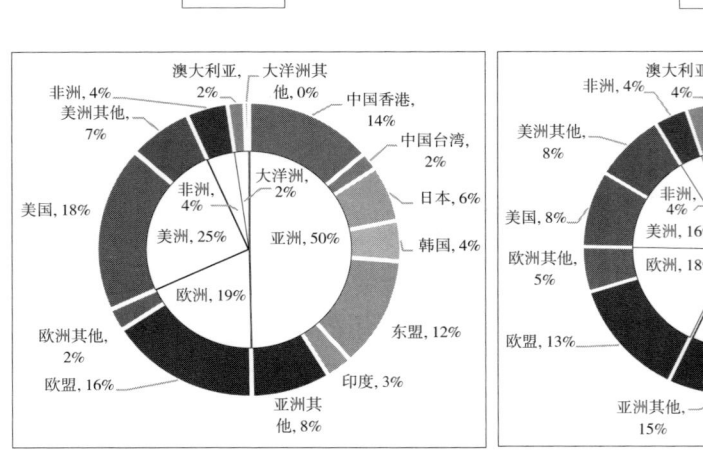

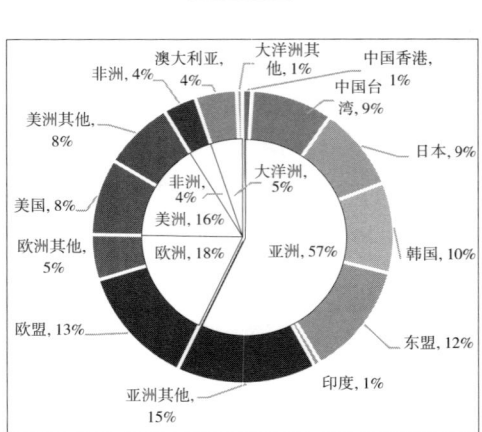

图 5-4　2016 年中国进出口结构

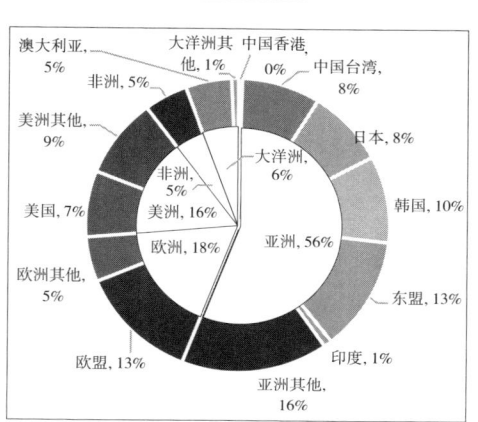

图 5-5　2018 年中国进出口结构

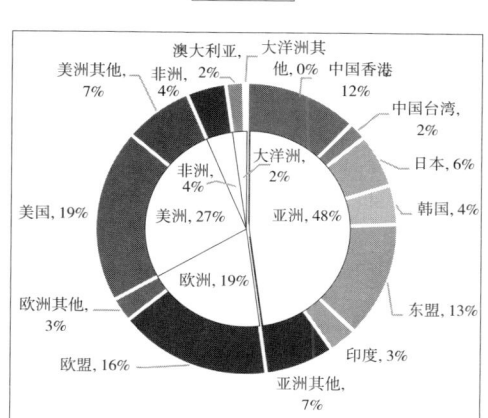

（三）中国在全球价值链分工中仍处于低端制造环节

全球贸易模式正从传统的贸易模式向以全球价值链为特点的新贸易模式转换，中国在全球价值链分工中仍处于低端制造环节。我们采用 OECD-WTO2018 年最新发布附加值贸易数据库（TiVA）的相关数据，通过计算来分析中国制造业出口贸易的基本情况。通过图 5-6，我们分析了中国制造业国内附加值出口变动的情况，在 TiVA 数据库中，有 9 个行业属于制造业，OECD（2005）的报告中，提出了以技术组别为标准的制造业产业分类，我们根据这一分类，将 TiVA 数据库中的 9 个行业分为初级制造、中级制造、高级制造三类①。中国制造业国内附加值出口占全球的比重从 2005 年的 10.09% 提高到 2015 年的 22.27%，其中初级制造业（劳动密集型）的国内附加值出口占全球的比重从 2005 年的 15.56% 提高到 2015 年的 26.76%，中国高级制造产品国内附加值出口所占比重在近 10 年内也有明显的提高，2005 年占全球比重为 10.29%，2015 年为 24.51%。按在主要制造业国家中的排名，2015 年中国制造业总

---

① 低技术行业包括：食品生产、烟酒饮料，纺织品、皮革与鞋类，木材、纸制品、印刷与出版；中等技术行业包括：化学品与非金属矿产品，基本金属与金属制品；高技术行业包括：机械与设备（其他），电子、电器与光学设备，运输设备，其他制造品及回收设备。

体、低技术、中等技术、高技术出口增加值占全球增加值的比重均为第 1 名。中国应进一步适应全球链生产模式，提高在全球价值链中的参与度，提升在全球价值链分工中所处的位置，促进技术创新和结构调整，更好的融入全球分工体系中。

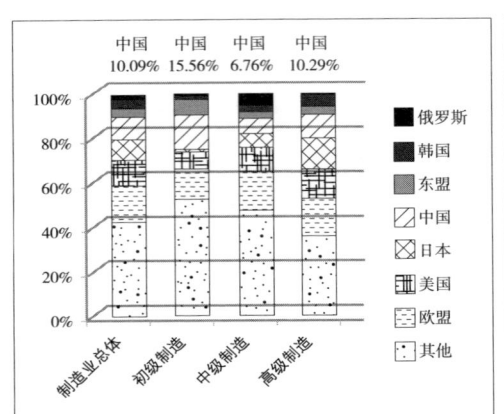

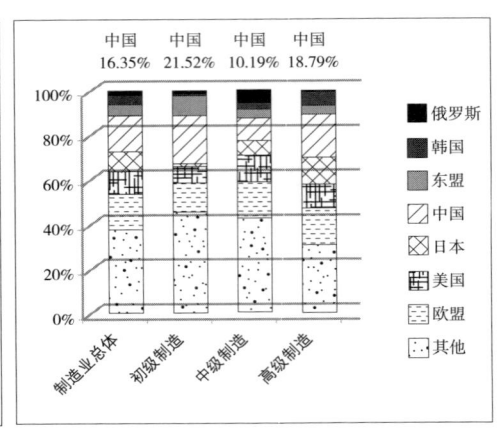

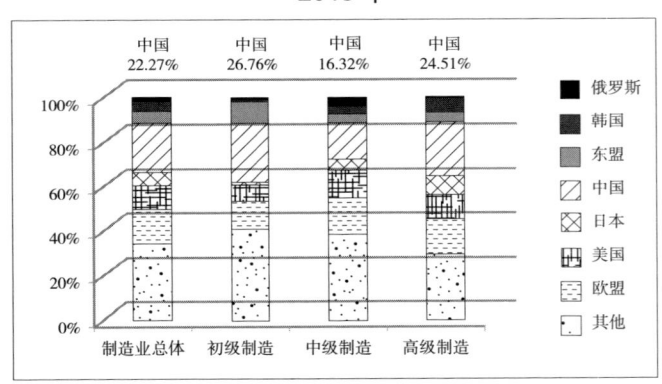

图 5-6　主要制造业出口国国内附加值出口占全球比重变化

资料来源：根据 OECD-WTO 的 TiVA 数据库相关数据计算、绘制。

表 5-1 列出了 2005 年、2010 年和 2015 年中国制造业国内附加值（分行业）出口占全球比重的变动趋势。制造业主要产业国内附加值出口占全球附加值出口

均稳步提高，其中，纺织品、皮革与鞋类占全球附加值出口的比重到 2015 年已经高达 55.24%，机械与设备 2005—2015 年提升较高，由 6.99% 增加到 21.55%，电子、电器与光学设备附加值出口比重也有较大的提升，由 17.58% 提高到 38.04%，反映出劳动力密集型行业出口持续增加，同时，机电类较高技术含量的产品的出口也增加较快。

表 5-1　中国制造业国内附加值（分行业）出口占全球比重

行业	食品、烟酒饮料	纺织品、皮革与鞋类	木材、纸制品、印刷与出版	化学品与非金属矿产品	基本金属与金属制品	机械与设备	电子、电器与光学设备	运输设备	其他制造品及回收设备	制造业总体
2005 年	5.13%	34.07%	5.62%	5.65%	8.77%	6.99%	17.58%	2.92%	15.60%	10.09%
2010 年	6.16%	47.88%	8.89%	8.95%	12.47%	14.89%	29.04%	7.39%	24.27%	16.35%
2015 年	7.57%	55.24%	14.36%	13.83%	21.27%	21.54%	38.04%	8.13%	32.51%	22.27%

资料来源：根据 OECD-WTO 的 TiVA 数据库相关数据计算。

（四）中国生产要素禀赋条件改变，低端制造业竞争力下降

人口红利的逐渐丧失、土地、能源约束、环境恶化要求中国培育国际产业竞争的新优势。根据联合国的统计和预测，2012—2030 年，中国的 20~59 岁的人口增速持续下降，并于 2018 年开始出现负增长，该年龄段人口数量将由 2011 年的 8.44 亿人下降到 2030 年的 7.86 亿人。

我们采用基于国内附加值出口数据的显示性比较优势指标，对中国制造业各行业的出口竞争力进行初步的判断。如表 5-2 所示，纺织品、皮革与鞋类，基本金属与金属制品、电子、电器与光学设备、其他制造品及回收设备的 RCA 指数一直大于 1，显示出这些行业具有国际竞争力。其中，纺织品、皮革与鞋类的 RCA 指数呈现逐渐下降的趋势，反映出该行业面临的外部竞争加强，优势逐渐下降。电子、电器与光学设备的 RCA 指数逐年上升。创新加工贸易、对劳动密集型行业进行转移是中

国贸易转型和产业转移的重点。

表 5-2　中国制造业（分行业）显示性比较优势

行业	食品、烟酒饮料	纺织品、皮革与鞋类	木材、纸制品、印刷与出版	化学品与非金属矿产品	基本金属与金属制品	机械与设备	电子、电器与光学设备	运输设备	其他制造品及回收设备
2005年	0.80	5.33	0.88	0.88	1.37	1.09	2.75	0.46	2.44
2010年	0.62	4.83	0.90	0.90	1.26	1.50	2.93	0.75	2.45
2015年	0.61	4.43	1.15	1.11	1.71	1.73	3.05	0.65	2.61

资料来源：根据 OECD-WTO 的 TiVA 数据库相关数据整理。

（五）内陆地区和沿边地区的开放与沿海地区开放程度不平衡

中国东部地区与中西部地区的贸易开放程度呈现显现的不平衡。如图 5-7 所示，中国 2018 年进出口额的 81.7% 由东部地区完成。中西内陆地区和沿边地区的基础设施、产业配套能力、产业基础，劳动力素质等方面也与东部地区有明显差距。

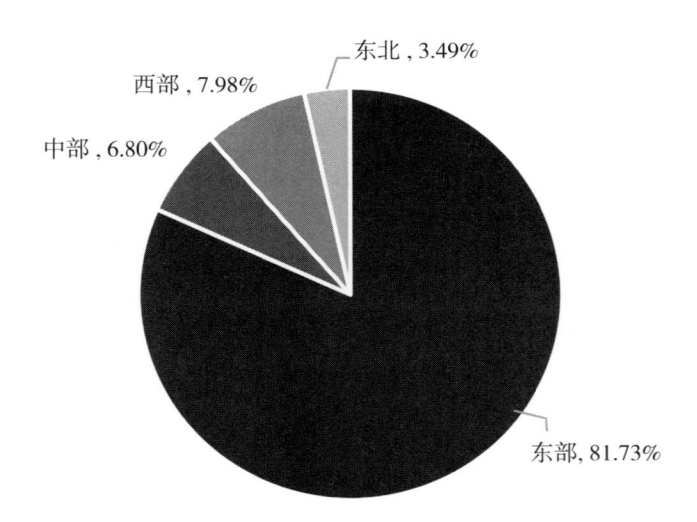

东北, 3.49%
西部, 7.98%
中部, 6.80%
东部, 81.73%

图 5-7　2018 年各地区进出口份额

（六）贸易开放程度需要进一步提高

世界银行贸易总限制度指数（Overall Trade Restrictiveness Index，OTRI）提供了衡量一国贸易政策限制本国贸易发展程度的评价方法。

表5-3列出了G20国家的贸易限制指数值，从以关税为基础的贸易总限制性指数来看，各国真实的贸易政策开放和自由程度差异性极大。从应用关税水平看，中国的关税总水平为9.7%，在G20中的16个经济体中位于第11位，南非的关税水平较低，为5.3%，除南非外，中国的应用关税水平低于其他发展中国家，从总体看贸易政策限制性不高。农业方面，发达国家和高收入存在着较高的农产品进口关税，如欧盟、日本和韩国；金砖国家中，印度和巴西的进口关税也存在着较高壁垒，尤其突出的是印度对于农产品的保护。中国的农业应用关税水平较低，为14.4%，在G20中的16个经济体中位于第4位。制造业关税方面，中国的应用关税水平为9.3%，限制水平在国际的地位与关税总水平基本一致。全部市场限制指数在包括关税基础上，还将非贸易壁垒纳入分析范畴。从具体数据看，中国非贸易壁垒较高，说明在规则的协调性、市场准入范围的限制等方面仍有扩展的空间。

表5-3 2009年主要国家贸易限制度指数（G20）

%

	仅以关税为基础贸易限制指数（OTRI）						全部市场准入限制指数		
	以应用关税为基础计算			以最惠国关税为基础计算					
	ALL	AG	MF	ALL	AG	MF	ALL	AG	MF
沙特阿拉伯	1.4	1.8	1.4	1.6	2	1.5	2.4	7.3	2.3
印度尼西亚	4.7	15.1	3.9	7.9	16.9	7.1	13.2	38.4	8.5
加拿大	4.8	18.5	3.3	7.1	24.6	5.2	8.6	21.6	5
南非	5.3	12.8	4.7	6.4	16.5	5.7	5.6	21.6	4.1
欧盟	5.6	33.6	3.4	9.7	53.1	4.3	9.2	27.9	7.9
美国	5.7	17	4.5	6.5	19.2	5.2	9.7	29	6.9
土耳其	7.3	32	6	9.6	32.9	8.4	9.6	24.7	8.4

续表

	仅以关税为基础贸易限制指数（OTRI）						全部市场准入限制指数		
	以应用关税为基础计算			以最惠国关税为基础计算					
日本	8.9	38.3	4.7	9.3	38.7	5.1	8.2	22.5	8
韩国	9	49.8	4.5	9.1	49.9	4.6	8.6	20.4	8.3
阿根廷	9.2	9.6	9.1	14.5	17.5	14.3	14.4	25	8
中国	9.7	14.4	9.3	10.2	16.4	9.7	9.4	29.6	8.8
澳大利亚	11.3	29.5	9.8	11.6	30.1	10.1	8.2	21.8	4.9
印度	14.9	69.5	13.1	15.3	71.7	13.4	8.4	16	7.4
墨西哥	15.2	28.3	13.8	21.9	50.2	18.8	4.2	21.5	3.1
俄罗斯	15.2	22.5	13.7	15.6	23	14.1	4.5	18.1	3.9
巴西	21.7	24.7	21.5	23.4	29.5	23	12.2	35.8	4.1
中国在G20 16个经济体的排序	11	4	11	10	2	10	11	14	16

注：AG——农业；MF——制造业；ALL——全部货物贸易。最惠国关税为基础的指标计算指对所有贸易伙伴国；应用关税为基础的指标计算将双边贸易协定中的关税优惠等情况考虑在内。

资料来源：根据 Trade Restriction Indices2009 相关数据整理。

在服务贸易方面，从图 5-8 可以看出，中国目前的服务贸易壁垒仍较高。中国服务业部门市场化程度较低，国有部门主导的服务业约占全部服务业的一半，在 160 个服务部门中，不附加条件而完全开放的服务部门不足 1/5。中国的服务贸易和货物贸易发展水平不平衡。

国际商会（International Chamber of Commerce）2017 年报告中提出的开放市场指数，考虑的因素包括平均应用关税水平、复杂关税组合、反倾销案例数量，以及通关有效性。

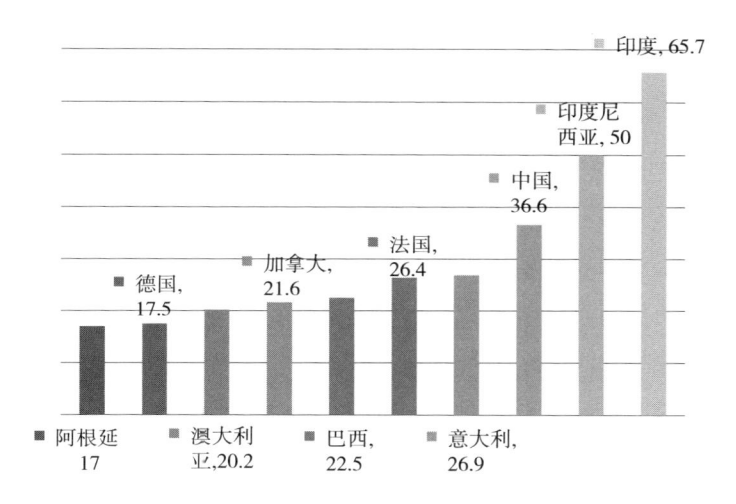

图 5-8　服务贸易限制度指数

表 5-4 结果显示，中国贸易政策角度衡量的开放度不高。在 G20 中，中国贸易政策开放度水平位于第 16 位，落后于总体开放度水平，在贸易政策开放度方面，中国与其他金砖国家的水平基本相当。贸易政策开放度包括平均应用关税水平、复杂关税组合、反倾销案例数量（Anti-dumping）及通关有效性等几个指标。中国可观测的贸易开放度水平与贸易政策开放度水平有明显的差异，说明中国可观测的贸易开放度并非主要由降低关税等因素驱动，低劳动力成本和其他生产要素价格、FDI、与全球生产网络的紧密关系等因素是中国贸易持续增长的主要动力。

表 5-4　国际商会（ICC）开放市场指数（OMI）国际比较（G20 国家）

	在全球的排名	总分	各部分分数			
			可观测贸易开放度	贸易政策	国际资本流动	贸易的基础设施
加拿大	17	4.1	2.7	5.1	4.2	4.7
德国	22	3.9	2.9	4.8	2.9	5.4
英国	28	3.9	2.4	4.8	3.8	5.2
澳大利亚	30	3.8	2.6	4.7	3.9	4.6
法国	35	3.7	2.3	4.8	3.4	4.8

续表

	在全球的排名	总分	各部分分数			
			可观测贸易开放度	贸易政策	国际资本流动	贸易的基础设施
日本	37	3.7	2	5.2	2.9	5.1
韩国	39	3.7	3.1	4.1	3.3	4.6
美国	40	3.6	2.1	4.7	3.4	4.8
沙特阿拉伯	41	3.6	3.2	4.6	2.3	3.5
意大利	45	3.5	2.1	4.8	3.1	4.4
墨西哥	46	3.5	2.4	4.8	3.5	2.9
南非	49	3.3	2.4	4.1	2.9	4.2
土耳其	53	3.3	2.4	4.1	3.2	3.4
中国	56	3.2	2.6	3.8	2.5	3.8
俄罗斯	58	3.1	2.1	4.2	3.4	2.6
印度尼西亚	63	3	2.2	4.2	2.2	2.5
印度	64	2.9	2.9	3	2.5	3
阿根廷	68	2.6	2.3	2.5	2.7	3.1
巴西	69	2.4	2.3	2.2	2.6	3.1
中国在G20中的排序		14	7	16	16	11

资料来源：International Chamber of Commerce，Open Market Index，2017.

二、开放型经济新体制框架下国际贸易战略的构建

党的十八大提出全面深化改革的目标，党的十八届三中全会《决定》具体提出全面深化改革的指导思想、目标任务及重大原则，其中，构建开放型经济新体制是全面深化改革的主要任务和重大举措之一。本节我们讨论的国际贸易新战略，是在全面深化改革总体目标下，在开放型经济新体制的架构内，对国际贸易发展的目标、实现方式及管理体制所进行的相应调整。国际贸易新战略应服从构建开放型新体制的战略部署要求。

（一）国际贸易战略调整的总体思路

国际贸易战略是适应经济全球化及中国对外开放新形势的新战略。党的十一届三中全会以来，中国对外开放的广度和深度不断扩展，加入WTO后，中国的对外贸易相关的体制、制度日趋完善，贸易规模迅速扩展。近年来，中国开放型经济建设面临的国内外环境正在发生的变化为国际贸易战略调整提出新要求。这些新变化主要表现在以下几个方面。

第一，世界经济格局的调整引发全球贸易治理结构的变迁，中国经济实力提升要求中国重新确定其在全球贸易治理及国际贸易规则制定中的角色。第二，区域经济一体化成为经济全球化的主要驱动力，在美国、欧盟等发达国家的引领下，高标准、跨区域、全方位的自由贸易区谈判成为各国谋求在全球经贸及国际战略布局中有利地位的重要平台，要求中国加快自由贸易区建设。第三，全球贸易模式正从传统的贸易模式向以全球价值链为特点的新贸易模式转换，中国应提升在全球价值链分工中所处的位置，促进技术创新和结构调整，更好地融入全球分工体系中。第四，金融危机后全球产业竞争进入新阶段。美国和欧盟等已经进入后工业化的发达经济体开始重新重视向实体经济回归，提出"再工业化""回包"等促进制造业发展的政策，重视发展新能源、高新技术等产业，进入新一轮产业结构调整期。中国加工贸易转型升级，加快服务业发展等方面的挑战加大。第五，中国生产要素条件、外部需求变化等要求出口导向型贸易战略进行调整，人口红利的逐渐丧失，土地、能源约束，环境恶化要求中国培育国际产业竞争的新优势。

国际贸易战略应促进"开放型经济"深化发展。构建开放型经济体制框架下的国际贸易新战略，开放型经济新体制强调对内与对外开放的结合，以开放促进改革。要求"推动对内对外开放相互促进、引进来和走出去更好结合、促进国际国内要素有序自由流动、资源高效配置、市场深度整合、加快培育引领国际经济合作竞争新优势，以开放促改革"。

推动对内对外开放相互促进。通过加快自由贸易区谈判，参与国际贸易新规则制定，适应国际贸易规则从边界规则向边界内规则（Behind the Border Barriers）扩展的趋势。边界内规则主要规范对象涉及一国的国内政策，如国有企业行为、知识产权保护、劳工等。借助自由贸易区谈判、双边投资协定谈判，以开放促改革，放松市场准入限制、规范国有企业经营行为，加强环境和劳工保护等条款将倒逼国内改革，加快完善现代市场体系建设。建设统一开放、竞争有序的市场体系。在实践路径方面，通过自由贸易试验区建设，内陆、沿边开放，形成全方位的、内外结合的开放模式。

"引进来"和"走出去"更好结合。从出口导向转向进出口平衡并重。通过对外投资，实现中国贸易转型和产业转移，提升中国在全球价值链中的地位，探索中国在资源、要素、环境约束下经济发展的新路径。

促进国际国内要素有序自由流动、资源高效配置和市场深度融合。全球价值链的变化，使国家间的联系程度更加紧密，利益纠葛在一起。生产的一体化，对要素流动性、资源配置效率、市场规则整合度提出了新要求。高标准贸易协定谈判的重点是各国市场规则的一致性，以及各国间标准的相融性。国际贸易新战略应适应全球价值链生产贸易模式的新特点，促进商品、投资、服务、知识及人员在全球生产网络中跨境流动。

加快培育引领国际经济合作竞争新优势。培育引领国际经济合作竞争新优势包括四个方面：产业综合竞争新优势、全方位开放新优势、营商环境新优势、参与和引领国际规则和标准制定的新优势[1]。在产业综合竞争优势方面，调整中国以低端制造业加工贸易出口占比重较大的局面，加强自主创新、自有技术、自主品牌建设，提升物流、服务水平，加工贸易向高端技术制造业转变、推进服务贸易发展。在全方位开放新优势方面，推进国内自由贸易试验区建设、加强内陆和沿边开放，积极进行双边、区域自由贸易区谈判，在 WTO 谈判中发挥更积极的作用，形成内外连通的开放体系。在营商环境新优势方面，构建适合发展中国家的市场准入、竞争政策、劳动和环境保护政策体系。在参与和引领国际规则和标准制定的新优势方面，加快自由贸易区谈判，在规则制定中争取主动权。

国际贸易战略调整和管理体制调整的有机结合。对外贸易管理体制是对外贸易

---

[1] 汪洋：《构建开放型经济新体制》，《人民日报》2013 年 11 月 22 日。

的组织形式、机构设置、管理权限、政策制定、实施手段等方面的制度。对外贸易管理体制是实施国际贸易战略的手段,中国加入 WTO 以来,对外贸体制逐渐进行了调整,初步建立了符合 WTO 规则要求的对外贸易管理体制,2004 年实施的《中华人民共和国对外贸易法》,为全面深化外贸体制改革提供了制度保障。在开放型经济新体制中,比较而言,外贸体制改革更深入一些,而外资和对外投资体制改革相对滞后[①]。尽管当前外贸体制改革已经取得了较好的成绩,为了保证国际贸易新战略的有效实施,对外贸易管理体制需要进行相应的完善。

国际贸易管理体制调整应注意以下几个方面:第一,继续推进贸易自由化和市场准入,适应全方位开放格局。第二,促进自由贸易试验区建设,内陆和沿边开放,在这些地区,探索促进生产要素流动、物流等方面的特殊的贸易便利化措施。第三,适应全球价值链发展的新趋势,促进生产要素和中间产品的流动的管理机制和程序。第四,顺应全球贸易规则向高标准、边界内的演进的趋势,国际贸易管理体制调整应促进建立与国际规则相适应的规则,特别是注意知识产权保护、劳工、政府采购、电子商务、环境保护等领域的调整。第五,完善国际服务贸易管理体制,促进服务贸易发展。第六,完善竞争政策,维护对外贸易秩序,完善对外贸易调查制度,维护国家经济安全。加强对外贸易救济,应对国外针对中国出口的贸易保护加强态势。

(二) 国际贸易新战略的主要内容

国际贸易新战略主要包括以下几个方面。

第一,在全球贸易治理格局中谋求与自身经济贸易实力相应的地位。第二,形成面向全球的高标准自由贸易区网络。第三,扩大内陆、加快沿边开放,形成全方位开放格局。第四,全面融入全球生产网络中,提升中国在全球价值链中的地位。第五,培育产业综合竞争的新优势,由贸易大国向贸易强国转变。第六,抓住全球产业布局新机遇,促进贸易转型升级。

[①] 汪洋:《构建开放型经济新体制》,《人民日报》2013 年 11 月 22 日。

（三）国际贸易战略和管理体制调整的重点领域

根据党的十八届三中全会《决定》的战略部署，国际贸易战略调整的重点领域包括自由贸易区建设、内陆开放和沿边开放。管理体制调整的重点领域包括贸易便利化、通关协定、基础设施互联互通建设等方面。

1. 国际贸易战略调整的重点领域

（1）加快实施自由贸易区战略。

明确参与多边贸易自由化与自由贸易区战略的关系，在坚持世界贸易体制规则的基础上，重点实施自由区战略。形成全方位的自由贸易区格局，坚持双边、多边、区域次区域开放合作，拓展改革开放和国民经济发展的空间。以亚太区域一体化为基础，建立面向全球的自由贸易区网络。致力于高标准自由贸易协定谈判，通过自由贸易区谈判参与新一轮全面贸易规则制定。

（2）扩大内陆开放。

构建内陆地区融入国际经济的通道。抓住全球产业重新布局的机遇，推动内陆地区贸易、投资、技术创新协调发展。在承接东部产业转移过程中，创新加工贸易模式，促进产业集群发展。加强内陆地区的运输、物流建设，形成横贯东中西、联结南北方对外经济走廊。

（3）扩大沿边开放。

通过沿边重点口岸、边境城市、经济合作区在人员往来、加工物流、旅游等方面实行特殊方式和政策，提升沿边地区的开放水平。推进"丝绸之路经济带""21世纪海上丝绸之路"的建设，促进中西部地区在拥有经济发展的梯度优势，获得产业升级的战略空间，以对外经济联系来优化中国区域内的产业布局。

2. 国际贸易体制调整的重点领域

（1）改革市场准入、海关监管、检验检疫等管理体制。

（2）建立推进内陆产业集群发展的体制机制。

（3）推进内陆同沿海、沿边的通关协作，实现口岸管理相关部门信息互换、监管互认、执法互助。

（4）允许沿边重点口岸、边境城市、经济合作区在人员往来、加工物流、旅游等方面实行特殊方式和政策。

（5）加快同周边国家和区域基础设施互联互通建设。

三、国际贸易新战略构建

（一）在全球贸易治理中的角色由参与者向领导者转变

中国入世以来，逐渐融入全球贸易体系中。接受WTO规则，履行入世承诺，成为多边贸易体制的参与者，是入世10多年来中国确定的在全球贸易治理中的角色。

2008年国际金融危机和随后的欧洲债务危机，引发了世界经济格局的调整，以中国为代表的新兴经济体的崛起，这些国家在全球经济治理中的地位加强。国际政治理论认为，国际结构转型受物质力量变动、国际制度变动以及观念变动所影响。霸权国家或居于主导地位的发达国家在经济、军事实力方面的改变，制度的创建、变革、替代、消亡，以及观念的变化、文化的转型、文明的冲突与融合共同引发了国际结构的转型[1]。新兴经济体崛起所引发的全球贸易主导力量的变动、WTO中治理结构的调整，以及新兴经济体与发达国家在经济运行中价值观念的差异和冲突，对现有全球贸易治理结构提出挑战。作为新兴经济体中的领军国家，国际社会要求中国在全球贸易治理中承担更多的责任。中国需要向全球贸易治理中的领导者转变。

中国在全球贸易治理中的角色转换，中国应该通过多边、区域、双边等层面，代表新兴经济体、发展中国家、金砖国家和东亚国家的利益，平衡发达国家和发展中国家的利益诉求。

1. 在多边贸易谈判和区域经济治理中发挥领导作用

推进多边贸易谈判进程，在亚太经合组织、G20等层面上，发挥更大的领导力量。中国应在全球贸易投资治理中发挥与自身实力相当的作用，在2013年12月WTO第九届部长级会议上，各国达成了自WTO成立后的首个多边贸易协定，表明各国在多边贸易体制框架下推进贸易自由化的决心，中国应继续推进实现"后巴

---

[1] 徐秀军：《新兴经济体与全球经济治理结构转型》，《世界经济与政治》2012年第10期。

厘工作计划"的各项目标的。中国作为发展中国家、东亚国家、新兴经济体的代表，应该在 WTO、APEC、G20 等层面上，发挥引领作用。

2. 掌握全球贸易规则制定的主动权

美国、欧盟正通过建立符合发达国家利益的更"开放、公平、自由"的高水平贸易投资规则体系来继续主导全球贸易规则的制定，维护其传统的利益格局。对于经济实力日渐增强的中国，在新一轮全球治理结构调整中，应该更主动地谋求与自身实力相当的地位，在全球贸易规则治理中发挥核心作用。高标准规则由美国、欧盟等发达经济体引领，但这并不意味中国无法在新规则制定中发挥重要作用。中国在市场经济的发展程度、国际经济协调能力、贸易政策的自由度及国内经济规则的完善程度方面，与美国和欧盟等发达国家间还有明显的差距。美国和欧盟推出了体现其经济发展程度的高标准的规则，具有一定的先进性和引领性。中国应该通过国内改革等来适应有利于中国经济发展的规则，同时中国不应放弃在新规则制定中的主导权，中国应该通过多边、区域、双边等层面，推出适合发展中国家经济发展水平的国际贸易新规则，以平衡发展中国家与发达国家的利益诉求，将发展中国家参与全球生产模式中的新角色和面临的问题考虑进来，提出促进发展、适应发展中国家的发展水平的规则。

（二）自由贸易区由经贸合作平台向全面提高开放型经济水平的战略平台转变

传统的区域一体化协定以降低关税和配额的政策为主要目标，是在多边贸易自由化外的一种双边、区域经贸合作机制。近年来，WTO 谈判踟蹰不前，在美国和欧盟的引领下，自由贸易区建设在经济全球化和地缘政治格局中的意义显著提升。具体体现在以下几个方面。

第一，自由贸易区成为发达国家在世界经济格局谋求有利地位中的战略平台。

发达国家利用自由贸易区谈判而推行其国际战略，美国全面介入亚太一体化进程、施行出口倍增计划及分享亚洲经济高速增长收益，欧盟通过 TTIP 谈判而巩固与美国的战略联盟，维护两大经济体在国际经贸发展中的战略主导地位；日本通过主导 TPP、参与 RCEP、中日韩自由贸易区谈判来谋求在亚太经济格局中的有利地位。

第二,自由贸易区协定是国际贸易新规则的推进平台谈判。

20世纪90年代,在发达国家推动下,更多涉及一国国内政策的领域,如投资、劳动、环境保护、竞争政策等开始被引入国际贸易规则讨论的范围,纳入的原因是发达国家认为一些国家的国内规则影响了外国的市场准入,影响市场的公平竞争条件,虽然这些政策并不是专门针对外国竞争者来设定的。1996年发达国家提出在WTO框架下讨论"新加坡议题",涉及投资政策、竞争政策、政府采购透明度,但因发展中国家的反对,这些议题最终没有被纳入多边贸易谈判。从北美自由贸易协定开始,这些与国内政策的相关议题逐步被纳入区域一体化谈判中,经过20多年的发展,这些规则所体现的"深度区域一体化"已经成为区域贸易谈判的普遍特点。近年来,在美国和欧盟的推动下,涉及国内政策的、要求更高市场开放度和规范性的更高标准的贸易规则开始在区域贸易治理层面酝酿,面向21世纪的高标准国际贸易规则,这些规则旨在消除那些专属于国家管辖、制约跨境贸易和服务转移的法律和管制政策的行动,通过协调与合作来降低国内管制政策所导致的市场分割。

中国的自由贸易区战略在党的十七大报告中明确提出,党的十八大报告中提出"加快实施自由贸易区战略",而党的十八届三中全会的"构建开放型经济体制"部分,又将"加快自由贸易区建设"作为重点内容,提出应"形成面向全球的高标准自由贸易区网络"。将自由贸易区提升为全面提高开放型经济水平的战略平台的具体实施环节包括以下几个方面。

第一,制订自由贸易区战略总体规划。

目前中国自由贸易区谈判还缺乏整体规划。提升中国自由贸易区战略在对外开放战略中的地位。确定中国在区域自由贸易谈判中的角色地位以及自由贸易区谈判的区域范围等。

第二,提出中国版自由贸易区新规则范本。

在中国已经进行的深度一体化实践基础上,设计出适合中国特点并能平衡全球各国利益的高标准规则,在这些谈判中渗透和体现中国版的国际贸易新规则范本。

第三,完善自由贸易区谈判的战略布局。

以周边为基础,亚太为重点,在RCEP、中日韩FTA、中澳FTA等区域一体化建设中，探寻亚太区域一体化的整合路径，同时通过双边自由贸易区建设，促进中国与拉美、非洲等地区的合作。

第四，发挥自由贸易区建设对国内市场开放和市场运行机制改革的促进作用。

以开放促进国内改革，通过国内经济体制改革和涉外经济体制改革，促进国内政策与国际经济新规则的对接。重点领域包括：促进服务业发展，推进放开服务业的市场准入条件；深化国有企业改革，加强分类监管市场化主导产权多元化；加强知识产权保护，营造有利于创新的市场运行环境，促进可持续发展与劳动者权益保护。

（三）由偏重沿海开放向以内陆、沿边开放为重点的全方位开放转变

中国的对外开放由东向西逐渐推进。20世纪80年代，先后建立了东部沿海5个经济特区、14个沿海开放城市，以及珠三角、长三角、环渤海等经济开放区。20世纪90年代，开发上海浦东新区，并在长江沿岸28个城市和8个地区，开放13个边境城市。开放内陆省会城市，逐渐形成从沿海、沿江、沿边和内陆中心城市全方位、多层次、宽领域对外开放的格局。但从实践发展来看，由于区位优势、劳动力素质、体制机制等差异，内陆和沿边地区的开放水平与沿海地区仍有较大的差距。对外开放在区域分布上存在不均衡。

以内陆、沿边为重点来拓展全方位对外开放是中国对外开放发挥新活力的重点，是提升开放型经济的深度和广度的重要战略。内陆、沿边开放的具体战略举措包括以下几个方面。

1. 营造促进开放的软件和硬件环境

一是深化体制机制改革。通过内陆地区深化体制机制改革，降低交易成本，提高经济运行效率，促进贸易、投资流动及技术创新。二是加强通关合作，提升管理水平。加强内陆地区的口岸建设，"推动内陆同沿海沿边通关协作，实现口岸管理相关部门信息互换、监管互认、执法互助"。三是沿边地区实施特殊方式和政策。加强基础设施建设，外部联系方面，加快与周边国家基础设施互联互通。内部方面，构

建横贯东中西、连接南北方对外经济走廊。

2. 探索产业发展新模式

2008年国际金融危机和随后的欧洲债务危机后，全球产业布局处于重构中，美国和欧盟等已经进行后工业化的发达经济体开始重新重视向实体经济回归，重视发展新能源、高新技术等产业，中国东部地区的劳动力、土地等生产成本快速增加、环境治理压力加大等因素加速了中国劳动密集型产业、低附加值部门的生产从东部向中西部及国外转移的进程。中西部地区在承接东部产业转移的过程中，应建立综合发展模式，推进内陆地区的贸易、投资和技术创新协调发展。创新加工贸易模式，提升企业的技术创新能力、管理能力，构建内陆的产业集群，以形成国内产业配套能力，促进加工贸易转型升级。

（四）由传统贸易模式为基础向以价值链为基础的贸易发展战略转变

以全球价值链为代表的生产模式已经改变了国际生产和分工的基本态势。生产链条中的原材料开采、加工、制造等各个环节，以及最终需求分布在多个国家。新的生产和贸易模式为我们提供了理解贸易发展状况，设计贸易战略和制定贸易政策的不同视角。中国的贸易新战略应向价值链为背景的贸易发展战略转变。

1. 从出口导向战略向提升全球价值链中的地位转变

以附加值贸易统计为基础，理解中国贸易在全球贸易中的参与程度，所处的位置，贸易差额等问题。新型的分工模式将基于比较优势的国与国之间分工从产业、产品层面，深入到产品内部的工序和流程，中国贸易的转型不仅局限于一般贸易中不同要素密集度的产品间的调整（从技术水平和低增加值的价值链向高技术水平和高增加值的价值链间的调整），还将更多地体现在某一产品在不同工序间的升级，由此引发产品层面的国际产业转移，即产品内生产过程（task）[1]的转移。中国的产业升级政策设计时，需要由传统的产业政策向以价值链为基础的产业政策调整。

---

[1] Grossman & Rossi-Hansberg（2008）采用 trade in tasks（任务贸易）概念，指工序贸易，也指中间品贸易，这是产品内分工的表现形式。

2. 在新的视角下理解贸易保护、关税、规则调整等贸易政策

在全球价值链生产模式下，各国间的依存度增加，生产过程的国际化，商品、投资、服务、知识及人员在全球生产网络中跨境流动。全球价值链的变化，使国家间的联系程度更加紧密，利益纠葛在一起。中间品在价值链中进入多次跨境流动时，将使关税产生放大效应。生产的一体化，对贸易便利化、各国市场规则的一致性，以及各国间标准的相融性提出了更高的要求。这些调整需要对贸易政策设计时有新的理解。对全球价值链研究的深化使我们对贸易政策工具作用和使用需要有新认识，如贸易保护政策具有传递效应，"以邻为壑"的贸易政策可能会损害政策实施国的利益，区域经济合作安排需要顺应及促进价值链形成和升级。

此外，全球贸易更多的由 FDI 所驱动，贸易和投资规则有整合的必要性。商品贸易和服务贸易的关联度加强，运输服务、商业流动、信息服务等新领域涌现，促进与商品贸易相关的服务贸易的发展，是提升商品贸易的重要环节。在自由贸易区谈判中，要通过贸易伙伴选择，原产地规则设计等环节，促进现有生产网络的发展，及新生产网络的构建。

（五）由数量扩张为主的贸易大国向提升质量的贸易强国转变

党的十八强调要以加快转变经济发展方式为主线，把推动发展的立足点转到提高质量和效益上来，全面提高开放型经济水平。中国对外贸易发展要以追求进出口数量和增长速度向追求数量与质量并重，提升质量为重点的贸易战略转变。

1. 促进贸易的多元平衡、协调发展

按照布局平衡、以质取胜、多元互补、多点支撑的原则，在保持外贸合理增长的基础上，将发展目标转移到质量和效益上来，注重在更高层次、更高水平上利用两个市场、两种资源[①]。促进对内对外开放相互促进，在对外开放中，继续推进市场多元化战略，重视传统发达国家的市场，同时加强开拓新兴市场，在对内开放中，促进沿海、内陆与沿边地区协调发展。在贸易方式方面，提升加工贸易的附加值，扩大一般贸易的技术含量，提升产品质量，促进对外贸易发展的可持续性，促进高

---

① 高虎城：《从贸易大国迈向贸易强国》，《人民日报》2014年3月3日。

新技术产业发展。在重视商品贸易的同时，着力加强服务贸易发展，发展服务业是中国产业结构优化升级的战略重点，中国的服务贸易和货物贸易发展水平不平衡，中国的服务业部门市场化程度较低，市场准入受到较为严格限制。在 160 个服务部门中，不附加条件而完全开放的服务部门不足 1/5。通过放开准入，引入外部投资者等，加强服务行业的竞争，鼓励网络、信息、电子商务等智力、技术密集型服务出口。

2. 实施创新驱动，培育产业创新竞争新优势

从成本优势向以人才、资本、技术、服务和品牌为核心竞争优势转变[①]。其中，核心环节是提升企业的创新能力，鼓励中国贸易企业的自有品牌、自主知识产权和自主营销建设。培养中国本地企业及中国跨国公司的竞争力，从低端参与型贸易格局到自主主导型贸易格局的转变。大力开发培育民族自有品牌，强化企业抵抗外部冲的能力。鼓励自主创新，促进自主知识产权为主的贸易，完善技术创新的激励机制，促进自主营销网络建设。培育中国的跨国公司，通过并购，对外投资等方式，提升技术水平，提高品牌知名度及构建国际营销网络。培育具有创新能力的中小企业。

3. 促进产业结构转型升级

产业结构升级和调整是一国促进经济发展提升工业化水平的经济调整过程。制造业内部的结构变革则包括制造业内部各产品间的转换，以及同一产品内不同生产工序的转移。中国制造业转型升级中，要由低技术产业（生产环节）向高技术产业（生产环节）调整，以及由低附加值行业（生产环节）向高附加值行业（生产环节）调整。对于低技术制造业，特别是纺织品、皮革与鞋类，这些行业曾经具有较强的比较优势，但近年来，比较优势正逐渐丧失，通过产业转移的方式，将低端生产环节转移至东盟、非洲等地，中国企业向设计、营销等高端环节转变。对于中等技术制造业，如化学品与非金属矿产品、基本金属与金属制品行业，通过技术创新，提升这些行业的国际竞争力。通过高技术制造业，如具有国际竞争力的电子、电器与

[①] 汪洋：《构建开放型经济新体制》，《人民日报》2013 年 11 月 22 日。

光学设备行业，加强技术投入，鼓励技术创新，同时，可能通过在发达国家设立研发总部等方式，提升技术水平并占领国际市场。

四、对外贸易管理体制调整

对外贸易管理体制是一国对外贸易的组织形式、机构设置、管理权限、政策制定、实施手段等方面的制度。对外贸易管理体制是实施国际贸易战略的手段，当一国的国际贸易战略进行调整后，需要进行相应的管理体制调整，以确保贸易战略的有效实施。现有的中国对外贸易管理体制是在入世后逐渐形成的、符合 WTO 规则要求的，2004 年实施的《中华人民共和国对外贸易法》对对外贸易经营者、货物进出口与技术进出口、国际服务贸易、与对外贸易有关的知识产权保护、对外贸易秩序、对外贸易调查、对外贸易救济、对外贸易促进等进行了全面的规定，这些规定促进了中国对外贸易管理体制的完善。随着国际贸易战略的调整，现有贸易体制的问题包括：单向鼓励出口的政策手段比较多，有促有限、有出有进的双向调控机制还未完全建立，仍然存在片面追求速度和规模的倾向[1]。对外贸易管理体制调整的目标是：构建符合中国国情、适合国际高标准的贸易投资规则体系，实现新阶段中国的国际贸易战略目标。

（一）对外贸易管理体制调整的着眼点

1. 建立促进进出口的双向调控机制

在贸易调控中，从以出口调控为主向进出口并重的双向调控转变。加快进口促进政策体系建设，进一步减少自动进口许可货物种类。提高国家进口贸易促进创新示范区的建设速度，支持上海、天津、宁波、苏州等进口创新示范区在贸易便利化、电子商务应用、外贸发展方式转变、商贸物流综合发展、金融服务等方面进行制度创新，通过探索先行，形成示范和带动作用，促进进口贸易增长。通过促进进口来缓解国内生产面临的资源紧缺问题，完善大宗商品进出口管理，促进高新技术产品

---

[1] 高虎城：《从贸易大国迈向贸易强国》，《人民日报》2014 年 3 月 2 日。

和生产设备的进口。通过促进中间品进口，促进降低价值链生产环节的贸易成本。

2. 建立质量效益导向型的贸易促进体系

从规模导向型向质量效益导向型转变。贸易政策与产业政策的有机结合。促进产业转型升级，采用技术、环保、节能、福利、劳动安全等准入条件，促进贸易质量提升。完善外贸质量和效益评价指标体系，以质量为核心来系统评估贸易发展状况。健全反垄断、贸易救济和产业安全审查等工作机制，应对国外针对中国出口的贸易保护加强态势，维护对外贸易秩序，维护国家经济安全。

通过制度创新，促进内陆沿边开放的新格局。继续推进贸易自由化和市场准入，适应全方位开放格局；统筹推进自由贸易园区建设，促进上海自由贸易试验区建设，内陆和沿边开放，在这些地区，探索促进生产要素流动、物流等方面的特殊的贸易便利化措施；统筹上海自由贸易园试验区建设、双边投资协定谈判、自由贸易及谈判、及贸易投资相关法律法规修订，构建全方位开放的新格局。

改革行业商（协）会管理体制。推进商（协）会体制改革，促进相关法律的制定，以加强行业协会在预警、组织和协调中的作用，发挥中介组织的作用，营造促进企业发展的良好的营商环境，促进外贸企业诚信体系建设。

（二）全球国际贸易新规则构建视角下的中国贸易投资规则调整

管制协调与边界内规则是国际贸易新规则体系的重要内容，这将对国内政策调整带来压力。从中国目前面临的需要改革的重要问题来看，新贸易规则的调整与中国正在进行的全面深化改革有很多相呼应的地方，在《决定》文件中，对投资体制改革与商签双边投资协定、国有企业改革、服务业开放、劳动者权利保护、知识产权保护等方面均有详细的政策导向。中国应利用国际贸易规则重建来倒逼国内改革。

新规则体系强调货物贸易、投资和服务规则的整合，在投资领域，强化对投资者利益的保护，服务贸易领域，采用"负责清单"方式，建立全面的、高标准的服务贸易自由化。发展服务业，是中国产业结构优化升级的战略重点，中国的服务业部门市场化程度较低，整体上更加接近垄断竞争的市场结构。其中国有部门主导的服务业约占全部服务业的一半，如教育、医疗、铁路、航空、邮政与通信、金融中介等部门，这些服务业的市场化程度较低，市场准入受到较为严格限制[1]。在160个服务部门中，不附加条件而完全开放的服务部门不足1/5。中国的服务贸易和货物贸易发展水平不平衡，2012年服务贸易占中国对外贸易总额的比重仅为10.86%。服务贸易新规则有利于提高中国服务业开放水平，通过放开准入，引入外部投资者，加强服务行业的竞争，同时，促进网络、信息、电子商务等新兴行业发展。新规则中提出了"竞争中立"等对国有企业进行规范的原则，通过竞争中立，制约中国等现有和潜在成员国国有企业的竞争优势。从国内改革角度看，减少国有企业的垄断是中国目前改革的重要一环，包括对国有企业政策业务与经营业务的拆分，完善市场参与机制、引入民间资本准入等。

在劳工和环境标准方面，靠劳动力成本来取得价格优势的贸易竞争模式已经难以为继，人口结构的变化使劳动力供给短缺，低工资带来的低成本出口容易引发外国的反倾销投诉，同时社会保障体系的缺乏，也引发了较高的储蓄率，经济失衡明显，加强劳动力保护，提高社会保障水平，是中国经济调整的重要一环。促进可持续发展，降低碳排放量，降低能耗，促进传统产业向高附加值、低能耗、低污染的集约型发展方式转变，实现产业转型升级，是中国经济转型的方向。

在知识产权保护方面，通过坚持自主创新、自主知识产权、自主品牌的"三自"战略，促进中国在全球价值链低端由参与型向自主主导型转变。目前中国在知识产权保护立法方面与国际一般标准的差异并不大，重点在于执法方面。此外，对于新规则中的促进中小企业发展等问题，党的十八大报告中也提出了"支持小微企业特别是科技型小微企业发展"。

通过以上具体条款的分析，我们可以看出，国际贸易新规则所体现的高标准与中国经济体制改革的总体方向并不矛盾，在很多方面具有一致性。差距在于具体保护标准水平的设定方面。中国通过以开放促进改革，通过外部压力来释放国内改革的潜力。在对外贸易管理中，逐步构建适应中国经济发展程度的、高标准的规则体系，更好地融入全球经济中。

---

[1] 张斌：《中国经济趋势下行的逻辑——基于经济结构转型的解释》，CEEM 财经评论，13050；2013年10月8日。

第四节　国际金融战略

在过去的 40 年间,世界经济秩序发生了重大的变化。新兴经济体以经济快速增长、贸易规模迅速扩大、外汇储备大规模累积等特征,打破了原有世界经济力量的平衡。特别是,金融一体化的发展和金融自由化浪潮的不断发展,新兴经济体融入全球金融市场的程度不断加深。大部分新兴经济体在高储备的推动下,将资本输往美国等逆差市场,成为全球债权人,在全球资本流动中形成"穷国"为"富国"融资的格局。

目前的国际金融格局无法相应反映上述全球经济格局的变化。20 世纪 70 年代布雷顿森林体系崩溃以来,国际金融秩序主要表现为以发达国家为中心,以发展中国家和新兴市场国家为外围的格局。其具体存在形式,是由包括国际货币基金组织等在内的国际金融机构,以及由美元为主导的国际储备货币这两个重要支柱组成的国际金融体系,或称为牙买加体系。这一构架决定了发达国家掌握着国际金融规则的控制权。2007 年爆发的全球金融危机集中暴露了全球金融规则在预防和应对危机中的弊端。如何改革现有的国际金融规则,使之适应新的经济格局,特别是如何在国际金融体系变革阶段制订中国的金融战略,以确保中国的经济实力在国际金融体系中得以充分体现,是中国面临的重大课题。

一、国际金融体系改革的必要性

布雷顿森林体系崩溃以来的多次危机,特别是 2008 年全球金融危机爆发,暴露了国际金融体系存在的种种弊端。

(一)美元主导国际货币体系地位加剧了全球金融不稳定

美元在国际货币体系中的主导地位始于 1944 年的布雷顿森林货币协议下的"美元—黄金"本位。1971 年,时任美国总统的尼克松宣布实行"新经济政策",放弃金本位,中止美元与黄金的固定兑换比率,造成美国实质上的债务违约。虽然 1973 年以来,德国马克、日元等货币逐步崛起,以及全球普遍的浮动汇率安排和广泛的金融市场开放,都没有终结美元主导地位。但此后国际金融危机频发,比如20世纪80年代初期的拉美债务危机;2002年的欧洲汇率机制危机;1997—1998年的亚洲金融危机;1998年俄罗斯金融危机;2007年由美国次贷危机引发的全球性金融海啸等,尤其是2007年这次危机,缘起美国这样一个发达国家,这与美元在全球货币体系中的独霸地位有密切的关系。具体来看,美元主导的国际货币体系在如下几个方面加剧了全球金融的动荡。

其一,美元的国际货币地位使美国得以在全球范围内融资,以满足其国内过度的消费需求。其结果,美国在成为世界最大的债务国的同时,相对世界其他国家不断积累巨额的经常项目逆差。美元作为主要国际货币加剧了全球收支失衡。

其二,美元从2002年开始了长期贬值趋势。以美元指数走势来看,除了危机期间美元因发挥避险货币功能,以及2013—2014年美联储开始退出量宽政策使得美元受到市场青睐之外,美元指数总体呈现为贬值态势。从2002年2月至2008年7月,美国互联网泡沫破裂和美国贸易逆差不断扩大,美国依靠向全球释放美元流动性为其逆差融资。结果是美元大幅度贬值,在这一时期美元指数贬值了26.4%。从2009年3月美联储推出第一轮量化宽松政策,为市场提供了巨额流动性。这一政策的结果是导致美元再度贬值。直到2011年7月欧债危机恶化,美元指数贬值了14.9%。2013年中期以来,围绕美联储逐步退出量化宽松政策,美元出现短期波动,并呈现升值的势头。总之,美元长期贬值对那些以美元资产为主要投资对象的外汇储备大国带来了巨额的资本损失。美元贬值,美国经济学家克鲁格曼(2009)在《纽约时报》撰文称之为"美元陷阱"。

其三,过度依赖单一货币的国际货币体系具有不可持续性。在周小川提出浮动汇率下特里芬难题表现为美元作为单一储备货币与其币值稳定性之间存在矛盾之后,美国经济学家Obstfeld(2011)进一步提出,特里芬难题本质上是一个财政问题。他认为,经典的特里芬难题在布雷顿森林体之下阐述了美国逆差与美元作为储备货币的安全性之间的内在矛盾。在浮动汇率下,各国中央银行倾向于将级别较高的政府债券作为储备资产。这样,对储备资产需求的增长需要具有财政清偿力担保的安全资产的增长,而后者需要储备资产提供国政府不断发行债务。替代传统的收支逆差,预算赤字成为全球储备资产的主要来源。

其四，在缺乏国际合作的条件下，发达国家国内政策具有很强的溢出效应，而且常是负效应。2009 年以来，发达国家应对危机的量化宽松货币政策（QE）造成全球流动性再度泛滥，新兴经济体不得不面临资本流动高度易变性的风险。新增流动性必然寻求高收益，而具有较快增长、强势货币预期和较高资产收益的新兴市场成为理想的目的地。资本的大量流入造成货币升值压力加大，实行钉住汇率的国家为了维持外汇市场的稳定，外汇储备再度上升，国内商品价格面临通胀压力，资产泡沫更快累积，经济出现过热的危险。2013 年后半期，针对美国 QE 退出政策预期的加强，大量资本回流美国将会对新兴市场国家经济和金融稳定性再次带来破坏性影响。例如，在印度、巴西和印度尼西亚等国，出现了货币大幅贬值，外汇储备下降等现象。现有的国际货币金融合作框架不能有效协调各国的政策，无法阻止金融动荡的传染性。

（二）发展中新兴经济体在国际金融规则制定中的作用总体被低估

国际货币基金组织是国际货币体系的重要机构。其主要职能是在成员国发生危机时作为最后贷款人向危机国家提供资金救助。目前，已有 187 个国家加入了该基金组织。在过去数十年中，该基金组织在促进全球货币合作和保障全球金融稳定中发挥了积极的作用。然而，2007 年爆发的全球金融危机却充分暴露基金组织长期存在的痼疾，其核心问题，是基金组织作为战后重要遗产，未能顺应全球化日益加深和新兴经济体快速成长带来的国际经济格局的变化。新兴经济体经济在过去 40 多年间快速增长，贸易规模迅速扩大，而在国际货币基金组织治理结构中，发展中新兴市场国家的地位与它们在全球经济中的实力存在严重的不匹配。

以份额换投票权，是国际货币基金组织治理结构中的一个重要特点。金融危机爆发之后，以中国为主的一些发展中国家纷纷出资，增加了国际货币基金组织的危机救助的资金规模，成为国际机构重要的资金提供者。中国在 2007 年危机爆发后，先后向基金组织提供的份额扩大了三倍。在各种压力下，国际货币基金组织针对新的配额调整了成员国投票权比重。从调整后的比重看，发展中国家地位有所上升，但是在投票权中的低估问题仍然存在。如表 5-5 所示，根据 2008 年份额和投票权调整后的排次，作为全球第二大经济体，中国在基金组织中的投票权排在第六位。印度是全球第四大经济体，但其在组织中的投票权位居第十三位。与此同时，欧洲一些富裕的小型经济体在基金组织中的权重却被严重高估。

表 5-5　2008 年国际货币基金组织部分成员国投票权与在世界经济中的地位比较

国家	投票权	名次	GDP/	世界名次
美国	16.77%	1	20.5%	1
日本	6.02%	2	6.0%	3
德国	5.88%	3	4.0%	5
法国	4.86%	4	3.0%	—
英国	4.86%	4	3.1%	—
中国	3.66%	6	12.5%	2
印度	1.89%	13	5.1%	4

来源：国际货币基金组织。

二、国际金融体系改革的内涵

后危机时期国际金融规则改革，以实现国际储备货币多元化、提高新兴市场在规则制定中的话语权，以及建设以维护全球金融稳定为目的的全球金融安全网为要点。

（一）国际储备货币的多元化

储备货币的主要功能是通过保持足够数量的外汇，用以应对在发生外部冲击和危机时出现对外融资困难；用以提供偿还外债及用外部资产提供本国货币支持；为政府提供应对外债及应对国内自然灾害的手段。然而，为了保证上述功能的正常实施，适当的外汇储备管理十分关键。适当的外汇储备管理，一是确保适当的外汇储备规模；二是确保外汇储备的流动性，控制外汇储备对市场和信贷风险的暴露；三是在中长期，在确保流动性和风险有效控制的前提下提供一定的盈利性。然而，本次金融危机对外汇储备持有国的储备管理带来重大的挑战。由于美元一直以来是各国外汇储备中的主要货币，美元长期贬值使得外汇储备保值成为各国面临的重要难题。可以预料的是，国际货币体系改革在未来5~10年间将以美元霸权削弱，国际货币多元化为主要特征。

事实上，储备货币多元化已经悄然发生。根据国际货币基金组织的统计，美元占成员国总外汇储备的比重从2000年的55.8%一度下降至2013年的32.6%，之后回升至2018年的58.2%；欧元比重从2003年18.4%下滑至2014年的12.4%，之后升至2018年的19.2%。值得注意的是，同期总外汇储备中无法确定币种结构的外汇储备占比从2000年的21.6%一度攀升至46.7%，之后迅速下降至2018年的6.1%。

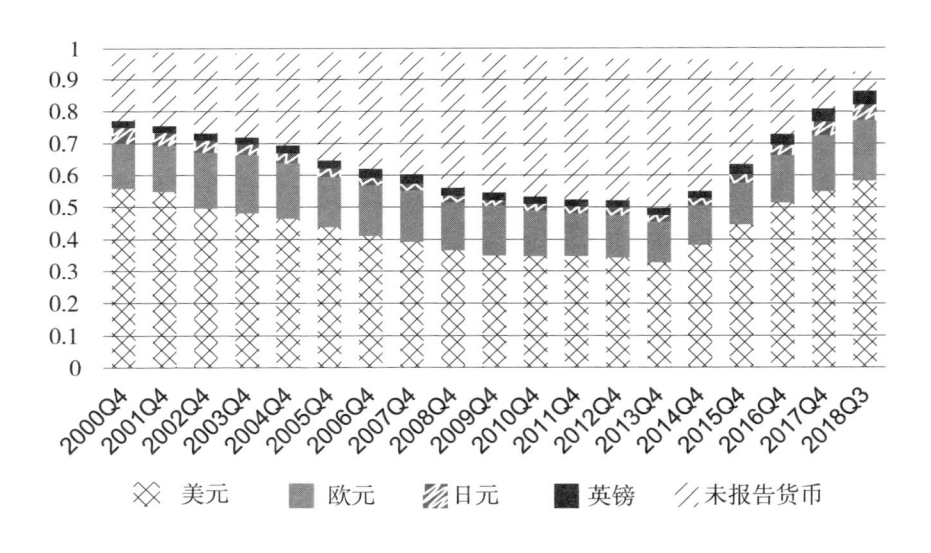

图 5-9 国际货币基金组织成员国外汇储备货币结构（占总储备百分比）

来源：国际货币基金组织。

除了储备货币职能，在国际贸易和资本交易中，新兴市场货币重要性也有所提高。根据国际清算银行最新公布，2016年全球外汇市场交易额，美元仍是最主要的交易货币；其次是欧元、日元、英镑等发达国家货币。排名前20的货币中，新兴市场国家和地区的货币占10席；而在1998年新兴市场国家货币只占5席。人民币交易额在过去几年从无到有，增长迅猛，目前已经成为第8大交易货币（见表5-6）。此外，环球银行金融电信协会（SWIFT）公布的数据显示，人民币在国际支付货币中排名由2012年1

月的第 20 位迅速上升至 2018 年 8 月的第 5 位，在 6 年内人民币作为全球支付货币的市场占有率迅速扩大。人民币进入国际支付系统中最常使用的 5 大货币之列，这是以中国为代表的新兴市场国家在全球经济中扮演越来越重要角色的体现。可以预见，未来随着新兴经济体占全球经济比重的不断扩大，其货币的重要性也将越来越凸显。

表 5-6　国际外汇市场交易额币种结构

%

	1998	2001	2004	2007	2010	2013	2016
美元	86.8	89.9	88	85.6	84.9	87	88
欧元		37.9	37.4	37	39.1	33.4	31
日元	21.7	23.5	20.8	17.2	19	23	22
英镑	11	13	16.5	14.9	12.9	11.8	13
澳元	3	4.3	6	6.6	7.6	8.6	7
瑞士法郎	7.1	6	6	6.8	6.3	5.2	5
加元	3.5	4.5	4.2	4.3	5.3	4.6	5
人民币	0	0	0.1	0.5	0.9	2.2	4
墨西哥比索	0.5	0.8	1.1	1.3	1.3	2.5	2
新西兰元	0.2	0.6	1.1	1.9	1.6	2	2
瑞典克朗	0.3	2.5	2.2	2.7	2.2	1.8	2
港元	1	2.2	1.8	2.7	2.4	1.4	2
挪威克朗	0.2	1.5	1.4	2.1	1.3	1.4	2
新加坡元	1.1	1.1	0.9	1.2	1.4	1.4	2
韩元	0.2	0.8	1.1	1.2	1.5	1.2	2
俄罗斯卢布	0.3	0.3	0.6	0.7	0.9	1.6	1
土耳其新里拉		0	0.1	0.2	0.7	1.3	1
巴西雷亚尔	0.2	0.5	0.3	0.4	0.7	1.1	1
南非兰特	0.4	0.9	0.7	0.9	0.7	1.1	0.3
印度卢比	0.1	0.2	0.3	0.7	1	1	0.2

来源：国际清算银行。

（二）新兴经济体在国际金融机构中的话语权

2009 年伦敦 20 国集团峰会上，20 国领导人就国际货币基金组织改革的必要性达成共识。从 2009 年至今，基金组织用于贷款的资金额度已经从 2500 亿美元扩充到 7500 亿美元，这大大提高了基金组织提供援助的力度。总体来看，基金组织改革反映了新兴市场的重要性，顺应国际金融危机新的变化形势。

在贷款方面，基金组织反省以往苛刻、僵硬的贷款模式，根据危机新的特点，在贷款条件、贷款期限、贷款品种等方面最大限度增加灵活性，这在一定程度上提高了贷款的有效性和及时性。在监督职能方面，一个重要的变化是，基金组织对单个国家应对资本流动冲击的政策选择进行全面的研讨，改变了长期以来反对发展中国家实行资本管制的强硬立场，首度认可资本管制在一定条件下的合理性。这一转变，顺应了那些国内金融市场狭小、国内金融部门脆弱的发展中国家的现实需要。

在治理结构方面，如何提高包括中国在内的新兴经济体在基金组织中的份额和投票权，成为基金组织改革的焦点。2010 年 12 月，基金组织的最高决策层（董事会）批准了一项一揽子改革计划。除了成倍增加总份额外，基金组织承诺进行历史上最大的份额调整，向有活力的新兴市场和发展中国家增加 6% 的投票权。届时，中国、巴西、印度和俄罗斯这四个金砖国家的投票权都将位于前十位。同时，为体现对贫穷国家的关注，基金组织对低收入国家预留份额和投票权。

在发生危机后，中国向基金组织提供的份额扩大了三倍。作为全球第二大经济体，中国目前在基金组织中的投票权份额为 6.09%，排第三位。此外，中国在世界银行中的投票权也从 4.45% 提高至 5.71%，仅次于美国和日本，位居第三。

基金组织的治理结构中一个重要的领域是最高管理层的人事任命。在基金组织建立之初，其与世界银行之间在人事安排方面形成了这样的惯例，即欧洲人执掌基金组织，美国人执掌世界银行。这种安排顺应了战后的全球经济格局。时至今日，这一安排一直没有改变。现任总裁拉加德仍然来自法国。朱民被任命为基金组织副总裁，体现基金组织在治理结构改革中关注以中国为代表的新兴市场的重要性，是新兴市场话语权提高的重要标志之一。然而，围绕欧洲人治理的惯例，要求改革的呼声不绝于耳。在国际机构中顺势反映新兴市场和发展中国家的重要性，不仅增强基金组织治理结构的合理性，也为新兴市场经济体在国际货币合作中承担更多的责任而赋予相应的权利。这种调整，即便在短期内无法实现，也应该在中期内完成。

国际金融机构的另一个重要组织是国际清算银行，负责国际银行业监管和规则的制定。特别是巴塞尔协议的一系列条款，对国际银行业有重大的约束。中国于1996年成为国际清算银行的会员。然而，中国在全球银行业监管规则制定中的影响力仍然有限，这需要中国大幅度提高其银行业全球竞争力，也需要培养具有全球竞争力的银行监管专业人才。在金融监管方面，中国对执行《巴塞尔协议Ⅲ》的态度坚决，并表示不受欧美推迟实施的影响。2011年5月，中国银监会发布了《中国银行业实施新监管标准指导意见》，2012年6月，发布《商业银行资本管理办法（试行）》，提出了较《巴塞尔协议Ⅲ》更为严格的监管标准。主要体现在：第一，国内核心一级（普通股）资本充足率最低标准为5%，比《巴塞尔协议Ⅲ》规定高0.5个百分点；第二，系统重要性银行资本充足率不低于11.5%，其中附加资本要求定为1%，而《巴塞尔协议Ⅲ》并未对此有明确规定。

（三）多层次合作构建全球金融安全网

危机后大规模短期资本流动，对全球金融稳定带来巨大的破坏性。新兴市场整体面临大规模的资本流入和流出。应对资本流动主要有两种途径，一是单个国家货币当局采取单边措施抵御，这是保证本国金融稳定的第一道防线。这一单边行动最有效的方式是实行资本管制。事实上，在2010年11月的G20首尔峰会上，发展中国家对美国单边数量宽松政策后果忧心忡忡，担心短期资本大规模地流入，而应对方案很可能是有更多国家加入资本管制的行列。二是通过全球的或区域的合作途径，采取共同行动进行抵御。集合财力和协调救助，形成金融安全网，这是保证相关国家金融稳定的第二道防线。在G20首尔峰会前后，韩国、印度等亚洲国家已经明确提出建立全球金融安全网以保证快速经济增长的亚洲经济体免受资本流入的冲击。未来的合作，在尊重各国政策选择的同时，强化多层级的金融合作，在全球、区域以及双边等多层次建立风险共担、危机救助机制，构筑全球金融安全网。

在全球银行监管方面,改革要点首先是重构银行业监管框架。2010年9月,巴塞尔银行监管委员会管理层会议在瑞士巴塞尔举行,通过了加强银行体系资本要求的改革方案,即《巴塞尔协议Ⅲ》。11月G20首尔峰会通过该协议。《巴塞尔协议Ⅲ》是近几十年来针对银行监管领域的最大规模改革,对促使银行减少高风险业务,防范国际信贷危机的重演,确保银行业平稳运行,将发挥积极重要的作用。

三、中国的金融战略选择

中国在未来国际货币金融体系改革中的策略,在应对国际货币体系由美元体制向多级体制过渡中出现的不确定性的同时,从中国改革、开放自身需要出发,坚持参与国际金融机构治理、扩大东亚区域货币合作,以及人民币国际化这三大对外金融战略并行。同时,协调汇率制度改革、资本项目开放、国内金融部门市场化等重大的国内金融改革,从整体上提升中国的金融实力。具体来看,中国金融战略包括中国参与国际和区域金融合作、人民币国际化战略、汇率制度改革战略、资本项目开放战略,以及国内金融改革战略。

(一)中国参与国际和区域金融合作战略

20世纪90年代以来,经济全球化趋势不断加强。各国间日益密切的经济联系,也使各国的经济运行机制、经济周期、法律法规等趋于一致。国家间贸易、金融和生产的密切关联性导致各国经济与金融的一荣俱荣、一损俱损。各国都需要一个稳定的国际金融环境和有序的国际金融体系并为此加强合作。与此同时,经济多极化趋势也促使国际金融体制与规则的加快变革。以"金砖四国"为代表的一批新兴市场经济体迅速崛起,它们在世界经济金融事务中的发言权明显需要得到增强。

新一轮国际金融合作体现为如下特点。

第一,合作意愿空前加强。2008年金融危机来势凶猛且迅速波及许多国家,重创多国金融机构和金融体系。金融危机不仅导致美国五大投资银行全部破产或改制转型、政府向一批商业银行注资或提供信用担保,而且使英国、德国、冰岛等发达国家的一些大银行也陷入财务困境,纷纷寻求政府救援。匈牙利和乌克兰等高度依赖外资银行和外部资金供应的中东欧国家银行体系出现危机征兆。被列入高危名单的国家还有巴基斯坦、韩国、印度、印度尼西亚、菲律宾、俄罗斯、巴西、阿根廷和南非。国际货币基金组织不得不考虑如何为他们提供帮助。危机表明，即使发达国家也难以依靠一个国家或少数几个国家的经济金融力量，稳定金融市场，克服危机。因此，此次危机爆发后，各国在自救的同时，都在积极呼吁和寻求国际合作，小国期望得到大国和国际金融组织的援助，大国也加强了沟通与协调，推行同向的货币与财政政策，力求形成政策合力。

第二，合作渠道多元发展。2008年秋季以来，有关解救危机增强合作的双边、区域和全球会议一场接着一场：欧盟27国财长会议、欧盟四国峰会、东盟财长会议、欧元区峰会、西方八国集团会议、24国集团会议、IMF和世行年会、"金砖四国"财长会议、20国集团财长和央行行长会议、G20特别首脑会议。各国领导人在会议上及其会后发表的宣言中，宣誓合作决心，并密集推出一系列合作措施。这显示，国际金融合作日趋多层次、多渠道，各国领导人可以利用多个平台反映本国的利益诉求，寻求合作伙伴，协调或统一立场，协同或共同行动。

第三，合作领域明显拓宽。除了已有的国际经济货币政策磋商、汇率协调、短期资金互换安排、IMF提款安排等，后危机时代的金融合作议题变得更为广泛，这一点集中表现在每年20国集团峰会达成的行动计划中。计划通常都会涉及提高金融市场透明度和完善问责制、加强监管、促进金融市场完整性、强化国际合作以及改革国际金融机构等五个领域，并为各领域的改革分别设定了短期和中期目标。

第四，中国作用趋于提高。由于拥有持续的高经济增长率、巨额的外汇储备、巨大的市场、高的经济弹性及中央政府的强力稳定市场能力，国际社会对中国在国际金融合作和稳定市场中所能发挥作用的期望值大大提高。而中国也确实在促进金融市场和世界经济稳定方面，加强了同其他国家以及国际金融组织的合作，发挥了发展中大国的作用。中国国家领导人、政府首脑、财政部部长、央行行长相继出席多个国际金融合作会议，会上积极推动国际合作，明确表明参与国际合作、与世界各国共度时艰、重建市场信心的积极姿态。

在合作意愿增加、渠道扩宽和领域增加背景下，中国应在全球和区域金融规则制定中发挥积极和主动的作用。

一是在全球最高决策层面，中国应发挥在G20中的核心作用。

G20是以主要国家首脑峰会形式展开的全球最高层次的政策协调机制。在应对本次金融危机中，G20的多次磋商、共识以及联合行动为防止危机深化、蔓延起到了关键性作用。中国的核心作用，一是作为最大经济规模的新兴市场，中国的声音具有聚合其他新兴市场的功效，通过G20这一全球治理平台，中国可以代表新兴市场整体来影响全球治理规则的制定。二是中国与G20发达经济体之间的密切合作有助于解决世界经济长期问题。G20峰会具有政府决策性质，而国际货币基金组织、世界银行以及国际清算银行等国际组织更具有职能机构的性质。因此，G20的重大决议关乎这些国际组织治理结构和职能的调整。中国与发达国家之间密切合作有助于有效解决全球失衡、国际治理、国际金融货币改革等中长期问题。

二是货币金融层面，中国应注意在合作中提升自身在IMF中的话语权与规则制定影响力。

IMF是掌管国际金融体系的全球性金融机构，具有最广泛的代表性，要想真正解决问题，实施国际金融体系改革、完善国际金融监管、推进国际货币多元化，还得靠国际经济组织，特别是IMF。要通过这个组织，制定切实可行且能反映成员国利益的国际规则。一直以来，IMF受美国的主导，若要提高我国在IMF的话语权，就要注重增加在IMF中的投票权。

三是在金融业监管层面，中国积极参与国际金融监管的协调。

在当今国际大环境内，各个国家的发展状况及金融政策都存在较大的差异性，这些因素会给整个国际经济带来相应的消极影响，因此为了避免国际金融在发展过程中的风险，应全面开展国际金融监管工作，需要各个国家监管当局的长期合作与交流。由于当今国际金融市场发展中不受任何一个国家货币的约束，是一个较为独立的市场，在这种形势下必须强化各国之间的金融监管与协调，否则，一旦出现金融问题，极易导致国际金融危机或者金融动荡，从而造成整个国际金融环境不稳定的状况。基于金融危机的影响性与威胁性，应对国际金融环境进行严格监管。金融监管机构及工作人员积极面对金融问题，不断优化当今国际金融环境，从而促进各国金融经济的迅速发展。可以说，国际金融监管是提高国际综合实力，带动各国经济发展的重要举措，对各国社会经济发展具有一定的积极意义，中国也应积极参与其中。

具体来说，首先，我国应在各国相互尊重对方国家主权的前提下，强化与其他国家金融监管部门的金融监管协调合作，建立与其他国家之间的信息共享机制，对于重要的金融问题要做好及时的信息沟通和反馈。我国金融监管部门和其他国家金融监管部门共同创建国际金融风险预警机制，对国际金融风险信息进行及时的披露，确保国际金融体系的稳定性。其次，改革我国的金融监管手段和方式。目前，我国对国际金融机构的监管还非常有限，对我国的金融监管手段和方式进行改革，同时培养高素质的国际金融监管人才，提高我国对国际金融机构的监管水平和效率，防范国际金融风险和预防国际金融危机的再次发生。最后，设立专属的国际金融监管协调机构。其主要职责是分析其他金融监管合作国的经济情况，收集其他国家资金拥有量和资金的经营状况，随时监控跨国资本的流动速度和数量。

四是在区域层面，中国应积极参与东亚区域金融合作。

随着经济金融全球化趋势日益浓烈，各经济体的金融关联性亦越来越高，来自单个金融机构或单一经济体的冲击，都有可能引发系统性的风险。与此同时，新兴发展中国家的资本流动的波动性远大于各发达经济体，对此，新兴市场国家需要采取熨平政策加以应对，而单一经济体的单边行动成本日益加大，加强地区金融合作，建立区域性的金融安全网络将是各发展中国家的最优选择。

中国在东亚地区的经济影响力日益扩大。中国经济稳定发展需要周边和区域稳定的金融环境，而东亚地区各国更需要中国发挥稳定器的作用。在机制建设方面，中国在东亚区域的经济金融合作主要从三个层面展开。一是通过自由贸易区协议，降低贸易壁垒，促进本地区贸易联系。目前，中国签订的11项自贸区协议已经生效。二是参与区域金融机制合作，中国是东亚地区唯一的流动支持机制—清迈倡议多边化—的倡议国和最大出资国。在总额2400亿美元的储备库中，中国出资占储备库总额的32%。2011年正式运转的清迈倡议多边机制下属的亚洲宏观经济研究办公室，中国代表担任首任主任一职。这一办公室在未来有望成为东亚区域经济监控实体，是区域金融合作机制制度化的前身。中国将在推进区域货币基金建设中发挥核心作用。三是参与投资机制合作，中国与东盟、日韩财长会议同意由亚洲开发银行推出信贷担保和投资设施，为东盟和中日韩政府和企业发行债券提供担保服务，鼓励本币债券发行。中国积极考虑建立区域清算系统，参与讨论区域债券发行计划和区域信用评级机构建设等区域金融基础设施建设。这不仅有助于促进本地区金融市场的发展，也为人民币在东亚金融市场中承担更多的角色奠定制度基础。近期应巨大资金需求而产生的新投融资平台：亚洲基础设施投资银行（简称亚投行）和丝路基金，也是中国积极参与区域投资机制的表现，反映出中国与周边国家的经济关系进入到一个相互扶持增长的新发展阶段。在机制设计上，亚投行和丝路基金秉承的理念都是，我国并非单方面通过援助的方式，去取得主导权，而是在各国对互联互通合作已经取得高度共识的情况下，积极发挥引导作用，利用我国现在自身的经济实力和影响力，把这种意愿推向实际的合作。因此，二者的设计应积极采取金融创新的方式来发挥杠杆作用，而非单纯作为一个固定资金池运作。这种创新可以包括子银行市场化、股权多元化，争取更多国家层面的合作，以及更高的运作灵活度。

此外，还应该积极创造条件，加快我国金融机构"走出去"的节奏，在力所能及的范围内，帮助经济金融体系发展落后的周边国家，建设和完善其金融体系。其中，开发性金融走出去的意义尤其重大。开发性金融通过将银行的融资优势与政府的组织协调优势结合，把政府力量化为市场力量，弥补了市场机制自身存在的缺陷，可以实现很多其他类型金融机构难以实现的经济发展目标。中国企业在"走出去"的过程中，经常会因为规模和实力较小，遇到海外融资困难，这就需要开发性金融机构凭借准国家信用以及良好的资产质量和盈利水平，为中国企业海外融资服务和专业的咨询服务，实现企业与开发性金融机构的"双赢"，在支持中国企业"走出去"的同时，自身也"走出去"。不仅如此，开发性金融"走出去"，通过与发展中国家建立合作关系，还可以推动双边合作的长远发展，从外交和全局角度，努力加强世界各国与中国经济的密切联系，提高中国在国际舞台上的影响力，增加话语权。

（二）人民币国际化战略

中国在改革开放的短短 40 年已经发展成为经济大国，但中国不是经济强国，更不是金融强国。近年，中国和西方国家在贸易和人民币汇率上的争议无休无止，实现人民币国际化不但可以减少这方面的压力，更重要的是能在国际舞台上就经济和金融体系获得更多话语权（比如国际大宗商品价格、资产定价等），同时扩展区内的双边贸易，降低自身和其他国家对美元的依赖，从而减少全球金融危机带来的风险和损失。因此，人民币国际化是中国长远发展的重要战略之一。

1. 人民币国际化的进展

人民币国际化包含两层含义：逐渐实现基本可自由兑换；在市场选择中成为国际储备货币。目前普遍认同的观点是，人民币国际化可以分三步走：首先作为主要的国际贸易结算货币，然后是国际投资货币，最终成为国际储备货币。从操作层面而言，目前人民币还不能自由兑换，当局采用了"跨境贸易结算 + 离岸市场"为主要模式推动人民币国际化。2009 年 7 月 1 日，《跨境贸易人民币结算试点管理办法》正式实施，人民币国际化进程的发展速度远远超出预期。

（1）人民币跨境贸易结算处于深度调整期。

人民币国际化的进程经历了起步期、飙升期，当前，正处于调整期之中。从 2009 年 7 月 1 日至 2014 年 5 月，人民币跨境贸易结算量迅猛增长。根据中国人民银行公布的数据，2014 年 5 月人民币跨境贸易结算达到 5153 亿元，同比增长 41%。2015 年至 2017 年的三年间，跨境贸易人民币结算量从 7.23 万亿元下降到 5.23 万亿元，再下降到 4.36 万亿元；直接投资人民币结算量从 2.32 万亿元下降至 2.46 万亿元，再下降至 1.64 万亿元。无论是跨境贸易还是跨境投资的人民币结算量，均降幅明显。

（2）人民币离岸金融市场建设加快。

2010 年以来，中国香港人民币债券发行额逐年增加，2014 年 5 月，中国香港发行 340 亿元人民币计价的点心债（Dimsum bonds），同比增长了 340%。这反映人民币离岸金融市场建设进程在加快。人民币债券市场的发展表现出两个特征：第一，离岸人民币债券的发债主体多元化，除了中国大陆财政部、金融机构和中国香港企业外，2011年就有28家跨国企业以及海外金融机构相继利用中国香港平台，成功发行人民币债券。此后，在新加坡、伦敦也相继推出了以人民币计价债券，发行主体同时包括金融机构和非金融机构。第二，债券期限较短。在中国香港交易的人民币债券65%均是1~3年期的短期债券，这主要是源于许多购买点心债的投资者都是基于人民币升值预期而来，因此短期更受欢迎；另一方面，离岸人民币债券市场规模依然较小，收益率曲线不完善，缺乏有效的价格发现机制，投资者对中长期人民币债券需求有限。

（3）人民币回流渠道依然不畅通。

由于人民币尚无法自由兑换，目前境外人民币回流受到较严格的限制。主要由RFDI和RQFII，以及前海人民币贷款三种模式。其一，RFDI总量较低而且增速较慢，2014年5月仅为624亿元人民币，远远低于3200亿元人民币进口跨境贸易结算的输出量。其二，RQFII则遭遇投资瓶颈。2011年年底，RQFII制度开始试点，目前已经扩大到中国香港地区、伦敦、新加坡和法国，根据国家外汇管理局的最新数据，截至2014年5月底，已有78家境外机构获批RQFII资格，累计获批额度为2382亿元人民币；然而，在A股市场不景气的情况下，海外投资者对于A股投资十分谨慎，截至一季度末，所有RQFII的资产规模为555.69亿元人民币，额度使用率仅为23%。其三，2012年年底，深圳前海放开了跨境人民币贷款业务，2014年6月，新加坡在苏州也发放了第一笔人民币贷款，但是跨境人民币贷款额度非常有限，仅为100亿元。

2. 人民币国际化战略设计

从其他主要货币国际化路径来看，一般都是通过制度、实力和机遇三方面因素共同作用的结果。从这个角度看，我国已经具备了一定的实力基础，面临良好的发展机遇，而在制度建设方面则相对薄弱，需要重点加强。因此，下一阶段人民币国际化的突破点在微观上，应夯实人民币走出去的国内基础，为人民币国际化提供各项保障；宏观上，在地区和国际层面继续探索开展符合我国国情的金融合作模式，以提升影响力，化解当前货币体系不利影响。总的原则是，按照地理范围"周边化、区域化、国际化"的步骤，在遵循市场规律的前提下，稳步推进有关改革进程。

（1）国内层面。

一是稳步推进国内金融体制改革，深化金融机构改革，增强金融机构的竞争能力和服务能力。提高央行的政策调控能力，提高我国银行国际竞争力，促进全球化银行体系建设。继续推进利率市场化改革，增强市场在配置资源方面的基础性作用，完善金融市场调节机制。同时加快发展金融市场，推进金融中心建设，建立国内金融风险预防控制机制。一个机制完善、业务发达、对外联系紧密的金融市场可以为人民币国际化提供良好的金融环境。采取措施防范金融风险，参考"托宾税"，研究征收外汇交易税，防止不稳定投机交易，保障一国开放市场且不必受到热钱破坏，利于扩大自由贸易。可考虑加快发展上海国际金融中心，加速人民币在岸市场发展。人民币在岸市场是人民币国际化的"大本营"。要进一步加快上海国际金融中心建设，推动上海成为人民币全球定价、交易、清算中心，逐步在全球主要金融市场拓展人民币离岸中心，为人民币实现内外循环创造条件。

此外，还应继续推进国内配套金融改革，增强国内金融机构危机意识与风险意识，提升与境内外金融机构的业务竞争能力。推动本土多样化的投资渠道、投资产品，丰富人民币多样化投资市场。在 RFDI、RQFII 基础上，逐步扩大人民币在跨境贸易投资中的使用，探索开展个人跨境人民币业务试点，稳妥有序推进合格境内个人投资者试点，完善人民币跨境回流路径，建立人民币跨境清算系统。

二是积极培育我国信用评级机构。2008 年金融危机以来，国际三大信用评级机构标准普尔、穆迪、惠誉因其未能有效地向公众投资者揭示次级贷款及其他金融衍生品的风险，而遭遇公众对其业务能力产生怀疑。这一现象也折射出当前发达国家垄断国际评级机构在预测自身经济问题时而产生的弊端。在信用经济时代，信用评级对国家和机构信用风险的分析和评价是对投资者具有重要意义的指标和数据，为维持金融体系正常运转发挥了重要的作用。我国自 20 世纪 90 年代信用评级业正式起步，采用与西方类似的商业模式开展业务，开展央企债券信用评级。但目前仍存在一系列问题：由于标准不统一产生的行业多头管理；市场认同度偏低，缺乏公信力和话语权；人员素质参差不齐导致机构服务能力参差不齐等。伴随人民币国际化，需不断做大做强本地区评级机构，推动中国信用评级业与国际接轨，加入国际信用评级体系之中，这将有助于人民币相关资产的评级与定价，促使人民币资产为更多国际投资者所接受。

（2）地区层面。

一是稳步发展人民币离岸中心，发展海外区域性人民币离岸市场，稳步推进人民币国际化。进一步拓展双边货币合作的领域和范围，继续支援香港发展离岸人民币中心，巩固提升香港国际金融中心的地位，深化与港澳台地区的金融合作。当今的人民币国际化，正在从以中国香港为中心的模式转向为以亚洲为中心的模式迅速发展。在以亚洲为中心的模式里，东盟将会扮演更加重要的角色。因此，借助东盟强劲的发展，也是人民币区域化、国际化的一个重要因素。

通过区域货币金融合作，逐步建立起区域性人民币离岸中心，扩大影响力。增强境外人民币流动性，完善体外循环，促进境外市场融资。扩大人民币在境外的流通，加快金融企业"走出去"的步伐。适度推广对外贸易人民币结算，在亚洲的一些地区实现取代美元成为地区性货币。加快实施金融业"走出去"战略，培育优势跨国金融企业集团，提高在国际金融市场的竞争力。发达的金融市场是人民币国际化的基础。只有开放的、受限制较少的金融市场才能够使得交易主体和资金得以自由出入，这也确保了该货币在经济交往中能够充分发挥国际货币职能。将人民币在岸和离岸两大市场逐步扩大并通过一定纽带联系起来，实现资金的有效循环，将是近期人民币国际化的着力点。

二是加强区域金融合作。对于人民币的区域金融合作，首先要给出一个明确的定位，即通过与各主要区域开展货币金融合作，使人民币发挥更大的作用，并逐渐取得区域货币的地位，降低对美元的依赖性，实现人民币"区域化"。同时，借助区域金融市场发展，推动实现人民币国际化。鉴于我国在除北美外各主要地区均建立起相应合作机制，可考虑在机制下探讨区域金融合作事宜。这是当前符合我国国情，也是较为可行的一条发展路径。目前，我国在东亚地区区域货币金融合作基础相对较好。在《清迈协议》的基础上，对中国—东盟区域货币体系开展深入研究，初步建立亚洲债券市场，我国和东盟就汇率机制加强协调与合作方面取得了一定的成绩。但仍旧面临一些问题，比如合作意识和积极性都很高，但对重大区域金融合作建议方面所做工作仍需加强,亟须提出更多"中国观点"。今后,可积累总结有益经验,推动区域货币金融合作稳步发展。

(3)国际层面。

一是积极参与国际货币体系改革。改革美元主导的国际货币体系是各国积极参与全球经济再平衡的重要内容。我国拥有大额外汇储备,受现行国际货币体系影响最大。人民币国际化是提升中国在未来国际货币体系中所处位置的重要途径,但人民币的国际化应遵循渐进、稳步和可控的原则,逐步改变不合理的国际金融秩序,推动建立多元化的国际货币体系。第一,扩大特别提款权的使用范围,推动人民币成为可以直接用于对外支付的交易媒介。第二,推动国际金融机构改革,要求加强对主要储备货币国的监管,敦促发达国家加强自身风险控制。第三,建立金砖国家银行、上海合作组织银行等我国主导的地区性金融机构。

此外,还可积极推动国际货币基金组织会员投票份额分配改革,逐步增加我国投票权,通过民主投票机制促使IMF向全球央行转型并履行监督全球货币体系的职责,确立更加均衡的权力体系。

二是促进人民币资产多样化。在国际金融市场大力发展离岸人民币债券,探讨人民币保险产品等。鉴于目前人民币金融产品较少,着眼长远,需要有丰富的人民币投资渠道以便持有者实现人民币资产保值升值。香港发行的人民币备兑认股权证,加拿大发行的人民币债券都将为海外人民币带来多样化的融资方式。另外,随着人民币国际化进程加深,我国海外经济利益不断拓展,有必要加强维护海外合法权益的力量,有效应对政局动荡、战争、自然灾害等风险,为人民币国际化提供基本保障。

(三)汇率制度改革战略

汇率是开放经济中最重要的核心变量之一。在开放经济条件下,各类经济变量的状况最终都将在汇率上得到不同程度和形式的体现,汇率的调整和变动也会对一国经济的外部与内部、微观与宏观、实际部门与金融部门等产生全方位的影响。由于一国汇率行为的调整、变动方式与该国的汇率制度息息相关,故汇率制度在一国的经济政策及经济稳定均衡发展中的地位与作用举足轻重。汇率制度不仅直接影响各类微观主体的经济选择行为及其福利后果,也关乎一国宏观经济、金融的稳定,并进一步影响一国经济的长远发展。因此,选择合理的汇率制度是各国在经济发展进程中面临的重要问题,在制定长期金融战略特别是开放战略时,必须予以慎重考虑。

1. 人民币汇率制度改革历程

中华人民共和国成立以来,人民币汇率制度大体经历了固定汇率制度、双重汇率制度和有管理的浮动汇率制度几个重要阶段。

(1)计划经济时期的固定汇率制度(1953—1979年)。

1953年起,中国实行高度集中的计划经济体制,对外贸易由国营对外贸易公司专管,国营外贸企业的外贸盈亏完全由国家财政平衡与负担。外汇业务由中国银行统一经营,逐步形成了高度集中、计划控制的外汇管理体制。作为计划核算工具的人民币汇率,要求保持稳定,人民币汇率不仅与国内外物价水平脱节,而且逐步脱离进出口贸易的实际,形成汇率高估,失去了调节经济的杠杆功能。

当时,我国首先将人民币汇率与英镑挂钩,基本固定在1英镑兑6.893元人民币,内部掌握的人民币兑美元汇价保持在1美元兑2.4618元人民币。直至1973年以前,西方国家国际货币制度采取的是布雷顿森林体系,汇率保持了相对稳定,人民币汇率基本没有大的变动,在原定汇率的基础上,参照各国政府公布的汇率进行调整,只是在1967年11月英镑贬值14.3%之后,才从1英镑兑换6.893元调整到5.908元。

1973年3月起,西方各国普遍实行浮动汇率制后,美元汇率波动剧烈。为了避免西方国家货币汇率的变动对我国对外经贸往来所带来的冲击,维护人民币汇率的稳定,我国确定人民币汇率的原则改为参照国际市场各国汇率变化的情况进行经常调整。同时采用了盯住一篮子货币的新的确定汇率的方法,以及参照国际市场行情及时调整人民币汇率。在货币篮子中,尽管篮子里的货币汇率经常变化,各种货币权数也先后作了几次变动,但在制定人民币汇率指导思想上要求把人民币汇率水平稳定在对各国货币汇率为中间偏上水平,即人民币适度高估。在1973—1980年的7年间,人民币对美元汇率从1971年的1美元兑换2.4618元逐步调至1980年7月的

1.4525元，人民币升值69.5%，与国际货币变化大体相同。

（2）经济转型时期的双重汇率制度（1980—1993年）。

1980—1993年，是我国外汇管理体制不断吸收市场因素的重要过渡时期，国家相继采取一系列具体措施：一是实行外汇留成制度，二是建立和发展外汇调剂市场，最终形成了"双重汇率"体制。

这一阶段的前期是官方价格与内部结算价并存。由于汇率高估不利于对外贸易的发展，因此，1981年中国制定了一个贸易外汇内部结算价，按当时全国出口商品平均换汇成本加10%利润计算，定为1美元合2.8元人民币，适用于进出口贸易的结算，同时继续公布官方汇率，1美元合1.5元人民币，沿用原来的一篮子货币计算和调整，用于非贸易外汇的结算。两个汇率对鼓励出口和照顾非贸易利益起到了一定作用，但在使用范围上出现了混乱，给外汇核算和外汇管理带来不少复杂的问题。随着国际市场美元汇率的上升，我国逐步下调官方汇率，到1984年年底，官方汇率已接近贸易外汇内部结算价。1985年1月1日取消内部结算价，重新实行单一汇率，汇率为1美元合2.8元人民币。

随后，我国进入了官方价格与市场调剂价格并存时期。改革开放以后，中国物价进行改革，逐步放开，物价也随之上涨。为使人民币汇率同物价的变化相适应，起到调节国际收支的作用，1985—1990年根据国内物价的变化，多次大幅度调整汇率，由1985年1月1日的1美元合2.8元人民币，逐步调整至1990年11月17日的1美元合5.22元人民币。这几年人民币汇率的下调主要是依据全国出口平均换汇成本上升的变化，汇率的下调滞后于国内物价的上涨。

最后是官方汇率和外汇调剂市场汇率并存的汇率制度。为配合对外贸易，推行承包制，取消财政补贴，我国于1980年10月开创了外汇调剂业务，建立了外汇调剂市场。但与此同时，外汇调剂市场中存在着严格的管制与限制，因此，它的竞争具有不充分性，从而产生了与之平行的外汇黑市。1988年3月起各地先后设立了外汇调剂中心，外汇调剂量逐步增加，形成了官方汇率和调剂市场汇率并存的汇率制度。从1991年4月9日起，对官方汇率的调整由以前大幅度、一次性调整的方式转为逐步、缓慢调整的方式，即实行有管理的浮动，至1993年年底调至1美元合5.72

元人民币，比 1990 年 11 月 17 日下调了 90%。同时，放开外汇调剂市场汇率，让其随市场供求状况浮动，汇率波动较大。在国家加强宏观调控和中国人民银行入市干预下，1993 年年底回升到 1 美元合 8.72 元人民币。

（3）单一、有管理的浮动汇率制度（1994—2005 年）。

1993 年，我国明确提出了建立社会主义市场经济体制的目标，外汇管理体制作为社会主义市场经济体制的重要组成部分，不断向市场化方向改革，市场在汇率形成中的基础性作用日益增强。党的十四届三中全会通过的《中共中央关于建立社会主义市场经济体制若干问题的决定》中明确要求："改革外汇管理体制，建立以市场供求为基础的、有管理的浮动汇率制度和统一规范的外汇市场，逐步使人民币成为可兑换货币。"这为外汇管理体制进一步改革明确了方向。围绕外汇管理体制改革的目标，按照预定改革步骤，中国外汇管理体制主要进行了以下几个方面的改革。

一是实行银行结售汇制度，取消外汇上缴和留成，取消用汇的指令性计划和审批。从 1994 年 1 月 1 日起，取消外汇留成、上缴和额度管理制度，对境内机构经常项目下的外汇收支实行银行结售汇制度。除实行进口配额管理、特定产品进口管理的货物和实行自动登记制的货物，须凭许可证、进口证明或进口登记表，相应的进口合同和与支付方式相应的有效商业票据（发票、运单、托收凭证等）到外汇指定银行购买外汇外，其他符合国家进口管理规定的货物用汇、贸易从属费用、非贸易经营性对外支付用汇，凭合同、协议、发票、境外机构支付通知书到外汇指定银行办理兑付。为集中外汇以保证外汇的供给，境内机构经常项目外汇收入，除国家规定准许保留的外汇可以在外汇指定银行开立外汇账户外，都须及时调回境内，按照市场汇率卖给外汇指定银行。

二是汇率并轨，实行以市场供求为基础的、单一的、有管理的浮动汇率制度。1994 年 1 月 1 日，人民币官方汇率与市场汇率并轨，实行以市场供求为基础的、单一的、有管理的浮动汇率制，并轨时的人民币汇率为 1 美元合 8.70 元人民币，相对于原来的官方汇率，人民币贬值 50%。人民币汇率由市场供求形成，中国人民银行公布每日汇率，外汇买卖允许在一定幅度内浮动。新汇率制度的"有管理"主要通过银行结售汇制度以及外汇周转头寸管理制度体现，当然进出口核销制度的推出也是一项重要内容。此后几年，人民币汇率基本稳定略有上升。

三是建立统一的、规范化的、有效率的外汇市场。从1994年1月1日起，中资企业退出外汇调剂中心，外汇指定银行成为外汇交易的主体。1994年4月1日，中国外汇交易中心即银行间外汇市场在上海成立，与全国所有分中心相连通；4月4日起中国外汇交易中心系统正式运营，采用会员制，实行撮合成交集中清算制度，并体现价格优先、时间优先原则。中国人民银行根据宏观经济政策目标，对外汇市场进行必要的干预，以调节市场供求，保持人民币汇率的稳定。

四是对外商投资企业外汇管理政策保持不变。为体现国家政策的连续性，1994年在对境内机构实行银行结售汇制度时，对外商投资企业的外汇收支仍维持原来办法，准许保留外汇，外商投资企业的外汇买卖仍须委托外汇指定银行通过当地外汇调剂中心办理，统一按照银行间外汇市场的汇率结算。

通过上述各项改革，1994年我国顺利实现了人民币经常项目有条件可兑换。此后改革进一步深化，包括将外商投资企业外汇买卖纳入银行结售汇体系，提高居民用汇标准，扩大供汇范围，取消尚存的经常性用汇限制等。1996年12月1日，中国正式宣布接受《国际货币基金组织协定》第八条，实现人民币经常项目完全可兑换。至此，中国实行了人民币经常项目可兑换，对资本项目外汇进行严格管理，初步建立起适应社会主义市场经济的外汇管理体制，人民币汇率形成进一步迈向市场化，但遗憾的是人民币汇率的浮动主要体现在这一时期。

（4）参考"一篮子货币"进行调节、有管理的浮动汇率制度（2005—2015年）。

2005年7月21日，人民币汇率制度发生了根本性的变革，中国人民银行就完善人民币汇率形成机制改革有关事宜发布公告，宣布自2005年7月21日起，我国开始实行以市场供求为基础、参考"一篮子货币"进行调节、有管理的浮动汇率制度。具体而言，此次人民币汇率形成机制改革的内容是，人民币汇率不再盯住单一美元，而是按照我国对外经济发展的实际情况，选择若干种主要货币，赋予相应的权重，组成一个"货币篮子"。同时，根据国内外经济金融形势，以市场供求为基础，参考"一篮子货币"计算人民币多边汇率指数的变化，对人民币汇率进行管理和调节，维护人民币汇率在合理均衡水平上的基本稳定。参考"一篮子货币"表明外币之间的汇率变化会影响人民币汇率，但参考"一篮子货币"不等于盯住"一篮子货币"，它还需要将市场供求关系作为另一重要依据，据此形成有管理的浮动汇率。此次人民币汇率形成机制改革实施后，中国人民银行于每个工作日闭市后公布当日银行间外汇市场美元等交易货币对人民币的收盘价，作为下一个工作日该货币对人民币交易的中间价格。人民银行通过公布每日中间价对市场价格进行指导，从而达到调节和管理的作用。

随后银行间即期询价外汇交易推出。银行间外汇市场交易主体可自主选择OTC方式与撮合方式，进行即期外汇交易。交易方式的多样化决定了银行间撮合市场收盘价不再具有广泛的代表性，因为银行间撮合市场收盘价原来主要是以银行间外汇市场竞价系统的每日收盘价为准。在新的市场框架下，做市商成为银行间外汇市场流动性的主要提供者和市场风险分散的主渠道，做市商通过OTC方式、撮合方式及柜台交易方式使外汇市场形成统一联动的价格传导机制。外汇市场做市商作为联结外汇市场各组成部分的枢纽，其报价集中反映了外汇市场供求的变化。因此，2006年1月4日，人民银行同时对中间价的形成机制进行了调整，要求每个做市商于每个工作日闭市后向中国人民银行上报当日银行间外汇市场美元等交易货币对人民币汇率的收盘价，中国人民银行将各做市商上报的收盘价加权平均，作为下一个工作日该货币对人民币交易的中间价格。因此，每个工作日闭市后做市商所上报的收盘价就是人民币汇率形成机制中所要参考的另一重要依据——市场供求关系。但随着全球金融危机的爆发，汇率形成机制实质上又开始盯住美元。

（5）人民币中间价形成新机制阶段（2015年至今）。

2005年汇率形成机制改革以来，人民币汇率中间价作为基准汇率，对于引导市场预期、稳定市场汇率发挥了重要作用。

2015年8月11日，人民银行宣布完善人民币汇率中间价形成机制，做市商在每日银行间外汇市场开盘前，参考上日银行间外汇市场收盘汇率，综合考虑外汇供求情况以及国际主要货币汇率变化向中国外汇交易中心提供中间价报价。一方面在机制上加大市场供求对汇率形成的决定性作用，提高中间价的市场化程度；另一方面则顺应市场的力量对人民币汇率适当调整，使汇率向合理均衡水平回归。中间价与市场汇率之间的偏离得到校正，中间价的基准作用明显增强。各方面对此次改革的评价总体正面，改革取得了预期效果。

2016年年初，为了抑制"811汇改"之后人民币兑美元汇率的过快贬值，中国央行开始实施"收盘价+货币篮"的双目标中间价定价机制。人民币兑美元汇率中间价的制定，要等权重地参考如下两个目标，一是人民币兑美元汇率上一日的收盘价（这实际上由市场供求来决定），二是维持24小时（后来改为15小时）之内人民币兑CFETS货币篮的汇率指数不变（这实际上类似于盯住一篮子）。2017年5月下旬，央行再度修改人民币汇率中间价定价机制，将上述双目标定价机制改为"收盘价+货币篮+逆周期因子"的三目标机制，直接目的似乎是为了遏制人民币兑CFETS篮子汇率指数的贬值。此后，央行又随着形势的变化，对逆周期因子做过相应的取舍。

2. 未来汇率制度改革的战略设计

由我国汇率制度改革历程可见，一直以来，我国的汇率制度改革都坚持渐进性原则，采取在一个相当长的时间里对汇率制度进行动态的调整，而不是对汇率制度的简单选择和突然变更。在这个过程中，汇率安排应不断适应我国金融深化和金融国际化的进程，达到促进经济均衡发展的目的。未来汇率制度的选择，既是汇率制度的一种转轨，也是不断寻找市场均衡汇率水平的过程，更是调整国内经济、金融运行体制、机制和宏观调控制度的过程，是一个多目标协调平衡的复杂过程。

一般的汇率制度改革战略通常认为，未来随着中国金融全球化进程的进一步深入，人民币现行汇率制度可逐渐增加汇率制度弹性，直至金融自由化来临时，跃迁至浮动汇率制。这一战略思维在逻辑上诚然是正确的，然而随着全球步入后危机时代，世界各国经济不确定性和波动性同步增强，人民币在国际社会的接受度和影响力迅速提升，汇率制度改革战略在国内经济金融结构调整相关条件允许的情况下，可以适度地增强主动性，在推进配套措施完善的同时，以中心汇率的确立为抓手，积极向有弹性的浮动汇率过程逼近。

具体到战略设计层面，它包括五方面的核心内容。一是确立中心汇率。中心汇率不一定要事先公布，官方应根据经济及金融发展状况，适时、主动地进行一次性的调整，也可分解在缓慢地波动中，主要视市场状况酌情而定。二是中心汇率应根据贸易、投资等对外经济状况，对方国货币政策的声誉及要素流动的顺畅程度，确定"一篮子货币"的内容，初期或仍以美元为主，但随着我国贸易格局的变化，可逐步加大其他国家货币的权重，包括视国际货币体系改革中进一步确立具有实际意义后的 SDR 等商品货币。随着时间的变化，当调整到一定程度后，中心汇率将逐渐淡出，而逐步逼近实际有效汇率的波动。三是根据经济与市场发育状况，在实行中心汇率制度过程中，择机逐步扩大汇率的浮动区间，通过逐步地、不断地放大汇率浮动区间的过程，慢慢弱化中心汇率一次性调整的频率。四是与人民币区域化进程紧密配合，进一步增强弹性空间，包括浮动区间、篮子内的货币权重内容。五是在逐步逼近有弹性的浮动汇率过程中，人民币应始终保持币值的基本稳定态势，这就要求我国国内经济金融状况的总体趋稳。

除此之外，由于汇率制度的转轨过程，不仅涉及制度形式的转变，还将涉及汇率水平的调整，因此，汇率制度能否顺利转轨需要经济结构和调控方式变革的配合。这意味一方面要加速国内经济、金融市场化改革的进程，另一方面需要积极完善汇率制度改革的配套措施，这些配套措施包括以下几个方面。

（1）完善外汇市场。

外汇市场要运作和发展，须满足几个基本条件：一是愿意并能够交易本外币的个人和机构之间的网络已经建立；二是交易得以安全、迅速和低成本地进行；三是市场能发现使外汇供求平衡的汇率水平，即市场能够出清。目前，我国外汇市场离这种要求还有一定距离。为此，一方面，需要壮大外汇市场参与主体，逐步减少对外汇指定银行的政策限制，充分发挥其作为外汇市场主体的骨干作用，大力培育外汇经纪人，促成市场主体多元化；另一方面，要以发展人民币远期交易为突破口，与可兑换进程和汇率制度改革保持协调，推动交易工具创新。

（2）实施积极的人民币汇率政策。

实施积极的人民币汇率政策的主要任务应当是在稳定汇率的前提下，从政策上弱化和消除人民币升值的预期。需要特别强调的是，实施积极的人民币汇率政策，其内涵是多方面的，如扩大人民币汇率波动幅度、增强人民币弹性、完善外汇市场运行体制、加快外汇市场产品创新、调整外汇管理政策等,而不可将目光仅仅盯在汇率水平本身上,简单地理解为人民币要加快升值。积极的人民币汇率政策主要包括四大方略:采用多层次政策组合、名义实际汇率双调整、创新外汇储备管理、改进外汇管理体制。这其中采用多层次政策组合尤为重要,其目的在于促进我国国际收支趋向平衡和实现汇率均衡,这种政策组合至少包括三个层次:一是实际汇率调整和名义汇率调整相结合,二是汇率政策和外贸、外资、投资、产业等宏观政策调整相结合,三是结构调整与制度变革相结合。

(3)加快人民币区域化进程。

人民币汇率改革负面效应的降低与消除有赖于人民币的自由兑换,但我国的现实情况还不能满足人民币在短期内的完全可兑换,实现人民币的区域可兑换是可行的。当前,需要抓住人民币地位上升的时机,探索通过人民币区域化,摆脱国际收支过分依赖发达经济体货币尤其是美元的局面,争取形成境内与周边经济体之间基于人民币的国际结算关系,并以此为基础,切实形成人民币参考"一篮子货币"的定价机制。

总之,在当前不确定的国际货币体系下,我国汇率制度改革的根本出路,主要在自身。通过改善我国自身的经济结构与增长质量,提高货币政策的独立调控能力,来促成建立让市场真正相信的、盯住一篮子货币的、有管理的浮动汇率制度,同时通过人民币逐步区域化、国际化的漫长进程,进一步扩大汇率浮动区间和调整篮子内容、权重,最后使人民币汇率完全融入国际间的浮动汇率体系。

(四)资本项目开放战略

资本项目开放改革是一个庞大的系统工程。1996年12月,中国正式接受国际货币基金协定第八条中第2款(经常项目下的商品和服务所对应的支付不加限制)、第3款(避免实行歧视性的复汇率制)以及第4款(无条件同意其他成员国在经常性往来中积累的本国货币的兑换申请),完成了人民币经常项目可兑换,确定了"人民币经常项目可兑换,资本项目外汇实行管制"的外汇管理框架。2001年12月以后,为履行加入世界贸易组织应承担的义务,中国逐步开始开放境内金融服务业,开放资本账户的要求也正式提上日程。近几年,"加快推进资本项目开放"开始成为中国金融改革开放战略的一个核心环节,并一度涌现出诸如把握资本项目开放战略机遇期,争取在 2015 年实现人民币资本项目下的基本可兑换,2020 年实现人民币资本项目下的完全可兑换的战略思想。

然而,无论从国际形势还是国内形势来看,都很难说中国出现了加快资本项目自由化的战略机遇期。相反,可以说中国目前面临着全球金融动荡、国内经济增长速度下降和金融形势日趋严峻的空前挑战。余永定(2014)[1]指出,自 2008 年全球金融危机爆发以来,国际资本流动的波动性明显增强,发展中国家金融稳定受到更为严重的冲击。如果没有对短期跨境资本的管制,在国际资本流动的冲击下,2010 年以后中国很难做到一方面保持汇率的基本稳定,另一方面降低货币和信贷的增长速度并维持明显高于美国的利息率水平。不仅如此,中国目前亟须处理的内部问题包括地方债、房地产泡沫、企业债、影子银行活动等,都与资本项目开放并无太多关联,甚至,资本项目中涉及短期跨境资本流动的子项目的进一步开放,反而会使得这些问题更加恶化。

有鉴于此,我们认为,作为中国经济体制的所有改革中最为敏感、风险最大的改革,资本项目开放战略仍需要保持谨慎,资本项目中的每个子项目的开放必须首先满足相应的必要条件,而各子项目的开放则应该遵循必要的时序。

1. 资本项目开放战略的基本原则

总体而言,资本项目开放战略应兼顾我国发展和转轨的特征,坚持"主动性、渐进性和可控性"的原则。"主动性"指资本项目的开放一定要从国内经济和金融的实际情况出发,主动地根据市场需要,并与人民币国际化特殊要求相适应。开放决策不能落后于国内经济的需求,也不能受制于海外的压力,或是为了指标意义上的目标,为市场化开放而开放。"渐进性"是指资本项目的开放要循序渐进,主要侧重于资本账户开放的条件性。在满足一定条件后再增加开放内容,并在开放中促使其他部分条件更加成熟,给市场充分的时间来适应新的环境。同时,吸取其他国家开

---

[1] 余永定:《寻求资本项目开放问题的共识》,《国际金融研究》2014 年第 7 期,第 3—6 页。

放时的经验教训,注重开放内容的次序性。"可控性"是指资本账户开放过程中的风险可控。关键是要处理好资本账户开放与其他宏观政策之间的关系,尤其是与汇率政策、货币政策、金融监管以及人民币国际化等政策搭配协调。

2. 资本项目开放战略的具体设计

从根本上看,人民币资本项目开放是为了我国更好地融入全球化,更大程度地享受全球化的好处。一是可以更充分、有效地利用国内外两个市场和两种资源;二是以资本项目逐步开放促进国内金融改革和金融市场发展,提高金融效率;三是为人民币走出去并成为国际储备货币创造条件。因此,推进资本项目开放也应重点着眼于促进我国经济增长和金融市场发展,提升我国经济的综合竞争力。同时,应加强跨境资本流动监管,实施必要的审慎管理和引导措施,避免出现其他发展中国家在资本项目开放过程中出现的过度借贷、资本流动的期限和结构错配以及资本抽逃等问题。

(1)制订资本项目可兑换路线图。

从最终实现可兑换的重点及其优先程度来看,我国可借鉴国际经验,根据资本流动与实体经济的关联度及其稳定性,采取"直接投资→资本和货币市场工具→信贷业务→个人资本交易→衍生工具和其他工具"的顺序。在开放过程中,可继续贯彻"先流入,后流出;先长期、后短期;先机构、后个人"的基本原则。

在具体的实施路径中,各子项目下的改革可采取综合交叉推进的方式,并根据具体情况对开放的顺序进行动态调整。结合内外部经济环境和各项改革配套措施的成熟度,加快放开需求强烈、风险较小的项目,从"较多限制"逐步转变为"较少限制"或"基本无限制";对于预期风险较大的项目,可通过"个案审批""额度控制""比例管理""专户管理"等手段控制风险,逐步放开;对于某些失效或容易规避的管制措施,应尽早放开。在这一过程中,应不断改进和完善外汇管理,提高跨境资金监测能力,依据国际惯例对涉嫌洗钱、恐怖融资和滥用避税天堂的违法行为加强监控,在受到资本冲击的情况下还可以采取应急性管制措施,对短期投机性跨境资本流动进行管理。

步骤一,放开风险相对较小的长期资本流动项目,逐步实现"基本无限制";同时对一些影响较大、不确定性较强的项目，采取额度控制的方式放开。如，提高直接投资便利程度，逐步放宽对外商直接投资的行业准入和持股比例限制，明确个人境外直接投资相关规定；适时允许国外机构和企业在一定额度内在我国境内市场发行债券和股票，逐步放松境内机构境外证券发行的限制；适当放松对贸易融资的限制，允许商业银行在一定额度内自主开展对外贷款；逐步放开本国居民境外购买不动产的限制等。

步骤二，适时扩大或取消部分项目的数量限制额度，进一步提高开放水平，并逐步从数量限制向以价格为基础的资本流动管理措施过渡。比如，逐步扩大合格境内机构（QDII）和合格境外机构投资者（QFII）的投资规模和品种范围，提高跨境债务的管理额度等，并尝试通过税收、无息存款准备金等基于价格的管制措施管理短期资本流动。

步骤三，基本取消额度控制，同时对风险较大的项目保留必要管理，实现资本项目可兑换。在资本项目基本放开的同时，要加强对跨境资本规模、结构和流向的监测，保留必要的管理架构和基础设施，通过宏观审慎政策和价格工具的适时调整，控制资本流动风险。

除上述开放顺序的设计外，资本账户开放战略中也应对相关的配套政策措施予以考虑。在改革的过程中，要充分吸取发展中国家的教训，完善货币政策框架，避免跨境资本流动使货币政策工具失效；加强对金融部门的监管和调节，保证资本利用的有效性和对实体经济的促进作用；适时加强对短期资本流动的管理，避免对国内金融市场和资产价格造成冲击。

（2）加强金融监管。

资本账户开放后，国际资本进出我国会更为频繁且复杂，投机资本的流动会增加金融动荡的可能性，因此监管当局有必要重点防止过度投机和金融机构的冒险经营。加强金融监管最主要的是对银行体系和汇率风险的监管。自从加入WTO以后，资金跨境流动规模加大且渠道增多，外资银行在我国的活动范围逐渐加大。我国原有的以行政审批和数量限制为主的管制手段有效性开始降低，而且成本也在不断加大。因此，我们要特别加强对金融机构的监管，将外汇风险纳入整个监管体系。加强审慎监管,可以保证市场主体在可承受的风险范围内获得收益,也可以控制金融机构的服务对象过度承担风险。加强金融监管具体应从以下几方面入手。

一是加快金融法律制度建设。如果法律存在漏洞,投机资本就会乘虚而入。因此,监管当局应尽快完善相关的金融法律制度。二是健全监管手段,充分利用现场监管和非现场监管等各种手段,加强对金融机构的有效监管,保证金融体系的稳定性。三是不断提升监管技术。如今,国际银行业的经营十分灵活,技术不断提高,作为管理层,也要与时俱进,不断吸收先进的管理经验,提高监管水平。

(3)稳健的宏观经济政策。

稳定的宏观经济环境是一国金融稳定的基础,合理的宏观经济政策是资本账户自由化的重要条件。

在资本项目开放的情况下,脆弱的财政容易导致危机。1997年亚洲金融危机后,我国开始实行积极的财政政策以促进内需,导致财政赤字不断增加。虽然赤字占GDP的比重仍在国际公认的安全范围内,近年来比重均在3%以下,但是真正能够反映我国财政脆弱性的是大量的准债务和隐形债务。合理地控制财政赤字规模是资本账户开放后避免经济过热的必要条件。资本账户开放后,必然会导致资金流动加剧,紧缩的财政政策一方面可以控制总需求,抑制通货膨胀,另一方面可以缓解实际汇率升值压力,减少投机行为。所以,为了给资本账户开放提供有力的财政基础,我国应适当控制财政赤字,避免因扩张的财政政策造成经济过热。

根据三元悖论,一国汇率的稳定性、货币政策的独立性和资本的完全流动性不可能同时实现,最多能实现其中的两个。也就是说,资本账户开放需要增加汇率弹性,否则将削弱货币政策的独立性。因此,央行必须做好准备,根据市场的变化,实施灵活的货币政策。货币当局需减少行政命令等直接控制的手段,增加利用货币政策工具,特别是公开市场操作进行调节。对于我国外汇储备不断增加引起的货币总量扩张,应在公开市场上采取对冲性货币政策,避免通货膨胀。只有实现货币政策操作的多样性,才能根据经济发展中遇到的各种情况灵活应对,保持经济环境稳定。

(4)深化金融体制改革。

我国资本项目开放的目的之一,就是要有效地利用国际资源,在更加开放和公平的环境中提高我国企业的国际竞争力，调整经济结构，改变经济发展方式，以达到可持续发展。因此，只有深化金融体制改革，才能改善我国的金融环境，使资本账户开放发挥最大作用。同时，资本账户的开放所带来的诸多挑战也有助于我国金融体制改革的进一步深化。

我国金融改革的一个重要任务就是利率市场化改革，通过放开对金融机构的利率管制，使金融机构能够独立决定金融产品的利率，并根据变化调整利率。利率市场化程度的提高会减少同外国的利差，有助于减轻套利、套汇和投机性资本流动的程度，为资本账户开放和人民币国际化营造更稳定的环境。目前，我国利率市场化虽然在进行改革，但是金融机构仍然不能决定利率。尽管利率管制不利于经济发展，利率市场化改革依然需要一个渐进的过程。历史经验表明，过早地放开对利率的管制会给经济带来负面影响。利率市场化是我国金融改革的最终目标之一，同时也是资本账户开放的支撑条件。所以，资本账户开放进程要与利率市场化进程配合。

汇率体制改革也是我国金融体制改革的重要组成部分。资本账户开放后，资本将会自由流动，汇率管制的成本将加大，而且会造成资源配置扭曲。资本账户管制是汇率制度的一部分，也是一种补充，汇率的弹性进程也是决定资本账户开放节奏的因素。2005年7月，我国开始了人民币汇率机制改革，目前我国仍然是有管理的浮动汇率制度。在人民币汇率市场化或波动幅度扩大到一定程度之前，我国都需保持一定程度的管制。因此，资本账户开放进程与汇率制度改革进程是相互配合的，需要与本国的货币政策、金融市场的发展相协调，维护货币金融系统稳定。

除了利率改革和汇率改革以外，国内的市场化改革还有很多其他任务，如要素价格机制改革等。只有完成了这些改革任务，价格才能作为信号，将资源引导向真正稀缺的部门。只要上述改革进展不大，资本账户开放就仍需谨慎。

（五）国内金融改革战略

党的十八届三中全会通过的《中共中央关于全面深化改革若干重大问题的决定》（以下简称为《决定》）指出，"经济体制改革是全面深化改革的重点"。作为经济体制改革重要组成部分的金融改革，在党的十八届三中全会以后如何进行备受国内外广泛关注。与其他领域的改革相比，金融改革更易于从全局和总量层面进行突破，如利率市场化改革等，同时改革开放以来在金融改革领域积累的经验也为重点突破金融改革形成了支持，而且金融改革的突破对于带动整个经济转型也会有积极作用。从这个意义上来说，金融改革有可能、也有必要成为下一步整个经济改革的主要突破口之一。

1. 金融改革的目标

党的十八大已经对中国金融改革进行了顶层设计："深化金融体制改革，健全促进宏观经济稳定、支持实体经济发展的现代金融体系，加快发展多层次资本市场，稳步推进利率和汇率市场化改革，逐步实现人民币资本项目可兑换。加快发展民营金融机构。完善金融监管，推进金融创新，提高银行、证券、保险等行业竞争力，维护金融稳定。"党的十八届三中全会《决定》中提出，要"完善金融市场体系"，这是对党的十八大提出的深化金融体制改革，健全促进宏观经济稳定、支持实体经济发展的现代金融体系的改革目标的具体落实。

"完善金融市场体系"主要包括三大方面：一是金融组织体系改革，包括扩大金融业对内对外开放、推进政策性金融机构改革、健全多层次资本市场体系、完善保险经济补偿机制、发展普惠金融、鼓励金融创新等；二是金融要素价格体系改革，包括人民币汇率利率市场化、健全国债收益率曲线、资本市场双向开放、加快资本项目可兑换等；三是金融监管体系改革，包括完善金融监管、建立金融保障制度与退出机制、保障金融安全和稳定等。

2. 金融改革的基本原则

中国经济发展中存在着金融与实体经济相背离的问题，主要表现为：一是金融支持实体经济不到位，实体经济特别是中小企业融资难、融资贵等问题长期未能得到有效解决。二是金融对实体经济的"挤出效应"。中国商业银行的信贷资金中，约有60%沉淀于中长期贷款和各级地方政府融资平台项目。除此之外，还有传统银行之外的所谓"影子银行"为这些项目提供支持。大量的金融资源被配置到产出效率较低的基础设施以及房地产领域，中国房地产和地方融资平台在新增社会融资中占比较高，从而对实体经济产生了极为严重的"挤出效应"。三是金融与实体经济之间的利润率差距过大。统计数据显示，自 2002 年以来，中国工业整体平均利润率在 6%~7% 之间波动，银行业营业利润率曾高达 39.1%，是工业利润率的 6 倍以上。这种状况不仅蕴藏着巨大风险，而且已经产生了一系列的负面影响和危害，严重威胁着中国经济金融发展与安全。金融发展的根基是实体经济，金融市场体系是服务实体经济的重要载体和平台，《决定》要求完善金融市场体系，就是为了加大金融支持实体经济的力度，让金融更好地服务实体经济。因此，要牢牢把握发展实体经济这一坚实基础，实行更加有利于实体经济发展的政策措施；要紧紧围绕使市场在金融资源配置中起决定性作用深化金融改革，"推动经济更有效率、更加公平、更可持续发展。"

3. 国内金融改革战略的核心

金融改革的核心是重塑政府和市场的关系。金融市场具有内在的脆弱性，市场化并不是仅仅放松管制，并不意味着不需要管理。金融体系能够市场化的程度和高度受制于金融体系赋予的功能，以及政府管理金融的能力。现代社会的发展，就是分工不断拓展和深化的过程。市场化的过程，既是现金流的风险和收益不断划分和重新组合的过程，也是管理要素不断细分和重新组合的过程。

首先，我国需要准确界定金融体系的功能。在相当长时期内，我国金融体系事实上承担着除资源优化配置外的宏观调控、产业政策等功能，"窗口指导""行业目录"广泛存在。为此，我国有必要适当弱化金融的产业政策功能，合理划分金融和财政政策之间的关系，进一步区分政策性和商业性金融。

其次，有必要进一步理顺政府（中央和地方、"一行两会"、监管部门和行业协会、投资者保护机构）在金融领域的职责和管理架构，特别是要合理确定政府和不同市场主体在风险管理和风险承担方面的界线。政府在金融领域中，所有者、监管者、行业促进者、经营者的职责交错，甚至承担了部分社会安全网的职能，中央政府和地方政府，权责利并不能基本匹配，大量的金融风险最终转化为财政风险和货币风险。为了使金融体系的管理更加有效，我国有必要将管理的不同要素进行细分，分离不同职责，并由合适的机构承担相应的职责。监管部门应从微观金融风险中解放出来，更多关注行业风险和系统性风险。加强"一行两会"、中央和地方在监管方面的分工合作。强化政府在平衡市场力量（消费者、投资者保护、反垄断和不正当竞争方面，尤其是防止部分金融机构将某个领域的市场影响力不合理地渗透到其他市场）的职责，需要发挥行业协会在促进行业发展中的作用，充分发挥市场服务机构的作用，推动服务中介的去行政化进程。

最后，还应分离实体经济的经营风险和金融领域的金融风险，理顺金融机构和企业之间的关系。金融机构应在风险管理方面有一定的自主性，并因此承担相应的风险损失，获取必要的风险收益。在这种背景下，企业可以将主要精力放在实体经济的经营上，而不是不得不应对流动性风险（资金使用的期限，与金融体系真正提供的资金期限不匹配，不得不从事期限匹配的流动性管理），甚至卷入金融操作（杠杆率不断提高，通过委托贷款等方式，为其他企业提供资金支持，乃至进入国外被归入金融业的房地产业和地下金融行业）。可建立多层次的信贷、股权等市场，引入多层次的市场准入体系，承认灰色地带机构和业务的金融属性，在更完备的市场层次中设计差异化的规范体系。

4. 金融改革战略路线图

从党的十八届三中全会的重要部署看，下一步的金融改革预期会从几个线索推进：

一是深化金融业的对内和对外开放。具体包括降低民间资本进入金融业的门槛、推动政策性金融机构改革等。二是金融价格形成机制的市场化。这主要包括利率市场化改革和资本市场的开放，以及加快实现人民币在资本项目的可兑换。

利率是引导资源优化配置进而提高全要素生产率的重要市场指标，形成市场化的利率水平对于促进经济转型具有深远意义。全面推进利率市场化必须建立在融资者、投资者风险收益约束清晰的基础上，否则会形成金融资源配置的扭曲和金融风险的积累。

从长期来看，培育更加透明和更具市场约束的投融资主体需要进一步加快金融机构公司治理改革以及财税改革，调整融资结构，发展直接融资，健全多层次资本市场，其中的关键是推动股票发行注册制改革，多渠道推动股权融资，发展并规范债券市场，鼓励金融创新。

从利率市场化角度看，需要在目前利率市场化取得长足进展的基础上，继续按照"先长期后短期、先大额后小额"的思路，进一步扩大中长期定期存款的浮动区间，并逐步扩大至短期和小额存款利率上浮区间，最后完全放松存贷款利率浮动限制。同时，逐步放开与存贷款有关联性或有替代性的金融产品和服务定价，推动整个金融产品与服务价格体系的市场化。进一步发挥上海银行间同业拆放利率（SHIBOR）的基准作用，扩大其在市场化产品中的应用，同时促进利率品种的多样化和结构的合理化，形成完整的收益率曲线，各种期限利率实现动态联动变化。

进一步确立市场定价权，允许市场化的债券违约的出现，使投资者能够独立判断客户风险并制订相应的风险溢价，形成风险收益曲线；加强金融机构风险定价能力建设，防止系统性定价错位。

在进行利率市场化建设的同时，应同时推进相关配套制度的建设，从而尽可能降低改革对金融市场和宏观经济的负面冲击。一是规范金融机构市场退出机制。利率市场化所带来的金融竞争必将产生"优胜劣汰"，建议在深化金融机构产权和治理结构改革的基础上，设立存款保险制度，建立金融机构破产退出机制，以并购重组方式处置利率市场化过程中的问题金融机构。二是引导民间资本进入正规金融体系。利率市场化的真正实现，需要放开金融机构的市场准入，增加金融供给，使利率能够真正反映资金价格。

除此之外，还应以适应整个经济改革需要和经济转型要求为重点，有针对性地完善金融市场体系。

一是发展多层次资本市场体系。继续完善主板、中小板、创业板制度，加快设立"科创板"，推进全国中小企业股份转让系统（"新三板"）建设，积极引导区域性股权交易市场规范发展，鼓励证券公司探索建立柜台交易市场；大力发展债券市场，稳步发展期货及衍生品市场，扩大资本市场的涵盖面和包容度；做好金融市场与科技创新、现代农业、社会保障、新型城镇化建设等的对接与服务，推动中国经济发展由要素投入型向创新驱动型发展转变。

二是大幅度提高债券在融资结构中的比重，促进场内和场外市场，银行间及交易所债券市场的互联互通。推进债券市场建立统一的准入条件、统一的信息披露标准、统一的资信评级要求、统一的投资者适当性制度、统一的投资者保护制度。在此基础上，进一步促进场内和场外市场，银行间及交易所债券市场的互联互通，探索建立跨市场执法机制，逐步建设规范统一的债券市场。

三是落实党的十八届三中全会提出的股票发行注册制改革。放松管制，夯实市场机制正常运行的基础，促进发行人、中介机构和投资主体归位尽责。监管重心从市场准入控制转向行为和过程的监督，发行审批重点从上市公司盈利能力转移到保护投资者的合法权益上来，以信息披露为中心，不断提升财务报告的质量，帮助投资者通过市场化的方式识别和承担证券风险，在此基础上实现发行制度的市场化。

四是大力发展机构投资者，推动机构投资者的多元化。引导长期资金在平衡风险和收益的基础上积极参与资本市场，为社保基金、企业年金、住房公积金、养老金和保险公司等参与资本市场提供公平高效的平台；引进境外长期资金，适当加快引进合格境外机构投资者（QFII）的步伐，特别是来自港澳台的机构和使用人民币的产品。

5. 国内金融改革与国际金融战略的联动

国内金融改革之所以被我们视为国际金融战略中的关键一环，原因在于它与国际金融战略能否顺利推进息息相关。在国内金融改革尚未到位的情况下，许多国际金融战略的推进将会具有较大的难度和风险。

国内金融改革与国际金融战略应该存在着一个互相联动的关系，二者之间应相互促进，形成良好的良性循环。这就要求我国金融体系在推进外向型经济为主，兼顾开放型经济发展的过程中，对国内金融体系改革也予以积极的谋划，使二者并行发展，互为推动。

第五节 参与全球经济治理战略

由于出发点的不同以及氛围环境的变化，国际社会对于治理的定义是多样的。全球治理委员会认为"治理"是个人和公私机构管理其共同事务的各种方式的总称。它是一个连续不断的过程，相互冲突的或者互不相同的利益可以通过这个过程得到协调，并促进合作行为的发生。它不仅包括有权运用强制力实施权力的正式制度和统治方式，也包括非正式的约定。而这些约定要么是通过公众和机构同意的，要么是被视为符合其利益的。世界银行认为"治理"是指在管理一国经济和社会资源时行使权力的方式。认为治理包含了三个不同方面：①政治体制的形式；②在以发展为目的而管理一国经济社会资源时行使权力的过程；③政府设计、制定和实施政策的能力以及履行义务的职能。经济合作与发展组织定义"治理"为在一个社会中行使政治权利和实施控制以便于管理用于社会经济发展的资源。渥太华全球治理研究所认为"治理"包括一个社会中的这样一些制度、程序和惯例：它们决定权力怎样行使，影响社会的重要决策如何做出，以及怎样在这些决策中整合不同的利益。

施蒂格利茨曾将全球公共产品划分为五类：国际经济稳定、国际安全（政治稳定）、国际环境、国际人道主义援助和知识。全球经济治理（Global Governance）是指国际社会各行为体通过协商、合作、确立共识等方式开展全球经济事务协调与管理，以建立具有约束力的国际规则机制和有效的国际合作，解决从地区层次到全球范围的经济稳定和发展问题，达到能够维持正常、理想国际政治经济秩序规范运转所依据的政策设计和制度程序。随着全球化分工合作的加强以及通信与交通技术的发展，当今世界已经演变成一个高度复杂且相互依赖的世界。经济危机的传染性和危害性也因此变得更加突出。这些变化使得全球经济治理的重要性开始凸显。

一、全球经济治理的历史沿革

全球经济治理大致可以划分为三个阶段：1945—1975年为第一阶段，是美国主导的具有正式的国际机构和国际规则的"硬治理"时期，以第二次世界大战后建立的布雷顿森林体系为代表，主要任务是实现战后的国际经济秩序重建；1975—2008年为第二阶段，是美欧共治的松散型非正式协调机制为主的"软治理"时期，以七国集团为主要代表；2008年至今为第三阶段，是发达与新兴经济体共治的扩大化的松散型非正式协调机制为主的"南北软治理"时期，以二十国集团、七国集团、金砖国家等为主要代表。

(一)"硬治理"时期:1945—1975

现代全球经济治理起始于 1945 年以联合国及其专门机构和附属职能部门为中心的雅尔塔体系。第二次世界大战结束后,美国领导第二次世界大战战胜国设计、建立以联合国及其安理会为核心的国际政治治理、集体安全框架;以国际货币基金组织、世界银行、关税和贸易总协定为支柱的全球金融、经济、贸易布雷顿森林体系;以及以世界卫生组织、联合国难民署、国际劳工组织等联合国专门机构和国际红十字会等非政府组织为基础的全球社会、民生治理架构等一批全球政治、经济治理组织相继建立起来,全球治理体系基本形成。因此,当今全球经济治理承继于第二次世界大战结束时确立的各种制度性建设,以及冷战时期补建的一些制度规范,其成形基础是权力集中于少数大国的雅尔塔系列组织机制,该体制形态包括联合国和布雷顿森林体系下附属机构的世界银行集团、国际货币基金组织、关税与贸易总协定(1994 年成为世界贸易组织的前身)等。

联合国是全球规模最大并最具普遍性的国际组织,由大会、安全理事会、经济与社会理事会、托管事会、秘书处和国际法院六大机构组成。从机构职能上看,它的治理领域涵盖国际政治、安全、经济、社会文化、生态环境甚至是和各国主权内务紧密相关的司法等领域。因此,以"大国一致"的权力运作模式为核心的联合国机制,在相当长时期内更成为维系战后秩序、实施全球治理的基轴柱石。但政治和安全是联合国发挥作用最多和最大的两个领域,在全球经济治理方面更多是依托名义上联合国下辖的国际货币基金组织和世界银行等金融机构展开,联合国经社理事会对全球经济治理的发言权和影响力相对较弱。经济治理问题就像是联合国肩膀上的枷锁,让它在行动和做出决议时经常处于捉襟见肘的窘态。但准确地讲,这一阶段也只能说是"国际或国家间治理",还没有真正意义的"全球范围的治理"。并且由于此阶段处于以美国、苏联为首两大阵营分立对峙的冷战时期,国际社会关注的治理议题也主要集中于政治和安全层面,经济治理事实上退居次席。

(二)"软治理"时期:1975—2008

进入 20 世纪 70 年代后,随着全球性问题的出现以及联合国成员扩容引发效率下降，再加上冷战大背景下联合国在一定程度上沦落为美国、苏联两超角力争霸的政治工具，导致联合国独自应对全球治理问题日益展现出疲惫、乏力的态势。尽管联合国作为世界最具权威的政府间多边合作组织，继续保有全球治理中心舞台的地位，但日益低下的治理效率还是给很多国家强烈的心理冲击，而七国集团的应运而生则标志着区别于联合国机制的全球治理新模式出现。七国集团（Group seven，G7）是八国集团（G8）的前身，系西方几个主要工业化"民主"国家会晤和协调政策的论坛，由美国、日本、德国、法国、英国、意大利和加拿大组成，每年召开首脑峰会商讨国际社会面临的主要政治和经济问题。七国集团成立于20世纪70年代，由于主要资本主义国家的经济形势持续恶化，接连发生"美元危机""石油危机"、布雷顿森林体系瓦解，使得西方主要工业化国家经济陷入深度萎靡不振的泥沼。为共同解决世界经济和货币危机，协调经济政策，重振西方经济，在法国倡议下，1975年7月美国、日本、德国、英国、法国五国举行了最高级首脑会议，同年11月意大利受邀加入，以共同应对资本主义世界体系的动荡局势。1976年圣胡安峰会时，加拿大应邀出席，并形成每年由七国轮流在各国召开一次首脑会议的机制。自此西方七国集团的称谓最终定型，"七国首脑会议"开始定期化、固态化。与联合国、国际货币基金组织、世界银行等正式的国际组织相比，七国集团这种形式的全球治理行为体一大特征就是其非正式性的软治理，即不具有严密的组织章程和行政机关，主要通过定期或不定期的领导人峰会特定或彼此关心的议题进行沟通、协商与合作，共同解决地区或全球性问题。

冷战时期，七国集团受到两极体系的制约，一直以讨论经济问题、协调西方国家宏观经济政策以及联合对抗苏联为主要目标。它虽也关注全球问题，但影响主要局限于欧美资本主义国家。冷战结束后，苏东地区国家的解体、转型以及市场经济、民主政治在全球范围的传播推广，全球政治经济版图被重新绘制，七国集团开始重新进行战略定位和职能设计的变更调校。国际体系进程演变速度加快，使体系结构由"两极霸权"转变为"一超多强"。七国集团作为一种会议制度形式的国际体系因素，也逐渐从保持和受制于两极霸权结构，转变为推动和塑造国际体系新结构成型的角色。为弥补自身在面对各种国际挑战中的不足，G7通过成员扩大、议程增设和机制深化的方式进行制度改革，力求向有效的全球治理中心的定位转变。在继续关注经济问题的同时，议题更加多样化，各国内政民主状况、恐怖主义威胁、同发展中国家关系、气候环境变化、粮食安全、应对全球化挑战等都被纳入七国首脑峰会的议程。

1997年俄罗斯正式被G7吸纳组成G8，扩员后的八国集团向推动形成和塑造新的国际体系角色转变的力度更大，朝着构建新权力中心方向迈进的步伐更快。同时，G7/8通过邀请联合国、国际货币基金组织、世界银行和世界贸易组织等国际机构的代表参加其峰会，加强同现有国际机制的联系，实现与联合国对话和协调的制度化和普遍性，并借助世界三大经济组织贯彻、实施其决议和政策，以增强机制安排的执行力和正当性，全力确保G7/8在全球治理领域具有普遍性的规范意义。G7/8认为自己作为大国合作机制，应当对解决全球化日益深化带来的全球性问题发挥主导作用，以管理全球范围内对现存国际秩序构成最棘手挑战的全球、地区和跨国安全威胁。冷战后经济全球化的加速和深入，西方国家倡导的市场经济制度逐渐为大多数国家所认可，加上西方国家同非西方国家的力量对比呈压倒性优势，因此G7/G8机制的全球治理平台的作用日益显现。

G7/8作为主要发达国家协调世界经济与政治问题的"大国俱乐部"，能够长期成为全球治理的主要机构，与国际权力结构的积聚和离散状况基本一致。自20世纪70年代以来，G7/8无论在世界经济领域还是国际政治体系一直占据绝对优势地位。七国国内生产总值始终占世界经济总量70%以上，贸易总量占全球一半强。超强实力是全球治理长期处于G7/8主导时代的根本原因，同时美欧也正是通过G7/8治理全球的平台，短时间造成一超独霸、欧美主导的局面，把西方的"世界领导权"推向顶峰。

自20世纪90年代末，伴随着经济全球化加速和以中国、印度、巴西为代表的部分发展中新兴国家群体性崛起，新兴经济体与发达国家之间力量差距明显缩小。比如，以国内生产总值为例，截至2010年，新兴经济体GDP总量占全球比重已从2000年11%升至18.7%，七国集团占全球GDP比重则从77%降至55.8%；从经济拉动力看，发展中国家2002—2010年对世界经济增长贡献率每年都超过50%，而发达国家对全球经济增长贡献率则一直低于发展中国家。而G7/8作为一个封闭的发达国家俱乐部独自应对粮食安全、能源安全、恐怖主义、经济稳定、气候变化、金融安全等全球性挑战越来越困难，对管理国际事务显现有心无力的状况。在G7/8治理模式下，虽没有爆发大规模的全球性金融危机，但各种地区性金融危机却接连不断。G7/8中全球新兴国家代表性不足遭到多方强烈质疑，降低了其在国际社会设定议程的能力，削弱了其合法性和公信力。在全球性问题增多、国际力量对比发生重大变化的情况下，传统上由发达国家主导的全球治理模式越来越缺乏合法性、权威性和有效性。由此，G7/8需要把权威延伸至国际体系其他成员特别是新兴国家，以增强法理依据。同时，这一阶段世界多极化和经济全球化发展势头迅猛，却也导致拉美、俄罗斯、亚洲等地区接二连三出现金融和经济危机。富国与穷国差距不断拉大，世界绝对贫困人口不降反升，西方新自由主义在全球泛滥成灾。各国进入新世纪后痛定思痛，推动全球治理自20世纪90年代起出现改革势头。

在此背景下，G7/8加强了与新兴发展中国家的对话。自2003年法国埃维昂峰会起，G7/8根据不同议题邀请新兴发展中国家代表进行对话，并逐步形成"G8+N"的南北首脑非正式对话模式，到2005年形成较为固定的"G8+5"对话机制。G7/8在承认中国、印度、巴西、南非、墨西哥五个新兴发展中大国作为主要经济和外交行为体地位的基础上，邀请五国领导人参与同G8的有组织论坛，并进行持续对话。2007年海利根达姆峰会启动了"海利根达姆进程"，G7/8邀请上述五个发展中大国就知识产权保护、贸易投资自由以及能源利用效率等具有全球意义的结构性难题开展为期两年的尝试性磋商，以促进全球经济可持续发展。2009年在意大利拉奎拉举办的八国峰会上，这一进程被更名为"海利根达姆—拉奎拉进程"，并首次发表了南北领导人联合声明。会议决定在平等基础上将伙伴关系再延续两年，以便集中讨论各方都有重大利益的全球性挑战，增强共同推进全球议程的能力。总的来说，"G8+5"机制是发达国家对新兴大国影响力的一种认可，也是发展中国家参与国际事务的新形式。但是客观公正地讲，"G8+5"机制并没有从实质上改变"发达国家为主、发展中国家从属"的不平等格局。事实上，西方大国在邀请发展中大国参与全球性问题解决的同时，只希望新兴大国承担责任义务，却不愿让渡实质权力给新兴发展中大国，仅仅给予名义表征上的平等身份和地位，但深层决策方面仍旧不愿和发展中国家分享管理世界事务的治理权。

（三）"南北共同软治理"时期：2008年至今

2008年金融海啸震惊世界，世界各国认识到在全球政治、经济格局发生深刻复杂变化的今天，现有国际体系和治理机制已无法适应全球化新形势，也无法破解全球化快速发展引发的新挑战和新问题，全球主要经济体需要一个既有代表性又能迅速协调行动的全球平台来应对危机。在此背景下，美、欧等国遂提议二十国集团召开峰会，得到了包括许多发展中国家在内众多国家的普遍赞同。二十国集团（Group 20）成立于1999年，由西方七国、作为一个实体的欧盟以及部分新兴国家共20个成员组成的国际经济合作论坛，相比G7/8更能体现国际经济格局的整体概貌。G20组织的架构雏形源起爆发于亚洲、随后波及世界多地的金融危机。1997年亚洲金融危机后，西方发达国家意识到随着经济全球化的深入发展，金融风险的控制必须由发达国家和发展中国家共同参与，因此，必须把新兴国家纳入共同应对全球化所带来的结构性挑战阵营，建立论坛性质的沟通和协调机制，G20机制正是在此背景下应运而生。

2008年国际金融危机的爆发更使得西方传统势力进一步削弱，新兴国家相对快速的复苏与发展备受瞩目，在全球经济治理中的地位大幅提升，开始以平等身份参与到国际体系的决策机制中。在旧的经济全球化体系中，世界银行、国际货币基金组织等重要机构，它们在2008年欧美金融危机发生以来，仍然恪守常规，未能呼应新兴经济体的普遍要求予以改革，所维护的仍是一些守成国家的既得利益，尽管这些国家担负国际责任的能力和意愿都已显著降低，所提供的国际公共物品越来越少。国际金融危机对国际机制造成两方面的显著影响，一方面使欧美发达国家主导的国际金融体系遭受重创，另一方面促成G20的异军突起。危机后，由新兴国家和主要发达国家组成的G20取代G8崛起为全球治理的主导机构，新兴国家加入该机制从一定程度上改变了传统西方大国全面主导国际事务的局面，也使该机制的权力基础更广阔、更深厚、更有地域平衡性和文明多样性。

G20的崛起不仅是新兴大国群体崛起的集中体现，而且反映出国际秩序正在经历着一次前所未有的深刻变化。随着 G20 机制由财长和央行行长会议升级为首脑峰会，会议性质也由国际经济合作论坛上升为解决全球经济和金融问题的政策协调会，G20 机制对世界事务的管理日渐加强，逐步演变为全球治理论坛的中心。正是在 G20 峰会上，各国决定增加新兴国家在世行、IMF 等机构中的投票权和份额权，还决定取消历时半个多世纪的世界银行行长非美国人、国际货币基金组织总干事非欧洲人莫属的传统惯例。G20 地位的上升是国际权力结构变迁的结果，使世界舞台中央的主要演员大大增加，这即体现全球事务主导权的多边化，也体现多极化的一种可见发展趋势。全球治理改革涉及各方利益再分配、再调整，大国之间、各集团之间博弈和较量风生水起，至今方兴未艾。伴随经济全球化和世界多极化发展，国际政治和经济力量呈现"东升西降""南升北降"，或者说东西方"大趋同"趋势。发展中国家经济总量已与发达国家持平，且追赶速度很快。虽然在全球经济事务中尚未与西方国家"平起平坐"，但发展中国家总体经济实力增强，发言权和话语权自然也要做相应调整。全球治理从西方治理向"东西方共治"发展已大势所趋。

从"G8+5"到 G20 实现了国际治理机制的跨越式发展，标志着国际体系由西方大国主导的时代向南北共治的时代过渡，G20 作为世界经济的主要政策协调机制无疑为新兴国家提供了一个维护自身利益、参与世界经济决策的重要平台，非西方力量真正有机会平等参与国际游戏规则的制定。尽管目前的 G20 处于起步阶段，还要面对内部缺乏一致性和凝聚力影响机制效率，G8 仍在 G20 议题设置和制度安排上发挥主导作用，利益和价值差异较大等难题，但无疑 G20 的诞生是新兴经济体地位与作用大幅上升的政治反映，是国际制度根据变化的力量对比图谱进行调整的起点，其机制化标志着国际体系转型的开始，预示着国际经济新秩序的出现，开启全球治理划时代先河。

在未来相当长的时间里，全球治理不大可能会出现一个由其中一方主导的绝对中心。事实上当前，基于实力、利益和价值的差异，G20 大体上衍生分化出以七国集团和欧盟代表西方守成国家利益的板块，金砖国家所代表新兴发展中崛起国家利益的板块和其余中等强国板块三类平行并存的亚团体，其中七国集团和金砖国家是搭建 G20 平台的两根关键支柱。七国集团曾一度雄心勃勃，力图将自己打造成冷战后及 21 世纪的全球治理核心。但冷战结束以来的实践、特别是最近的金融危机表明，七国集团无法也无力成为新世纪全球治理的中心，它只能是多个治理集团中的一个。未来七国集团将主要议程调整集中到信息技术和数字鸿沟、世界贫困与非洲发展、全球经济增长、打击恐怖主义、防止核生化武器的扩散、地区冲突的预防与治理、能源与环境问题等领域，并加强与新兴经济体和发展中国家的对话与合作，尽力维持发达国家在全球治理领域中的既得利益。

金砖国家是在南方国家群体性崛起的大背景下发展起来，金砖国家又都是重要的发展中国家和新兴市场国家，因此，金砖各国社会经济发展的目标有很多相似之处，对许多国际议题立场相近，对改革现有世界政治经济体制、建立更为平衡的全球治理体系有共同的要求。金砖国家无论在经济领域还是在政治领域都具有举足轻重的分量，它们作为新兴经济体的中坚力量，联合亮相是对西方发达国家主导的国际格局的一个冲击。总体而言，金砖合作既不是区域层面合作，也不会仅限于经济领域合作，而是涉及面较广的全方位合作。他们在建立有承载力的全球经济治理体系、为世界气候政策提供相应帮助、消除世界范围内的贫困等方面可以大有作为。但现阶段仍然集中以经济、金融合作为主要内容，围绕各国国内建设和经济发展做文章，并且更加突出通过金砖国家的整体发展辐射带动的诸多相关新兴国家的发展，进而实现整个发展中国家群体的"共同富裕"。

2014 年，金砖国家领导人第六次会晤上，两个规模为 1000 亿美元的金融机制建立起来即金砖国家开发银行和金砖国家应急储备安排。金砖银行的职能定位主要专注于基础设施方面，因而是专业性较强的投资开发银行。同时，金砖银行 1000 亿美元的原始资本按照五国等比均分的出资比例额度不是加权配比，既各国无论经济强弱、国家大小一律分摊 200 亿美元的注资额度，此种规则充分体现金砖组织倡导每个成员权力平等的一贯理念。金砖银行和应急储备资金库的存在无疑给世界各国又多提供了一个可供选择的有效渠道，是金砖国家尝试改善全球经济治理的一种努力，从而在一定程度上也对 IMF 和世行造成竞争压力。但总体来说，金砖国家新开发银行相对 IMF 和世行更多是一种补充而非替代关系。

二、中国参与全球经济治理的旧战略

（一）中国参与全球经济治理的战略变迁
1."战争与革命"时期（1949—1977 年）

中华人民共和国成立至改革开放以前，中国政府还处于战后的适应时期，相应的中国政府将"战争与革命"视为决定当代世界发展的时代主题。中华人民共和国成立前后，为了肃清帝国主义在华特权，打破西方国家的政治孤立和经济封锁，争取国际社会的承认，为国民经济恢复、社会主义改造和建设创造有利的国际环境，中国政府做出了"另起炉灶""打扫干净屋子再请客"和"一边倒"的三大外交战略决策和方向。因此，在中华人民共和国成立后较长一段时间内，中国对外经济战略的对象主要是苏东地区的社会主义国家和亚非地区的民族主义国家。

1950 年 4 月，中苏签订贸易协定和苏联向中国贷款协定。1950 年 6 月朝鲜战争爆发后，西方国家对华实施"封锁""禁运"，中国与苏联等社会主义国家的贸易发展更快。到 1952 年，中国与苏联、东欧及亚洲社会主义国家的贸易额已占中国内地外贸额的 81.26%。投资情况与此类似，苏联和东欧成为新中国主要的外资来源地。进入 50 年代后随着大批亚非民族主权国家赢得独立，中国经济外交开始逐渐加强对亚非民族主义国家的合作，但总体来讲，经贸交流重心仍然是同属社会主义阵营的苏东国家。在此阶段中国对外经济战略的主要方式，以进口苏联、东欧国家的钢铁、机械、电子、冶金等工业制成品为主，向这些社会主义友好国家出口轻纺产品和自然资源，满足中国国民经济建设需要。同时，随着万隆会议后，中国对亚非地区民族主义国家的外交关系取得巨大进展，彼此间经贸往来也伴随政治气候的转暖而取得显著进步，一些国家还为中国提供受西方限制而紧缺的部分战略物资如石油、橡胶等。总体而言，中国对外经济贸易活动仍然是以欧亚两洲的社会主义国家为主，与其他国家尤其是发达资本主义国家的经济交易几乎空白。特殊的国际社会环境加上当时中国经济结构和力量决定中国总体采取内向型的经济发展之路，一切对外经济活动基本围绕巩固新生的"红色革命政权"和建立相对完整齐全、能够不受西方扼杀的国家工业体系。

进入20世纪60年代中苏关系恶化后，中国对外经济联系受到很大影响，虽然苏联、东欧社会主义国家没有向西方资本主义国家那样对中国进行"封锁""禁运"，但中国与这些国家正常的经贸交往受到中苏关系交恶影响均大幅减少，中国对外经济战略的重心开始移向周边以及非洲国家。并且在此阶段，中国外交工作的重心是应对美、苏两超的战略压力，因此需要争取两大阵营之外国家的支持，经济外交几乎完全围绕政治目标服务，中国经济外交的表现形式基本上是单一向度的对外经济援助。由于非洲众多主权独立国家涌现，中国从疏解美苏两超压力、增强国际战略空间角度出发，中国对非洲的经济活动出现井喷之势，但此种对外经济行为是一种对外经济方式的错位发展而没有形成良性双向互动，相反这种只予不取的单向资源输出还牺牲经济利益，加重了中国的经济负担，再加上中国对外关系步入一股"寒流"阶段促使中国经济总体形态朝向"封闭型"转变。到60年代末70年代初，中国基本上不和外界进行贸易、投资以及人员往来的经济形态，整个经济活动处于自给自足的状态。

20世纪60年代后期，世界各种力量经过"大动荡、大分化、大改组"，逐渐形成了新的战略态势。中国抓住时机，开始了外交新的战略调整，先后形成了互为相关的"一条线、一大片"的决策部署和划分"三个世界"的战略构想。随着中美关系正常化的开启，中国与西欧、日本、拉美等欧美国家之间的关系呈现井喷式发展。但早期这种变化对于经济往来的影响不大，政治关系的改善并未直接带来经济外交的发展，中国经济外交仍然延续之前政策道路。改革开放前，中国被社会主义体系边缘化，也被资本主义体系排除在外。中国对全球经济治理机制既未充分参与，又持怀疑态度，基本游离于国际经济体系之外。直到改革开放之后，中国对于全球经济治理的参与战略才完成一次影响重大而深远的转型，中国经济发展形态也逐步开始由内向封闭型朝外向型、甚至开放型迈进。

2."探索与融入"时期（1978—2000年）

1978年以后，中国开始以"改革开放"和"和平与发展"分别作为内政、外交的时代主题和中心任务，并进行了一系列经济政策、外交战略的调整修正。邓小平根据国际形势和战略格局新变化，提出"和平与发展是当代世界两大问题"的新观点、新论断，对国际关系理论和全球治理做出了划时代意义的创新贡献。进入20世纪80年代，中国明确实施不与任何大国结盟，不以社会制度和意识形态的异同论亲疏，愿意在和平共处五项原则的基础上同所有国家建立友好关系，改善和发展同周边国家和广大发展中国家的关系，开始重视参与全球治理和多边外交，更加注重并注意发挥国际经济组织的作用。中国一步一个脚印地逐步恢复了在这些组织中的合法地位，参与其各项工作并渐渐扩大发言权和决策权。中国放弃了"局外者"和"旁观者"身份，成为多数全球治理机制和制度的参与者、建设者和改革者。国际环境的改善为中国的发展创造了有利条件。中国外交与经济发展结合得更加紧密、目标设定更加务实，利用外资、对外投资实现从无到有、从稀缺到充盈。短缺的外汇储备逐渐增加这个外交战略与中国改革开放的大政方针相吻合。

这一时期中国开始通过接受、适应全球经济规则，在国际经济体系内谋求发展。同时，也在参与全球治理中学习、了解全球治理机制和制度。1980年后，中国政府逐渐恢复了世界银行、国际货币基金组织的席位。先后加入世界知识产权组织条约、国际农业开发基金、亚洲开发银行等政府间国际经济组织。中国从中获得了大量的技术、知识和资金。尤为重要的是，中国学会利用国际组织和全球治理"游戏规则"，深入了解全球经济体系和治理机制运作，来维护和拓展自身利益。其中最具标杆意义的是中国申请加入世界贸易组织的艰难、痛苦的历程。中国自1986年提出申请"复关"，历经种种曲折坎坷，在15年后即2001年12月11日正式加入世界贸易组织，加入世贸组织标志着中国全部完成加入布雷顿森林秩序下三大国际性经济机构。

进入90年代冷战和两极格局的终结，中国参与全球治理的外部环境发生极大变化，与此同时，中国也自1992年后开启新一轮更大力度的对内改革和对外开放。除继续保持同联合国及布雷顿森林体系下各个多边机构的合作势头外，中国还着重参与周边区域的治理。1991年12月，中国加入当时由美、日等发达国家主导的亚太经济合作组织，亚太经济合作组织也是中国参加的第一个地区性多边国际机构，中国将其视为开启新一轮对外开放的机会之窗。1997年亚洲金融危机之后，中国开始积极参与亚洲地区的金融稳定治理活动，积极参与亚洲经济治理建设，逐渐成为亚洲经济治理的核心国家。2000年5月，东盟与中日韩财长会上签署了具有亚洲经济合作里程碑性质的《清迈倡议》①，从此建立起区域性双边货币互换网络。

自从20世纪70年代以来，中国在组织形式上完成了加入国际体系的过程，中国与外部世界已经广泛存在政治、经济、文化、科技等诸多领域的利益关系，中国对全球治理体系的适应、摸索也随2001年"入世"工程的彻底完成而告一段落，标志着中国自改革开放以来融入全球经济治理体系进程的主体部分"结项"，中国已经基本告别游离于全球治理主流秩序的历史，意味着中国步入参与全球经济治理的崭新阶段，即中国已经成为全球治理体系的正式"成员"，并且逐渐开始稳步有序地进入到从体系结构到单元层次多向度的核心圈。

3."转型与建设"时期（2001年至今）

进入新世纪，随着中国融入全球治理体系的不断深入，中国政府正在全方位、多层级地积极参与到全球经济治理的建设事业中去，开始从参与者向建设者的转变。在全球层面，2008年的全球金融危机给中国参与全球经济治理带来了转机。全球金融危机后，G20部长会议升级为首脑峰会，全球治理首要机制才真正开启了由G7向G20的变迁。2008年11月15日，G20领导人在华盛顿举行了第一次峰会，中国首次成为全球治理平台的核心创始成员，因此有媒体称2008年为中国崛起的元年。作为负责任的新兴大国，中国积极在G20框架下开展合作，努力为构建一个更加公平、合理、有序的全球经济秩序做出贡献并于2016年举办了G20杭州峰会。中国积极参与G20框架下的各种合作机制，工作组层面的工作讨论到财长和央行行长会议都活跃着中国官员的身影。中国借力G20、金砖以及中美经济与战略对话积极推动对世界银行、IMF、BIS、WTO等国际经济组织的改革与建设。

在周边及区域层面，中国乘势而上加快构建开放型区域经济治理新体制，中国在努力对亚洲开发银行等传统的经济治理机构进行增资和股权改造，筹建亚投行和倡导"一带一路"助推周边区域共同发展。2009年东盟与中日韩各国共签署16个双边互换协议，总规模达到780亿美元。由中国政府提出倡议将《清迈倡议》推向多

---

① 1977年东盟5国（印度尼西亚、马来西亚、菲律宾、新加坡和泰国）成立的东盟互换安排（ASEAN Swap Arrangement ASA）为该倡议的前身。

边化，该倡议得到东盟与日韩的响应，2010年3月据此成立了地区性的外汇储备库。2012年1月东盟与中日韩建立了宏观经济研究办公室（AMRO），首任领导由中国人担任。

（二）小结

通过回顾中国参与全球经济治理的进程和全球经济治理的历史可以发现，从1949年到21世纪初，中国参与全球经济治理经历了三个时期的战略变迁，中国与全球治理体系的产生和发展存在着特殊的逻辑规律和因果联系。当联合国建立时，中国不仅是该组织的创始会员国，还是权力最大机构安全理事会的常任理事国。1949年，中国与外部的经济联系非常有限，对理解和参与全球经济治理的需求也十分有限。20世纪80年代中国实施"改革开放"经济战略之后，随着中国经济开放度的逐步加大，中国与全球经济的关系越来越密切。中国对于全球经济治理的关注程度也在逐步上升。而七国集团出现的年代也恰好是中国进行改革开放，全面调整各项政策、奋力投身全球怀抱的年代。并且，中国推行对外开放战略所面向的群体、所融入的体系，实际上都是七国集团成员或是由该组织成员所领导的国家集团和多边组织。2001年是中国参与全球经济治理的历史分水岭和转折点。2001年以前，中国更多的是全球经济治理规则的接受者、全球经济治理机构的外围参与者。这段时期，尽管中国国内在接受当时的全球经济治理规则时仍存在较大争议，但是中国政府以"开放"作为参与全球经济治理的主要战略，开始努力恢复中国在全球经济治理中的参与地位。

2001年之后，随着中国经济在世界舞台上的重要性不断上升，以及亚洲、全球两次金融危机的爆发，中国开始演变成为全球经济规则的制定者、全球经济治理的重要主体。其中，在新世纪七国集团最重要的一次框架内调整中，中国在"G8+5"机制中发展为五国的成员，与该机制改革的目标、路径生成千丝万缕的关联。2008年国际金融危机后，中国借助G20机制晋级为全球经济治理首要平台的有利时机，成功跃入规制、引导全球经济治理体系的核心圈层。亚洲金融危机的爆发给予了中国积极推动区域经济治理的机会，并为后期参与全球经济治理提供了经验。全球金融危机之后，G20峰会、金砖国家合作等多边平台以及中美经济与战略对话等双边平台在全球经济治理中的重要性逐渐凸显。而几乎在所有这些平台中，中国的角色变得越来越重要。中国的全球经济治理战略开始逐步形成：为顺应现实需求，在努力改造既有体系的同时，积极推动新型全球经济治理方式、方法的建设。

因此，纵向梳理中国与全球经济治理互动关系的历史经纬可知，中国参与力度和介入深度是助力全球治理体系变革和机制改革的重要因素，是影响全球治理共识复兴和决定全球治理体系停滞与发展的一支关键力量。

三、中国参与全球经济治理的旧体制

任何国家的外交决策权都掌握在最高领导或实际掌握最高行政权力的执行机关手中。外交决策体制是国家政治决策体制的组成部分，外交决策体制的构成由国家的政治决策体制的性质所决定。中国参与全球经济治理的体制主要包括两个方面：决策机制和执行机制。其中，决策机制主要由党和国家领导层主导完成，一些部委等关键部门则发挥辅助和建议作用。

（一）决策机制

建国初期，中国的对外决策包括外交战略、方针以及重大突发事件的处理，均由中共中央政治局会议决定，由党、政、军等涉外机构负责执行，其中中共中央对外联系部、中华人民共和国外交部主要承担为中国经济外交决策提供服务的职责。驻外使馆、新华社海外分社、军情机关等以"内参"形式向最高决策层提供一手信息，间接影响决策。在建国到改革开放之间，中国国际战略思想仍然是以"战争"与"革命"为主题，更多是从无产阶级国际主义角度看待、思考外交活动和全球治理问题，因此在对外战略思路理念上更多是一种党政合一的模式。

进入80年代后，中央恢复设立中央外事工作领导小组，将其作为中共中央政治局领导涉外事务的议事、协调机构。1982年中国共产党第十二次全国代表大会实现了向不结盟、全方位的和平外交战略的巨大转变。外交决策从过去的政治、军事、

安全等传统领域，转向经济领域，外交部及对外经济部门在决策中的地位日趋重要。同时提供外交决策辅助的信息渠道开始增多，除了党、政、军系统的研究机制之外，在体制内相继建立了一批研究与咨询部门。

（二）执行机制

执行机制主要由相关部委的对外经济部门甚至非政府机构来完成。早期，中国参与国际经济活动处于相对被动的局面。大多数活动隶属于外交事务管辖范畴，通常以接受国际通行规则或信息交流为主要功能，因此中国参与全球经济治理体制的基本设计也与此相关。改革开放之前，中国对外经济活动事实都是在为国家外交服务，其他部门涉外事务相对较少，承担涉外事务的独立法人单位。其中作为主管外交事务的主要职能部门——外交部在外交政策的具体执行中发挥着重要作用，负责调查研究国际形势和国际关系中全局性、战略性问题，研究分析政治、经济、文化、安全等领域外交工作的重大问题。但随着涉外事务领域的不断扩展，其他部门在外交决策中的作用在日益增长，外交政策的协调问题日益突出。

改革开放后，经济建设成为中国国家战略的核心工作任务，为改革开放营造良好的外部环境成为外交工作的中心，外交工作开始为经济服务。与此同时，随着中国与外部世界经济交往的增加，外交部主要处理经济外交事宜的职能开始下降，通常在中国参与全球经济治理活动中扮演着整体协调的工作，负责党际交往的中共中央对外联络部则转身专注党际交往，而负责对外经济事务的业务部门地位开始凸显，同时财政部、央行等各个部委下属职司单位亦参与其中，职能部委则根据自身业务确定参与治理的领域以及参与方式。1982年2月，第五届全国人大常委会第二十二次会议通过决议，对外贸易部、对外经济联络部、国家进出口管理委员会、国家外国投资管理委员会合并成立对外经济贸易部，开始作为中国政府主管对外贸易的行政机构行使其管理职能。2001年入世后，为适应中国加入世界贸易组织后，中国市场与全球市场将会融为一体，很难再继续严格地区分内贸和外贸。基于此，2003年举行的第十届全国人民代表大会第一次会议决定，把原国家经济贸易委员会内负责贸易的部门和原对外贸易经济合作部合并成商务部，统一负责国内外经贸事务。

四、中国参与全球经济治理的新战略

（一）中国参与全球经济治理的现状及利益诉求

经过改革开放40多年的发展，中国与世界关系已经密不可分：中国的发展离不开世界，世界的发展也离不开中国的进步和繁荣。中国改革开放的进程也是在全球化过程中不断融入全球治理体系的进程，中国是经济全球化的积极参与者和坚定支持者，也是重要建设者和主要受益者。中国借助现有体系实现了快速发展，是现行国际体系的参与者、引领者而不再是旁观者、跟随者。中国主动参与和引领全球治理改革和规则制定，需要站在统筹国内、国际两个大局的全球视野和战略高度，妥善应对中国经济社会发展中面临的困难和挑战，勇于并善于在全球范围内配置资源、开拓市场，不断扩大对外开放、实质提升开放质量。中国积极参与全球经济治理规则制定、争取全球经济治理制度性权力的重要平台，善于通过多边自由贸易区和开放型经济体制建设增强中国国际竞争力，在国际规则制定中发出更多中国声音、注入更多中国元素，维护和拓展中国发展利益，以对外开放的主动赢得经济发展的主动。中国作为一个负责任的全球性大国，在全球治理新格局的形成中需要发挥引领和主要成员的作用。党的十八大报告明确指出，要加强参与全球治理能力建设，主动参与全球治理进程，深化新兴国家治理合作，重视发挥区域治理作用。党的十八届三中全会关于全面深化改革的决定中关键的一条是，到2020年完善国家治理体系和能力的建设。这一战略目标为中国提高自身治理能力和深入参与全球治理指明了方向，也提出了更高的要求。

（二）中国在全球经济治理中的前景目标和理论依据

目前，关于全球治理的基本原理主要基于西方的价值观和治理理论，中国尚未成为全球治理理论或全球性问题解决方案的主要来源国和生产国。参与全球经济治理是中国对外战略的重要组成部分，也是中国实现民族复兴的必经之路。21世纪以来中国领导人提出以东方哲学和中华文化为基础的"中国梦"与"和谐世界"的理念受到国际社会广泛关注，中国要将"和谐包容、共同发展、人民幸福"的理念贯穿于全球治理改革始终，以主动进取的全球视野和战略思维投身全球治理体系的改革进程。

思想和理念永远领先于实践，实践反过来丰富和修正理念，全球治理现在正呼唤新的治理思想和理念。中国主张全球经济治理要切实反映国际格局的变化，体现协调、合作、公平、均衡的精神，确保各国广泛参与，特别要继续增加新兴市场国家和发展中国家的代表性和发言权。世界各国无论大小、强弱都应按照权责共担、权责相应原则，合作应对各种全球性挑战，增进人类共同利益。应当说，"和谐世界"理论和西方的"全球治理"理论都蕴含了改善经济全球化下的国际社会现状，实现可持续、健康发展的美好初衷，但是它们的出发点和终极目标却大相径庭。中国也正在尝试以自己的理念塑造自己的全球治理观，"和谐世界"的理念正日益被越来越多的国家所接受。

对于任何一个国家而言，保障本国经济的稳定发展永远是其首要的全球经济治理目标。只有建立在坚实经济实力的基础上，才能拥有强有力的军事安全保障以及全球经济治理软实力的影响力。2014年，中国以PPP衡量的GDP总量首次超过美国，成为全球第一大国。随着中国在全球经济中的崛起，中国过去的发展模式和理念正在得到越来越多国家的认同，中国治理模式的吸引力不断增强。因此，实现中国经济的长期稳定发展是中国参与全球经济治理的主要目标。在此目标下确定中国的核心经济利益将有助于确定中国的参与战略。

首先，实现构建开放型经济形态与全球经济治理的融通对接。开放型经济是指内外统一，没有差别的一种经济形态，它和封闭型经济相对立。开放型经济形态的特征是整个经济内部的资源、要素都和全球经济联系在一起。当前，中国与世界的关系在发生深刻变化，中国同国际社会的互联互动也已变得空前紧密，中国对世界的依靠、对国际事务的参与在不断加深，世界对中国的依靠、影响也在不断加强。中国观察和规划改革发展，必须统筹考虑和综合运用国际国内两个市场、国际国内两种资源、国际国内两类规则，需要树立全球视野和战略思维。

其次，需要保障的是全球商品与服务市场的开放性和稳定性。过去20年中，中国经济的腾飞离不开外部市场的扩张。根据世界贸易组织秘书处的统计，2013年中国已经成长为全球第一货物贸易大国。同时，服务贸易也保持着较高的发展速度，2013年，中国的服务贸易进出口总额高达5396.4亿美元，较上年增长14.7%。未来，对于开放型经济的中国而言，维护一个开放的国际市场环境将有利于保持中国的经济发展态势。中国在贸易、投资领域的全球（如WTO）、多边（如金砖合作等）、区域（如亚洲的RCEP、亚太的FTAAP等）乃至双边合作（如中美BIT等）均是实现这一目标的主要手段。

再次，是国际金融体系的稳健性与公平性。与其他新兴经济体类似，中国的金融市场目前还落后于西方发达国家，更容易受到国际金融危机的影响。在该利益诉求下，中国积极推动各级各类货币互换网、外汇储备库、金融安全网、金融监管等各种金融稳定方式的建设。此外，由于人民币还不是主流国际货币，中国不仅需要加强金融影响力建设，还需要防范由此带来的各种金融风险。截至2018年年底，我国外汇储备为3万亿美元左右，居世界首位。中国巨额外汇储备面临至少三个方面的风险：货币政策的独立性风险、美元贬值风险、外汇储备投资风险。在此背景下，中国不仅积极推动对现有国际金融机构如世界银行、IMF的改革，而且也努力通过构建新的国际金融机构，推动人民币国际化进程，以积极培育中国在货币和金融领域的全球话语权与影响力。

最后，保障大宗商品的可获取性和供应的稳定性。随着中国经济的快速发展，中国对于能源、矿产品、粮食等的需求和消耗快速增加。根据原国土资源部的数据，2008年，中国石油消费量为3.88亿吨，铁矿石成品矿消费量为8.56亿吨，精炼铜消费量为538万吨。由于尚处于工业化中期，中国资源消费面临着至少20年的高速增长。据预测，到2020年，中国煤炭消费量将超过35亿吨，2008—2020年累计需求超过430亿吨；石油为5亿吨，累计需求超过60亿吨；铁矿石为13亿吨，累计需求超过160亿吨；精炼铜为730万~760万吨，累计需求将近1亿吨；铝为1300万~1400万吨，累计需求超过1.6亿吨。如何以公平、合理的价格获得国际资源以应对国内需求的巨大缺口将成为未来10年中国需要解决的重要国际经济问题。

（三）中国参与全球经济治理的途径选择及具体战略

1. 以新型大国关系为指引，携手欧美共同治理全球化经济问题

鉴于全球性权力转移将是一个长期的过程，全球治理体系的演变也将是一个长

期过程，这种多个非正式治理集团的共处也将长时间存在。在此背景下，新兴大国如何学会与既有大国共处，在共处中积累全球治理的经验，成为全球治理的重要参与者和建设者，而非体系外的反对者和革命者极为重要。全球治理改革不可能一蹴而就，新兴大国也不可能马上成为全球治理的主导者，新兴大国需要积累经验，熟悉游戏规则才能有所作为。因此，中国和西方发达国家应在合作共赢基础上建立侧重不同的新型大国关系，并在此原则指导下拓宽合作领域、妥善处理分歧，共同为全球治理提供裨益和助力。

今天的世界正处在大发展、大变革、大调整时期，国际力量对比和利益整合正在向纵深发展。中美两国同处的亚太地区，因发展潜力巨大、各方利益交织而成为大国博弈的主战场，也是中美共建新型大国关系的深水区。中美两个大国在稳妥处理双边关系的同时，可以通过在全球治理中的合作、协调推动构建人类命运共同体，跳出大国力量消长、赶超时出现的"战略冲突陷阱"，走出一条"前无古人、后启来者"的和平发展之路、大国相处之道，其极端重要性对大国和世界来说均不言而喻。两国共同追求并推进公正、公平、合理的全球治理体系建设，不仅体现了两国立足长远的历史前瞻，兼济天下的宽广胸怀，更体现了双方坚持走和平发展道路的决心和维护大国关系稳定健康发展的自觉。建立新型大国关系的关键不仅仅是运筹好中美关系，更在于一个符合全人类利益的全球治理体系能否顺利建设并向前推进。

欧盟是国际格局中的重要力量，中欧关系是世界上最重要的双边关系之一。中国应将欧洲作为推动和建立新型大国关系的重要进取方向。要抓住欧洲当前既想深化与中国合作、有求于中国，又难以放下身段、有所顾忌的复杂心态，以经济金融合作促政治人文交流，探讨更大规模、更高水平的利益置换，全方位拉近、拉住欧洲，将其塑造成中国新型大国关系框架中的重要一极、建设"丝绸之路经济带"的重要合作伙伴。未来10年，中国要以建设新型中欧关系为抓手，以平等互利、相互尊重为基础，以和平发展、合作共赢为原则，谋求共同利益和战略共识，发展超越意识形态和社会制度差异的合作模式，建立相互磋商、前瞻规划、运行有效和危机管控的合作机制。

2. 推动金砖国家合作，代言发展中国家全球经济治理诉求

发展中国家是全球治理的生力军，新兴大国是全球治理的排头兵。作为最大的发展中国家，中国永远是发展中国家的可靠朋友和真诚伙伴。加强与发展中国家的团结合作，坚定维护广大发展中国家的正当权益，是中国参与全球治理重要的基础。

金砖国家正是在发展中国家群体性崛起的大背景下成长壮大起来，金砖国家又都是重要的发展中国家和新兴市场国家，因此，金砖各国的社会经济发展目标有很多近似和共通之处，对许多国际议题立场相近、观点相似，对改革现有国际政治经济体制、建立更为公平、均衡的全球治理体系存有共同的愿望和要求。自20世纪70年代以来，尽管"南南合作"的必要性和重要性不断被强调，却一直难以取得实质性进展。金砖国家被视为最为重要的"南南合作"典范。如果这一合作能够长期持续并进一步取得更为积极的实效，必然将为改革全球治理提供巨大的正能量和有效的催化剂，全球治理也将因此取得真正具有划时代意义的突破。

中国外交顶层设计的筹谋布阵中历来有"发展中国家是基础"的传统安排。因此，巩固和发展同发展中国家的关系，不仅是中国对外政策布局的根本出发点，也是中国国际战略实施的最终落脚点。金融危机之后，全球经济治理步入新阶段，以金砖国家为首的新兴发展中群体成为全球化进程的参与者、全球公共产品的重要提供者、全球治理机制变革的关键推动者。中国将金砖国家合作机制视为开展"南南合作"的成功典范，以及推动国际关系民主化和发展模式多样化的重要渠道。

3. 充分利用联合国、G20两大全球多边治理平台

中国应充分利用自身在联合国及G20中的核心地位，努力发挥中国在两个机制中的双核心作用。联合国和二十国分别代表了全球多边治理中两种不同类型的国际机制，联合国是当今世界上最具广泛代表性和正当权威性的政府间国际组织，在全球治理中具有不可替代的核心作用和无法比拟的权威优势，这种合法性优势来源于会员国的普遍性和《联合国宪章》的广泛接受性，但联合国在应对当前涌现的全球性问题时存在严重的有效性缺陷，被称为"全球治理的能力赤字"。

而G20这种建立在无须履行条约义务基础上的非正式多边峰会机制，可以在一

定程度上弥补联合国全球治理的有效性不足，成为联合国体系的有力补充。G20囊括了世界上2/3的人口，经济总量约占全球的90%，几乎包括世界上所有系统重要性的发达和新兴国家，反映了更加广泛的全球构成，具有承载多极化格局的能力和效力，"平等参与、协商决策、合作共赢"的精神和原则，体现了世界所有国家的共同愿望与利益诉求，代表多极化格局下国际形势和国际关系的发展方向。

尽管G20代表着全球国内生产总值中非常大的部分，但仍有174个国家不是它的成员，如果不能照顾到其他国家利益，G20机制将失去合法性和行动力。因此，G20不可能取代联合国，但作为未来世界经济的主要决策机制，再加上多功能、专业化的趋势，其职能和权力有可能与联合国重叠。G20峰会机制将与联合国相互作用、相互促进，形成中国在全球经济金融与政治安全领域"两个轮子"一起转动的有利局面，不断巩固和提升中国在国际事务中的影响和地位。中国应加强与中等强国的合作，在维护联合国权威的同时，又要兼顾好G20这个平台，统筹协调两大机制，做到既分工又合作，各司其职、各安其位，形成联合国主管全局，G20偏重经济的格局。

4. 重视中等强国在全球经济治理作用和价值

中等强国一般是指实力介于大国和小国之间、具有中等力量的国家。它们不具有大国的国力条件和影响力，但在国际社会又发挥着不同于小国的作用。中等强国主要包括韩国、加拿大、澳大利亚、墨西哥、西班牙、土耳其、伊朗、印度尼西亚、南非、阿根廷、埃及、沙特阿拉伯等。中等强国因不具备媲美大国的超众实力，无法拥有压倒性的国际影响和制度优势，故此长期处于被忽略轻视的边缘状态。但是，这些国家能够在所参加的国际活动领域采取相对独立自主的外交政策，能够为自己开辟出符合本国国情特点的专长领域和折冲空间。

21世纪以来，依托新兴国家群体性崛起的有利态势，中等强国日益成为影响全球治理体系的一支重要力量。如在联合国安理会改革问题上，由韩国、墨西哥、巴基斯坦、阿根廷等中等强国挑头的"团结谋共识"运动，成为打破"四国联盟"（日本、德国、印度、巴西）希冀以抱团捆绑方式，单方面强行获取安理会常任理事国席位图谋的先驱力量。而在国际金融危机后，跃升为全球治理首要平台的G20机制中，除包括当今世界所有的既成大国和新兴大国外，还增加了澳大利亚、墨西哥、韩国、土耳其、印度尼西亚、阿根廷、沙特阿拉伯等数个中等强国。2013年9月，在联合国大会期间，由韩国牵头联合墨西哥、印度尼西亚、土耳其、澳大利亚四国组成的五国外长定期会晤机制（MIKTA，五国英文首字母的缩写组合），宣告"中等强国合作体"这一全新机制的诞生。

中等强国合作体的建立不仅打破了国际多边机制不是发达国家就是发展中国家的两分界线，更重要的是，在G20机制内中等强国还作为一个内聚统合的整体，发挥着独立于以G7为主的西方发达国家和以金砖国家为首的发展中国家之外的第三极势力作用。基于中等强国群体影响力不断上升的现实趋势，欧美国家开始考虑通过吸收中等强国的力量来充实、补强自身日益衰退的影响力。中国可以通过支持韩国参与建立中等强国网络，在G20内形成与金砖国家合作对话机制，将有效应对七国集团的战略压力，有助于推动国际秩序朝向更有利于新兴国家和中等强国的方向发展。

5. 国内经济治理与全球经济治理相互协调与促进

国家治理的有效性至关重要，面对纷繁复杂的经济社会事务，政府工作不仅要求效率高，而且要求效果好，这就需要科学周密决策、统筹社会力量、最大限度地优化资源配置、保持国内经济社会的协调和可持续发展。国内治理与全球治理的关系是全球治理研究的中心课题，全球治理并非取代国家治理，而是二者相辅相成、相互促进。中国国内治理本身就具有全球治理的价值和意义，其在全球治理中的角色相当程度上取决于国内治理，一方面，中国作为世界上最大的发展中国家，将占世界1/5的人口治理好本身就是对治理世界的巨大贡献；另一方面，中国可以把国内治理的成功做法和经验输出给世界，向国际组织与其他面临类似问题的国家提供借鉴与参考。党的十八大报告指出，全球治理机制正在发生深刻变革。这是中国官方对于全球治理问题的最新理论概括和战略判断，此举表明中国正在成为全球治理的重要参与者和治理机制变革的重要推动者。党的十八届三中全会关于全面深化改革的决定中关键的一条是，到2020年完善国家治理体系和能力的建设。这一战略目标为中国提高自身治理能力和深入参与全球治理指明了方向，也提出了更高的要求。

因此，在全球化时代，中国将站在统筹国内国际两个大局的高度，推动国内治理与全球治理的融通互鉴。

五、中国参与全球经济治理的新体制

（一）加强相关领域不同部委局署之间的横向协调

随着经济全球化、社会信息化的加速发展，各个领域行业的相互渗透日益加深，在外事领域表现为传统外交业务同其他领域的职能业务呈现互嵌交叉之势。一是加强外交部门和其他相关部门之间的协调。如全球化发展以及中国融入国际社会的广度、深度不断加大使对外经贸工作同外交工作的关系更为紧密，人员流动的频繁使跨国有组织犯罪问题凸显，公安部门开展国际合作执法的需求增强，中国文化交流和公共外交的增多，则要求文化和旅游部等单位扮演更多的外交使节角色。特别是全球气候大会受到更大关注以及G20机制升级为全球治理首要平台，而参与这两大全球性议题的部门都不是传统外交外事机构，分别是国家发改委、财政部以及中国人民银行。发改委主任作为中国参加国际气候大国的首席代表，财政部部长和央行行长作为中国财经、金融领域代表参加G20双长会，这些内容与上述单位的主体工作不同，又需要外交部门的相应配合。二是加强相关经济部委之间的协调。全球经济治理的政策制定往往牵涉到多个经济部委，而不同的经济部委分工、职责和功能各不相同，因而在推进某一具体经济政策方面的步调不尽相同。因此，除了外交部门和经济部委之间的协调外，同样需要在经济部委之间加以协调。如果同一经济政策的决策过分分散于不同经济部委间，加之各部委有着不同的政策思路，可能会制约经济政策制定的效率和效果。

经济与外交部门之间关系的协调以及各经济部委之间关系的处理，主要思路应着眼于整合和管理参与全球经济治理过程中所需要的经济资源，避免经济资源的部门化、分割化和碎片化。为提高我国参与全球经济治理的效率与效力，应在党和国家更高层面加强集中统一，密切主要分管领导间的沟通，增加相关部委之间的人事交流，完善部际协调机制，更加重视外交部门的作用，安排好外交部门和经济部委以及各经济部委之间的权责范围，统筹国家主权利益、安全利益和发展利益。

（二）建立利益集团对话交流机制

利益集团参与全球经济治理需要建立畅通的对话交流机制。按照经济学理论解释，由于市场本身存在垄断、信息不对称、外部性和公共产品等缺陷，因此在配置资源时很难实现帕累托最优。同时，政府规制也因有限理性等制约因素而导致政府行为失效，在为弥补市场失灵进行政府干预时尤其如此，因此，客观上，在市场和政府之间需要一个中间调节机制，以便弥补政府与市场的不足。于是，利益集团就充当了宏观的国家与微观的市场之间的一个中间协调角色，在利益表达、利益分配和社会纠偏等方面起着重要作用。

利益集团对话交流机制主要包括两个层次，一是建立和完善政府与利益集团间的信息沟通机制；二是建立与国外利益集团和产业界的交流和协商机制。前者需要培育利益集团的参与意识，加强行业调研，为政府参与全球经济治理提供决策依据。后者则要求利益集团自身具备国际化能力，能够与国外同行建立正常的对话交流和协商机制，比如与国外的商会和行业协会等建立交流机制，通过交流增强互谅互让，为国内参与全球经济治理提供辅助支持。

（三）建立适应国际化具有全球视野和战略思维、又了解中国国情的技术官员和专业人才培养体系

中国当前需要尽快建立全球性人才和领导培养机制，特别是能够作为国际组织领导人的人才。以世界银行与国际货币基金组织为例，作为布雷顿森林体系的两大支柱，这两个重量级国际组织领导层构成依然不成文地规定，美国人垄断世界银行行长职位，欧洲人世袭国际货币基金组织总裁一职。近年来，随着新兴经济体和发展中大国的崛起，欧美国家的"世袭制"开始受到挑战。2011年国际货币基金组织总裁的选举，有史以来第一次发展中国家挑战欧美国家对该组织领导人职位的垄断。同样，最近世界银行行长虽然还是由美国人接任，但选举期间新兴经济体的动作也备受关注。其中中国的立场尤为引人注目。作为世界第二大经济体，中国已经是国际货币基金组织和世界银行的第三大股东。近年尽管已有中国人先后任职两大机构，如林毅夫任世界银行副行长、朱民任国际货币基金组织副总裁，但中国人距离亲自掌舵两大机构还有较长一段路。这里有历史和客观的原因，本身人才的缺乏也是一个重要的因素。

事实上，撇开发达国家和发展中国家二元竞逐这个大前提，中国面临的现实困境就是目前还无法提出强有力的候选人来竞选两大组织一把手的职位。在国际上，中国硬实力的崛起暂未佐以软实力的跃升，欠缺全球治理的经验和人才储备正是中国所面临的"崛起中的尴尬"。因此，中国需要建立自己的国际性人才储备库，既能为国内治理作贡献，又能为承担起与自身实力相称的国际责任作准备，为中国的崛起打下坚实的国际化人力基础。

具体地说，应该采取"请进来"与"走出去"相结合，统筹国际国内两个市场、两种资源的策略。对内需要有意识地从高校、科研院所及职能部门培养和遴选人才，对外需要加强与国际机构及组织、重要的人力资源机构的合作与联系，了解国际组织的人才需求，从而能够推荐"适销对路"的人员。从而抓住一切机会，甚至千方百计创造机会，向重要的国际机构和国际组织输送不同层次的管理者和工作人员，让来自中国的人才全面参与到重要国际机构及组织的决策及日常运作之中。中国应该在国际组织现有的人才培养计划基础上，赞助鼓励本国年轻官员和其他人才去国际组织就职。另外，外派官员背景应该多元化。除了外事官员，还应包括处理国内业务的官员，让他们出去介绍中国经验，了解国际优秀的经验和做法。同时，政府部门应该创造条件，吸引有识、有才的海外人才为祖国效力。对有国际机构任职经历的人才要充分信任、人尽其用，对其归国之后的使用和安排要予以适当照顾、作重点培养，解除其海外任职的后顾之忧，鼓励优秀人才海外任职。中国需要将"进""出"的"旋转门"机制化、稳定化、长期化。这扇"旋转门"应该确保多次、双向的"进"与"出"。

第六节 以对外开放促进国内改革

促进国内改革是我国构建开放型经济新体制的出发点和落脚点。

一、以自贸区谈判为契机促进外贸管理体制改革

为了应对发达国家主导的高标准自贸区谈判，建成我国面向全球的高标准自由贸易区网络，需要改革外贸管理体制。我国现有的市场准入、海关监管、检验检疫等管理体制已经不适应新时期自贸区建设的要求，需要进行改革。在市场准入方面，目前国际上通行的市场准入方式是"准入前国民待遇加负面清单"的管理办法。我国已经在上海自贸区的外资准入上采取了这种管理办法，在中美投资协定也以此为基础开展谈判，同时这一方式也逐步应用在其他自贸区谈判中。在海关监管方面，上海自贸区创新了14项海关监管制度，并将分为两批推广实施，包括第一批的先进区后报关、区内自行运输等7项制度，以及第二批的批次进出集中申报、简化通关作业随附单证、统一备案清单等7项制度。在检验检疫管理方面，上海自贸区进行了一系列创新，在一线全面实行了"进境免签""预检核销"等制度，全面启动"通报通放、快检快放、即查即放"试点，并建立起制度化、科学化、信息化的风险管理体系。并且，重点对进境货物预检验制度、第三方检验结果采信制度、全球维修产业监管制度、动植物及其产品检疫审批"负面清单"管理制度、进境生物制品风险管理制度以及中转货物原产地签证制度进行提炼和完善，以实现在全国检验检疫系统复制和推广。

二、以投资协定商签为契机推进外资管理体制改革

加快双边投资协定谈判，除了对我国对外开放具有重大战略意义，对于国内改革也意义重大，主要体现在以开放促改革的重要作用上。在中美投资协定谈判中，"准入前国民待遇和负面清单"模式对我国现有的外资管理体制构成巨大挑战。我国目前尚没有按此模式达成的协定，面对此次新的谈判模式，需要对外博弈和对内改革同时进行，特别是外资审批核准制度的改革，使得有关国内政策尽快做好调整。

第一，改革外资管理体制。始于20世纪80年代的我国的外资管理体制，承担了宏观调控和产业政策的职能，主要通过项目审批制度控制外资的准入。在我国特殊的行政管理体制下，对于外资项目往往造成多头审批的问题。外资进入中国一般需要通过发改委的项目审批，随着外资项目的多样化，商务部、工信部、银保监会和证监会等部门也进行一些外资审批。而地方上对外资的审批部门都隶属于地方政府，很难排除地方政府因政绩要求对审批的干预。这使得外资审批制度上一直存在部门利益协调的难题，影响外资管理真正目标的实现。我国的外资管理制度也在不断改革中，2004年以前实行外资项目审批制，从2004年我国《关于投资体制改革的决定》实施开始，外资项目实行核准制。但是，从项目由审批制改为核准制后，外商投资审批程序并没有实质性的简化，程序烦琐、多头管理的现象仍然存在。在今后的改革中，需要减少行政干预，原则上实行内外资统一的工商登记注册制度，取消对外资准入的全面审核，建立一个符合公平竞争市场原则的外资管理体制。

第二，尽快完善投资管理相关法律法规。我国从1979年颁布《中外合资经营企业法》以来，形成了《中外合资经营企业法》《中外合作经营企业法》和《外资企业法》作为规范外资的基本法律，同时执行国务院条例和部门规章的外商投资法律体系。我国最早在1995年制定了《外商投资产业指导目录》，并于2002年、2004年、2007年和2011年分别进行了四次修订，通过以鼓励、限制和禁止三个类别划分外资，指导外资的市场准入。在实践中，外资法规定与国内法规如《公司法》《合同法》《物权法》《合伙企业法》等之间的矛盾日益显现，需要尽快统一内外资法律，改变内外资双轨制立法模式带来的弊端。

第三，加快与国际投资争端相关的国内政策调整。国际投资争端对我国国内政策改革也提出了挑战。国际投资争端解决中心（ICSID）受理的案件呈日益上升的趋势，而高标准的投资协定的签署会使得涉及我国投资争端的可能性大幅度提高。并且，除了国家以外，企业也可以对我国提起申诉，这将导致外国投资者对中国国内政策的影响加强。因此，国内政策需要尽早做出调整以适应新的变化。

第四，克服各个利益方阻力，推进全面改革。投资制度领域的改革不是局部性的，而将涉及全局，影响各个部门利益的变革，必然会有来自各个利益方的阻力。

因此，需要充分估计改革的难度，抓住这次高标准投资协定谈判的机会，促使我国投资体制改革取得实质性突破，加快推进全面改革。

三、以扩大内陆沿边开放为契机完善口岸管理体制

为了降低贸易成本，加快内陆地区对外开放进程，除了铁路、公路、航空等交通网络的建设，还要提高通关效率，提升口岸管理能力。为此，要改进口岸多头管理、通关环节烦琐、规章操作各异、执法各自为政等问题，降低内陆企业的通关成本。因此，建立大通关制度成为内陆开放的重要保障。具体地讲，一是整合管理职能，形成统一规范的口岸管理体制，实现货物海关监管"一口对外"，旅检边检管人、海关管物的通关模式，最大限度地促进贸易便利化，节省内陆货物出口沿海换装、集拼和报关数据核对等环节的时间。二是形成协同高效的"一卡通"平台，借鉴国际上通行的"单一窗口"模式，加快电子口岸建设和物联网技术运用，推动内陆同沿海、沿边通关协作，统一海关、质检、工商、税务、交通、边防、海事等部门的运行平台，实现口岸管理相关部门信息互换、监管互认、执法互助，从而降低内陆在协调与沿海、沿边口岸的关系上的成本。

第六章

构建开放型经济体制的国际经验借鉴

20世纪末期，人类社会在经历了农业社会、工业社会后逐步进入了后工业社会和信息时代，走上"全球化"轨道。面对经济全球化带来的挑战和压力，为和国际惯例接轨，各国纷纷实行了开放型经济的管理体制改革。了解当代国外开放经济管理体制改革的主要措施、客观效果及其经验教训，对于我国构建开放型经济新体制具有重要的参考价值和借鉴意义。

第一节 开放经济下政府行政职能改革的国际经验

所谓政府职能，是指政府根据保持政权稳定以及经济社会发展的需要而承担的职责和功能。任何国家的政府职能都不是一成不变的，需要根据行政生态环境的变化做出相应调整。自20世纪70年代末以来，行政管理体制改革成为世界性潮流，传统的政府治理模式由于缺乏效率已经难以满足现实的需要。为迎接全球化、信息化和知识经济时代的来临以及摆脱财政困境、管理危机和信任危机，西方各国相继掀起了一场以"3E"（Eonomy、Effieieney、Effectiveness）为目标的政府再造运动，各国政府均在努力改善政府管理体制，转换政府职能。

一、美国政府职能改革的做法和启示

（一）美国政府职能改革的做法

20世纪80年代以后，美国经济实力相对下降，自由的开放经济模式也暴露出不少缺陷：贸易逆差增大，企业与政府间缺乏协调，产品竞争力降低，产业空心化。这使政府下决心调整其对外经济管理模式，实行有管理的开放经济模式，即自由贸易转向对等、公平贸易的管理目标，要求对等开放市场，限制非公平竞争的外国企业、产品进入本国市场；加强政府对外贸易的管理权限；以主动地、有针对性地开拓国际市场，促进国内产业结构改善和经济振兴为管理重点；注重政府与企业、经济团体的协调等。

1. 放松管制，收缩政府经济职能

美国第二次世界大战后发展起来的经济管制在20世纪70年代后期日益显现出它的负面作用，不但加重了企业的负担，阻碍了新技术的增长和运用，而且还妨碍了管理的公正性。因此，企业界从自身利益出发要求放松管制，知识界从知识理性出发呼吁放松管制，政府为减轻财政负担也有放松管制的动力，并且技术革新也要求政府放松管制。以上合力促成了美国政府从1975年开始放松管制，80年代进一步加速推进放松规制的改革，到了90年代改革更趋向彻底化。放松管制改革取得了明显的成效，如收费水平明显下降；收费种类、收费体系有了很大改进；服务更加多样化；促使企业提高了内部效率；减少了政府用于经济性管制行政开支费用。但改革也带来了一些负面影响，比如放松银行管制后就出现了金融投机现象。

2. 公共服务输出的市场化

为了达到既减轻财政压力，又提高公共服务质量的目标，美国政府改变了以前由政府包办公共服务的传统做法，选择了公共服务输出的市场化取向，即将有关公共服务的决策和执行分开，通过市场机制连接政府部门和非政府部门，借非政府部门的资源实现公共目标；将公共服务的供给多元化、破除垄断、以竞争促发展；尊重和赋予公民对公共服务的选择权利，提高公民对公共服务的参与和监督。

3. 重塑富有"企业家精神"的政府

20世纪90年代初，美国学者戴维·奥斯本和特德·盖布勒出版了一本名为《改革政府：企业精神如何改革着公营部门》的专著。书中指出官僚主义在美国公营部门十分严重，为克服官僚主义现象，该书作者开出了富有"企业家精神"的十种"药方"。一是建立起催化作用的政府：掌舵而不是划桨；二是建立社区拥有的政府：授权而不是服务；三是建立竞争性政府：把竞争机制注入提供服务中去；四是培养有使命感的政府：改变照章办事的组织；五是培育讲究效果的政府：按效果而不是按投入拨款；六是培育受顾客驱使的政府：满足顾客的需要而不是官僚政治的需要；七是培育有事业心的政府：有收益而不浪费；八是建立有预见的政府：预防而不是治疗；九是建立分权的政府：从等级制到参与和合作；十是建立以市场为导向的政府：通过市场力量进行变革。1993年，美国政府发表的"戈尔报告"作为指导美国政府90年代重塑政府的纲领性文件，实际上吸取了该书中的大部分改革原则。报告提出解决问题的出路在于摒弃那种只对规则负责的旧体制，创立一种激励人对结果负责的有使命感的新体制。

自卡特政府起，美国的政府职能改革从来没有停止过，克林顿政府更是高举"重塑政府"（Reinventing Government）的大旗，力求创造一个"少花钱，多办事"的政府，彻底转变政府工作的理念，把私营部门的市场化理念引入政府部门，这对美国的经济、社会乃至各个方面都产生了深远的影响。

（二）美国政府职能改革的启示

第一，要综合运用政府机制和市场机制的功能优势提供公共服务。公共服务的市场化的实质是利用政府机制就公共服务的数量与质量进行决策，然后利用市场机制提高公共服务的供给效率。在建设服务型政府的过程中我们既要灵活运用政府机制提升公共决策品质，又要运用市场机制提高公共服务质量。

第二，社会福利水平要与国民经济和社会发展水平相适应。公共服务与经济增长的相互关系决定了公共服务与经济增长应该协调发展。如果政府公共服务特别是社会保障的过快增长超出了现有经济所能承受的水平，必将给社会发展带来消极影响。我们在完善社会保障制度的过程中一定要吸取美国等西方发达国家曾一度由于社会福利水平过高而在一定程度上影响国民经济发展的教训,注意合理确定社会保障标准,既不能过高也不能过低。

二、英国政府职能改革的做法和启示

(一)英国政府职能改革的做法

英国是当代西方政府职能改革的先驱,其改革具有广泛性、全面性和激进性的特点。英国的政府职能通过雷纳评审、部长管理信息系统、财务管理新方案、"下一步"行动方案等具体展现出来。

1. 雷纳评审

雷纳评审是"以解决问题为导向"的"经验式调查",即对政府部门的政府职能进行调查、研究、审视和评价,以逐步提高行政效率,降低行政成本。雷纳评审小组的成员主要来自政府部门的高级公务员,以及来自学术界和顾问公司的专家,他们都被授予评审员的正式头衔。雷纳评审的一个显著特点是来自内部的改革,针对行政部门存在的诸多问题,提出了许多切合实际的改进措施和建议,充分发挥各个行政部门自我革新、自我改进的主动性和积极性,尽力避免改革是由上级或外部强加的印象。总的说来,雷纳评审取得了成功,是撒切尔政府推行行政管理体制改革的第一个重要步骤和重大事件。

2. 部长管理信息系统(MINIS)

部长管理信息系统是英国政府职能承前启后的一个重大事件,目的是使高层领导可以随时了解部长[1]的工作情况。该系统是当时英国环境大臣赫素尔廷于1980年在环境部率先建立的管理机制和技术,由于其效果显著,迅速引起了广泛关注并大力在行政部门推广。部长管理信息系统作为一种新的政府管理工具、作为一个政务信息收集和处理系统,有机融合了目标管理、绩效评估等现代管理方法和技术,便于部长非常全面、系统、及时地了解部内政务信息。

---

[1] 这里的"部长"是一个群体概念,是指由大臣、国务大臣、政务次官们所组成的领导群体。

3. 财务管理新方案（FMI）

财务管理新方案是在英国政府职能改革初期的"效率战略"阶段提出来的，这一阶段政府职能的侧重点是树立成本意识，通过提高行政效率来降低行政成本，提升行政绩效。财务管理新方案虽然涉及政府管理的各个方面，但实践中其关注的重点是如何有效控制成本，最终取得了比较显著的实施效果。据英国经济社会研究所的调查，通过采用财务管理新方案，行政效率平均每年提高了 2~3 个百分点。

4."下一步"行动方案

"下一步"行动方案是英国政府内部理性化改革中最重要的事件，体现了中央政府全面转换责任机制的重大努力，展示了政府致力于提高公共服务水平的坚定决心。可以说"下一步"行动方案与"公民宪章"运动、"竞争求质量运动"一起，构成了90年代英国"新公共管理"改革的总框架。方案提出了改革现状的具体建议和行动计划，包括设立"执行机构"，剥离公共政策制定、评估职能和公共政策执行、公共服务提供职能；注重政府人力资源开发与利用等。"下一步"行动方案的实施取得了比较显著的效果，如大大减轻了部长和高级文官的日常工作负荷，使他们精力集中于公共政策创新；执行机构的设立大大提高了政策执行效率，提高了资金使用效率，同时提高了公共服务水平。

5."公民宪章"运动

"公民宪章"运动主要是针对那些具有一定垄断性质的公共部门和公共服务行业，目的是引进私营企业的管理原则、技术和方法，提高行政效率，降低公共支出，从而缓解了政府面临的财政危机。通过开展"公民宪章"运动，英国大大提高了公共服务质量，提升了公民满意度。与此同时，英国"公民宪章"运动在国际上引起了巨大的反响，许多国家趋之若鹜，纷纷到英国"取经"。

6. 竞争求质量运动

竞争求质量运动是要将市场和竞争机制引入公共部门。竞争求质量运动创造了名为"市场检验"的新竞争手段，即对内部和外部服务承担者进行比较，以检验资金价值的过程。在市场检验过程中，将目前由公共部门内部承担的公共服务活动向竞争者开放，通过有竞争压力的市场检验来保证公共服务以最佳的方式提供，并实现公共资金的效用最大化。据统计，1991—1993年年底，共有389项工作任务经历了市场检验，私营部门获得了价值8.85亿英镑的合同，价值7.68亿英镑的工作任务继续由内部机构来承担。

7. 创建"合作政府"

创建"合作政府"是希望超越以往在预算、目标、激励、机构管理和责任机制方面过多的功能导向，转向突出包容性与整合性的合作区间。这种合作特征的取向主要体现在公共政策制定、公共服务输出、人事政府职能以及信息技术方面。

（二）英国政府职能改革的启示

始于撒切尔时期的英国行政管理体制改革堪称是西方政府职能改革的典范和先驱。英国政府职能以提高行政效率和调整政府职能为目标，以引入市场机制和竞争为手段，这种创新的理念和改革带动了全球政府职能浪潮的发展。但不可否认，改革在破旧立新的同时，也带来了诸多问题，比如，过分提倡竞争的模式往往不能很好地协调好各个方面的关系，竞争带来的碎片化治理模式产生了一些负面结果：企业管理模式难以与公共管理运行机制相兼容；用企业文化改造政府文化带来了伦理争议等。

通过考察和分析英国新公共管理体制改革，我们可以得到一些有益的启示。

第一，政府职能方案要系统设计、稳步推进。英国政府职能从雷纳评审、部长管理信息系统、财务管理新方案、"下一步"行动方案、"公民宪章"运动、竞争求质量运动一直到后来的政府现代化白皮书，可以看出在不同的阶段，虽然其改革的侧重点有所不同，改革的主要形式不同，追求的目标也有所不同，但不同阶段之间有着有机的联系，且对每一重大改革措施都进行独立的评估，以便为下一步深化改革奠定坚实基础。

第二，政府职能方案要从内部改革开始，逐步延伸至外部改革，形成内外良性互动。英国政府在内部管理改革上，体现了以公民为中心、服务至上、结果为本等理念；在外部管理改革即政府和社会关系上，体现了政府退却、公共服务市场化、社会化等理念。

第三，将绩效管理纳入行政管理改革中，讲求实际效果。英国政府职能的成功经验之一就是大力推行政府绩效评估。

三、日本政府职能改革的做法及启示

（一）日本政府职能改革的做法

20 世纪 70 年代后期，日本经济由高速增长转为低速增长乃至负增长，财政状况极度恶化，为了摆脱严峻的财政危机，日本政府不得不选择了改革。

1. 调整政府与企业的关系

以前，政府作用增多的原因是在经济不发达的情况下，政府不得不承担民间企业无力运营的公共服务项目，以确保国民经济的正常维持和发展。在经济、社会环境发生变化、企业经营管理能力已达到能够更好地承担这些作为补充的政府公共服务活动的水平时，就要重新估量政府作用，适时将不必由政府从事的部分公共产品的生产转移给民间企业，通过充分发挥市场机制的作用，调动民间企业生产公共产品的积极性，从而既让国民享受质高价廉的公共服务，又精简了行政机构和行政人员。

2. 调整政府与市场的关系

战后的日本长期处于政府主导的进程中。国家通过产业政策、行政指导、规制措施等来限制国内外企业的经济活动，保护和扶植国内企业的发展，大规模干预市场经济，形成了"规制大国"。80 年代以来由于国际国内方面的原因，缓和规制成了日本政府职能的核心课题。1981 年，日本政府提出了"原则上实行自由化而仅把规制作为一种例外"的规制缓和改革原则。1994 年 2 月，日本政府制定了规制缓和的基本方针和推进程序，标志着日本的规制缓和改革进入了政策实行阶段。此后，各届日本内阁政府无一例外地继续施行规制缓和的改革政策，尽量减少政府的规制，充分发挥市场和民间的功效。

3. 调整中央与地方的关系

在构筑面向 21 世纪的政府治理体制上，日本政府强调地方分权的自治化改革同缓和规制的改革同样重要。日本自治化改革的实质是随着行政环境的变化重新审视

政府应该起的作用，限定中央政府行政活动的领域，向地方放权，大力推进地方分权。1993年6月，日本国会通过了关于推进地方分权的决议，明确提出要制定从根本上推进地方分权的法律，在社会上产生了很大的影响。1995年5月，日本国会通过了村山内阁提交的《地方分权推进法案》，并于1995年7月3日开始实施，从而将地方分权的长期战略变得具体化。1998年5月，日本政府在地方分权委员会先后四次提交报告的基础上，制订了地方分权推进计划，指出要明确划分职能分工，把与地方公众生活密切相关的行政事务尽量交给地方政府处理，重塑中央与地方、省级政府与基层地方政权的新型关系。

（二）日本政府职能改革的启示

日本政府推行的政府职能改革是全方位的，不仅限于削减政府机构和行政人员，而是涉及转变政府职能、公共服务有限市场化、调整中央与地方政府关系等等。仔细分析其改革历程，可以得出以下启示。

第一，政府职能改革应该是一个持续不断的发展过程。日本政府始终将政府职能视为日常行政的一部分，不遗余力地持续推行。

第二，政府职能改革注意广泛集中民智，综合反映各阶层群众的要求。日本政府每次政府职能改革前都要成立专门的咨询和参谋机构，邀请各界知名人士参加，在调查研究的基础上提出意见或建议，再由政府决定是否采纳，从而使改革的可行性大大增加。

第三，政府职能改革要注意与法制建设有机结合，用法制手段来保障政府职能依法进行，保障改革成果不断巩固。比如日本《国家行政组织法》《行政程序法》等法律法规的颁布都是不同时期政府职能改革成果的见证。

第二节 开放经济下政府开发援助的国际经验

政府开发援助或称官方发展援助（ODA），是由发达国家组成的经济合作与发展组织（OECD）下属的"开发援助委员会"（DAC），对发展中国家提供的赠予比率不低于 25% 的大规模经济援助，是国家之间具有战略意义的经济性、政策性的政府行为。是以主权民族国家为基本行为主体，由发达国家向发展中国家进行的大规模、制度化的资源转移，是在价值规律和市场体系以外的非经济性因素作用下，资金、技术、知识等生产要素在国家之间的配置、流动和转移，是以国家或政府的政策行为对双边或多边的国际关系进行调整的产物。在援助国与被援助国的国家关系网络之间，援助问题处于政治与经济的交汇点，涉及国家关系的政治、外交、法律、安全、经济、贸易、金融、技术、文化等多个双边交流与合作的领域。

ODA 作为带有政治外交目的和长远战略意图的政策行为，日益成为各发达国家政府表达本国意志、调整国家关系、平衡国际格局、建构国际秩序、实现国家发展战略目标的重要手段和主要方式。

从 ODA 主体的战略目的和政策行为的性质看，国际援助大致上可以分成四大类型。一是以美国为代表的政治战略型援助，即以实现称霸全球和控制战略地区为目标，以社会制度和意识形态的异同为重要考量，从安全战略的基点出发，服从与苏联的冷战对抗，附加严格的政治条件，将 ODA 与军事、安全的长远战略目标直接挂钩的政策行为。二是以西欧国家为代表的经济开发型援助。即以确保资源供应、扩大出口贸易和拓展资金投放场所为主要目的，ODA 主要是为了维护、实现和扩展本国的经济利益；力图通过 ODA 促进受援国的经济开发，以便为本国经济利益的最大化创造更为有利的外部条件和更为宽松的国际环境。三是以北欧国家为代表的人道主义型援助。提供 ODA 主要是为了帮助发展中国家改善经济基础设施、国民生活和社会环境，基本上不附加任何政治、经济或价值观念等超越人道主义的条件。四是以日本为代表的投资、贸易、开发三位一体，但带有政治安全因素，谋求战略利益的综合援助。即从扩大贸易和投资的直接目标出发，通过 ODA 促进本国出口，保障资源供应，为经济势力的外延性、外向型扩张创造良好条件；同时试图借助 ODA 维护和扩展本国的政治外交利益，实现综合安全保障的国家战略目标，注重 ODA 政策行为所要达到的政治功能和安全效应。

随着我国经济实力的日益增强，对外开发援助也将成为我国实现国家发展战略目标的重要手段，因此，研究发达国家进行政府开发援助的国际经验，具有重要的借鉴意义。

一、美国的政府开发援助

（一）美国政府开发援助的机构和制度

美国对外援助政策的主要行为主体是美国政府、美国国会、非政府组织和一些金融机构。美国国会掌握国家的财政拨款权，审批外援年度预算。美国政府内涉及对外援助的机构主要有：白宫（包括总统、国家安全委员会）、管理与预算办公室（提交预算供总统审核）、国务院（与国家安全相关的经济援助，如经济支持基金）、农业部（食品换和平）和财政部（多边援助拨款银行）等。

美国对外经济援助政策最主要的执行机构则是国际开发署。美国国际开发署总部设在华盛顿，并在主要受援国设有驻地办事处，统管美国的对外经济援助，协调各对外援助政府机构的行动。作为独立的联邦政府机构，接受国务卿全球外交政策的指导，下设5个地区局：撒哈拉以南非洲、亚洲、拉美和加勒比、欧洲和欧亚大陆、中东。国际开发署涉及的功能包括：经济增长、农业和贸易，全球健康、民主，防止冲突以及人道主义方面的援助。

对外经济援助总体上分为双边援助和多边援助两类。美国绝大部分的经济援助属于双边援助，这也是主要发达国家对外经济援助的一般特点，是发挥援助影响力的直接体现。但同时美国也很重视多边援助，这是因为在国际体系中，霸权国家在各国际组织中拥有绝对的影响力，体现出美国运用其霸权地位掌控国际机制，分担提供国际公共产品的成本。

根据《美国对外援助参考指南》，美国对外援助按形式和主要账户可分为5类19个核心账户，分别是：双边经济援助类，包括儿童生存与健康计划，发展援助，经济支持基金，转型倡议，支持自由法案，支持东欧民主，抗击全球艾滋病倡议，千年挑战账户，不扩散、反恐、扫雷及相关计划9个账户；多边经济援助类，国际组织和计划1个账户；人道主义援助，国际灾害和饥荒援助、移民和难民援助、紧急移民和难民援助、粮食和平项目4个账户；军事援助，国际军事教育和培训、对外军事资金、维和行动 3 个账户；执法援助，国际毒品控制与执法、安第斯反毒品倡议 2 个账户。其中第一、二类即单边和多边经济援助是本书主要分析的对象。而双边和多边经济援助又可按照政策目标分为 5 类。第一类是"和平与安全"，包括 1.1 反恐怖主义、1.2 反大规模杀伤性武器、1.3 稳定行动安全体制改革、1.4 反毒品、1.5 跨国犯罪、1.6 缓解冲突与和解；第二类是公正治理与民主，包括 2.1 法治与人权、2.2 善治、2.3 政治竞争与形成共识、2.4 公民社会；第三类是投资于人民，包括 3.1 健康、3.2 教育、3.3 社会与经济服务和保护弱势群体；第四类是经济增长，4.1 增长的微观基础、4.2 贸易与投资、4.3 金融业、4.4 基础设施、4.5 农业、4.6 私营部门竞争力、4.7 环境；第五类是人道主义援助，包括 5.1 保护、援助和解决方案、5.2 灾难准备。

（二）美国对外开发援助的主要做法

1. 设立发展援助账户

在美国国际开发署有一个发展援助账户（DA），这个账户只是美国全部 ODA 的一小部分，主要目标是"持续支持发展中国家的人民努力获得对发展至关重要的知识和资源，建立经济的、政治的、社会的制度，从而提升生活质量"。主要功能有：农业、农村发展和营养；教育、人力资源发展；能源与技术；经济增长；环境和自然资源；民主，善治，人权等。

2. 推动和参与国际经济援助机制

发展援助国际机制的形成，与美国世界霸权战略密切相关，通过国际公共产品供给的多元化和机制化来减轻自身的负担。最主要的官方发展援助国际组织经合组织发展援助委员会（OECD/DAC），其前身就是为管理马歇尔计划而成立的欧洲经济合作组织（OEEC）。美国从一开始就鼓励与要求、有时甚至是强迫它的西方盟国参与美国的国际开发援助计划。绝大多数多边援助机构都有美国的活动，且美国常常在这些机构中占支配地位。

3. 鼓励私人资本流动

鼓励私营企业对外投资是美国历来的经济政策。而对欠发达国家的投资，既可以为国内剩余资本找到出路，扩大经济援助的资源，也可以解决欠发达国家投资和外汇的缺口，并通过经济贸易的合作，促进受援国的市场经济及私人企业的发展。

私人企业的投资是盈利性的，政府的援助主要体现在政策支持方面。美国采用友好、通商、航海等条约来改善国外投资气候，并通过国际金融公司和进出口银行向企业贷款，取消税收障碍，为美国私人资本走向国外提供直接的有利通道。美国国际开发署设立了"开发融资与私人企业办公室"，现改为弱势小企业办公室，负责为对海外投资感兴趣的美国私人企业家提供参与国际开发署援助活动的机会。美国外援除了强调和自由市场经济挂钩，促进私人企业以外，还帮助美国企业在海外投资发展。

4. 后冷战时期美国对外开发援助的特点

后冷战时期，由于国际战略对抗的消失，美国充分利用对外经济援助来增加自己的"软权力"，在开展对外经济援助时，将民主、人权、法治和"善治"等作为提供发展援助的先决条件。这一时期美国的对外经济援助出现新特点。

一是援助经济转型国家。随着东欧剧变、苏联解体，美国将东欧国家和苏联各加盟共和国纳入对外援助受援国体系，通过经济、军事等方面援助，美国极力将东欧国家拉拢到以美国为首的北约体系中，维护美国的国家安全；通过经济援助、技术培训、贷款、投资、合作等各种渠道，推动东欧国家建立市场经济，为美国提供了更多的经济、贸易机会，推动美国经济发展。俄罗斯作为苏联在国际法上的继承国，其未来走向和国家定位对美国国家利益具有重要意义，美国增加了对俄罗斯的经济援助，促其实施政治经济改革。20世纪90年代，在所有受援国中，俄罗斯接受的援助所占份额最高。在经济领域，美国支持俄罗斯的经济改革，并协调西方国家对俄罗斯的经济援助，派专家帮助俄罗斯实行"休克疗法"，力图在俄罗斯建立全面的西方式的自由市场经济，纳入资本主义的国际经济体系之中。

二是关注全球性问题。由美国国际开发署领导开展各项工作，主要为实现六个具有相互关联性的目标推进工作：①实现有广泛基础的经济增长；②建设民主体系；③世界人口稳定和医疗保护；④对环境的可持续性管理；⑤通过教育和培训发展人类的能力；⑥满足人道主义需要。援助目标的变化既是《皮尔森报告》以来对全球问题关注的延续，也是对冷战期间重点关注政治和安全问题的变革。

二、日本政府的对外开发援助

20世纪80年代以后,日本的ODA在国际开发援助体系中占有的地位日趋重要,并从1989年起超过美国成为世界第一援助大国(除1990年外)。截至目前,全世界已有超过190个国家和地区接受过日本的援助。

表6-1 2017年日本对外开发援助情况

援助贷款合计		18884
无偿资金援助合计		1152
技术合作合计		1923
其中:	接收进修人员	220
	派遣专家	587
	派遣调查团	338
	提供器材	23
	派遣青年海外协力队	87
	派遣其他志愿者	33
	其他	63.5

注:单位为亿日元。
资料来源:日本国际协力机构2018年报第16页。

(一)日本政府开发援助的组织结构

1. 日本政府开发援助的决策机构

日本对于ODA的管理权是按照构成ODA的不同成分,分属于不同的行政部门。日元贷款由外务省、大藏省、通产省、经企厅共同管理,经企厅下属的OECF为执行机构。无偿援助由外务省与大藏省协商管理,技术援助由外务省主管,由外务省下属的JICA负责执行。

多边ODA分为两大部分,分别由外务省和大藏省管理。外务省负责对联合国各机构(开发计划署、难民事务局、环保署、人口基金、粮食基金等)的出资,大藏省负责对国际金融机构(世界银行、国际货币基金组织、亚洲开发银行等)的融资业务。外务省是主管日本外交事务的政府机关，是在 ODA 政策的决策过程中最具影响力的行政部门，一贯主张持续扩大 ODA 规模。外务省负责 ODA 事务的是经济合作局，该局下设 7 课 3 室，是该省人员最多、规模最大、业务范围最广泛的一个局，主要负责通过经济外交和对外经济合作调整与他国的关系。

大藏省是主管财政、金融、税收的行政部门，它对于 ODA 事务的权力不仅在于掌握政府财政，而且在于控制了占 ODA 预算总额 65% 的资金分配权，因而对于 ODA 资金在年度政府预算中占多大比重，如何分配和使用 ODA 资金，有着举足轻重的发言权。

通产省是主管日本产业、贸易和对外经济合作的行政部门，促进出口、输入资源是日本 ODA 政策的首要目标，因此通产省参与 ODA 政策的决定是顺理成章的。经济企划厅在 ODA 决策过程中发挥综合协调的功能。

2. 日本政府开发援助的执行和实施机构

（1）对外资金合作的执行和实施机构。

"日本进出口银行"是战后日本最早的对外资金合作机构，1950 年 12 月成立时叫"日本出口银行"，意在通过提供中长期出口信贷促进对外贸易的发展。1952 年 4 月改为"日本进出口银行"，以便统一管理和实施对外资金合作。1954 年正式开始办理对外投资信贷业务。日本的 ODA 大都是通过该银行投向发展中国家的。该行直属大藏省，银行总裁由大藏大臣任命。

（2）对外技术合作的执行和实施机构。

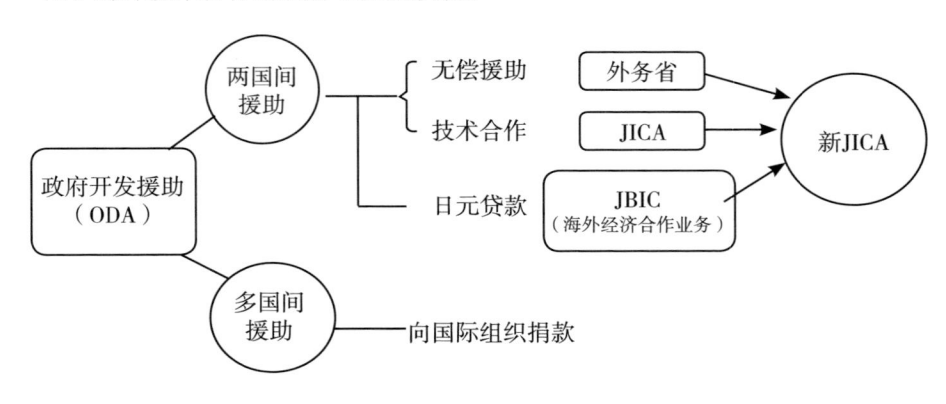

图 6-1 JICA 的组织结构图

1952年，日本开始对外技术合作，但各合作项目由不同的团体或机构分别进行，不便管理、效率低下。所以日本内阁会议决定将分散进行的对外经济技术合作实行归口管理。1962年日本政府把所有对外经济技术合作组织合并成立"海外技术合作事业团"（OTCA）。1974年8月又把几个团体合并成为"国际合作事业团"（JICA），并接收了海外贸易协会和海外农业开发财团的部分业务，统一掌管对外技术合作事宜，组织实施与发展中国家的政府间技术合作，派遣专家，接受海外研修生，为发展中国家培养技术人员，实现了该项事业的一元化管理和执行。

（二）日本对外开发援助的主要做法

1. 出口导向

20世纪50年代，日本ODA之所以与扩大出口的目的紧密相连，是因为当时日本政府选择了"贸易立国"的国家发展目标，外交为贸易振兴服务，采用一切手段促进商品输出，成为日本外交的主要目标和中心任务，以ODA替代战争赔偿，就是最重要、最有效的手段之一。日本政府之所以采取以资本货物为主体的实物和劳务赔偿方式，是希望通过赔偿各种成套设备，保证后续出口，并增加辅助和配套产品的出口，形成出口的乘数效应。同时，希望出口用于资源开发的成套设备来开发东南亚的资源，重返和占领东南亚市场，保障从东南亚的资源进口。此外，大量出口重工业产品，有利于国内以"重化工业"为中心的经济发展。

2. 多边和双边并重

鉴于战后的特殊国情和国际地位，日本政府制定了"以联合国为中心"的基本外交方针。在实施ODA之初，也首先选择了参加联合国等国际援助活动的"多边路线"，积极参加国际援助计划。同时，由于双边ODA具有直接性、有效性，所以更为日本政府重视。

3. 以日元贷款为主体

由于作为日本ODA主要构成部分的有偿贷款都是用日元结算的，所以称为日元贷款。与其他发达国家相比，政府贷款在ODA中占有较大比重，是日本ODA的一个突出特点。日元贷款是由日本政府与受援国政府通过直接签订双边协议来实施的，主要包括：面向道路、机场、港口、电站等大型基础建设项目的项目贷款，采购大型成套设备的商品贷款，提供紧急财政援助的债务救济贷款和面向农业、以增加粮食产量为目的的粮食贷款。由于日元贷款在利率、偿还期限和缓期偿还年限等方面的条件较为优惠，又以政府信誉作担保，所以受到经济实力较弱、资金储备不多的发展中国家的欢迎。而日本也可以借助政府贷款开路、民间企业跟上的经济扩张形式，进入广大的海外市场。

日元贷款一开始就带有限制性条件，即受援国必须用日元贷款购买日本产品，使 ODA 实际上成为对本国企业的出口补贴。这一附加条件突出反映了日本 ODA 政策先天具有的经济利益导向，即有利于日本扩大对外出口，帮助日本产品占领海外市场，同时，日本企业无须进出口银行提供商业性融资和出口担保，有利于降低出口成本，避免国际市场汇率变动的风险和损失。

（三）发达国家实施 ODA 给我国的启示

第一，把 ODA 作为调整国家关系、平衡国际格局、建构国际秩序、实现国家发展战略目标的重要手段和主要方式。如美国将 ODA 与军事、安全的长远战略目标直接挂钩；日本则从扩大贸易和投资的直接目标出发，通过 ODA 促进本国出口，保障资源供应，为经济势力的外延性、外向型扩张创造良好条件；同时借助 ODA 维护和扩展本国的政治外交利益，实现综合安全保障的国家战略目标。

第二，要积极推动和参与国际经济援助机制，多边和双边并重。既要积极参加联合国等国际援助活动的"多边路线"，积极参加国际援助计划。同时，由于双边 ODA 具有直接性、有效性，因此也要加倍重视。

第三，要鼓励私营资本参与到 ODA 中来，这样既可以为国内剩余资本找到出路，扩大经济援助的资源，也可以解决欠发达国家投资和外汇的缺口，并通过经济贸易的合作，促进受援国的市场经济及私人企业的发展。

第三节　开放经济下国家开发性金融的国际经验

开发性金融在各个国家不同阶段都有着不可替代的作用，在全球化进程中的作用更为明显。从国际经验来看，随着经济的发展，市场体制的逐步完善，政策性内容应有所调整。目前，国家开发性金融主要有四种类型：综合型政策性银行（德国复兴信贷银行是国际公认的优秀的综合型政策性银行）、混合型政策性银行（韩国产业银行为代表，投资银行业务颇具竞争力）、由政策性银行转型为完全的商业银行（新加坡星展银行为代表）、纯政策性银行（日本政策投资银行为代表）。在创始之初，上述银行由政府设立，均在国内开展业务。随着国家经济和社会的发展以及银行自身实力的扩大，这些银行的业务范围步出国门。

一、日本政策投资银行（简称 DBJ）

日本政策投资银行的经营范围一直是纯政策性业务，是严格配合国家政策导向的政策性金融。资本金 100% 政府出资。除了政府拨给资本金外，每年有 80% 左右的资金来自向大藏省管辖的邮政储蓄，并可以通过发行债券或向外国借款来筹集资金。但发行债券和向政府借款不得超过资本金和准备金合计金额的 10 倍。政府借款是主要的中长期资金来源。亏损由政府补贴，盈利也上缴政府。

DBJ 的业务结构倾向于多元化发展，涉及生物、高科技等方面重要业务的发展。按照"技术振兴融资制度"实施低利融资、开始对外国对日投资实行低息融资制度、提出"应对信用紧缩"策略、加大区域经济建设。在一般情况下，政策性投资占项目总投资的 20%~30%，并且大部分行业对政策性资金的依存度会随时间的推移而由高向低逐渐下降。

以 DBJ 为代表的政府政策性金融机构提供政策性资金的行动反映着国家经济发展的长远目标，表明政策对被扶持部门的信心，从而增强了商业性金融机构的信心。一旦民间商业性金融对某一产业的投资热情高涨起来，政策性金融就逐渐减少其份额，把该投资领域让给民间商业性金融，自己转而扶持其他行业。逐渐形成了一种政策性金融对商业性金融资金运用方向和规模的扩张性诱导机制，即使商业性金融的活力与主体金融角色得以充分发挥，也使政策性金融对商业性金融诱导补充而不替代，对融资对象加以扶持而不包揽，使这一宗旨得以实现。

```
                    纯政策性业务
                    │
                    ├──────────────────┐
                    │                  ▼
                    │          政策性业务和市
                    │          场业务混合经营
                    │                  │
                    │          将市场业务分离  将政策性业务分离
                    │          ┌───────┼────────┐
                    ▼          ▼       ▼        ▼
              纯政策性业务  纯政策性业务或  政策性业务和市  纯市场业务
                          独立的子公司经  场业务混合经营
                          营市场业务
              日本政策投资银行  德国复兴信贷银行  韩国产业银行   新加坡星展银行
```

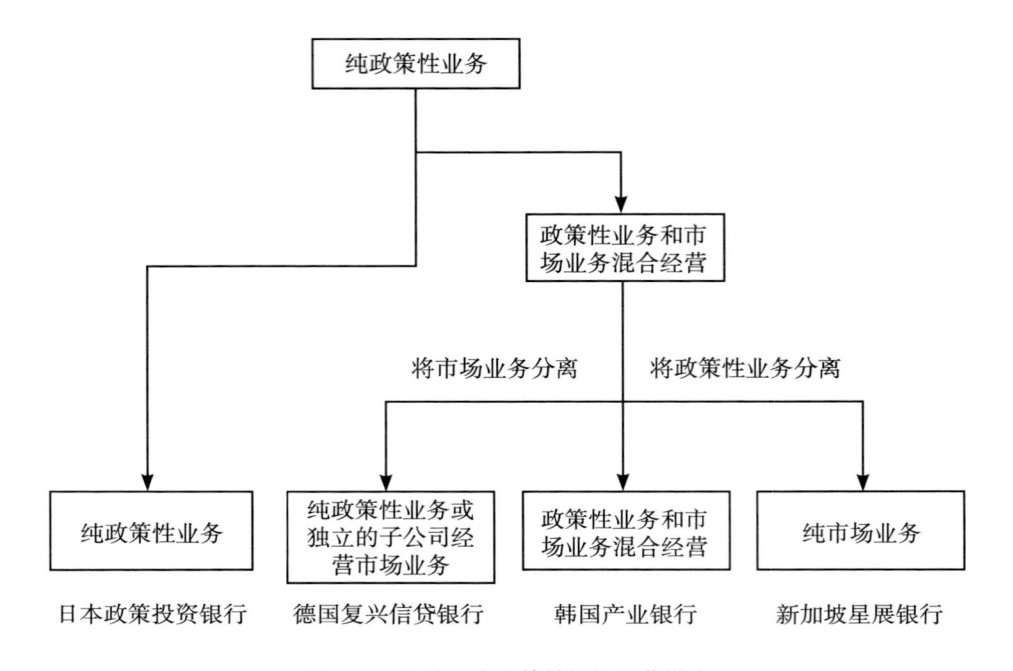

图 6-2　国外 4 家政策性银行经营模式

日本 20 世纪 90 年代泡沫经济崩溃后，日本开发银行（日本政策投资银行的前身）和其他银行仍然根据政府的要求拯救一些竞争力不强的企业，而不是根据竞争规律让其优胜劣汰，这也是日本经济长期衰退的一个重要原因。日本政府在 20 世纪 90 年代后期也承认了其体制的问题，并对政策性银行体系进行了改革，包括银行间的合并。由此可见，政策银行应配合国家宏观政策及时调整战略，在赶超任务完成后政府应减少干预，应积极转向发展主导产业，配合产业结构的调整和升级换代。

二、韩国产业银行（简称 KDB）

韩国产业银行是典型的混合经营模式，即对政策性业务和市场业务混合经营，但是其享受的国家信用以及由此派生的低成本融资，使得其在市场业务中与其他商业银行相比更有优势，破坏了市场竞争机制。KDB100%政府出资，净利润也全部转为准备金。发行本外币金融券是最主要的资金来源，各项借款是第二大资金来源。财政经济部、金融监管委员会、审计监事会、国会分别对其实施监管。

在立足于政策性服务领域基础上，KDB积极开展项目融资、企业并购、债务重组、承销债券和风险投资等业务，并把未来目标定为世界领先的投资银行。

韩国对我们的启示更多地体现在特殊经济状态下的任务和业务重点的处理上，政策性金融所起的作用。韩国在1997年后很长时间未从金融危机中完全恢复过来。因此，在政策性金融的支持上更多着眼于摆脱危机。于是，韩国产业银行负责对整个市场提供资金，通过债转股和其他贷款重组方式帮助企业重组，通过担保债券凭证和担保贷款凭证解决信贷紧缩问题。经济危机可能会在各个国家不同阶段发生，危机本身的特殊性决定了政策性金融的参与是必须的。而经济危机产生的根源是多样化的，包括经济结构的不协调、能源危机、政治危机等。政策性银行针对经济危机的根源提供金融支持对经济的恢复做出贡献。

三、德国复兴信贷银行（简称KFW）

德国复兴信贷银行采取了分离模式，即将与商业银行产生竞争的出口信贷和项目融资业务独立出来，成立法律上独立的由KFW全资拥有的子公司。该子公司不再享受国家优惠待遇，而是作为商业银行进行运作。该分离模式使KFW不至处于利用国家优惠政策与商业银行进行竞争的尴尬境地，而且其经过较长时间建立并有一定竞争优势的市场业务又能得到保留。

KFW作为纯粹的政策性银行，充分利用优惠政策和国家信用，并通过市场规律的运作，既达到了促进德国经济发展和德国与发展中国家和转型国家合作的政策性目标，又保持了优异的经营业绩。而且，产生的利润又扩大了KFW的实力，有利于政策性业务的开拓。

德国的政策性银行属于高政策的多元化模式，即全能型银行。全能型银行体系的可借鉴性体现在如下几个方面：长期资本性融资时应用"证券化原则"、非常重视吸收存款、不断发展的经常交易与银行清算体系。德国的政策银行模式对于旨在重建银行体系的改革中的国家来说可能是最合理的选择。

四、新加坡星展银行（简称 DBS）

DBS 在政府的允许下逐步转化为商业银行，大部分政策性业务由财政直接拨款实现。它还是一家全能的商业银行，银行受股东利益驱动和支配，金融服务完全商业化。政府全资拥有的淡马锡集团和新加坡国家发展局总共拥有 26% 的股份，其他股份为私营公司和个人拥有，其资金主要依靠吸收存款。星展银行的目的是实现股东利益最大化，政府以市场化方式对其进行监管。

DBS 采用完全商业化运作模式，业务范围包括个人银行业务、企业银行业务、投资运河、外汇和金融市场业务、资产管理公司和证券业务。通过兼并和收购不断拓展银行业务。新加坡在 20 世纪 70 年代的发展阶段，强调出口导向型的制造业，这时的新加坡政策性银行也开始了产业结构的调整，向化工业发展。同时，伴随着开放程度的加深和大量外资银行的进入，促成新加坡发展成为东南亚区域金融中心，并在 90 年代末及时调整了经营策略，向完全的商业化转变，之后的重点就是促进产业结构升级。可见新加坡的发展路径与我国的路径非常相似，我们应借鉴它们的商业化和产业结构步伐调整的时机。

五、国际开发性金融的国际经验

国际开发性银行机构是在全球、区域和国家范围内提供特定经济政策意义下的金融服务，对国家和世界经济的发展和稳定起到了不可替代的作用，也给我们提供了非常宝贵的经验。

第一，从国际经验看，政策性金融维持传统模式局限较多，正在逐步向开发性方向转型。目前，就各国具体实践而言，政策性开发金融的运作方式因其对主权（或国家）信用享有程度的不同，主要分为以下三种运作模式：政策型开发模式（主要从事传统政策性业务，开发性银行本身也往往为国家全资所有）、综合型开发模式（开发性银行本身或为国家全资所有，或与民间资本共建子公司，开展业务。同时兼营为公共利益服务的政策引导性业务和直接参与市场竞争的商业性业务）、完全商业型开发模式（国家在开发性银行或拥有部分股份，开发性银行完全民营化。开发性银行受股东利益驱动和支配，完全商业化运作，其业务范围广泛）。作为特定历史阶段的产物，政策性银行对20世纪战后的经济恢复与发展起了重要的作用。但随着全球范围内市场经济的逐渐成熟，政策性银行大规模长期存在的基础已不复存在，其弊端也日益显现。20世纪90年代，各国政策性银行纷纷走上改革之路，向开发性方向转型。如新加坡开发银行已经逐渐演变为商业银行和投资银行，完全按照商业银行的方式进行运作，被亚行认为是运行得比较成功的开发银行。其他如斯里兰卡国家开发银行，印度产业发展银行、韩国产业银行、泰国的农业与农业合作银行和德国复兴与开发银行等都较好地实现了转型。

第二，政策性银行转型为开发性金融机构，有利于自身可持续发展，支持企业"走出去"。在开发性银行商业化的过程中，各国都非常注重开发性银行与其他商业性金融机构，以及开发性银行自身的政策金融服务功能与机构盈利性之间的关系，并采取措施，建立健全制度法规。一方面鼓励开发性银行进入商业领域，加强商业性业务在法律和财务方面的独立性；另一方面在开发性银行参与市场竞争的过程中注重防范其借助政府资源从事不公平行为。大体有以下两种主要方式。一种是建立子公司，即通过成立专门子公司来提供商业性服务。这些子公司在法律和财务方面拥有独立地位，受独立董事会管理。部分子公司更通过上市成为公众公司以优化治理结构和强化市场约束。二是实行分账管理、专项经营，实现政策性业务与其他开发性业务的严格分离。

从国内实践看，如果继续定位于传统的政策性银行，不仅受到我国财政总体规模的限制，而且也不利于政策性银行自身的长期可持续发展，在国际市场化运行和竞争中可能遭遇更多摩擦。因此，必须走开发性金融的改革道路，即要把政策性银行按资本充足、内控严密、公司治理完善、可持续发展的原则，转变为贯彻国家意图、以市场化运作为主、有较强国际竞争力和一定政策性功能的开发性金融机构。通过分账管理、专项经营，分别管理国家交办的政策性业务和银行自主经营的商业性业务。同时建立一套合理的利益补偿机制，既能保证政策性金融机构正常运转并获得微利，又能使开发性金融机构具有足够的自有资本充足率并提取足够的呆账准备。

第四节　开放经济下政府促进跨国经营的国际经验

20世纪70年代中期以来，发达国家经济改革与调整步伐加快，放松对海外直接投资的限制成为大势所趋。因此，所有发达国家均制定了不同类型的促进企业跨国经营的对策。尽管不同国家促进政策措施的差异较大，但核心都集中于提高本国的国民经济竞争力和获取其他自身利益。鼓励企业跨国经营的政策可以分为：信息与技术援助、直接金融支持与财政优惠、投资保险，此外各国越来越重视对外投资的国际协调。

一、信息援助

具体而言，发达国家政府在催生本国跨国公司时发挥信息情报收集处理优势包括四个方面的内容。

一是开展当地市场经济社会环境调查。各国驻海外机构可以对投资东道国当地市场和经济社会环境作直接调查。所有发达国家政府部门或政府开办的专业银行都为其欲在他国投资的国民提供信息和技术援助。同时，一些国家官方或半官方的机构：如美国海外私人投资公司、日本贸易振兴会、法国外贸中心和展览局、法国工商会联盟、意大利的 Mondimpresa、芬兰基金、丹麦 IFU 等均属提供此类服务的组织。从企业的创建、日常管理、新产品开发、贸易信息、国外市场开拓、教育培训以及帮助企业实施国际化战略提供全方位的咨询和后续服务。

二是组建本国跨国经营全球信息网络系统。通过组建本国跨国经营全球信息网络系统，实现信息资源共享。政府通过鼓励和组织民间咨询公司建立本国跨国经营的网络信息系统，直接在市场上出售他们的高价值信息以及其他服务。在某些条件下，一些发达国家还建有对外投资企业的资料库，为发展中国家企业寻找合作伙伴提供服务。美国海外私人投资公司、日本贸易振兴会等均属提供此类服务的组织。

三是建立国内外跨国经营信息分享机制。政府可以定期组织跨国公司（包括本国的和外国的）的高层经营管理人员进行信息沟通，在跨国公司之间建立一种信息分享机制。每年都由某个国家政府和《财富》杂志共同筹办的"全球财富论坛"，也是政府组织跨国公司形成信息沟通机制的一个极好例证。

四是组建对外直接投资信息决策系统。政府可以通过组建本国对外直接投资的信息决策系统为本国跨国公司提供信息服务。这种信息决策系统利用了政府天然的行政决策优势和接近信息的优势。在英国和日本，政府资助的海外投资研究机构已经成为本国跨国公司海外业务扩张的主要信息服务机构。这种信息研究机构的工作不同于政府驻外使领馆所属的信息调查活动，它更侧重于对海外市场信息的科学处理，而不仅仅是信息调查和收集。

总之，在信息经济时代，信息是极重要的资源。政府在收集和处理海外市场信息方面有很强的优势，政府有能力也应该矫正本国跨国公司在开展海外经营时存在的市场信息不对称。

二、技术援助

发达国家政府大多建立了专门的对外直接投资的技术援助机构，为本国的海外投资提供技术支持和专业人才的培训。这些技术援助机构的资金来源于政府的财政津贴，因此这些机构都是非营利性的政府附属机构或是在政府资助下的非营利民间团体，它们服务的范围包括技术指导、专利等知识产权交易服务、经营管理战略和策略咨询、派出人员培训和来自投资东道国的人员的培训等方面的内容。

发达国家中具有代表性的技术援助机构有美国在国际开发署的援助下设立的"国际经营服务队"、加拿大设立的"加拿大海外经营服务机构"、日本设立的"世界经营协会"等。许多发达国家都对跨国经营项目的可行性研究提供一些支持，一般情况下，政府为最终投资决策前可行性论证提供一半的资助。一些投资促进计划还特别为中小对外投资者提供启动支持，这类支持包括帮助筹措项目资金、准备法律文件、根据东道国具体条件调整技术和培训当地人员等。

例如，荷兰开发融资公司 1989 年制订了一个对外直接投资促进计划，为可行性研究和项目规划提供资助，培训经营管理人员和一般员工，为特定对外直接投资促进研讨会和代表团提供资金。

三、直接资金支持与财政优惠

通过政策性金融机构提供优惠贷款方式向本国海外直接投资经营企业提供资金资助，是发达国家一致的做法。发达国家为本国跨国公司提供信贷支持的国有或特别金融机构有：英国联邦开发公司、美国海外私人投资公司、欧盟的投资银行、法国国民信托银行、德国开发公司、日本海外经济协力基金、丹麦工业化基金、荷兰发展中国家金融公司等，这些金融机构为本国或本地区的跨国公司对外直接投资项目提供贷款只需投资东道国承认该投资项目，既不需要当地政府的保证，也无须提供贷款担保。这些贷款一般包括以下几个方面。

（一）对外工业发展贷款

这些贷款主要用于为本国跨国公司对外投资提供投资资金，例如，联邦经济合作部设立的"新企业开办及技术转让计划"专项贷款，为年销售额在3亿马克以下的德国中小型企业在境外开办分公司和设立办事处，有权申请联邦经济合作部的该专项贷款。大型企业的投资若具有特别的发展意义，也可申请这一贷款。对开办和收购企业以及企业参股等项目的融资，低息贷款额可达资助额的50%；对项目可行性研究的融资，低息贷款可达资助额的75%。每个项目的最高贷款额度为250万马克；对发展中国家项目的年贷款利率为3.5%，对最不发达国家项目的贷款利率为2.5%；还款期为15年，宽限期为5年。

法国的贷款方式有很多种。第一种是由专门机构提供参股贷款。它是由国家提供或由从事对外投资企业部分工业风险担保的银行提供贷款。国家提供的参股贷款有两个部分：一是由适应工业结构专门基金提供；二是由部级发展投资与支持就业委员会专门为对外直接投资企业提供。第二种是由工业投资国际发展合作有限公司提供临时性援助。包括认购可兑换债券、参股贷款、在子公司中参股（共同投资）等。第三种是通过专门金融机构进行共同投资。它是除母公司外，由银行向对外直接投资的子公司投资参股或为持股的子公司提供长期贷款。由于缺乏担保等原因，银行在从事这项业务时，一般需要国家或专门金融机构的支持。

（二）对外工业发展出口贷款

享受这些优惠贷款的条件一般是所进行的对外直接投资能够带动本国产品的出口，因此它们实际上是一种出口信贷。例如，德国政府将对发展中国家提供的长期、低息、可宽限偿还年限贷款，按其优惠程度，与普通设备出口和投资等商业贷款结合发放。这种混合贷款无偿比例高时，德国可以限定发展中国家从德国进口设备，以此促进本国产品出口。

（三）对外工业发展外汇贷款

对外工业发展外汇贷款即以固定利率向本国跨国公司提供长期外汇贷款，对外工业发展外汇贷款实际上承担了海外投资者的汇率变动风险。

另外，发达国家一般都设立了海外投资储备金，对某些特定的对外直接投资进行扶持。所谓海外投资基金是指投资母国允许本国海外投资者在其投资的年限内将总投资的全部或部分作为储备金，并在其应税所得额中扣除该储备金的数额，从而使其海外投资者在投资初期阶段可以暂不纳税或少纳税。这实际上对本国跨国公司的对外直接投资起到一种无息贷款的作用。

（四）税收优惠和保护

税收问题直接关系到跨国公司对外投资的利润，因而发达国家普遍给予本国跨国公司以税收优惠并尽力协助它们避免双重征税。为了刺激本国私人投资者向海外输出资本，许多发达国家都对本国跨国公司的对外投资采取税收减免措施和税收抵免措施。另外，在发达国家的对外直接投资税收制度中还有一种税收饶让措施，所谓税收饶让措施是指投资母国主动放弃本国对海外投资企业的征税权，只承认投资东道国的征税权。这就是说，海外投资者在投资东道国已经缴纳了应纳税款，就视其为在投资母国履行了纳税义务，无须再另行纳税或补税，这就有效地解决了国家税收管辖权问题上属人原则和属地原则的冲突。

四、风险担保

发达国家通过建立海外直接投资保险制度，对企业海外直接投资经营的风险提供担保。美国的海外直接投资保险制度设立之初，投资保险的内容只限于外汇风险。之后，美国根据经济形势的发展和对外投资的需要，对境外投资保险的法律不断进行修订。此后，美国设立海外私人投资公司，其宗旨是通过提供一般商业上所得不到的金融服务，来帮助美国企业扩大在发展中国家和新兴市场国家的投资。这些服务包括长期政治风险担保以及追索权和有限项目融资，它们全部是以美国政府的名誉和信用做担保的。除以投资保险为主业外，该公司还提供一些专项风险担保，如租赁担保、石油天然气项目担保、自然资源项目担保等。这些担保项目解除了美国企业的后顾之忧，鼓励了企业向发展中国家的一些风险较高、预期收益率也高的项目进行直接投资。

日本模仿美国创设了海外直接投资保险制度，并追加了海外直接投资利润保险，还创设了旨在开发进口海外矿物资源投资保险制度。主要内容包括承担海外直接投资保险责任的保险人是日本通产省（现为经济产业省）大臣；主要险种包括收益、经营以及财产使用和所有权被剥夺险、战争险、不可抗力险。另外，日本中小企业因对外投资而从金融机构贷款时，还可向各都道府县的信用保证协会申请使用"海外直接投资关系信用保证制度"，享受担保服务。

我们应该借鉴他国的经验，改进和加强政府在对外直接投资中的作用。

第一，制定和完善对外直接投资的法律法规体系，依法指导和管理企业的跨国经营活动。对企业的跨国经营的方向、经营主体、投资方式、组织结构、地域分布、产业布局等进行法律上的规范和指导，使对外投资合理化，使海外企业经营有法可依。要进一步明确对外投资保险机构的地位、性质、职能、运作方式及相关的保险事项，建立我国的对外投资担保制度，为企业可能在海外遇到的政治经济风险提供政策支持。

第二，完善对外投资管理体制。组建专门的对外直接投资管理机构，以加强宏观指导和管理，并对我国的对外直接投资做出评估报告，全面评估对外直接投资及海外经营的效果和影响，对进一步调整相关政策提出可行的政策建议。同时，要简化投资审批手续，放松有关限制条件。

第三，建立自负盈亏的对外直接投资基金，在企业对外投资初期给予资金扶持，投资成功后按一定比例向基金返还利润，使基金不断得到充实。国家应制定有关政策性银行专门负责对外投资基金的具体运营。

第四，建立健全财政、金融、税收、外汇等配套支持政策体系。完善现行的信贷政策，将直接投资纳入出口信贷范围，扩大信贷规模；完善税收政策，对企业的国外收入实行阶段性免税政策，以加强企业的资金积累；政府要放宽对外直接投资的外汇额度限制，允许和鼓励企业用海外经营所获利润进行再投资等。

第五，要建立跨国经营的信息咨询服务体系，加强建立政府主导的对外投资国别地区项目库，为希望进行跨国投资和经营的企业提供及时且有价值的信息。由政府出资，由相关机构为境外投资企业提供可行性研究报告等技术层面的帮助。

第五节　开放经济下国际人才竞争战略的国际经验

以日本、亚洲四小龙为代表的亚洲新兴发达国家和地区，在第二次世界大战结束后，无论是战败者还是战胜者，都面临着经济落后、从属西方的困境。同时，因为自身经济科技基础的不足、教育的落后，也都派出了大量的留学生到西方发达国家进行学习。其中，大多数留学人才没有回归，演变成大量的人才流失。但是，当国际产业转移带来经济高速发展机遇的时候，这些国家和地区也迅速实施成功国际人才竞争战略，并在一定程度上扭转了人才流向。

一、日本的国际人才竞争战略

日本是一个自身很国际化却并不欢迎国际移民的国家。但是，日本未来不能不承认的事实是：全球生产基地已经从日本转移到了具有比较优势的中国，产业升级后的日本却又不像美国，拥有一半多的世界排名前五十的大学，仅仅依靠本土人才和回流的日裔人才，已经不足以支撑日本世界经济大国的位置。日本如果期望追赶美国成为世界经济的中心，唯一的办法只能是学会吸引外来顶尖人才。

（一）改革移民政策吸引国际人才

同许多发达国家一样，在高科技人才储备方面，日本面临严重的人才缺口，特别是在电子信息、生命科学、材料、地球科学等领域。因此，为了吸引外国优秀人才，日本近年来采取了不少措施，修改了入境管理条例，为"具有专门知识和技术"的外国科技人才提供在日本就业以及居住的机会。另外，日本每年还接纳大约20万名以工作签证为主的临时移民，其中技术人才所占比例从1992年到2003年一直保持为71%。

（二）通过招收留学生进行国际人才竞争

在吸引留学生上，如同其经济发展一样，日本过去多年来曾一直处在停滞阶段。2003年日本接纳的外国留学生总人数大约为11万人，2007年这一数字则是11.8万人，排在世界第七位，还居于中国之后。日本的外国留学生也主要来自中国。目前，日本已经重新审视自身的留学政策，开始重视留学政策对于吸引国际人才的重要性。2008年1月，日本前首相福田康夫在施政方针演说中提出"接收30万外国留学生计划"。根据这一方针，日本政府的教育再生恳谈会于2008年5月26日公布第一次审议报告，提出选出约30所大学作为接收、培养留学生的"重点大学"。这些重点大学的留学生人数要占学生总数的20%以上，全部课程中有30%课程使用英语教学，在留学生比较多的学部录用的外国人教员要占教员总数的30%。当然，还要在日本国内创造一切有利条件，让在日本毕业的外国留学生可以有50%以上能够在日本就职。

（三）通过国际交流合作吸引外国人才

日本善于通过科研合作、开放重要实验室职位、设立国际合作奖励基金等方式吸引外国科学家来日本参加研究。在20世纪经济腾飞之初，日本政府就制定了《国立、公立大学任用外籍教员的特别措施法》《研究交流促进法》《外国科技人员招聘制度》等制度。另外还制定了《特别研究员制度》，一是设立"海外特别研究员"，选拔优秀科研人才到海外研究；二是设立"外国人特别研究员"，争取国外的高层次科研人才。通过制度来保障吸引外国人才。日本也愿意给予参加合作研究的外国科学家高额的补助和奖励，目的是为了最大限度地获取这些外国科学家的知识与创造性的成果。2002年的诺贝尔化学奖，就由分属美国、日本、瑞典三国的专家所分享，他们共同攻克了"生物大分子"研究技术难题。另外，日本政府还决定从2008年起，3年内使当时分布于世界10个国家的政府直营日语学校从10所增加到300所，用以培养与吸收大量愿意到日本工作与服务的外国人才。

（四）出台各种人才计划，重视人才培养

日本政府还计划将科研开发经费增加一倍，用以留住本国高科技人才以及海外的日本高层次人才，并不断调整本国的人才战略，制订了"240万科技人才开发综合推进计划""21世纪卓越研究基地计划""科学技术人才综合培养计划"等一系列人才发展计划。

（五）建立科学城与国家风险基金来吸引人才

筑波科学城是日本的科研中心。1963年日本政府成立了"集中科研机构评审委员会"，一共花了近20年时间、超过100亿美元建立这个科学城。到2001年，筑波科学城拥有大约300家研究机构以及1.3万名科学家（获得博士学位者约5600人），其中外国科学家3352人，来自世界138个国家，中国是最主要的来源国，大约有943名中国出生的科研人才在此进行研究。1975年，日本政府在通产省设立了"风险投资公司"，目的是促使银行向高科技企业贷款，规定银行贷款的50%由该公司给予担保。同年又成立了"研究开发型企业育成中心"，对持有高技术但因资金不足难于商品化的风险企业，承诺无担保的财务保证。日本科学技术厅下设"新技术开发事业团"。对于开发风险较大的新技术企业提供5年内无息贷款，成功者返还，失败者可不偿还。

二、韩国的国际人才竞争战略

韩国过去的人才流失，主要是由大批留学人员学成不归而引起的。1968年，韩国在工程技术、自然科学、社会科学等领域的留学生当中，学成不归者分别达到87%、96.7%、90.5%。甚至出现了海外韩国高层次人才比国内还多的情况。20世纪

80年代是韩国国际人才竞争的转折期。大多数韩国留学生开始愿意回国，这是因为韩国政府意识到人才流失的严重性，出台了各种各样的人才战略或引进计划，并高度重视海外人才回归后的政治地位以及如何发挥才华。同时，韩国本身经济高速增长，人均收入等与传统发达国家的距离越来越小，能够为回国的高层次留学人才提供良好的发展机遇以及工作报酬。因此，到了20世纪90年代经济腾飞期，韩国留学生的回归率甚至达到60%以上。在瑞士洛桑国际管理学院（IMD）调查的"人才外流指数"当中，韩国1995年获得了7.53分，是排名世界第四的人才流入国。

（一）建设科技基地，制订各种科技计划

20世纪70年代，韩国建立了韩国科学院以及大德研究城，吸引并容纳大量海外科研人员。大德研究城仅海外归来的博士就有2000多人，被誉为"韩国的硅谷"，成为名副其实的高科技产业基地。在韩国制订的众多科技计划中，最值得一提的是1991年开始实施"G-7"高科技研究与开发计划，其旨在使韩国于21世纪初跻身世界先进科技强国之列。这一计划确定14项技术为主攻目标，在10年间投资62.5亿美元，并确保到2000年使韩国拥有15万名高级科研人才，其中10%具有世界最高水平。进入21世纪后，韩国政府又及时推出"GDP两万美元时代人力资源开发综合对策"，立项培养1万名新一代成长动力人才。2004年，韩国举行了声势浩大、全民参与的"科学韩国"活动，明确了"科技立国"的战略思路。

（二）建立海外高层次人才网络、社团、信息库，有效促进人才回流

从20世纪60年代末开始，韩国科学家和工程师陆续从国外回归，为韩国提供了科学技术界有关权威信息。以此信息为基础，20世纪70年代初，韩国教育部在美国和欧洲组织了韩国科学家和工程师专业协会，80年代又在日本和加拿大成立了类似协会。80年代末又把这些协会扩张到中国和俄罗斯，用以吸收海外的高层次人才回归。在这些组织成立前后，韩国政府都给予了大力资助和支持，并每年帮助组织当地韩裔会员召开研讨会。在政府支援下，这些协会甚至在德国和美国购买了办公楼。

20世纪90年代，在建立了各类国际韩国人才联络站之外，韩国政府又建立了海

外人员数据库，目的是提供一个争取人才回归的人才信息库，这些个人资料都对韩国大学和研究机构（包括私立机构）开放。因此，大学、研究机构、国内人才市场可以根据需要，迅速锁定目标引进海外高层次本族裔人才。

（三）吸引方式灵活，或定居或暂居，或合作或信息交流

20世纪80年代以来，韩国政府为了更好地吸引海外韩裔高级人才为国服务，设定了灵活多样的吸引方式。回国人员在国内工作的时间可长可短，允许永久定居，也可暂时回来，同时允许海外人才回国后保留外国国籍。对暂时不愿回国的学者，则动员其回国搞短期科研项目，开展各种学术合作，为韩国提供各方面的信息。由此先后出台了"长期回国计划""临时回归计划""外国学者访问计划"以及"科技工作计划"等不同类别的针对性计划。

（四）加强科技外交，推进国际交流与合作

自20世纪80年代起，韩国就不断加强科技外交，以推进国际合作：一是与外国联合建立研究机构；二是主动在国外设立研究机构；三是吸引外国政府以及企业在韩国建立研究机构。在与外国签订技术转让协议或在合资经营的同时，派出大批科技人员向转让技术的有关国家学习，或聘请外国专家训练在本地工作的科技人员。1989年韩国同美国建立了"研究共同体"，1992年又与美国签订了新的科技协定和"保护专利秘密协定"。同年，还与美国建立"韩美科技财团"，以支持双方的科技合作，并确定了7项共同研究课题。除每年向美国派遣大批留学生外，韩国还有目的地选送专家和教授到美国学习科学技术。

1990年韩国与苏联建交后，就把引进其尖端技术和人才作为一个重要目标。1991年，韩苏签订科技协定，规定在今后3年内同苏联进行48项尖端技术的共同研究，还将邀请200~400名苏联高级科技人员参与韩国"G-7"工程，邀请20名苏联科技人员到韩国大学和研究机构讲学。韩国政府研究机构和企业还纷纷在海外设立研究中心，大学优秀研究中心也在海外设立了科学合作中心。这些设在外国的工厂、公司和研究机构，尽量聘用外国专家和在国外的韩国人才，成为韩国吸聚人才的中心。同时，为了促进世界著名跨国企业在韩国设立研发中心，韩国曾计划投入1500

亿韩元，成立"国际共同研发基金"，还承诺外国企业单独开发的知识产权的所有权将 100% 归外企所有，2004 年就已经投入 300 亿韩元的年基金进行运作。

（五）推动科研产业化，出台系列法律营造良好社会环境

在韩国所实施的一系列政策中，最有特色的就是推行相关法律，配套人才引进的相关机制。为此，韩国政府相继出台了《韩国科技研究所援助法》《科技成就法》《技术开发促进法》《工程技术人员晋升法》等系列法律条例，将保护与促进科技、人才发展上升到法律高度，从宏观环境为争取科技人才回归提供了动力。对于外国高技能人才，韩国不但有针对性地缩短入境手续办理时间，为其发放绿卡，并且规定在韩国居住 5 年以上的外国人可以参加地方选举。

另外，韩国还出台了一些推动科研产业化的措施。例如，增设科技高中，进一步推进"科技高中—科技大学—科技院（研究所）"的一条龙科技教育体系。再如，同意企业作为产学结合的一种方式，投资支援大学设立培养企业所需专门人才的系或专业，并鼓励企业创办研究所。

（六）出台双重国籍政策

韩国政府 2008 年 4 月 30 日宣布，为防止韩国优秀人才流向海外并招揽外国高级人才，将有条件地允许拥有双重国籍。对完成兵役或进行一定社会服务活动的韩国公民以及外国的优秀人才许可拥有双重国籍。

关于对外国优秀人才的界定，韩国总统直属的国家竞争力强化委员会从其"引进世界高级人才"的角度制定的标准是：在韩国投资 200 万美元以上或雇用 5 名以上韩国人的外国人才，学历达到博士学位以上并有一定收入的外国人才，在经营、教育、文化、艺术、体育领域有突出贡献的外国人才，在韩国生活两年后允许入籍并拥有双重国籍。

（七）招收国际留学生获得国际人才

韩国 2007 年出台了"留学韩国计划"，计划加强政府、大学和公司之间合作，保证外国留学生毕业后能留下来就业。同时准备成倍增加外国留学生的总数，并将

吸引外国学生的能力作为韩国驻外使节考核的一项重要内容。

三、新加坡的国际人才竞争战略

新加坡各方面的资源都很匮乏，因此决定了对人才资源和智力资源的重视。李光耀指出："在这个时代，所有的发达国家为了增强竞争力，都必须依赖外来移民和人才，而美国之所以能在许多领域居于领先地位，就是因为它广纳人才。"2002年，时任总理的吴作栋发起了"再造新加坡"的计划，他指出"在未来10年，如果我们不从国外引进人才充实我们的人才库，许多我们现在从事的高价值工作将会被转移到其他地方。"并表示说："吸引外国人才，关系到新加坡生死存亡"。

（一）建立国家猎头，有针对性、策略性地引进外籍人才

新加坡在海外设立了8个"联系新加坡"联络处，专门负责海外宣传和招聘联络工作。"联系新加坡"的使命是吸引更多的全球人才在新加坡工作，迅速建立世界范围内的潜在人才数据，并保持长期的跟踪和关注。新加坡还建立了国际资金，资助各国人才来新加坡访问与服务。同时定期举办"新加坡职业博览会"，在全球各大城市巡回展出并现场招聘。新加坡对外通过这些国家猎头部门，进行按需搜才。对内人力部则统一对人才引进进行协调和管理，明确人才需求的重点，对经济发展急需的通信、电子及其他领域的高技术人才和金融领域的专业人才，通常会优先从速引进。为了使需求部门与人力部门的工作能够得到完善协调，新加坡高层还经常举行人力部、贸工部、教育部与经济发展局都参加的人力咨询会议，提高求才引才的针对性与高效性。

（二）放宽外籍人才居留与工作限制

新加坡的成功依赖于吸引外来人才的能力，因为最能吸引人才的国家，经济就会最成功。新加坡是个小国，所以需要从海外吸引艺术、体育或金融业等领域的人才。

2003年11月起，新加坡为更进一步打开吸引人才的大门，还特别设立了商业入境证，凡是有意在新加坡创业的外国人，凭自己的商业计划，都可以申请来新加坡

居留两年，居留期内可以无限次出入境，并能更新居留期限为家属申请居留权。新加坡政府还每年都批准大约 3 万名外国人成为新加坡永久居民，并允许部分外籍专业人士成为新加坡公民。新加坡招收的外国留学生，毕业后只要找到用人单位就可以很快成为永久居民。

（三）实施免税、退税等优惠措施

新加坡的个人所得税税率非常低，目前，新加坡税率为 0%~22%，这为吸引外籍人才提供了优厚的条件。1999 年，新加坡政府在《21 世纪人力报告》中还提出，要用退税等措施吸引外国人才。其所制订的海外工作者纳税人计划税务优惠制度，对外国工作者规定有 5 年的税务优惠期。同时，新加坡政府还进一步通过调低个人所得税、出资为在新加坡工作的外籍人员提供培训机会等手段，进一步吸引外国人才。为了鼓励企业招纳外国优秀人才，新加坡政府规定，企业在招聘、培训外来人才的支出，以及为外来人才提供高薪和住房等福利待遇的支出，可以享受减免税。

（四）营造一个社会开放兼容、政府高效率与廉洁的人才环境

新加坡总理李显龙接受采访时指出：新加坡吸引人才的经验是"必须是开放宽容的社会"。新加坡政府的高效率和高度协助，也是吸引国际人才的重要因素。在新加坡，政府一个月内就可以完成发放个人签证、协助土地取得、银行快速受理贷款等系列程序。

（五）吸引国际知名学校、跨国企业为其培训人才，扶助高科技产业

新加坡政府计划到 2010 年，以知识为基础的工业产出将占到国内总产出的 40%。这个计划因此也倡导大力吸引国外顶尖人才到新加坡从事最新的科技研究。1990 年，新加坡教育经费已经占国民生产总值的 5%；1993 年占政府总开支的 22.3%。

自 2000 年起，新加坡就积极邀请欧洲工商管理学院、芝加哥大学商学院、约翰霍普金斯医学院等来当地设分校与分院，以提高国际知名度并培养高端人才。同时，还可以吸引更多跨国企业到新加坡投资，使企业人员有机会接受专业训练，获得更

多跨国人才。目前，共有 6000 多家跨国公司在新加坡开设了分公司或办事处，有的跨国公司还将地区总部设在这里。这些跨国公司不仅给新加坡带来了大量的外国直接投资，同时也带来了大批优秀人才。新加坡也善于通过招收留学生来补充本地人才资源。为了使高层次留学人才更好地留下来为本国服务，新加坡政府规定，凡是申请公立政府理工学院的国际学生，接受学校录取的同时，可以接受政府助学金（一般是学费减免 80%），但同时需要和新加坡政府签订一份服务协议，即在毕业后留在新加坡工作 3 年。

四、国际人才竞争战略的启示

吸引高层次创新人才是中国政府大力推动的一项重要战略决策。上述国家的国际人才政策制定与实施经验对中国有一定的启示意义。

第一，制定和完善一套明确、灵活且具操作性的、制度化和常态化的引进、使用和管理人才的体系，加强各机构之间的协调。这包括全球范围常规性的公开招聘程序，对高端人才的明确界定，对其资历和成果的审核等。同时，可考虑各部委的资源，设立跨部委的国家级专门性的常设机构及其在海外主要地区的办事处，协调对海外高端创新人才的引进，对政策的实施和成效进行跟踪和评价，并根据实际情况做出政策调整。

第二，将政府和市场的力量有机结合起来。政府提供政策性指导和制度上的帮助，市场对人才认证和适应度提供直接的意见。在政府制定政策和实施过程中，可考虑增加民企参与度。

第三，进一步创造条件，为高端人才解决后顾之忧。

第七章

构建中国开放型经济新体制的架构

本章从中国现实国情出发,初步探索和分析了中国开放型经济新体制的框架体系,提出了"五位一体"的开放型经济新体制建设思路,并逐一进行了论证。

第一节 顶层设计:构建一体化的开放型经济新体制

中国的开放面临的内外部格局已经在发生深刻变化。一方面,美国为首的发达国家正发动新一轮的贸易规则竞争,特朗普提出所谓"公平贸易"对中国施压,试图通过关税施压以减少中美贸易逆差。美国本身也在实施再工业化和能源革命战略,力图恢复美国制造的辉煌并保持消费大国和资源大国地位。另一方面,中国既面临着刘易斯拐点的劳动力红利难以为继的问题,也面临着巨大产能过剩的问题。目前,中国的产能利用率约为70%(钟春平和潘黎,2014),略低于72%~74%的"合意"区间,但是产能过程存在明显的行业差异性。从产业结构来讲,目前的产能过剩主要集中于传统的重化工行业。同时,中国又累积了3万亿美元的庞大的外汇储备。国际环境变化带来重大挑战,国内的深水区改革已经启动,都在深刻地改变着中国的经济社会生态。

一、开放型经济新体制总括：全球再平衡的立体战略框架

首先，在总体上，中国开放经济体制的升级版应该是一个全球再平衡的框架。不是某个单个产业链环节的突破，不是单纯的国际贸易体系的升级，也不是和某个国家之间的关系提升，而是要在全球范围内配置资源和能力。所以，在世界的版图上，要开拓新的合作区域和合作方式。其次，新的开放经济体制应该是一个立体战略框架。自2001年中国加入WTO以来，中国主要是依赖于优质而低廉人力成本能力集聚的势能单向梯度的开放战略。所以，过去谈得比较多的是在全球产业链上的位置的问题。经过十几年的积累，中国仍然保有一定的成本优势，除此之外，我们还增加了两个能力的积蓄：门类齐全的工业产能、较为雄厚的资金能力。从国内看，新增加的两个能力也许是负累，但是，放在全球的能力配置角度来看，却可以成为能力优势、势能高地。新的开放经济体制就是要在全球范围内驾驭这三种能力，全面发力，形成立体的战略框架。

二、开放型经济新体制设计思路："五位一体"框架的逻辑演绎

开放型经济新体制建设依赖于三个能力问题的解决。产能的梯度指向是一个新的问题。结合美国第二次世界大战结束后产能转移的历史经验和中国多年来在非洲等地开发投资的现实经验，产能的转移需要在中国的开放战略版图中新增加"开发平台"的内容。构建类似美国开发署那样的中国的开发署平台，可以更好地推进中国富余产能的梯度转移。当然，投资建设的"走出去"战略仍然发挥作用。更有力的战略是借助新的金融平台，用金融的力量复合投资与开发，更有效地实现产能的梯度转移。

资金能力的全球配置是一个更具有世界意义、更具有长远影响的关键问题。2014年7月15日金砖五国领导人在巴西发表《福塔莱萨宣言》，宣布签署成立金砖国家开发银行协议。这开启了资金能力配置的新纪元。在将来，中国不仅要在现有的国际金融体系中优化配置资金，也将依托金砖国家新开发银行和应急储备基金等构建平行的新国际金融体系。平行的金融体系不仅具有深度促进全球开发战略、转移产能的作用，更重要的是它还具有为新兴经济体金融稳定保驾护航的作用，构成

未来的国际金融体系的重要组成部分。更深远的意义在于,借由金砖国家新开发银行等新的平行金融体系,人民币国际化的途径将会得到很大的扩展。金砖国家新开发银行参与国之间的货币互换协议、形成统一的金砖国家的清结算系统、一篮子货币或者基于特别提款权的货币机制等都可以成为推进人民币国际化的可能途径。

基于成本能力的外贸战略升级。在全球产业链上,中国基本处于制造的环节。这意味着外贸受到"两面夹击"。下游的资源国家,作为供给方提高资源价格。上游的消费者,受惠于竞争,享受着低廉的价格。中国的自然环境条件决定了中国不可能成为下游资源国。而从人均财富以及收入不平等角度来看,中国成为消费国家似乎也不切实际。尽管很多国际国内的学者建议中国要从投资驱动的增长转向消费驱动的增长,认为那样才会持续增长,但这是一种误导性的简单思维,在中国很难取得实效。中国的外贸战略可能在很长的历史时期内都脱离不了制造环节。原有战略的升级,至多就是在制造的细分环节上升级。受制于美国新的贸易竞争策略,中国的外贸战略升级只能将目光投向其他区域。向西发展"丝绸之路经济带";向东南发展"海上丝绸之路";向更远方发展"中拉""中国—中东欧(16+1)"等新的贸易关系;在全球范围内尽量多地汇聚自由贸易协议。

总之,建立中国新的开放经济体制依赖于成本、产能和资金三种能力,与此对应的是建立三个功能平台:实体经济平台、服务"一带一路"建设的基础设施开发平台和新金融体系平台。要维系这三个平台的功能发挥,还需要两个支持性平台:国际人才开发平台和风险防范与管理平台。图7-1体现了我们提出的"五位一体"的新的开放经济体制框架。

图 7-1 "五位一体"的中国开放经济新体制

第二节 打造服务"一带一路"建设的基础设施开发平台

近年来，中国在亚非拉投融资规模增长迅速，但中资企业在亚非拉国家以工程承包为主，其主要原因是没有形成整合中国各方资源、系统性推进企业"走出去"、且能够有效控制风险的投融资模式和机制。可在"一带一路"建设推进过程中，与相关国家合作构建平等合作、互利共赢的新型战略性、系统性、公司化、市场化投融资合作平台——基于政府间合作框架，融入各方优势，整合各方资源，且股本及融资多元化、国际化的"基础设施发展平台"。

平台（platform）意味着"基础"，在其之上，可以建构更多的具体实体。平台的真正功效不是具体完成了什么，而是可以在其上做什么。因此，"可延展性"是平台的主要属性。基础设施开发平台具有重要的基础性战略意义。

一、打造基础设施开发平台的总体思路

1. 设立模式

依据国际法及有关国家公司法，参照中国各级政府设立"城市建设基础设施平台公司"的模式，借鉴中国改革开放以来与欧美发达国家大量建立合资公司的经验，以及中国与新加坡在国家战略层面合资、合作建设苏州工业园区的成功经验，结合亚非拉各国实际，由中资企业以美元或人民币现金投资发起设立，亚非拉国家政府授权企业（机构）以现金或矿产资源入股，欧美企业或机构原则上也可以现金或在当地控制的资源适当参股，本着互利共赢、平等合作的原则，在亚非拉有关国家首都设立"××国家基础设施发展公司"（如坦桑尼亚基础设施发展公司），作为中国与亚非拉国家推进基础设施合作的战略性、公司化、市场化平台。

在具体实施过程中，可考虑根据区域性一体化发展进程需要，由易到难，因地制宜设立三个层级的基础设施发展公司（以非洲为例）。一是可由中非双方的地方政府授权各自有关企业，合资设立"地方级"的基础设施发展公司，负责实施地方性的基础设施项目；二是由中国与非洲单一国家的中央政府推动，授权各自相关企业，合资设立"国家级"的基础设施发展公司，负责推动全国性的基础设施项目建设；

三是由中国与非洲多个国家的中央政府负责，授权各自企业，合资设立区域性（如南部非洲、西部非洲、东部非洲等）的基础设施发展公司，负责推进跨国跨区域的基础设施发展项目。

2. 管理模式

借鉴中国与新加坡合作推进苏州工业园的管理模式，引入多级政府协调机制，从政府层面就资源抵押及授权开发、基础设施规划及委托代建、财税优惠政策、信用增级等难点问题通过协商机制达成共识，并由作为执行层的"基础设施发展公司"同时负责资源开发、基础设施建设、融资及还款等，实现"借、用、管、还"一体化运作。

3. 风控机制

通过将高收益的资源产业与低收益的基础设施建设，整合至公司化的同一法人，并将政府明确抵押给金融机构的资源授权基础设施公司开发后获得还款现金流，从而突破由于政府负债高、偿还能力弱及基础设施项目建设自身周期长、回报低、还款现金流不足导致的融资难瓶颈。

4. 构建中国外储资金直接投资亚非拉基础设施的多种有效机制。除设立丝路基金模式外，还可以探索发挥现有的中投公司的作用等有效方式

可发挥现有的中投公司的作用，进行相关模式构建：第一步，由外汇管理局直接向中投公司注入外储资金，或由财政部向国家外汇管理局定向发债，获得外汇资金后注入中投公司；第二步，由中投公司经尽职调查和风险收益分析通过后，将部分外储资金注入央企或具有一定规模的民营企业（中投公司相应获得央企或民营企业的股权，央企或民企以企业整体收益向中投公司分红），再由央企或民企向"基础设施发展公司"注资并获得其股权，通过此途径解决中国企业海外股本投资的外汇资金来源问题，即中方投入"基础设施发展公司"所需的股本资金来源问题及构建风险控制机制；第三步，中投公司通过两种方式注资国家开发银行等金融机构，主要解决国内金融机构向"基础设施发展公司"提供大额外汇融资的资金来源问题。一是根据国家开发银行的资本金补充需要，直接向国家开发银行注入适量资金（增持股本），再由国家开发银行等金融机构将其用于向"基础设施发展公司"发放贷

款；二是由中资公司委托国家开发银行向亚非拉国家"基础设施发展公司"发放贷款，中投公司直接持有债权、获得相应收益，并向国开行支付管理费，国开行以机构整体信用提供还款保障。

5. 保障机制

通过东盟、非盟等多边机构或有关国家议会以法律法规确认的方式，授权设立公司并授权将有关矿产抵押给中资金融机构，从而避免政党更迭导致的风险。

二、打造基础设施发展平台的可行性及成效分析

中国与亚非拉国家合资，打造"基础设施发展平台"的方案，融合了中国改革开放40年来的多方面成功经验，考虑了政府、企业、银行各方的利益和诉求，发挥了中国与亚非拉国家各自的比较优势，能够实现双方的互利共赢和可持续发展。实施时，可根据不同国家情况邀请欧美企业及世界银行等国际机构参与，以开放型思维整合、调动各方积极性，可望实现有关各方的平等合作、互利共赢。

从中国政府角度分析。该模式一是有利于履行中国作为全球经济大国责任，促进亚非拉国家发展和欧美国家走出危机，加强中国与亚非拉国家友谊，提升中国软实力；二是有利于实现中国外需结构性调整（由欧美日转向亚非拉），促进经济增长，实现资本（外储及人民币）、技术、管理、中低端产能"走出去"，为庞大施工能力、基础设施相关产业制造能力寻找到广阔市场空间；三是有利于拓展外储运用渠道，提高外储收益率；四是有利于加快人民币国际化进程。

从中国企业角度分析。该模式有利于争取项目、锁定资源，发挥各自优势，整合国内资源，避免恶性竞争。

从金融机构角度分析。该模式能够提升对国内外高端客户的影响力，实现在亚非拉国际业务跨越式发展，能够有效控制贷款风险。

从亚非拉国家政府角度分析。该模式能够在不增加其本国债务总额的前提下，解决了基础设施建设严重滞后的问题，有利于未来经济腾飞；通过合资设立基础设施建设发展公司，引入中国的规划能力、资金实力、先进设计施工技术和管理经验，有利于提高其自身造血能力，使其潜在的资源优势转化为现实的发展能力；有望增

加大量就业机会，促进政局稳定。

三、需解决的问题及对策

构建上述战略性、公司化投融资平台公司，从决策层面和操作层面看，还需要高度重视和着力解决若干问题。

1. 战略决策问题

促进亚非拉国家基础设施，构建新型投融资模式，推进战略性、公司化实施平台建设，能够有力地推进中国"走出去"战略、海外市场开拓战略、资源与能源战略、对外援助战略，有利于拓展外储运用渠道和人民币国际化，能够战略性、系统性地化解当前及中长期制约中国发展的多方面矛盾，对打造中国经济升级版，实现中国新一轮改革开放意义重大，但也涉及内外部多个方面的组织协调工作。建议将此项工作纳入国家相关战略，并纳入相关高层协调机构。

2. 外部协调问题

平台公司的构建及运作，需要非洲有关国际组织及非洲有关国家政府的深度介入，并成立专门委员会协调有关事宜，政府因素较为突出，而非洲部分国家政治局势动荡，方案实施周期长，面临的政治风险较大。应对策略：一是优先政局稳定、与中国关系良好、发展愿意强烈、资源较丰富（如安哥拉、南非、坦桑尼亚、埃塞俄比亚等）作为合作试点对象，先试点产生示范效应再推广；二是建议由外交部、商务部等政府部门出面，加强与非盟及非洲次区域组织的合作和联系，从外部环境对某一国家的履约形成压力，改善其信用环境。

3. 内部协调问题

设立国际性合资投融资平台公司，涉及国内跨行业大型企业之间的合作，需要考虑各合作方的利益平衡，各投资方的协调和磨合，达成一致意向并签署合作协议需要一定的过程。

4. 法律、会计问题

与亚非拉国家合资成立基础设施发展公司，面临不同的法律、会计环境，可以预见将遇到多方面的会计、法律问题，需要通过多次沟通、协调解决。建议由有关企业、金融机构聘请熟悉国际法及亚非拉国家法律、会计制度方面的专家，并通过按照现代企业制度，组成董事会、监事会，引入第三方审计机构等加以解决。

第三节　完善金融平台

现有世界体系中最具世界性的金融平台是美、欧主导的世界银行（World Bank）和国际货币基金组织（International Monetary Fund）。下一个层次的是区域性的跨国合作金融平台，典型的是区域性的开发银行，如美洲开发银行、亚洲开发银行等。

现有的世界性金融平台体系存在很大局限性。世界银行和国际货币基金组织的贷款获得有着严苛的条件，要符合所谓"华盛顿共识"的要求：减少政府支出、彻底的私有化、高透明度、包括贸易与货币在内的经济自由化、高度放松监管、政府干预最小化等。其基本的逻辑是："只有满足了这些要求，才是正宗的市场经济，因而项目的风险才可接受。言下之意是，不满足这些条件的'非市场'经济一定是高风险的。"——这显然是荒唐的。不同的国家有不同的历史、文化、政治和习惯的延续并持续地受到这些因素的影响，所以，不可能所有国家的最佳发展路径都是一样的。特别是文化基因的不同，是更为底层的作用因素，仅这个因素就可以决定发展模式的多样性。这也是当前整个经济学研究的前沿领域中，文化的影响开始得到很大关注的重要原因。历史事实也证明，附加于世界银行、国家货币基金组织贷款的"华盛顿共识"条款，给很多国家带来的是灾难，而不是福音。拉美在 20 世纪 90 年代出现短暂的经济增长之后陷入了更大的衰退；原苏东地区、俄罗斯实现"转型"的 10 年里经济大幅度下滑，1989 年俄罗斯的 GDP 是中国的 2 倍，10 年后却只有中国的 1/3；1997 年，印度尼西亚接受国际货币基金组织的干预，却出现了历史上最严重的衰退，幅度达到 12.8%。在事实面前，连美欧阵营中人，也不得不承认失败。2009 年在 G20 峰会上，当时的英国首相戈登就宣布"华盛顿共识"的终结。当然，美欧主导的世界金融平台体系并不会因为这个宣称就此完结。

在2008年美国金融危机以及2010年开始的欧洲债务危机的大历史背景下，整个世界对美国主导的世界经济金融体系开始深刻怀疑、认真反思。以中国为主要代表的新兴世界力量，面对这样的历史机遇，应该着手构建一个平行世界体系。在这个体系中，金融平台起着先导、连接、支撑和持续推动的作用。而且这个平台自身也将不断地演化，并最终有可能形成新兴世界极为有力的后盾。

本节将首先回顾在现行世界体系下两个典型区域性开发银行的经验，然后讨论平行体系中新的金融平台（主要是金砖国家开发银行、应急储备体系）的建设以及中国的战略。

一、美洲开发银行、亚洲开发银行经验

美洲开发银行（Inter-American Development Bank，以下简称IADB），于1959年成立，旨在集中各成员国的力量，对拉丁美洲国家的经济、社会发展计划提供资金和技术援助。IADB成员国有48个，其中28个美洲国家、16个欧洲国家和4个亚洲国家。

亚洲开发银行（Asian Development Bank，以下简称ADB或亚行）成立于1966年，是国际性的开发性金融机构，致力于帮助亚太地区脱离贫困。ADB目前的成员体有67个国家，包括48个亚太本区域成员国和19个非本区域成员国。

（一）矩阵式组织架构与多类型合作伙伴

理事会是开发银行的最高权力机构，由各成员国委派理事组成。理事会领导设立执行董事会，作为其常设执行机构。开发银行行长兼任董事会主席，以行长和副行长为代表的管理层在执行董事会领导下主持日常工作。开发银行在各成员国及部分非成员国设有分支机构（办事处），如图7-2所示。

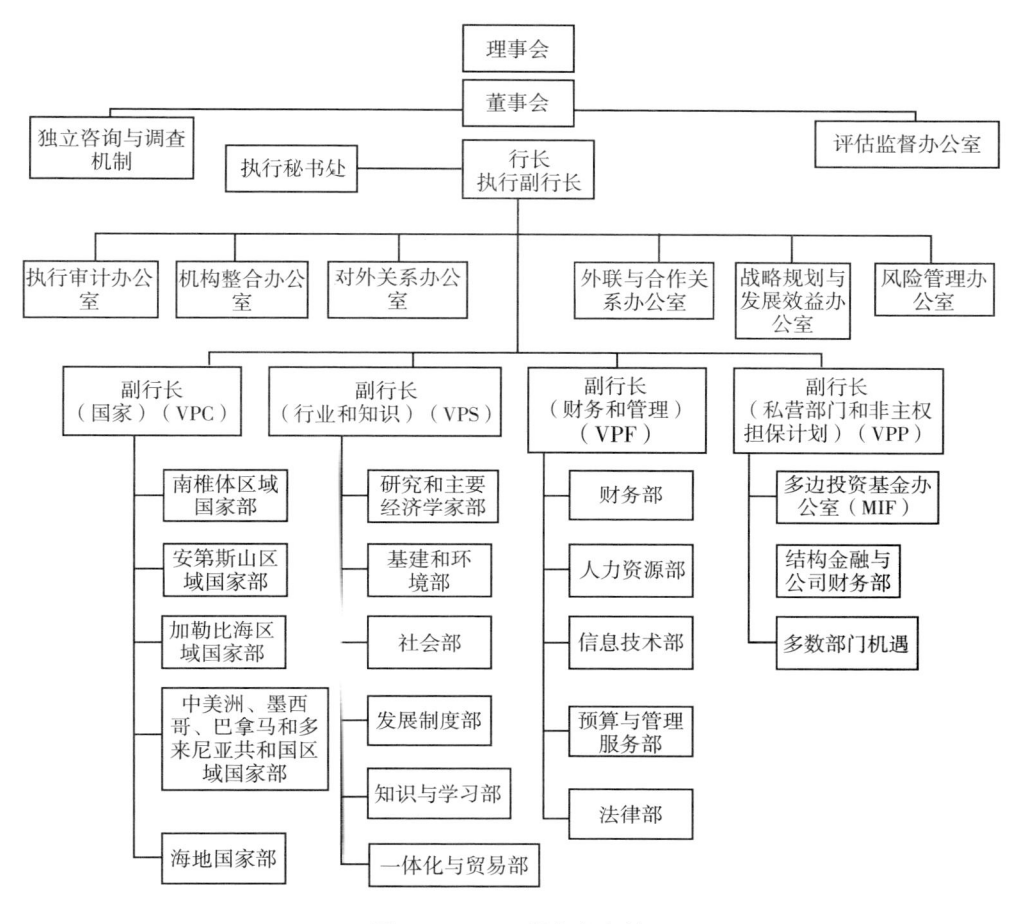

图 7-2 IADB 的组织架构

IADB 的组织架构呈矩阵式，其中以国家部门（Country Department）和行业部门的设置最为典型。IADB 行长下设 1 名执行副行长和 4 名副行长，分管不同的职能。除此之外，IADB 集团还包括两个投资机构：美洲投资公司（Inter-American Investment Corporation，简称 IIC），于 1989 年成立，主要服务于不易获得优惠条件贷款的中小企业；多边投资基金（Multilateral Investment Fund，简称 MIF），1993 年成立，主要目的是促进私人产业的发展，为私人产业创造更好的投资环境。

ADB 具有与之相似的组织结构。根据《亚洲宪章》，ADB 的一切决策权归为亚洲开发银行理事会，由理事会授权给董事会执行。理事会选举产生董事会的 12 名董事，其中 8 名由亚太地区的成员国选举产生，另外 4 名由非亚太地区成员国选举产生。除行长之外，ADB 管理层包括 6 名副行长和一名管理总干事，6 名副行长按其职责分管地区业务、私营部门和联合融资业务、知识管理、可持续发展、财务、行政等事务。ADB 的组织架构如图 7-3 所示。

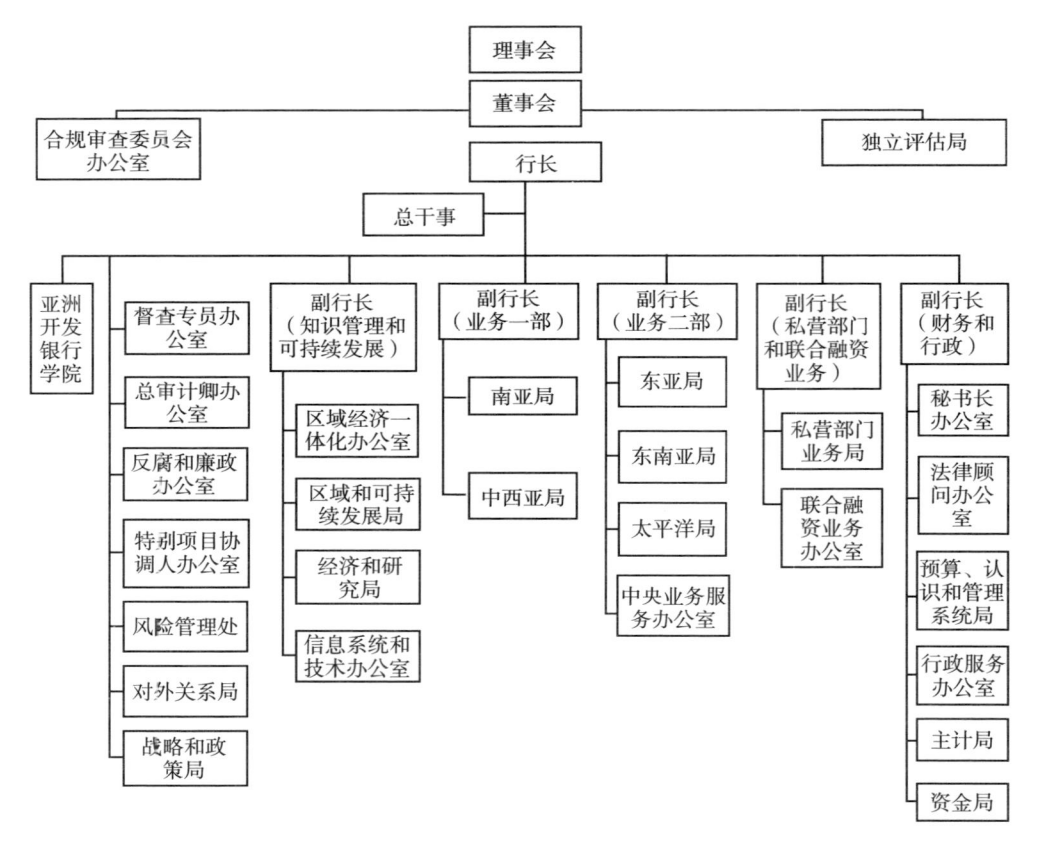

图 7-3 ADB 的组织架构

开发银行与多种类型的机构组织结成合作伙伴关系，实现共同目标或任务。以 ADB 为例。ADB 与各国际开发机构、多边及双边机构、私营部门、非政府组织、民间社会组织和基金建立战略伙伴关系，以应对亚太地区的风险和挑战。ADB 的战略伙伴关系如图 7-4 所示。

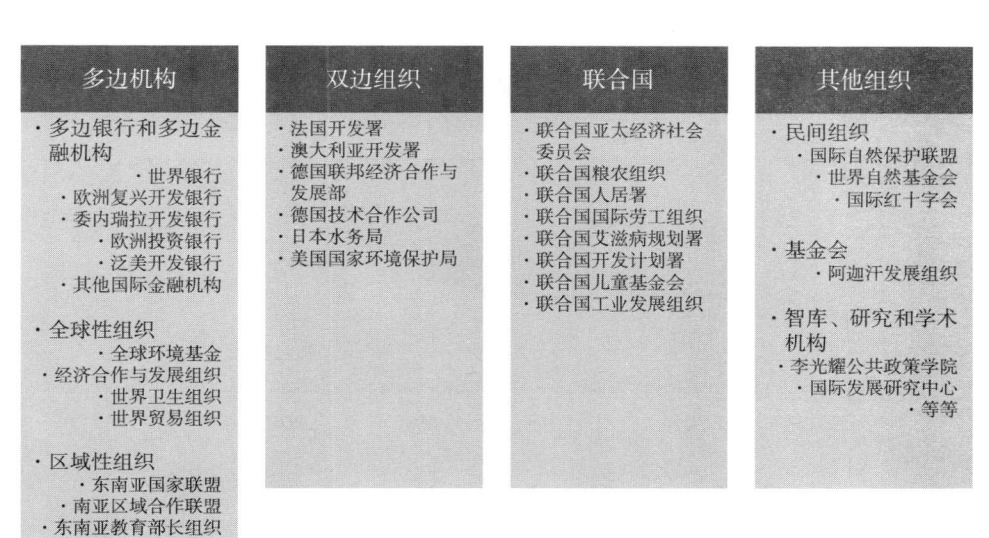

多边机构	双边组织	联合国	其他组织
·多边银行和多边金融机构 　·世界银行 　·欧洲复兴开发银行 　·委内瑞拉开发银行 　·欧洲投资银行 　·泛美开发银行 　·其他国际金融机构 ·全球性组织 　·全球环境基金 ·经济合作与发展组织 　·世界卫生组织 　·世界贸易组织 ·区域性组织 　·东南亚国家联盟 　·南亚区域合作联盟 　·东南亚教育部长组织	·法国开发署 ·澳大利亚开发署 ·德国联邦经济合作与发展部 ·德国技术合作公司 ·日本水务局 ·美国国家环境保护局	·联合国亚太经济社会委员会 ·联合国粮农组织 ·联合国人居署 ·联合国国际劳工组织 ·联合国艾滋病规划署 ·联合国开发计划署 ·联合国儿童基金会 ·联合国工业发展组织	·民间组织 　·国际自然保护联盟 　·世界自然基金会 　·国际红十字会 ·基金会 　·阿迦汗发展组织 ·智库、研究和学术机构 　·李光耀公共政策学院 　·国际发展研究中心 　·等等

图 7-4 ADB 的战略伙伴关系

（二）资金来源、援助方式及援助项目分布

区域性开发银行资金来源一般有：①成员国认购股本；②发达国家成员国提供；③在世界金融市场和有关国家发放债券；④运营的基金。援助方式主要有提供贷款、赠款、为各种开发计划和项目提供技术合作等。

以 ADB 为例。资金来源包括普通资本金（Ordinary Capital Resources，简称 OCR）、专项基金（Special Fund）、联合融资（Co-Financing）及信托基金（Trust Fund）等。普通资本金是亚行开展业务活动的主要资金来源，由实收股本、留存收益以及在国际资本市场上发行债券等构成。专项基金中亚洲发展基金（Asian Development Fund，简称 ADF）占绝大部分。ADF 由亚行各成员体提供基金支持，提供赠款和低利率贷款，用于帮助亚行最贫困的借款成员减少贫困。

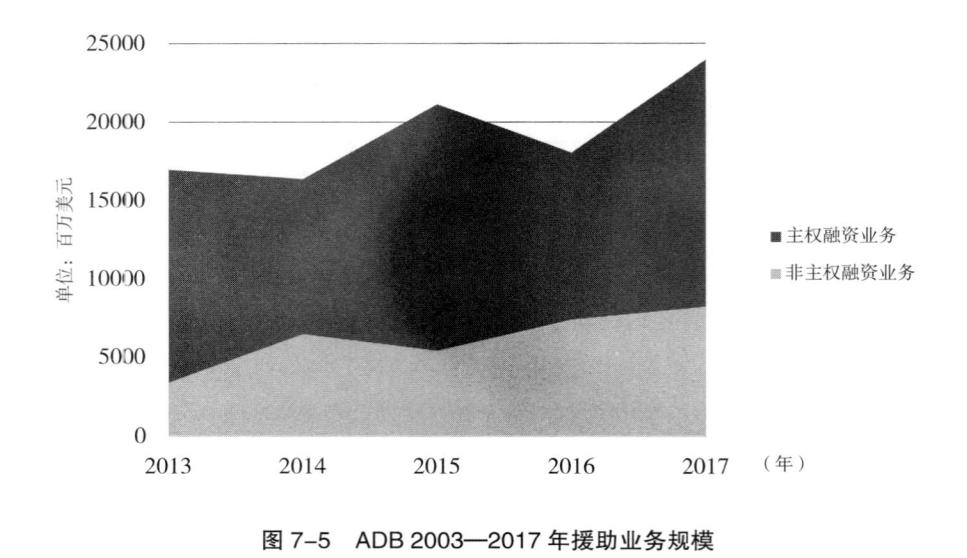

图 7-5　ADB 2003—2017 年援助业务规模

亚行对多个行业或特定主题的项目进行资助，2017 年 ADB 资助金额为 322.22 亿美元。亚行的主要援助业务分为公共部门（主权）融资和私营部门（非主权）融资业务，其主要援助方式包括贷款、赠款及其他（loan, grants and others）、技术援助（technical assistance）和联合融资（co-financing）等。图 7-5 展示了 ADB 近几年的业务规模发展情况，图 7-6 列出了各年的援助方式及占比。

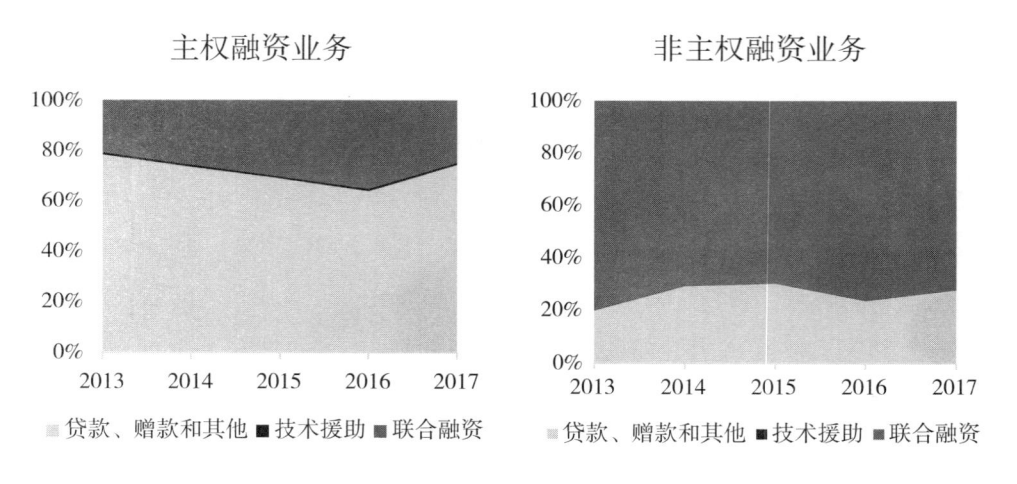

图 7-6　ADB 2013—2017 年的援助方式及占比

按援助地区划分，2017年ADB资助规模最大的地区在南亚（67.61亿美元），其次为中西亚（57.19亿美元）和东南亚（40.39亿美元）。见图7-7。

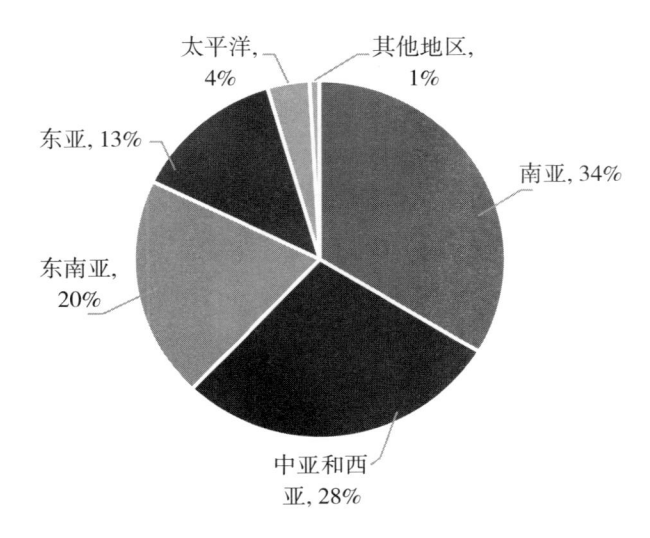

图7-7　ADB 2017年的援助地区分布

按援助行业划分，2017年ADB资助规模最大的行业是能源（62.56亿美元），其次为运输（53.85亿美元）和金融部门（27.61亿美元）。见图7-8。

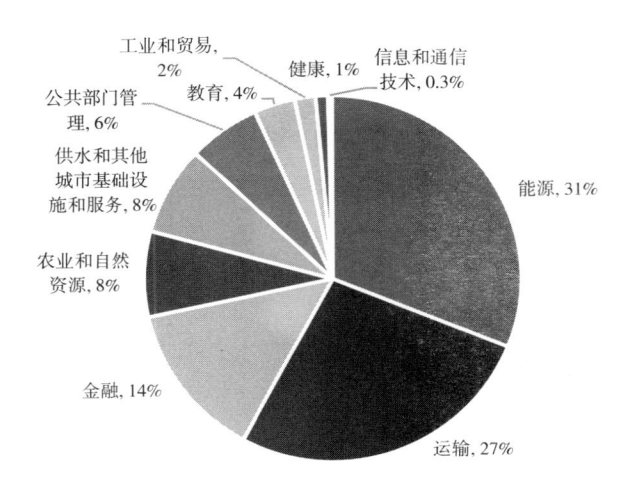

图7-8　ADB 2017年的援助行业分布

（三）战略目标导向型的多层次目标评价体系

区域性开发银行通常制订长期与短期发展战略，在战略指导下建立多层次目标评价体系对战略目标实施情况进行追踪、评价。多层次目标评价体系将发展目标进行分类，采用不同的指标构建完整的评价体系。

成果框架结构	评价指标
层次1：地区发展目标	23个评价指标（地区发展总体评价） 5个评测重点：公平与效率社会政策；竞争和社会福利基础设施建设；增长和社会福利体系；竞争性区域与全球整合；环境保护、气候变化、可持续能源及食品安全
层次2：IDB对地区发展成果的贡献	27个评价指标（IDB的贡献部分） 5个评测重点：公平与效率社会政策；竞争和社会福利基础设施建设；增长和社会福利体系；竞争性区域与全球整合；环境保护、气候变化、可持续能源及食品安全
层次3：贷款项目	4个评价指标
层次4：经营效益和效率	30个评价指标 评测方面：国家战略效益；贷款效益；技术合作效益；合作伙伴满意度效益；效率；人力资源

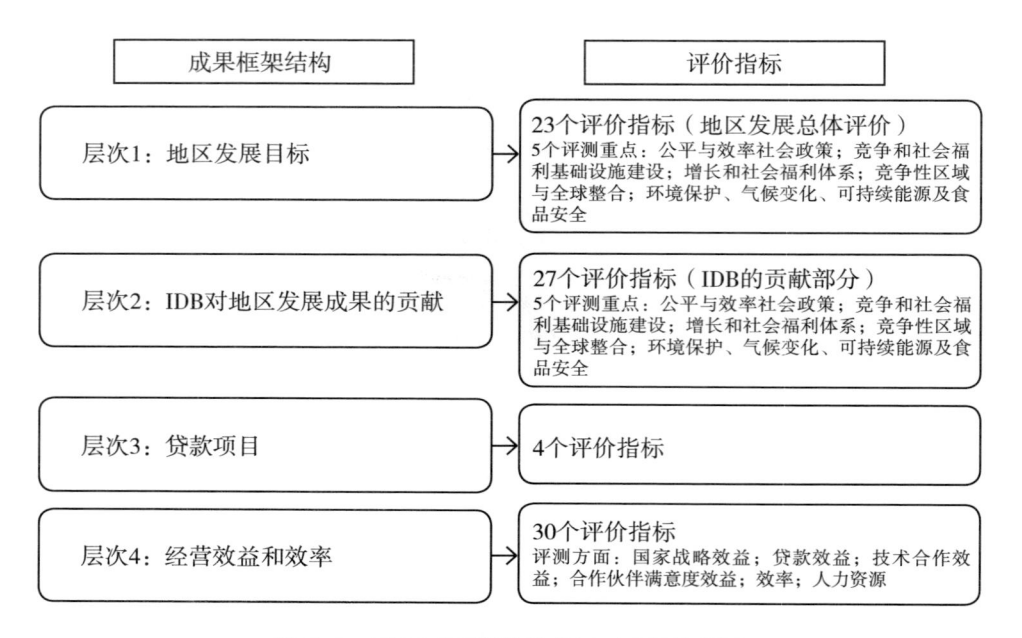

图7-9　IADB成果框架结构及对应评价指标

IADB根据《第九次普遍增资决议》，制订了2012—2015年间五大行业优先发展目标（sector priorities），包括：①公平与效率社会政策；②竞争和社会福利基础设施建设；③增长和社会福利体系；④竞争性区域与全球整合；⑤环境保护、气候变化、可持续能源及食品安全。

在目标指导下采用企业成果框架（Corporate Results Framework，简称CFR）对其工作效果进行评价，并通过《发展成效检查年度报告》对其实施情况加以监督。由于区域经济发展的复杂性，IADB多层次目标体系分为四层，成果框架结构及对应评价指标如图7-9所示。

ADB的战略目标导向型——多层次目标评价体系与IADB类似，只在目标分类上有所区别。ADB 以《2020 战略：2008—2020 亚洲开发银行长期战略框架》（以下称《2020 战略》）（2008 年 4 月通过）作为全行战略框架，指导亚行直到 2020 年的业务。ADB 调整后的新成果框架于 2013 年修订完成并运用，作为 2013—2016 年的项目评价体系。新成果框架包含了 89 个评价指标，分成两大部分共 4 层结构。ADB 成果框架结构及对应评价指标如图 7–10 所示。

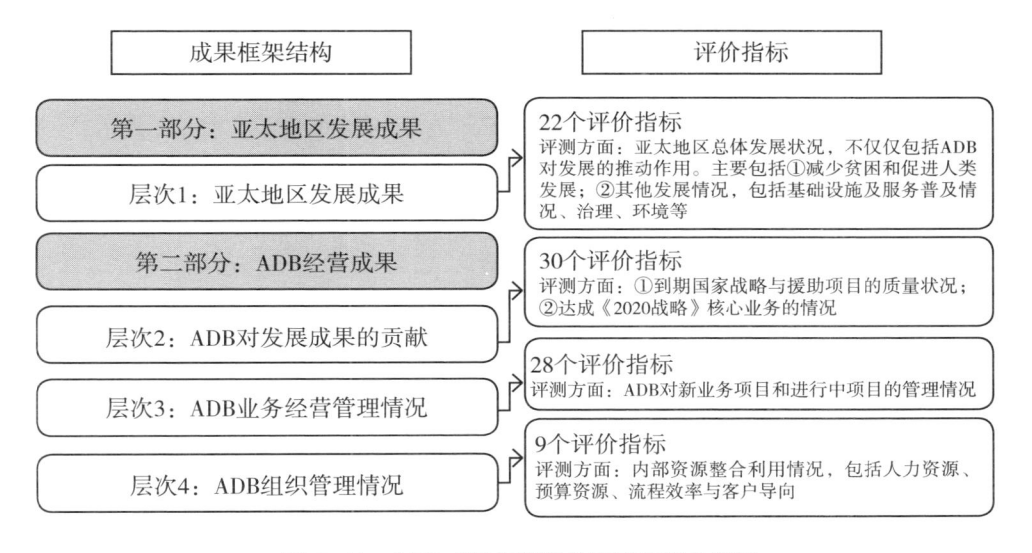

成果框架结构	评价指标
第一部分：亚太地区发展成果	22 个评价指标 评测方面：亚太地区总体发展状况，不仅仅包括 ADB 对发展的推动作用。主要包括①减少贫困和促进人类发展；②其他发展情况，包括基础设施及服务普及情况、治理、环境等
层次 1：亚太地区发展成果	
第二部分：ADB 经营成果	30 个评价指标 评测方面：①到期国家战略与援助项目的质量状况；②达成《2020 战略》核心业务的情况
层次 2：ADB 对发展成果的贡献	
层次 3：ADB 业务经营管理情况	28 个评价指标 评测方面：ADB 对新业务项目和进行中项目的管理情况
层次 4：ADB 组织管理情况	9 个评价指标 评测方面：内部资源整合利用情况，包括人力资源、预算资源、流程效率与客户导向

图 7–10　ADB 成果框架结构及对应评价指标

ADB 新成果框架以目标值为基准，对每个实际监测到的指标评定完成情况，分"好""中""差"三个等级。此外，采用"标准解释数据（Standard Explanatory data）"对执行的实际情况进行系统评价。

（四）典型援助项目及其成效

第一，中西亚地区。为促进节能减排及环境可持续发展，ADB 于 2013 年在中西亚地区通过了 8 个资助项目。其中在乌兹别克斯坦 3 个项目，分别为：①在撒马尔罕州投资 1.1 亿美元建设 100 兆瓦特太阳能工厂，将促进可再生能源发电；②在费尔干纳州，为供水系统和卫生服务项目提供 4200 万美元，确保建立安全、可持续的污水排放系统；③在乌兹别克共和国首都塔什干，为固体垃圾处理项目提供 6900

万美元融资，改善其垃圾处理治理。这些项目可以体现 ADB 在为亚太地区各项目提供融资贷款时所强调的"环境可持续发展"原则（The principles of environmental sustainability）。此外，在 2006 年通过并开始实施的卡什卡达里亚州、纳沃伊州、布哈拉州土地改善工程，已经显著减少土壤盐渍度，并通过土地修复和排水系统提高了土地生产力。

第二，东亚地区。ADB 在 2013 年为中国提供了 15.4 亿美元的贷款援助，资助的 12 个项目分属四个领域：自然资源和农业、能源、运输、城镇和社会部门。ADB 的联合融资者包括中国进出口银行（the export-Import Bank of China）（7558 万美元）、中国核电公司（China General nuclear power Corporation）（9668 万美元）和全球环境基金（Global environment Facility）（365 万美元）。运输项目旨在加强省内省际、城乡之间的联系，并为道路维护提供支持。ADB 的援助项目还包括引导建立气候友好型公共运输系统，减少城乡差距以及建立健全的自然资源治理机制。城市基础设施项目和技术职业教育培训，为流动性劳动力创造就业岗位，体现了共享型经济发展理念。

二、中国参与跨区域与全球性金融平台构建的若干建议

区域性乃至全球性的金融平台是中国融入、参与、平衡国际治理直至作为主导者之一的前导性途径、主体渠道，也是最终依赖的强力保障。金融平台的构建、延展和发挥实质性作用，终极的依赖是国家综合实力。金融平台的建设必定是一个艰难崎岖的长期过程，其难度并不亚于打一场战争。

总体上，对中国金融平台建设的建议可以概括为：利用好现有的"大""小"平台；果断但须稳健地推进平行体系中新平台的构建，并在不断的试错、博弈、合作、相互融入中逐渐成为主导者。

（一）提升在"大"平台中的国际地位，增加"小"平台的合作深度

利用好"大"平台就是仍然要沿着提高发展中国家在世界银行和 IMF 中的投票权的思路，努力提升中国在现有世界体系中的话语权和谈判地位。

利用好"小"平台，主要是指中国在已参与的区域性发展银行（如亚洲开发

银行）中要发挥更大的作用，利用现有的小平台，将一部分过剩产能转移出去。同时，对于拟将建设的区域性金融平台，如亚洲基础设施投资银行（Asian Infrastructure Investment Bank），同样要以有担当、负责任的大国角色稳步推进。从宏观经济背景来看，亚洲的绝大多数国家正处于工业化、城市化快速推进的进程中，工业化和城市化的前提条件就是基础设施建设要加快。工业化、城市化进程产生的巨大的资金需求，为亚洲基础设施投资银行的建立提供契机。中国提倡筹建亚洲基础设施投资银行，作为政府间性质的亚洲区域多边开发机构，是补充当前亚洲开发银行在亚太地区的投融资与国际援助职能。在业务领域，与现有多边开发银行的业务领域有不同侧重点。世界银行、亚洲开发银行等现有机构侧重于减贫，亚洲基础设施投资银行侧重于基础设施及其相关服务领域。在合作伙伴关系上，推动亚洲基础设施投资银行与现有区域性开发银行合作，相互补充、和谐发展，共同促进亚洲经济持续稳定发展。

（二）稳步推进平行体系中新金融平台的战略部署和体系构建

"平行体系新平台"主要是指金砖国家新开发银行（New Development Bank）及金砖国家应急储备基金。金砖国家新开发银行的概念于 2012 年提出，在 2013 年第五次金砖国家领导人峰会上决定建立，经 7 轮谈判于 2014 年 7 月 16 日，金砖五国（中国、印度、俄罗斯、南非、巴西）发布联合公报，宣布成立金砖国家新开发银行。金砖国家新开发银行及金砖国家应急储备基金的一些已确定的细节包括：总部落地在上海，而行长在金砖国家中轮流产生，印度将提名第一位银行行长，首任理事会主席由俄罗斯提名，首任董事会主席由巴西提名，同时在南非约翰内卢斯堡设立首个区域办公室。金砖国家开发银行核定资本为 1000 亿美元，初始认缴资金为 500 亿美元，由每个国家均摊。而应急储备基金 1000 亿美元，中国将出资 410 亿美元，南非 50 亿美元，其他三国各出资 180 亿美元。金砖国家新开发银行着眼于长期发展融资，为金砖国家及其他新兴市场和发展中国家的基础设施建设和可持续发展提供资金支持。金砖应急储备安排着眼于金融稳定，在成员国面临国际收支压力时提供短期流动性支持。金砖开发银行在正式成立后各成员要实际缴纳一定比例的股本，用于日常运作；而金砖应急储备安排仅是出资承诺，只有在有关国家提出申请并满足一定条件时才通过货币互换提供资金。

1. 利用金砖开发银行促进资金全球配置效率的提升

从全球资源配置的角度来看，金砖开发银行首先要解决的主要矛盾是新兴市场经济资金与本身开发之间的错配问题。众多的发展中国家和新兴市场国家基础设施建设仍处于落后的状态。即使在金砖五国中，印度、巴西的基础设施不健全、落后的问题，事实上已经成为制约它们继续发展的严重障碍，更不用说非洲的一些发展中国家了。仅仅依靠现有的世界经济金融体系很难满足发展中国家和新兴市场经济完善基础设施建设的要求。原因主要有两个。第一，在资金的数量上不足。目前，全球基础设施建设的投资需求量大约为每年1万亿美元。世界银行等全球性金融平台能够提供600亿美元的资金；私营部门的投入总和大约为1500亿美元。也就是说，每年仅仅有1/5的全球基础设施建设的投资要求得到满足，有约8000亿美元的缺口。第二，"华盛顿共识"条件的严苛，使得很多国家的项目很难得到世界银行等全球性金融平台的资金。

与此同时，新兴市场经济又积累了大量的外汇储备。金砖五国的国际储备就已经占到了全球的一半以上。这些国际储备，在现有的世界金融体系，大量地涌入美国，购买美国国债，驱使美国国债收益率边际减少。也就是说，新兴市场的巨额外汇储备实际上就以很低的价格借给美国。矫正这个资金配置扭曲的最简单办法就是新兴市场依托于自己的巨额外汇储备（经常项目盈余）给新兴市场与发展中国家的基础设施投资缺口融资。在理论上，只要新兴市场与发展中国家的基础设施投资的收益率高于美国国债，全球资源配置的效率就得到了提高。

2. 发挥金砖国家新开发银行推进中国国际化战略的载体功能

对中国而言，可借助金砖国家新开发银行达到的利益目标包括：①包容性发展、责任共担、持续发展的中国理念将会得到更多国家的认同，对中国的软实力、国际影响、世界地位的提高都有很大的帮助。②借助于金砖国家新开发银行在全球地域分布上的广泛性，中国有机会获得更大的海外市场，同时将富余的生产能力转移出去。③借由金砖国家新开发银行推进人民币国际化进程。

金砖国家新开发银行在中长期上看，一个重要的战略性意义在于建立金砖国家的国际贸易结算和清算中心。对中国而言，金砖国家新开发银行短期的重要战略意义在于转移富余生产能力。但是，在中长期的视野中，金砖国家新开发银行不会仅仅局限于开发性金融，还有潜力演化成更重要的全球性金融基础设施。目前，金砖国家都没有自己的独立的结算系统，清结算必须要通过美国。在金砖国家新开发银行的基础上发展出金砖国家之间的独立于美国的清结算系统可以很大程度上减少金砖国家之间的贸易对美元的依赖，降低各国贸易的成本。一旦这个独立的清结算系统建立起来，无论金砖国家新开发银行是采用基于特别提款权（SDR）、五国货币一篮子货币，还是以其中一国货币作为媒介，对推进人民币国际化进程都会有巨大的实质性帮助。

第四节 拓展实体经济平台：对外投资、工程承包、国际合作等协调平台

世界经济的发展需要依靠实体经济。实体经济平台，是要打造对外投资与经济合作的平台。这个过程是双向的。从我国的对外经济发展过程来看，对外投资与经济合作平台主要包括境外投资、对外承包工程和对外劳务合作，以及相应的配套性辅助平台。

一、日本对外投资合作发展经验

日本对外投资是通过日本跨国企业的全球化经营模式实现的。日本企业走向国际化的发展规律是：从出口贸易到海外生产再到海外研发。历史数据显示，从20世纪60年代到21世纪初，日本对外直接投资与其国内经济发展的各个阶段，以及产业结构的调整升级密切相关，每个阶段的对外投资目的、投资地区、投资方式都有不同侧重点。

对外投资区域以亚洲、北美洲、欧洲三大地区为主，并由发达市场向新兴市场发展，近两年尤其向东盟国家投资呈加速趋势（见图7-11）。日本企业对外投资与世界贸易重点地区密切相关。

日本对外直接投资产业与国内产业升级密切相关，从20世纪60年代开始，经历了从自然资源开发，向制造业的劳动密集型产业投资转移，再到以资本和知识密集型产业为主导的投资转变。日本财务省（Ministry of Finance，简称MOF）公布的

数据显示，日本对外直接投资由制造业向非制造业发展。在海外投资制造业的同时，日本在非制造业领域尤其是金融保险服务、通信业、运输服务及其他服务业的投资日益增长。（见图7-12）。

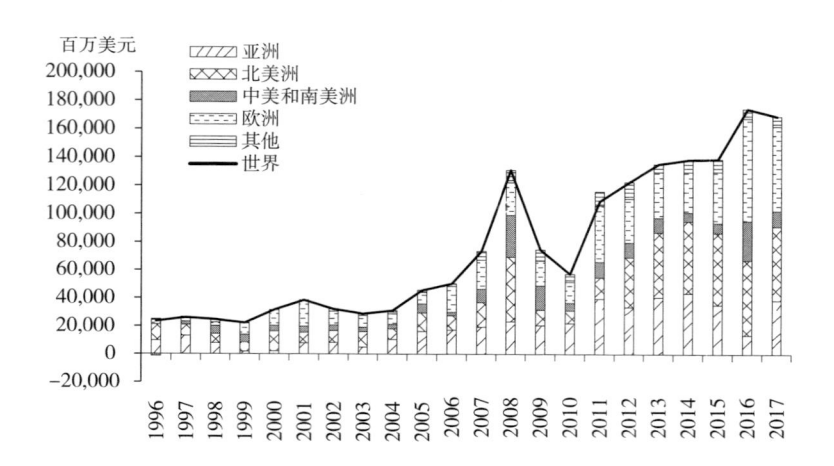

图7-11　日本对外直接投资地区分布

资料来源：JETRO, Japanese Trade and Investment Statistics

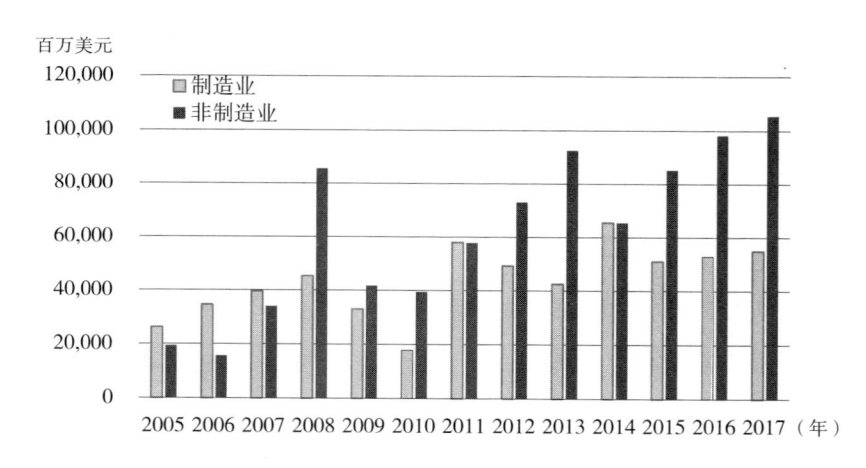

图7-12　2005—2017年日本对外直接投资行业发展情况（单位：百万美元）

数据来源：JETRO, Japanese Trade and Investment Statistics

对外投资方式变化，跨境并购（Cross-Border M&A）日益成为重要的投资方式。

2003年以来,日本对外投资跨国并购数量和并购金额呈逐年增长态势。相对于跨境并购,绿地投资(Greenfield Investment)方式需要大量的筹建工作,缺乏灵活性,对跨国公司的资金实力、经营经验等有较高要求。(见图7-13)。

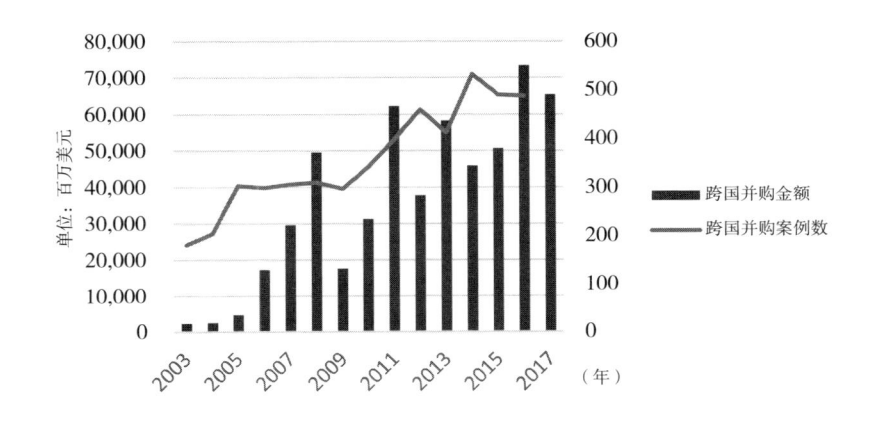

图7-13　2003—2017年日本对外直接投资跨国并购情况

资料来源：wind

对外投资企业发展特点。大型跨国公司集诸多功能于一体,是日本对外投资的主体。作为对外投资主体的组成部分,中小企业发展受到重视,表现出较大的海外增长潜力和优势。中小企业寻找合作者,利用已有技术进行生产可以提高效率,例如,投资美国的中小企业在人事和销售上聘用当地人,充分利用地点优势(Site Capacity)。中小企业的另一特点是具有灵活性,具有快速决策、创造利基市场的优势(Niche Markets)。日本跨国公司与中小企业联合或合作,为中小企业进行海外直接投资提供全方位服务,利用跨国公司交易、金融、信息等优势,对中小企业参与对外投资进行带动和协调。

对外投资的协调机制健全完整。主要表现在三个方面。一是政府与跨国公司形成长期协作机制,政府依据法律制定和规划,对对外经济活动进行协调,在市场机制起调节作用的基础上发挥一定的指导和支持作用。二是建立具有不同协调功能的中间组织,如审议会、行业组织、正式或非正式研究会、恳谈会等,实现政府与企业的沟通。日本审议会是调查、审议政府某些行政事项的咨询机构；行业组织担任协调政府与企业之间关系的重要角色，通常发挥协调作用的方式包括发布行业信息、制定行业技术标准、组织技术研发、向中小企业提供咨询服务、参与解决国际贸易争端，代表性组织有经团联、日经联、日本商工会议等。三是大型跨国企业发挥对外投资的领军作用。日本产业组织中大企业集团占主要地位，不同产业、不同规模的企业之间能够形成密切合作的企业联盟。在对外投资中跨国公司与中小企业进行联合或合作，为中小企业进行海外直接投资提供服务，发挥整合海外产业链的作用。

除此之外，政府为推动企业对外投资制定了支持性政策。例如，日本贸易振兴机构（Japan External Trade Organization，简称 JETRO）为中小企业海外发展提供服务和支持，在咨询和信息提供、提供商业见面会这两项服务类别共 15 项服务中，共有 8 项服务由中小企业专享，其中 5 项为免费服务，包括海外出口协调员服务、日本产品新市场发展项目、海外扩张的联营支持等（见表 7–1）。

表 7–1 JETRO 对个人企业海外扩张的支持

咨询 / 信息提供	海外出口协调员服务	免费
	日本产品新市场发展项目	免费
	海外扩张的联营支持	免费
	中小企业新兴市场投资的专家服务	免费
	SME 海外扩张平台（海外服务提供）	免费
商业见面会提供	商务支持中心	收费
	贸易交易会和展销会参与支持	收费
	亚洲旅游项目	收费

资料来源：JETRO Global Trade and Investment Report 2017.

二、我国对外投资与经济合作发展

1. 我国对外投资与经济合作已形成基本框架

中国加入世界贸易组织（WTO）以来，中国企业积极参与国际竞争与合作。中国对外投资与经济合作已从政府部门设置、规章制度、参与主体等方面形成了基本框架（见图7-14）。

为给中国企业积极"走出去"提供良好的制度环境，中国商务部、工业和信息化部、自然资源部、农业农村部、中国人民银行、国有资产监督管理委员会、国家税务总局、国家外汇管理局等相关部门，相继出台了一系列制度规章，不断完善政策体系。例如，国务院发布实施的综合性长期规划《工业转型升级规划（2011—2015年）》提出了加快实施"走出去"战略，从国家战略规划高度对对外经济合作提出要求。

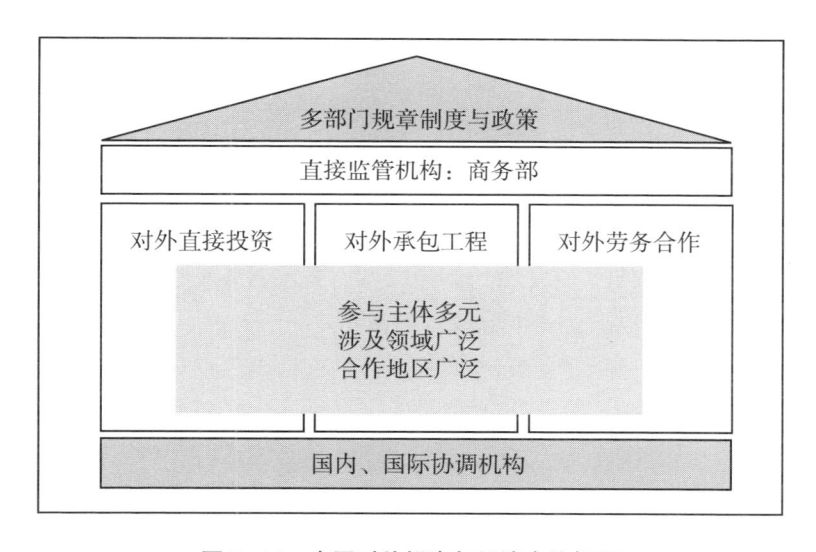

图7-14 中国对外投资与经济合作框架

作为对外经济的直接指导和监管部门，商务部对外投资和经济合作司的主要职能包括组织协调实施"走出去"战略，"指导和管理对外投资、境外加工贸易和研发、境外资源合作、对外承包工程和对外劳务合作等对外投资和经济合作业务"等内容。商务部发布《境外投资管理办法》（2009年）、《对外承包工程管理条例》（2008年）、《对外劳务合作管理条例》（2012年）等一系列相关的规定性文件，分别对对外投资、对外承包工程、对外劳务合作的经营活动明确了责任和要求。

我国对外投资与经济合作逐渐发展并形成以对外直接投资、对外承包工程、对外劳务合作三个领域为主的经济合作模式。

2. 我国对外投资及经济合作规模不断增长

我国对外直接投资规模不断增长。2017年，中国境内投资者共对全球174个国家和地区的6236家境外企业进行了直接投资。联合国贸发会议《2018年世界投资报告》显示，2017年全球外国直接投资流出量1.43万亿美元，年末存量为30.84万亿美元，中国对外直接投资分别占全球当年流量、存量的8.7%和2.9%。（见表7-2）。

表7-2 2013—2017年中国对外直接投资流量和存量

年份	2013年	2014年	2015年	2016年	2017年
对外直接投资流量	1078.4	1231.2	1456.7	1961.5	1582.9
对外直接投资存量	6604.8	8826.4	10978.6	13573.9	18090.4

数据来源：中国对外直接投资统计公报2017，单位亿美元。

我国对外承包工程规模稳定增长。2017年，我国对外承包工程业务完成营业额1685.87亿美元，同比增长8.7%；新签合同额2652.76亿美元，同比增长5.8%。（见图7-15）。

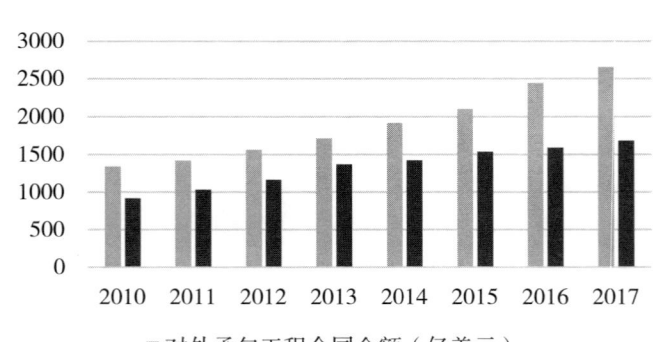

图7-15 2010—2017年中国对外承包工程增长情况

数据来源：中国统计年鉴。

2017年，我国对外劳务合作派出各类劳务人员52.2万人，与上年同期增加2.8万人，其中承包工程项下派出22.2万人，劳务合作项下派出30万人。年末在外各类劳务人员96.9万人，较上年同期增加1.1万人。

3. 我国对外直接投资分布特点

我国对外直接投资地区分布差异较为明显，投资去向以亚洲地区为主，2012年占总投资流量的74%，其次是欧洲和拉丁美洲，分别占8%和7%。（见图7-16）。

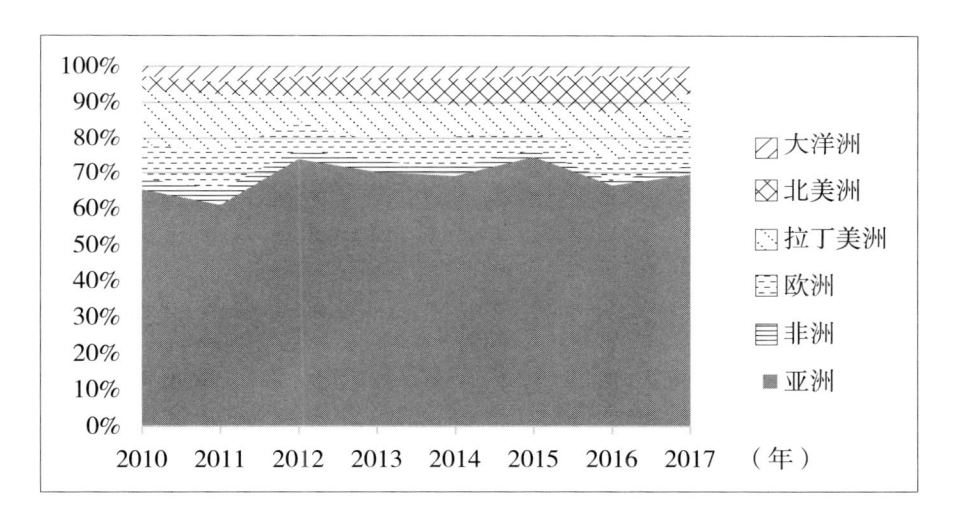

图7-16　2010—2017年中国对外直接投资流量地区分布

数据来源：中国统计年鉴。

我国对外直接投资行业分布集中度较高，主要集中在租赁和商业服务业、采矿业、批发和零售业、金融业和制造业。投资领域在不断扩展，建筑业等其他领域对外投资占比有所增长。（见图7-17）。

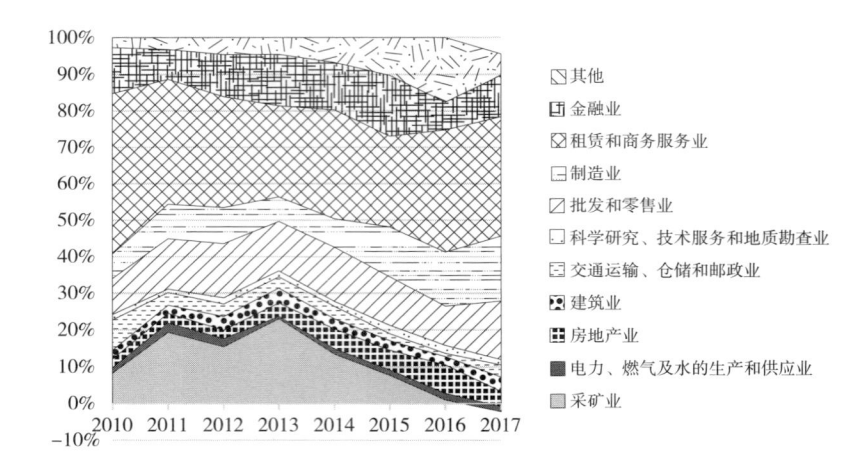

图 7-17　2010—2017 年中国对外直接投资流量行业分布

数据来源：中国统计年鉴。

我国对外直接投资主体多元化。2017 年，中国对外直接投资企业 25529 家，其中有限责任公司占比 41.4%，是当年中国对外投资最大、最活跃的主体。私营企业 6570 家，位列第二，占比 25.7%；股份有限公司 2790 家，占比 10.9%，位居第三。（见图 7-18）。

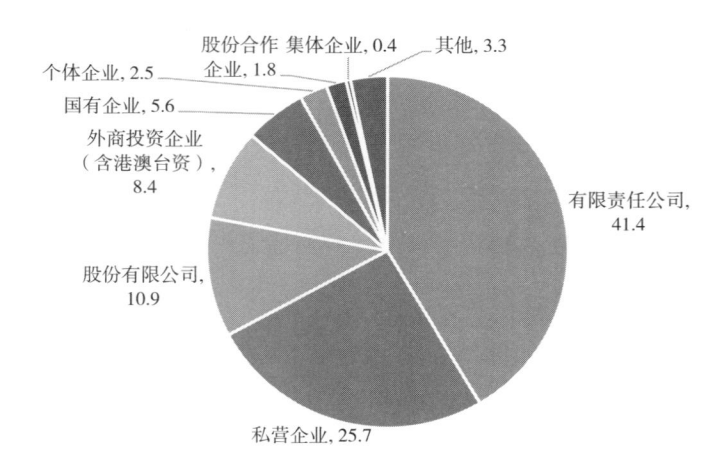

图 7-18　2017 年中国对外直接投资主体构成

资料来源：中国对外投资发展报告 2018。

三、构建我国实体经济平台战略

构建中国实体经济平台战略的基本思路是输出中国的富余产能，使过剩产能从负担变为正资产。事实上就是借鉴美国在战后构建世界格局的经验，设计中国版的"马歇尔计划"。

第一，向西推进"丝绸之路经济带"的建设。经过十几年的努力，中亚逐渐成为中国的战略腹地。在政治互信的基础上已经提升为"战略合作伙伴关系"。中亚的重要性主要体现在能源供给和中国边疆安全保障。从全球的势力平衡的角度来看，中亚是整个欧亚大陆的枢纽，具有全局性的、举足轻重的战略地位。而新疆是中国通向中亚的桥头堡。新疆的发展和"丝绸之路经济带"发展之间的协调是我国未来西向实体经济平台战略的核心环节。西向战略的关键契合点在于，中国是中亚丰富的自然资源的理性市场。中亚以北与俄罗斯接壤，西部为里海，南部与阿富汗和伊朗接壤，东部则与中国新疆接壤。中亚地区经济除了农业以外，主要以采矿、冶金业等重工业为主，多为资源富国，而中亚周围国家要么经济结构都相似，要么就是经济或政治处在不稳定状态，因此难以找到理想的下游市场，唯中国的需求最为旺盛和稳定，大片接壤的土地也为油气运输提供了良好条件。

第二，向东南构建"21世纪海上丝绸之路"。目前，中国和东盟已建成世界上最大的发展中国家自由贸易区，中国连续四年成为东盟第一大贸易伙伴，东盟是中国第三大贸易伙伴。特别是1997年金融危机后，中国以人民币不贬值的巨大代价，换来了亚太区域货币锚的地位，并在实质上取代日本成为亚太雁型模式的引导者。

第三，向更远的区域拓展。非洲方向，继续深化官方开发援助（ODA）等参与方式，建立起牢固的"基础设施建设交换资源"的可持续发展模式。拉美方向，2014年1月，包括所有拉美和加勒比33个国家在内的拉共体（CELAC）第二届首脑会议通过了"关于支持建立中国－拉共体论坛的特别声明"。2010年起，中国成了仅次于美国和欧盟的拉美第三大出口市场。双方之间的经贸合作也明显地由贸易主导转向贸易和投资并重。2017年中国对拉美对外直接投资存量为3868.92亿美元，拉美已成为仅次于亚洲的中国对外投资存量最为集中的第二大地区。欧洲的纵深方向。中国倡导的"16+1"机制，作为推动中国—中东欧国家投资与贸易合作的平台，虽然建立仅有两年多时间，但是已经开始发挥积极作用。

第四，推进全方位的开发战略。不断扩大内陆沿边、外部沿海开放和远程飞地绿地投资。中国力推基建投资"走出去"，安排大规模金融配套，倡议筹建亚洲基础设施投资银行（AIIB）。全力推动各种规格自贸协定谈判。自2002年以来，我国已签署17个自贸协定，涉及25个国家和地区。正在与27个国家进行12个自贸协定谈判或者升级谈判，包括《区域全面经济伙伴关系协定》、中日韩、中国—挪威、中国—斯里兰卡、中国—以色列、中国—韩国自贸协定第二阶段、中国—巴基斯坦自贸协定第二阶段谈判以及中国—新加坡、中国—新西兰自贸协定升级谈判等。中国应该主动回应参与高标准自贸区建设，推进中美、中欧投资协定谈判，积极主动对接新贸易规则。在多边方向上，还积极推动服务贸易协定、政府采购协定、信息技术协定等谈判，加快环保、电子商务等新议题谈判。

第五节　打造人才平台

知识经济时代的竞争是人的竞争。开放型经济的推动离不开人的全面发展，人的素质全面提升是开放型经济得以实现的坚实保障。开放型人才，是具备创新能力、国际竞争力的高端人才。更具体地说，开放型人才是指经过专门培养和系统培训，扎实掌握了理论知识、应用知识和实践经验，能够独立地、创造性地解决问题的高素质劳动者。

一、美国对外开放型人才建设经验

美国成为世界大国、世界强国，与其建立的全球开放型国家人才战略紧密相关，主要得益于对人力资本的开发。美国中长期的人才战略规划具有全局性、综合性和开放性的特点。全局性是指人才政策通常与教育、移民、科技等各部门政策紧密相连；综合性是指美国的人才战略计划对人才的培养是多方面的；开放性是指不仅面向本国国民，还面向世界其他国家人才制定相应的政策。

美国人才战略规划分为对内的人才培养和对外的人才吸引。美国国内人才建设平台的构建，是在政府的政策指导下，以学校等教育机构、公共研究机构、私人研究部门为主，辅之以不断改善的市场环境。在人才培养、人才吸引和人才使用上，采取多种政策和措施，引导性地加强基础研究和提升教育质量。对内人才培养规划从政策制定、机构运作、市场环境等多方面入手。

1. 制定完整具体的人才培养战略规划

在国内的人才培养上，出台法案和战略规划，从国家政府层面保障人才教育的地位。美国从20世纪50年代开始陆续出台法案，如《国防教育法》《美国2000年教育战略》，以及一系列的《美国教育部1998—2002战略规划》（1998）等。

2006年公布的《美国竞争力计划》（American Competitiveness Initiative，简称ACI）提出两大目标：一是在基础研究方面领先世界；二是在人才和创造力方面领先世界。ACI首先强调基础研究领域的人才培养，提出基础研究对创新具有巨大推动力，知识经济时代教育目标之一是培养具备STEM（Science，Technology，Engineering，Mathematics）素养的人才。美国政府通过ACI将研发经费增加到1370亿美元。在人才和创造力方面，ACI强调人才培养从小抓起。美国采取的措施包括：将《不让一个孩子落后法案》从小学扩展至高中；培养和招聘高素质的教师；基于研究的教材和教学方法，提升学生数学水平；鼓励学生主修科学、技术、工程和数学领域，加大对现有劳动力的培训。

近年来，美国政府进一步确认STEM教育改革是应对21世纪知识经济发展的挑战，明确提出具有STEM素养的人才才是全球竞争力的关键。2013年，美国国家科技委员会和美国STEM教育委员会联合发布的"联邦5年STEM教育战略计划"，确定了5个战略目标、5个重点投资领域以及牵头机构各自的职责范围。

2. 政府与其他机构紧密合作

在基础研究领域，通过各种人才培养计划，如ACI等，投入资金建立研究基金，如国家科学基金（National Science Foundation，简称NSF）、能源部科学办公室（the Department of Energy's Office of Science，简称DoESC）、商务部国家标准和技术局（the Department of Commerce's National Institute of Standards and Technology，简

称 NIST），通过这些机构对基础研究计划进行资助。在学校教育上，成立小组或委员会，如学术竞争力委员会（ACC）等，对教育状况进行评估。对"支教联合会计划"（Adjunct Teacher Corps program）提供资金，以支持学校与公共或私营机构形成伙伴关系，鼓励科学、数学和工程领域的专业人士作为辅助教师去讲授特定的高中数学、科学和技术课程。在劳动力培训上，建立职业进步账户（Career Advancement Accounts，简称 CAA），向在职员工提供培训费，另外加大对社区学院（Community College）的投入，资助社区学院与当地雇主合作，培训企业员工。

3. 创造有利于人才发展的市场环境

美国劳动力市场自由流动、充分竞争，靠市场经济规律进行人才资源的配置是美国人才管理的基本模式。ACI 的资助计划还包括改善商业环境和建立有效的保护体系，保护公共和私人部门在研究活动中产生的知识产权，刺激和鼓励企业家在自由和灵活的劳动力市场、资本市场和产品市场中迅速扩散新的生产技术。

4. 对外实行有侧重点的移民政策，广泛吸引优秀人才

美国的对外人才开放战略偏向于吸收技术型人才，例如，推行的 H-1B 签证项目，范围广泛，签发给受美国公司雇用、有特殊才能或专业的外国人，将外籍专业人才送往美国顶尖科技公司和大学。此外，美国对商业精英的开放战略与其外资开放战略相辅相成，通过吸收商业精英带动外资流入。

二、构建对外开放型人才平台

知识经济的时代是人才竞争的时代。在开放型经济建设过程中，现代产业由粗放走向集约，而技术、创新等要素日益成为阻碍中国开放型经济发展的障碍和瓶颈。具备创新能力、国际竞争力的开放型人才，是中国实现产业转型与升级的核心资源，同时也是中国目前最急缺的资源。"就业难"与"用工荒"的现实证实了开放型人才培养的重要性和紧迫性。推进开放型人才平台建设，具体有以下三方面建议。

1. 中长期人才战略规划与短期人才培养目标相协调

2010 年中国已经发布第一个《人才规划纲要》，提出了到 2020 年的人才战略目标，其中对促进人才培养的机制和环境建设做出了具体规定，并制订了不同领域的

人才工程目标。在此《人才规划纲要》的指导下，短期的人才培养实施计划应有所响应，具体的实施步骤应由相关部门落实到细节。可以借鉴美国的经验，在短期目标的实现上，政府部门对研究组织、教育机构、私人企业进行人才培养资助，同时制订详细的评估方案对资助对象的成果进行评估，具体的评估标准可以量化成一系列指标。

2. 人才培养基地依托于学校教育机构和现有劳动力培训平台

学校作为开放型人才培养基地，侧重点有二：一是教育与市场紧密联系，根据行业发展状况、市场对人才的需求情况设置高等教育培训课程，例如，设置面向贸易的商务人才课程、面向具体项目的工程人才课程；二是对学生从小学开始的全面教育应有具体的实施办法，可以借鉴美国对学生教育的措施，基于培养全面的创新型人才视角，设置基于研究的课程，提升学生基础研究的意识和能力，同时整合师资力量，建立辅助教师制度，鼓励重点领域的专业人士进行授课，采取联合培养模式。对劳动力的培训作为继续教育应视为对学校教育的补充，在培训机构设置上，除了依托于职业技校、各类职业技能培训中心，企业雇主也可作为培训主体。政府设立相应的人才培养平台，由符合资格的企业申请并予以培养，由政府提供一定资助和优惠政策。在具体的项目中，面向多地区、多领域聘请专业人士作为技术指导。

3. 开放型人才引进机制与防止人才流失并重

2008年，中国制订了"海外高层次人才引进计划"（简称千人计划），在国家重点创新项目、学科、实验室以及中央企业和国有商业金融机构、以高新技术产业开发区为主的各类园区等，引进2000名左右人才，并有重点地支持一批能够突破关键技术、发展高新产业、带动新兴学科的战略科学家和领军人才来华创新创业。除吸引海外留学的中国学生归国外，扩大外国留学生来华留学可以促进吸纳优秀人才，促进国际交流。同时，人才流失现象不容忽视。据统计1985年以来清华大学、北京大学高科技专业毕业生前往美国的比例高达80%和76%。2008年7月美国《科学杂志》把清华、北大比作"最肥沃的美国博士培养基地"。在中国处在产业升级、提升国际竞争力的开放型经济体制时，大量高端人才流失将对中国经济转型和发展产生不利影响。防止高端人才流失与吸引海外高端人才，对国内人才的培养是利好因素，高端人才与培训机构、培训基地的合作，也具有可行性的空间。

第六节　整合风险防范平台

风险防范和管理平台是开放型经济背景下对外经济交流与合作的重要补充和保障。构建开放型经济新体制的风险防范管理平台，是维护贸易稳定和双边多边秩序的重要举措。

开放型经济新体制的风险防范和管理平台，其特点有：①前瞻性贯穿平台的构建及风险管理的整个过程；②金融、保险企业和资本市场扮演重要角色；③强调国际合作，不能单靠企业自身或一国政府解决的问题，需要国际合作解决。

一、主要国家风险防范与管理的经验

1. 政府层面：美国、加拿大的风险管理制度与政策

政府对企业的风险管理制度分为两类，一类是实体经济企业，如工程公司、建设企业等；另一类是虚拟经济企业，如商业银行、保险、证券公司等。对虚拟经济企业的风险管理监管，如金融监管、保险监管，是风险管理体系的重点。

2008年金融危机之后，美国金融风险管理领域最具有代表性的是《多德－弗兰克法案》(Dodd-Frank Act)。《多德－弗兰克法案》是20世纪30年代以来美国改革力度最大、影响最深远的金融改革法案，旨在通过改善金融体系问责制和透明度，以促进美国金融稳定、保护纳税人和消费者利益。其核心内容包括：第一，扩大监管机构权力，加强宏观审慎监管，提高对具有系统重要性的机构的监管标准；第二，解决"大而不倒"问题，允许分拆陷入困境的金融机构和禁止使用纳税人资金救市；并要求进一步限制金融机构高管的薪酬；第三，设立新的消费者金融保护局，赋予其更大监管权力，全面保护消费者权益；第四，采纳"沃克尔规则"，限制大型金融机构的投机性交易，加强对金融衍生品的监管，防范金融风险。

在对外贸易方面，美国政府对海外投资提供众多法律支持和保护，专门制定

的法律包括《经济合作法》《对外援助法》《共同安全法》等。在国际合作上，对外签订多个双边及多边投资保护协定，如《美英贸易和金融协定》等。为了帮助企业参与海外项目建设、扩大海外投资，美国政府先后成立了美国进出口银行（The Export-Import Bank of the United States）、美国海外私人投资公司（Overseas Private Investment Corporation，简称 OPIC）、美国贸易发展署（U.S. Trade and Development Agency，简称 USTDA）和美国小企业管理局（Small Business Administration，简称 SBA）等机构，专门为美国企业开拓海外市场提供从信息、资金等多方面的服务。其中，OPIC 负责的美国建立海外投资保险制度，为美国投资者在欠发达国家和地区投资的政治风险提供承保服务，并提供贷款和贷款保证为美国投资者融资。此外，联邦政府的许多部门（包括商务部、财政部、运输部、能源部、农业部等）也都成立促进出口的机构，为企业拓展海外投资、促进出口提供信息、咨询、可行性研究、培训、举办研讨会、展览及其他相关服务。

加拿大金融机构监管署（the Office of the Superintendent of Financial Institutions，简称 OSFI），依据《金融机构监管署法》的规定，负责加拿大联邦一级的金融监管，监管对象是在联邦政府注册的银行、养老金计划管理机构和其他金融机构，这类金融机构占据加拿大金融市场的 80% 以上。各省政府的金融监管机构负责监管在省政府注册的证券公司和投资基金、信用合作社、保险公司、信托等。联邦政府和各省政府进行金融监管上的业务合作与交流，如建立 Hockin-kwinter 协定。此外，一些行业管理中心、行业自律协会等组织也会对监管对象施加影响，如信用管理中心、加拿大存款保险公司、金融消费者保护协会等。

加拿大 1999 年通过的《金融监管框架》，建立了以风险为核心的风险评估和评级体系，将金融风险的识别、衡量、检测、控制贯穿于监管工作的始终，实施动态监管。具体的监管过程如图 7-19 所示。

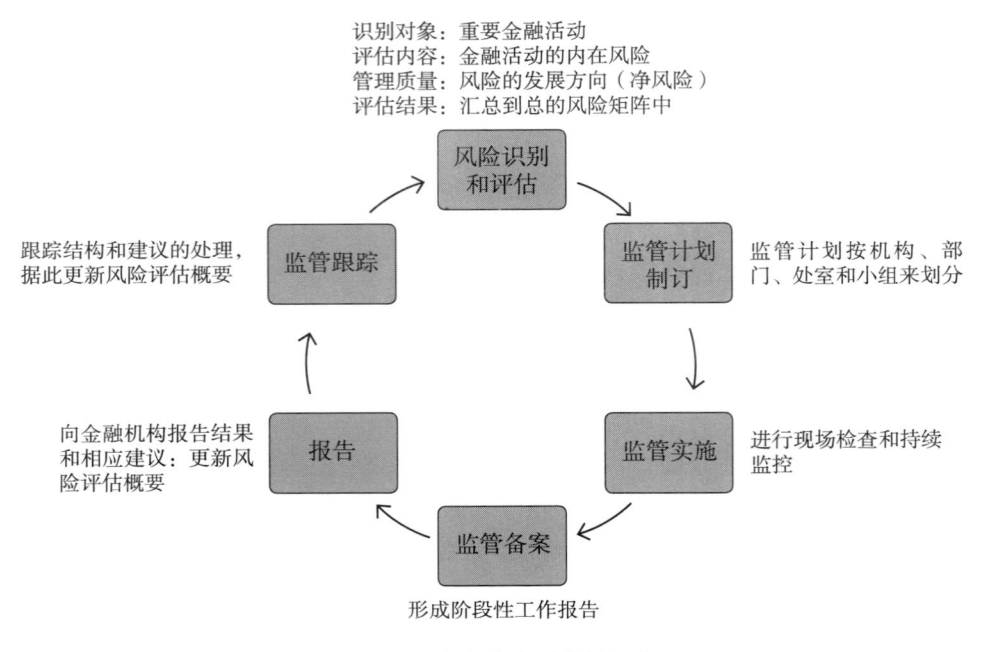

识别对象：重要金融活动
评估内容：金融活动的内在风险
管理质量：风险的发展方向（净风险）
评估结果：汇总到总的风险矩阵中

监管计划按机构、部门、处室和小组来划分

进行现场检查和持续监控

形成阶段性工作报告

向金融机构报告结果和相应建议：更新风险评估概要

跟踪结构和建议的处理，据此更新风险评估概要

图 7-19　加拿大金融监管程序

2. 企业层面：全面风险管理框架

风险管理框架和管理方法。企业的内部控制是公司治理的重要内容，目前大多数企业的内部控制遵循美国反虚假财务报告全国委员会的发起组织委员会（The Committee of Sponsoring Organisations of the Treadway Commission，简称 COSO 委员会）制定的《内部控制整体框架》及其配套指南。1992 年首次发布的《内部控制整合框架》（简称 COSO 框架）历经 1994 年和 2013 年两次修订，新的《内部控制整合框架（2013）》（简称新 COSO 框架），包含了 20 年中实践经验的总结，对 COSO 框架与风险管理的结合拓展进一步完善。而 2004 年 COSO 委员会在《内部控制整体框架》的基础上，综合了《萨班斯—奥克斯法案》（Sarbanes-Oxley Act）的要求和其他风险管理研究成果，颁布的《企业风险管理框架》（Enterprise Risk Management Framework）（简称 COSO-ERM），为各国的企业风险管理提供了全面的应用指南。此外，国际标准化组织（ISO）发布的 ISO 31000 标准（即《风险管理—原则和指导

方针》），也为企业风险管理提供了一整套行之有效的标准化流程。

《全球风险报告》（Global Risks Report）总结了企业的一般风险管理方法，具体分为风险分析和风险管理的八个步骤（见图7-22）。在风险识别和评估上，企业具体采取的方法各有所不同，如采取风险管理小组审查、风险专题讨论会、风险报告、风险列举/矩阵法等方法。据《全球风险报告》统计，在风险识别和评估上，企业风险管理项目组（Enterprise Risk Management Team）的综合分析是多数企业会采取的风险分析方式。这种方式一般设立首席风险官（Chief Risk Officer，简称CRO），直接向董事会报告企业风险情况。

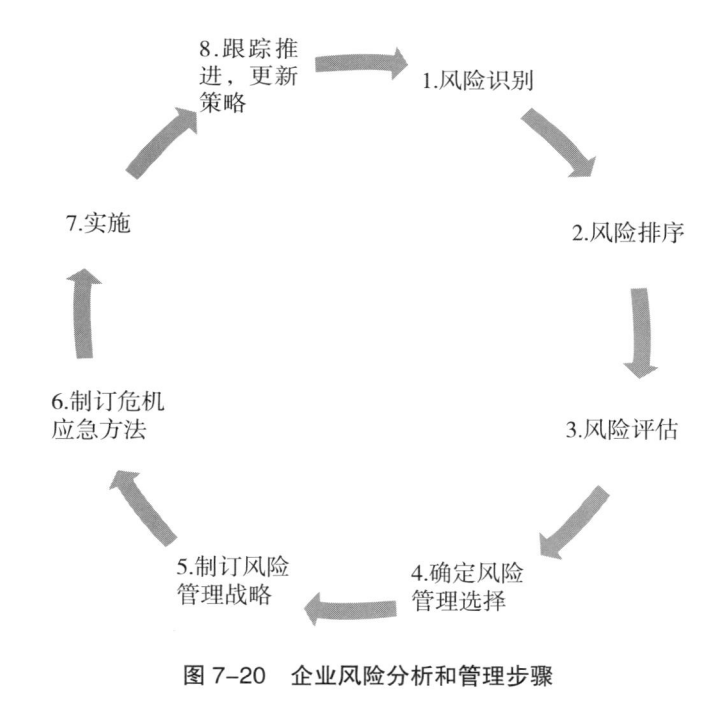

图 7-20 企业风险分析和管理步骤

企业风险管理强调合作和经验借鉴。重视从本企业的事故损失、其他同行业甚至不同行业的事故损失中吸取经验，推动风险管理水平的提升。企业内外部的风险对话非常重要，有助于企业董事会、高管层和员工共享风险管理意识。

风险管理是长期规划。风险管理是长期的目标和实践过程，而管理层有可能只意识到企业的短期目标。首席风险官及相关科室设置的优势在于，将企业长期目标和短期目标进行有效结合。

3. 国际合作：双边、多边及国际性公约

海外投资活动涉及的法律关系复杂，单靠企业自身和一国政府很难甚至无法解决。为减少企业海外投资面临的摩擦、风险，国际社会致力于建立一套保护海外投资的国际法律体系，目前已在局部领域有所突破。世界各国保护本国企业的海外投资主要采用签订双边投资保护条约（Bilateral Investment Treaty，简称 BIT）的方式，如《中华人民共和国政府与缅甸联邦政府关于鼓励促进和保护投资协定》等。国与国之间签订的自由贸易协定（Free Trade Arrangement，简称 FTA），也对部分投资做出了条款规定，涵盖的经济领域包括货物贸易、服务贸易、知识产权和投资等。

此外，从更大的范围看，多数国家签订了多边条约，如 1985 年签订的提供风险担保机制的《多边投资担保机构公约》（Convention Establishing the Multilateral Investment Guarantee Agency），并按照公约规定成立了"多边投资担保机构"（Multilateral Investment Guarantee Agency，简称 MIGA）；为解决外国投资者与东道国的投资争端制定了《解决国家与他国国民间投资争端的公约》（Convention on the Settlement of Investment Disputes between States and Nationals of Other States）（即《华盛顿公约》），根据公约设立了"解决投资争议国际中心"（International Center for Settlement of Investment Disputes，简称 ICSID）。

二、构建开放型经济体制的风险防范平台

当前，国际环境复杂多变，全球经济结构面临转型，开放型经济的推进面临的外部环境更加复杂。新的风险层出不穷。对实施走出去的企业而言，所面临的传统风险不仅包括火灾、爆炸、意外事故导致的厂房、设备、机动车辆、在建工程等财产风险，还面临经营过程中的信用风险、政治风险、法律风险等经营风险。开放型经济社会也面临诸多风险，如战争风险、冲突、治安问题等不稳定因子导致的各类社会性问题，开放型经济新体制下的企业风险管理，不再局限于单个企业的问题，而是要在整个经济体制下需要系统考虑的全局性风险防范和管控。

立足于国家的高度考虑建立风险防范和管理平台，可以从两个方面着手：一是以政府为指导身份，推进相关基础制度和服务设施建设；二是加强金融、保险等中介机构在风险管理平台中的作用。政府作为指导者，把控平台的全局性建设。

（一）政府推进风险管理等相关基础制度和服务设施建设

建立全面风险管理框架，完善国内企业的风险管理体系。增强国际竞争力首先要求"走出去"企业具备较强的风险管理能力。从国家层面制定风险监管制度，完善法律体系，引导和推动各类企业建立完善的风险管理程序，大中型企业建议采用"首席风险官＋风险管理小组"模式，独立于管理层的日常运作。引导企业对未来经营过程中的风险（如法律风险、经营中断风险，汇率风险等市场风险），采用科学的方法加以预估评测，并做好应对准备。

提高对外投资合作公共信息服务质量和水平。具体表现在，成立专家工作组，加强对其他国家地区的信息搜集和安全评估，为企业提供公共信息服务。同时，引导企业做好尽职调查，详细分析项目可研性，预估未来经营面临的风险，采取相应的措施。

引导建立高效的境外投资合作风险预警系统。例如，组织风险防范培训活动，定期召开境外突发事件安全管理与应对措施研讨会，由企业风险管理专家进行有关国家专业机构服务的培训工作。建立海外投资咨询服务平台，完善境外安全风险预警与突发事件应急处理机制。

在国际合作上，增强落实多边、双边投资保护协定的力度。政府要加强国际合作，积极推进贸易协定的签订，为企业"走出去"提供投资的法律保护。据商务部网站数据，截至2016年年末，我国已与104个国家签订双边投资保护协定，但远不及美国截至1999年签署的双边投资协定数量（1856个，另有避免双重征税协定达1982个）。

（二）金融机构发挥风险管理的专业性优势

开放经济与风险管理相结合的一个重要特点是金融机构和资本市场的重要性。在开放型经济中，第一，金融机构作为对外投资的主体之一，对跨境经济贸易具有推动作用。第二，金融机构的重要性在于，为实体经济类企业提供融资、担保、保险等服务，为这类企业在实施"走出去"战略时提供融资渠道、风险转移渠道等。金融活动覆盖整个开放型经济体制的建设过程，其重要性不言而喻。尤其是在2008年金融危机后，系统性风险的概念一再被提及。开放型经济新体制的风险防范和管理平台，从实施对象上看，除探讨实体企业的对经营风险的管控之外，金融机构类企业的风险管理应予以重视。

除加强金融、保险等中介机构自身的风险防范能力之外，更重要的是发挥金融机构风险管理专业性优势，服务于实体企业海外拓展。可以借鉴美国经验，建立系统的境外投资保险制度，加强中国出口信用保险公司与其他金融机构、实体企业的合作，引导企业利用海外投资保险、中长期出口信用保险、特定合同保险等金融工具，有效规避对外投资合作遇到的各种风险，同时引导创新保险产品，为企业境外投资合作提供更多的保险服务。